Horst Schreiber/Elisabeth Hussl (Hg.)

Gaismair-Jahrbuch 2023
Im Aufwind

Jahrbuch der Michael-Gaismair-Gesellschaft

23/2023

herausgegeben von der Michael-Gaismair-Gesellschaft
www.gaismair-gesellschaft.at

Seit 23 Jahren werden in den Gaismair-Jahrbüchern gesellschaftspolitische und zeithistorische Themen kritisch diskutiert. Die Jahrbücher wenden sich an ein breites Publikum politisch, gesellschaftlich, aber auch literarisch interessierter Menschen.

Das Hauptanliegen ist dabei immer, demokratische Grundbedingungen wachzuhalten und Perspektiven der Veränderung sowie des Widerstandes gegen herrschaftliche Verhältnisse zu eröffnen.

Denn Demokratie ist nicht nur eine Frage technokratischer Verfahren, sondern eine Frage der Möglichkeiten politischer und ökonomischer Mitbestimmung aller Menschen, des sozialen Einschlusses, der Geschlechtergerechtigkeit und der antirassistischen Politik.

Einen Beitrag dazu zu leisten, ist das Anliegen der Gaismair-Jahrbücher.

Horst Schreiber/Elisabeth Hussl (Hg.)

Gaismair-Jahrbuch 2023

Im Aufwind

StudienVerlag
Innsbruck
Wien

Gedruckt mit freundlicher Unterstützung durch die Kulturabteilung des Landes Tirol, die Kulturabteilung der Stadt Innsbruck und die Arbeiterkammer Tirol.

© 2022 by Studienverlag Ges.m.b.H., Erlerstraße 10, A-6020 Innsbruck
E-Mail: order@studienverlag.at
Internet: www.studienverlag.at

Buchgestaltung nach Entwürfen von himmel. Studio für Design und Kommunikation, Scheffau –
www.himmel.co.at
Satz und Umschlag: Studienverlag/Karin Berner
Umschlagabbildung und Schwerpunktbilder: Alena Klinger

Gedruckt auf umweltfreundlichem, chlor- und säurefrei gebleichtem Papier.

Bibliografische Information der Deutschen Nationalbibliothek
Die Deutsche Nationalbibliothek verzeichnet diese Publikation in der Deutschen Nationalbibliografie; detaillierte bibliografische Daten sind im Internet über <http://dnb.dnb.de> abrufbar.

ISBN 978-3-7065-6276-8

Alle Rechte vorbehalten. Kein Teil des Werkes darf in irgendeiner Form (Druck, Fotokopie, Mikrofilm oder in einem anderen Verfahren) ohne schriftliche Genehmigung des Verlages reproduziert oder unter Verwendung elektronischer Systeme verarbeitet, vervielfältigt oder verbreitet werden.

Inhalt

Flucht – Solidarität – Rassismus

Elisabeth Hussl:
Einleitung   10

Monika Mokre:
Über das Konzept der illegalen Migration und staatliche Rechtsbrüche   13

Evelyn Schalk:
Nacht über Österreich für afghanische Astronomin –
Chronologie eines gebrochenen Versprechens   20

Aleksandra Tulej/Soza Al-Mohammad:
Zwischen Polen und Belarus – an Europas Grenze der Menschlichkeit   37

Benedikt Müller:
Das Flüchtlingslager Bürglkopf in Tirol: Zustand und Widerstand   44

Dunia Khalil:
Rassistische Polizeigewalt in Österreich –
Erkenntnisse aus der Perspektive einer Rechtsberaterin   48

Arbeit

Elisabeth Hussl:
Einleitung   54

Vina Yun:
Arbeiten ohne Papiere … aber nicht ohne Rechte!   56

Armin Erger:
Von Fachkräften und deren Mangel –
Aber woran mangelt es eigentlich? An Guter Arbeit   60

Antisemitismus – Der Hass gegen Juden im Wandel der Zeit

Patrick Siegele:
Einleitung   70

Randi Becker:
Moderner Antisemitismus und Rassismus –
Überschneidungen und Unterschiede   72

Isolde Vogel:
Verschwörung, Corona und die Erklärung allen Übels   80

Arnon Hampe:
Antisemitismus in postkolonial-antikapitalistischen
und antizionistischen Kontexten   88

Nationalsozialismus

Horst Schreiber:
Einleitung   100

Christian Mathies:
Georg Frauscher – Hausmeister im NS-Zentrum der Macht   102

Horst Schreiber:
KZ-Haft und Tod durch Erhängen:
Die kurze Liebe von Viktoria Müller und Michaïl Dzula   113

Horst Schreiber:
Die Hinrichtung des polnischen Zwangsarbeiters
Konstantin Przygoda in Vandans   130

Jenische Sprache, Musik und Geschichte

Elisabeth Hussl/Heidi Schleich:
Einleitung   138

Eva Lunger:
Kneisesch, Gadsche, d'Jenischen?
Erinnerungen an Romed Mungenast – ein Jenischer Pionier   141

Heidi Schleich:
Jenisch – eine Sprache auf der Suche nach Anerkennung.
Warum Jenisch mehr als ein Soziolekt,
eine Sprachvariante oder eine Sondersprache ist   152

Willi Wottreng/Daniel Huber:
Die Musik mit dem „jenischen Zwick"   156

Bernhard Schneider/Michael Haupt:
re:framing jenisch – Zum Projektstart des Jenischen Archivs   166

Erinnern und beurteilen

Horst Schreiber:
Einleitung │ 174

Steffen Arora:
Die Macht des Gutachters – Heimopfer in den Mühlen der Justiz │ 176

Benedikt Kapferer:
Zur Erinnerung an Wolfgang Tschernutter –
Ein Denkmal und seine Geschichte
Mit einer Fotodokumentation │ 182

Franziska Niederkofler:
Die Bocksiedlung – Eine studentische Spurensuche in Innsbruck │ 193

Gisela Hormayr:
„Ausdruck des triumphierenden Judentums"
Die Auseinandersetzung um das Kriegerdenkmal in Kufstein
1922–1926 │ 199

Gisela Hormayr:
Kadereinsatz: Tiroler an der Internationalen Leninschule in Moskau │ 212

Visuelle Kunst

Andrei Siclodi:
Einleitung: Eine „super-delikate Angelegenheit" │ 224

Olga Ştefan:
Zurück zur Politik der Erinnerung │ 226

Literatur

Christoph W. Bauer:
Einleitung │ 236

Christoph W. Bauer:
„Seltsam, wie alles weitergeht, ohne einen selber"
Emmanuel Bove in Tulln │ 237

AutorInnenverzeichnis │ 253

Flucht – Solidarität – Rassismus

Elisabeth Hussl

Einleitung

Spätestens mit dem Ausbruch des Krieges in der Ukraine sind andere Krisenherde, die Menschen zur Flucht aus ihren Heimatländern veranlassen, zunehmend in den Hintergrund der medialen Berichterstattung getreten. Die Solidarität mit aus der Ukraine vertriebenen Menschen bestimmte die öffentliche Debatte und Haltung in weiten Teilen Europas und blendete gleichzeitig den Umgang mit anderen Geflüchteten überwiegend aus. Damit ging eine Einteilung von Flüchtlingen in unterschiedliche Kategorien einher: Schutzsuchende, weiße Menschen aus der Ukraine sollten mit offenen Armen empfangen werden und die Unterstützung europäischer Länder erfahren. Gegen Personen anderer Herkunft gilt es sich jedoch möglichst abzuschotten. Sie sind im politischen Diskurs vordergründig als „illegale Migranten" bekannt.

Dieser Schwerpunkt möchte Themen zur Sprache bringen und Stimmen hörbar machen, die in der vorherrschenden Auseinandersetzung um Flucht und Asyl weniger Beachtung finden. Gleichzeitig geben die Beiträge Einblicke in zivilgesellschaftliches Engagement und zeigen unterschiedliche Formen solidarischen Handelns auf, sich gegen menschenunwürdige und rassistische Verhältnisse zu stellen.

„Über das Konzept der illegalen Migration und staatliche Rechtsbrüche" schreibt *Monika Mokre* in ihrem gleichlautenden Beitrag. Sie beleuchtet die Hintergründe der viel zitierten Rede von „illegaler Einwanderung", die Veränderungen in der Willkommenskultur und die besagte Differenzierung in erwünschte und unerwünschte Geflüchtete, aber auch Helfende. Denn während es als besonders angesehen gilt, Menschen aus der Ukraine Hilfe zu leisten, wird Fluchthilfe für Personen afrikanischer und asiatischer Staaten kriminalisiert. Damit sehen sich auch Menschen konfrontiert, die Geflüchtete auf dem Mittelmeer vor dem Ertrinken retten. Dass EU-Mitgliedsstaaten hingegen regelmäßig staatliche Rechtsbrüche durch sogenannte „Pushbacks" begehen, wenn sie Menschen an den Grenzen zurückschieben und einen Asylantrag verwehren, ist umfassend belegt. Denn Menschen, die um Asyl ansuchen, haben das Recht auf ein faires Asylverfahren. Anhand von Fallbeispielen schildert Monika Mokre derart gesetzeswidriges Verhalten auch in Österreich und verweist darauf, dass es sich hierbei nicht um Einzelfälle individuellen Fehlverhaltens, sondern um systemische Praxis handelt. Die Initiative „Push-Back Alarm Austria" dokumentiert derartige Vorfälle und unterstützt Betroffene an der Grenze und vor Gericht. Trotz zahlreicher Hürden geht es dabei um ein bescheidenes Ziel, so Mokre: „(…) nämlich, dass sich der Staat an seine eigenen Gesetze hält."

Eine sehr persönliche Geschichte erzählt *Evelyn Schalk* in dem Beitrag „Nacht über Österreich für afghanische Astronomin. Chronologie eines gebrochenen Versprechens". Die Autorin beschreibt darin die Odyssee der jungen Wissenschaftlerin und Frauenrechtsaktivistin Amena Karimyan, nach Europa zu gelangen und vor den radikalislamischen Taliban zu fliehen. Über Grenzen hinweg kommen sich die beiden Frauen näher und spannen eine Brücke zwischen den zwei Ländern. Als sich die Situation in Afghanistan verschärft, heißt es schnell zu handeln, Netzwerke zu spannen und Aktivitäten zu bündeln. Kabul fällt. Österreich setzt Amena auf die Liste jener Personen, denen beim Verlassen des Landes geholfen werden soll, und sagt ihr ein Visum zu, zieht es jedoch wenig später, als sich Amena bereits in Pakistan aufhält, wieder zurück. In Islamabad sitzt sie in der Falle und kommt weder vor noch zurück, bis sich das Blatt doch noch unerwartet wendet und ihr Deutschland die Einreise gewährt. Evelyn Schalk erzählt eine Geschichte voller schmerzhafter Erfahrungen, Mut und Hoffnung. Sie schildert das beschämende Verhalten der österreichischen Behörden am Beispiel einer engagierten jungen Aktivistin vor dem Hintergrund der aktuellen politischen Entwicklungen in Afghanistan und deren weitreichende Folgen insbesondere für die Zukunft der Frauen.

In dem Beitrag „Zwischen Polen und Belarus – an Europas Grenze der Menschlichkeit" berichten *Aleksandra Tulej* und *Soza Al-Mohammad* von ihren Erfahrungen im Umgang mit Geflüchteten. Gemeinsam haben sie sich auf den Weg ins polnische Grenzgebiet zu Weißrussland gemacht, um sich einen Eindruck von der Situation vor Ort zu verschaffen. Während die meisten Menschen an der Grenze zur Ukraine freundlich aufgenommen werden, ergab sich an der polnischen Grenze zu Belarus ein gänzlich konträres Bild. Seit Sommer 2021 versuchten tausende Menschen aus Syrien, dem Irak und anderen Ländern über Belarus nach Polen in die EU zu gelangen. Polen weist die Menschen ab und schickt sie ohne Asylverfahren wieder zurück in den Wald nach Belarus, wo sie unter widrigsten Bedingungen ihr Leben fristen. Die EU wirft dem autoritären belarussischen Machthaber Alexander Lukaschenko vor, über Reiseunternehmen, mit Charterflügen und Touristenvisen gezielt Menschen aus Krisenregionen an die EU-Außengrenze gebracht zu haben und so Druck auszuüben – als Reaktion auf die Sanktionen gegen sein repressives Regime. Polens rechtsnationale Regierung errichtete im Grenzgebiet eine Sperrzone, die von Ortsfremden und Helfenden nicht betreten werden durfte. Selbst Medienpräsenz war vorerst strikt verboten. Die beiden Autorinnen nahmen daher via Tinder Kontakt mit Soldaten auf und trafen heimlich auf Aktivist:innen, um näher an Informationen zu kommen. Die Reportage gibt Einblick in die verzweifelte Lage schutzsuchender Menschen, die zum Spielball politischer Interessen werden, beleuchtet die Stimmungen und Ängste in der Bevölkerung und die Doppelmoral im Umgang mit Geflüchteten. Sie zeigt auf, wie unterschiedliche Formen der Unterstützung kriminalisiert werden und lässt Menschen zu Wort kommen, die sich davon nicht entmutigen lassen. Die Sperrzone wurde mittlerweile freigegeben. Ein rund 200 Kilometer langer Zaun soll nun die Menschen von „illegalen Grenzübertritten" abhalten.

Auf die Verhältnisse einer Einrichtung für Geflüchtete im Tiroler Bezirk Kitzbühel macht *Benedikt Müller* aufmerksam. In dem Beitrag „Das Flüchtlingslager Bürglkopf in Tirol: Zustand und Widerstand" bringt er zur Sprache, wie Menschen im sogenannten „Rückkehrzentrum" in Fieberbrunn hoch oben am Berg abgeschottet und zu einer vermeintlich freiwilligen Ausreise bewegt werden sollen. Der Ort gilt seit 2014 als Bundesbetreuungsstelle und wird für den Fall, dass die großen Erstaufnahmezentren bei Wien überlastet sind, als eine Art Erstaufnahme- oder Verteilungszentrum genutzt. Seit 2017 bringt das Innenministerium am Bürglkopf aber auch Geflüchtete mit negativen Asylbescheiden sowie Dublin-Fälle unter, d. h. Menschen, deren Asylverfahren in Österreich erst gar nicht beginnen, weil sie bereits in einem anderen EU-Mitgliedsstaat registriert sind. „Real hat das Lager weitere Funktionen: Isolation, Fremdbestimmung, Kontrolle. Zermürbung, Brechung, Abschreckung", berichtet der Autor. Faktoren wie die Abgeschiedenheit des Ortes und eine Residenzpflicht, die Reglementierung der Nahrungsaufnahme und mangelnde finanzielle Mittel oder die Abweisung von Besuchen bis hin zur Einschüchterung von Nichtregierungsorganisationen führen bei vielen Betroffenen zu Depressionen. Unter diesen Umständen formierte sich Widerstand. Aus Protest begaben sich Bewohner:innen des Lagers 2019 in Hungerstreik. Stimmen für die Schließung der Einrichtung wurden laut und Kundgebungen organisiert, die „Initiative Bürglkopf schließen" entstand. Seither engagiert sie sich solidarisch mit den Menschen im „Rückkehrzentrum" gegen Zustände wie diese.

Abschließend thematisiert *Dunia Khalil* unter dem Titel „Rassistische Polizeigewalt in Österreich – Erkenntnisse aus der Perspektive einer Rechtsberaterin" eine Problematik, von der freilich nicht „nur" geflüchtete Menschen direkt betroffen sein können und sind. Die Autorin weiß aus der Praxis, dass in Österreich regelmäßig Fälle rassistischer Polizeigewalt gemeldet werden. Auch Studien belegen, dass es sich hierbei nicht um Einzelfälle und Ausnahmen handelt. Dabei lassen sich wiederholt Parallelen erkennen, so Khalil: „Häufig berichten Betroffene über rassistische Beleidigungen, fragwürdige Anzeigen sowie schwerwiegende körperliche und psychische Misshandlungen." Gleichzeitig ist es für die Betroffenen sehr schwierig, sich bei Rechtsverletzungen gegen Polizeibedienstete erfolgreich zu beschweren: „Fehlende Konsequenz für polizeiliches Fehlverhalten führt dazu, dass Rechtsbrüche normalisiert werden. Von dieser Praxis geht eine starke Signalwirkung aus (…)." Nicht „nur" hinsichtlich der Belangbarkeit kommt Österreich im Vergleich zu anderen europäischen Staaten keine Vorreiterrolle zu, auch in Bezug auf die Häufigkeit bestimmter polizeilicher Straftaten schnitt das Land in Studien überdurchschnittlich schlecht ab. Die Autorin erläutert an einem Fallbeispiel die Schwierigkeiten und Hürden im Umgang mit rassistischer Polizeigewalt in Österreich auf unterschiedlichen Ebenen und betont die Wichtigkeit einer unabhängigen kostenfreien Anlaufstelle zur Kontrolle der Polizei in Österreich, die seit Langem gefordert wird und nun im Entstehen ist. Als Mitglied des Kollektivs „BigSibling" macht Dunia Khalil darauf aufmerksam, „dass rassistische Polizeigewalt in Österreich keine Randerscheinung, sondern ein aus menschenrechtlicher Sicht schwerwiegendes und ernstzunehmendes Problem ist". Umso notwendiger ist es, dass Vorfälle an entsprechende Organisationen gemeldet werden.

Monika Mokre

Über das Konzept der illegalen Migration und staatliche Rechtsbrüche

„Illegale Migration" und „illegale Einwanderung" sind dominante Schlagworte im politischen Diskurs über schutzsuchende Menschen in Österreich und der gesamten EU. So sagte etwa der mittlerweile zurückgetretene Chef der EU Grenzschutzagentur Frontex, Fabrice Leggeri, im November 2021: „Im Allgemeinen nehmen die illegalen Migrationsströme in die EU zu – 2021 um fast 70 Prozent."[1]

Doch was ist mit illegaler Migration und illegaler Einwanderung gemeint? Leggeri hat darauf eine einfache Antwort: „Laut dem Schengen-Kodex sind Grenzübertritte zwischen den offiziellen Grenzübergangsstellen verboten – übrigens auch für EU-Bürger."[2] Allerdings gibt es auch Menschenrechte, die in der Europäischen Menschenrechtskonvention verankert sind und aus diesen Rechten ergibt sich das Recht auf Asyl. Dieses Recht handhaben die EU und ihre Mitgliedsstaaten von jeher sehr restriktiv: Nur wem es gelingt, über gefährliche und oft tödliche Fluchtrouten die EU-Außengrenze nicht nur zu erreichen, sondern auch zu überschreiten, kann das Asylrecht beanspruchen. Auf die illegale Migration kann der legale Aufenthalt erfolgen – in diesem Fall wird dann auch der illegale Grenzübertritt nicht rechtlich verfolgt. Alternativen zu diesem Asylsystem nach dem Prinzip des *survival of the fittest* (und/oder des Überlebens von denjenigen, die viel Glück hatten) brachten bis vor kurzem nur Teile der Zivilgesellschaft auf: sichere Fluchtwege oder Botschaftsasyl etwa. Erstmals in der Geschichte der europäischen Integration wurde im März 2022 der Grenzübertritt für einen Teil geflüchteter Menschen, nämlich Ukrainer_innen, legalisiert – durch die Anwendung der Richtlinie über temporären Schutz, die es seit 21 Jahren gibt.

Hier sehen wir eine interessante Änderung des Diskurses: Nach dem kurzen Sommer der Willkommenskultur im Jahr 2015 war in erster Linie von problematischen und/oder illegalen Migranten sowie Wirtschaftsflüchtlingen die Rede. Nun im Jahr 2022 werden die Menschen, die in die EU kommen wollen, in zwei Gruppen unterteilt: in „echte", gute Geflüchtete aus der Ukraine, denen zugutegehalten wird, dass sie Europäer_innen und in ihrer überwiegenden Anzahl Frauen und Kinder sind, und schlechte, sogenannte Wirtschaftsflüchtlinge/illegale Migranten aus allen anderen Teilen der Welt. Zu diesen zählen Menschen, die zwar aus der Ukraine geflüchtet sind, aber nicht die ukrainische Staatsangehörigkeit besitzen, sowie Roma und Romnja, auch wenn sie ukrainische Staatsbürger_innen sind.

Besonders deutlich wird diese neue Differenzierung in Polen, das an einer Grenze ukrainische Geflüchtete willkommen heißt, im Grenzgebiet zu Belarus jedoch Menschen seit Monaten gewaltsam daran hindert, die EU zu betreten.

Kriminalisierung von Hilfe

Die Aufteilung in gut/legal, böse/illegal trifft auch diejenigen, die Geflüchtete unterstützen. Die gleiche Form der notdürftigen Versorgung von Geflüchteten wird an der Grenze zur Ukraine als heldenhaft gefeiert, an der Grenze nach Belarus jedoch kriminalisiert. Und diejenigen, die uns die Medien als aufopferungsvolle humanitäre Helfer_innen zeigen, weil sie Menschen aus der Ukraine nach Österreich oder Deutschland transportieren, würden mit anderen Passagier_innen als „Schlepper" bezeichnet werden.

Schlepper_innen werden im öffentlichen Diskurs noch deutlich häufiger und heftiger kriminalisiert als ihre Kund_innen, die „illegalen Migranten"; ihnen wird auch zumeist die Schuld für die vielen Toten auf den Fluchtrouten gegeben. Eine andere Interpretation der Tätigkeit dieser Berufsgruppe kann bereits zu Kriminalisierung führen, wie sich im Jahr 2013 in Österreich zeigte. Michael Genner, Gründer und langjähriger Leiter von „Asyl in Not" schrieb damals: „Es gibt auch Schlepper, die Verbrecher sind. Die ihre Leute elendig sterben lassen. Oder Frauen auf den Sklavinnenmarkt liefern. Zuhälter und Mörder! Keine Frage. Diese Lumpen sind Abfallprodukte der Festung Europa. Sie werden erst verschwinden, wenn eines Tages die Festung fällt. Aber vor jedem ehrlichen Schlepper, der saubere Arbeit macht: der seine Kunden sicher aus dem Land des Elends und Hungers, des Terrors und der Verfolgung herausführt, der sie sicher hereinbringt, den Grenzkontrollen zum Trotz, in unser ‚freies' Europa, habe ich Achtung. Er ist ein Dienstleister, der eine sozial nützliche Tätigkeit verrichtet und dafür auch Anspruch hat auf ein angemessenes Honorar. Für Gesinnungslumpen, die glauben, sie müssten sich davon distanzieren, habe ich nur Verachtung."[3] Für diesen Text, genauer gesagt für das Lob für „ehrliche Schlepper" sollte Genner wegen „Gutheißung einer mit Strafe bedrohten Handlung" der Prozess gemacht werden; nach breiten Protesten und Solidaritätskundgebungen mit Genner wurde der Strafantrag zurückgezogen.[4]

Als „Schlepper" werden auch häufig diejenigen bezeichnet, die Geflüchtete auf dem Mittelmeer vor dem Ertrinken retten. Von den zahlreichen Gerichtsverfahren seien hier nur die drei aktuellsten genannt:

- Seit 2020 läuft der Gerichtsprozess gegen die Ehiblu3, drei Jugendliche aus Guinea und der Elfenbeinküste, die im Jahr 2019 den Kapitän des Frachtschiffs, der sie und mehr als 100 andere aus Seenot gerettet hatte, überzeugen konnten, sie nicht nach Libyen, sondern nach Malta zu bringen. Den Jugendlichen droht nicht zuletzt wegen des Vorwurfs von Terrorismus lebenslange Haft.[5]
- Im März 2021 wurden Ermittlungen gegen Mitglieder der Besatzung des Schiffs Mare Ionio aufgenommen, die 2020 Gerettete in kritischem Zustand nach Sizilien gebracht hatten; ihnen wird Beihilfe zur illegalen Einwanderung vorgeworfen.[6]
- Im April 2022 begann nach fünfjährigen Ermittlungen der Prozess gegen Mitglieder der Besatzung der Iuventa 10, einem Schiff, das 14.000 Menschen vor dem Ertrinken gerettet hat. Sie sind angeklagt, mit Schlepper_innen zusammengearbeitet zu haben.[7]

Doch auch auf dem Landweg geraten Geflüchtete immer wieder in tödliche Gefahr und werden von Freiwilligen unterstützt, die dafür ins Kreuzfeuer der Justiz kommen. Ein aktuelles Beispiel hier ist die Organisation Josoor, die Geflüchtete an der griechisch-türkischen Grenze unterstützt. Gegen sie und andere NGOs läuft seit 2020 ein Verfahren, u. a. auch wegen Spionage und Menschenschmuggel.[8]

Man kann die rechtliche Situation allerdings auch aus anderer Perspektive betrachten: Seenotrettung ist eine Verpflichtung des internationalen Seerechts[9] und Organisationen wie Josoor werden gegen Rechtsbrüche der EU-Regierungen (mit Unterstützung von Frontex) aktiv, sogenannte Pushbacks.

Illegales staatliches Handeln

„Push-Backs sind staatliche Maßnahmen, bei denen flüchtende und migrierende Menschen – meist unmittelbar nach Grenzübertritt – zurückgeschoben werden, ohne die Möglichkeit, einen Asylantrag zu stellen oder deren Rechtmäßigkeit gerichtlich überprüfen zu lassen. Push-Backs verstoßen u. a. gegen das Verbot der Kollektivausweisung, das in der Europäischen Menschenrechtskonvention festgeschrieben ist."[10] Das Border Violence Monitoring Network (BVMN), ein Zusammenschluss mehrerer Organisationen, hat 1.458 Pushbacks an den Grenzen von EU-Mitgliedsstaaten seit 2016 dokumentiert.[11] Diese finden sowohl im Mittelmeer als auch an den Landgrenzen statt. In Bezug auf die Seenotrettung wird häufig argumentiert, dass das Seerecht nur vorschreibt, Menschen in einen siche-

Das „Black Book of Pushbacks" dokumentiert Zeug_innenaussagen von Grenzgewalt und Grundrechtsverletzungen von Menschen auf der Flucht. (Foto: Border Violence Monitoring Network)

ren Hafen zu bringen, unabhängig davon, wo sich dieser Hafen befindet. Doch UNHCR hält dazu fest: „Ein Hafen ist nur ein für die Ausschiffung geeigneter, sicherer Ort, wenn dort keine schwerwiegenden Menschenrechtsverletzungen zu befürchten sind oder eine Abschiebung von Schutzsuchenden in die Gefahr im Heimatland droht. Da in Libyen ausgeschiffte Personen unter menschenunwürdigen Bedingungen inhaftiert werden und oft Folter, Misshandlung oder gar der Tod droht, ist Libyen kein sicherer Ort."[12]

Unumstritten ist, dass Pushbacks an Landgrenzen illegal sind: Menschen, die um Asyl ansuchen, haben das Recht auf ein Asylverfahren – auch wenn dieses Verfahren mit einer Rückschiebung in ein anderes EU-Land aufgrund der Dublin-Regel oder mit einer Ausreiseverpflichtung ins Herkunftsland enden kann. Zugleich aber ist mittlerweile bekannt, dass Pushbacks regelmäßig stattfinden, sehr häufig und mit großer Brutalität etwa von Kroatien nach Bosnien[13] und von Griechenland in die Türkei[14]. All dies ist gut dokumentiert und wird immer wieder veröffentlicht – ohne dass die Staaten ihre illegale Praxis ändern oder die EU diese Staaten verurteilen würde.

Auch in Österreich finden Pushbacks statt: nach Slowenien und Ungarn. Deshalb wurde im Februar 2021 der Push-Back Alarm Austria gegründet – eine zivilgesellschaftliche Initiative und 24-Stunden-Hotline, bei der sich Geflüchtete melden können, die die österreichische Grenze überschritten haben, um Asyl ansuchen wollen und Angst vor einem Push-Back haben.[15] Die ehrenamtlichen Mitarbeiter_innen der Hotline informieren dann die nächstgelegene Polizeistation und die Landespolizeidirektion sowie, wenn nötig, auch die Rettung. Die Mitarbeiter_innen sind mehrsprachig und arbeiten mit Dolmetscher_innen in zusätzlichen Sprachen zusammen.

Push-Back Alarm Austria dokumentiert in Zusammenarbeit mit BVMN auch Pushbacks, die bereits stattgefunden haben, und unterstützt Beschwerden gegen Pushbacks vor Gericht. Solche Beschwerden stoßen auf zahlreiche Hindernisse: Die Frist dafür beträgt sechs Wochen; häufig werden Pushbacks erst nach dieser Frist bekannt. Das Gericht verlangt ausführliche Zeug_innenaussagen der Betroffenen, erst dann kann das Verfahren überhaupt eröffnet werden – diese sind aber nicht einfach zu organisieren, wenn die Geflüchteten sich etwa in irregulären Unterkünften in Bosnien aufhalten. Eine persönliche Aussage im Gerichtsverfahren scheitert im Allgemeinen daran, dass die Einreise nach Österreich nicht erlaubt wird. Und schließlich handelt es sich bei dem hier anwendbaren Rechtsmittel um eine Maßnahmenbeschwerde, die dazu führen kann, dass die Polizei für ihr Verhalten bestraft wird, nicht aber dazu, dass die Betroffenen nach Österreich zurückkommen und hier ihren Asylantrag stellen können. Wenn sich also Geflüchtete auf dieses mühsame Verfahren einlassen, dann tun sie das, um die Rechtsstaatlichkeit in Österreich zu unterstützen und Pushbacks in Zukunft zu verhindern. Sie selbst ziehen keinen Vorteil daraus.

Trotzdem haben sich im Jahr 2021 zwei Geflüchtete dazu entschlossen, ein solches Verfahren anzustrengen. Beide Verfahren führte der Anwalt Clemens Lahner pro bono und mit erfolgreichem Ausgang. „Ayoub N. wurde am 28. September 2020 gemeinsam mit sieben anderen Menschen in der Südsteiermark von der Polizei aufgegriffen. Nach einer regelrechten Menschenjagd wurde die Gruppe in Gewahrsam genommen. (…) Die wiederholten Ansuchen um Asyl wurden von der Polizei rechtswidrig ignoriert. Doch nicht nur das: N. wurde anlasslos gezwungen sich zu entkleiden und niederzuknien."[16] „Nach einigen Stunden wurden sie der slowenischen Polizei übergeben, die sie wiederum nach Kroatien brachten, von wo aus sie nach Bosnien zurückgeschoben wurden."[17] Das Gerichtsurteil von Juli 2021 bestätigt nicht nur, dass sich die Polizei gesetzeswidrig verhalten hat, sondern führt zusätzlich aus, „dass illegale Zurückweisungen – sogenannte ‚Push-Backs' – in Österreich ‚teilweise methodische Anwendung finden'".[18] Im Leben von Ayoub hat dieses Urteil nichts geändert. Er ist nach wie vor auf der Balkanroute gefangen, ein „illegaler Migrant". Er sagt: „Nach meiner Rückkehr nach Bosnien fühlte ich mich wie zertrümmertes Glas."[19]

Auch auf das Verhalten der Polizei hatte dieses Urteil zumindest keinen unmittelbaren Einfluss. Wenige Wochen später fand an derselben Grenzstation in der Südsteiermark ein weiterer Pushback nach dem Urteil zum Fall Ayoub statt. Unter den fünf Personen war auch der minderjährige Somalier Amin N., der mehr Glück hatte als Ayoub. Er erhielt Asyl in Slowenien und entschloss sich, von dort aus das Verfahren zu führen. Die Vorgangsweise der Polizei war diesmal freundlicher. Die Geflüchteten wurden gut behandelt und versorgt. Der Endeffekt war der gleiche: Ein illegaler Pushback, der beweist, was schon im Urteil zum Fall Ayoub festgehalten wurde: Pushbacks stellen in Österreich eine systematische Praxis dar.[20]

Push-Back Alarm Austria verfolgt mit seinen Tätigkeiten ein eher bescheidenes Ziel, nämlich dass sich der Staat an seine eigenen Gesetze hält. Dass zivilgesellschaftliches Engagement zu diesem Zweck nötig ist, in Österreich wie in vielen anderen EU-Mitgliedsstaaten, zeigt die zunehmende Skrupellosigkeit der

EU-Asylpolitik, die nicht dem Schutz *von* Geflüchteten, sondern dem Schutz *vor* Geflüchteten dient. Wie auch das Gericht bestätigte, handelt es sich bei Gesetzesverletzungen durch staatliche Organe nicht um vereinzelte Fälle individuellen Fehlverhaltens, sondern um eine systematische Praxis, die auch als Erprobung von geplanten Gesetzesänderungen verstanden werden kann: In diesem Sinne sieht der noch nicht beschlossene „Pakt für Asyl und Migration" der EU Asylschnellverfahren an den EU-Außengrenzen und die weitere Aufrüstung der Grenzschutzagentur Frontex vor.[21] Der Kampf gegen illegale staatliche Praktiken ist also auch ein Kampf gegen die Legalisierung genau dieser Praktiken, die der Europäischen Menschenrechtskonvention und der Genfer Flüchtlingskonvention widersprechen.

Doch letztendlich ist das nicht genug. Vielmehr gilt es, das nationalstaatliche Prinzip wie auch die supranationale Ausgrenzung durch die EU grundlegend in Frage zu stellen. In den Worten der Charta von Palermo: „Kein Mensch hat den Ort, an dem er geboren wird, ausgesucht oder sucht diesen aus; jeder Mensch hat den Anspruch darauf, den Ort, an dem er leben, besser leben und nicht sterben möchte, frei zu wählen. (…) Entsprechend ist die Freizügigkeit aller Menschen als unveräußerliches Menschenrecht anzuerkennen."[22]

Anmerkungen

1 Welt.de, 20.11.2021, https://www.welt.de/politik/ausland/article235163124/Frontex-Chef-Illegale-Migrationsstroeme-in-die-EU-nehmen-zu-2021-um-fast-70-Prozent.html (Zugriff 02.05.2022).
2 Ebd.
3 Zitiert nach: Monika Mokre: Solidarität als Übersetzung. Überlegungen zum Refugee Protest Camp Vienna, Wien 2015, S. 104.
4 Hinterland-magazin.de, 2016, https://www.hinterland-magazin.de/wp-content/uploads/2016/11/hinterland-magazin-27-74-man-darf-schlepperei.guthei%C3%9Fen.pdf (Zugriff 02.05.2022).
5 https://elhiblu3.info/index.
6 Faz.net, 04.03.2021, https://www.faz.net/aktuell/politik/ausland/rettungseinsaetze-im-mittelmeer-21-seenotretter-in-italien-angeklagt-17227415.html (Zugriff 02.05.2022).
7 Amnesty.de, 28.04.2022, https://www.amnesty.de/allgemein/pressemitteilung/italien-eroeffnet-verfahren-gegen-seenotrettungs-crew-iuventa (Zugriff 02.05.2022).
8 Spiegel.de, 20.11.2020, https://www.spiegel.de/ausland/verfahren-gegen-ngos-in-griechenland-man-will-uns-ruhig-stellen-a-6dcab115-2f50-45ef-ac8c-4d036d8bfe5c (Zugriff 02.05.2022).
9 Unhcr.org, https://www.unhcr.org/dach/at/services/faq/faq-seenotrettung (Zugriff 02.05.2022).
10 Ecchr.eu, https://www.ecchr.eu/glossar/push-back/ (Zugriff 02.05.2022).
11 Borderviolence.eu, https://www.borderviolence.eu/ (Zugriff 02.05.2022).
12 Unhcr.org, https://www.unhcr.org/dach/at/services/faq/faq-seenotrettung (Zugriff 02.05.2022).
13 Ecre.org, 22.10.2021, https://ecre.org/balkan-route-tens-of-thousands-pushed-back-from-croatia-evidence-of-pushbacks-and-border-violence-in-romania-presented-to-un-rights-body-stonewalling-of-asylum-seekers-in-serbia-a/ (Zugriff 02.05.2022).
14 Reliefweb.int, 03.02.2022, https://reliefweb.int/report/greece/greece-illegal-pushbacks-are-dooming-migrants-freeze-death-enar (Zugriff 02.05.2022).
15 Push-Back Alarm Austria, https://www.facebook.com/PushBackAlarmAustria (Zugriff 02.05.2022).
16 Asyl.at, 05.07.2021, https://www.asyl.at/sommercamp04/info/presseaussendungen/push-back-routevonoesterreichbisbosnien/ (Zugriff 02.05.2022).

17 Ots.at, 02.03.2022, https://www.ots.at/presseaussendung/OTS_20210225_OTS0160/kettenabschiebungen-von-oesterreich-bis-bosnien (Zugriff 02.05.2022).
18 Asyl.at, 05.07.2021, https://asyl.at/adincludes/info/presseaussendungen/push-back-routevon oesterreichbisbosnien/ (Zugriff 02.05.2022).
19 Ebd.
20 Asyl.at, 18.02.2022, https://www.asyl.at/schule/info/presseaussendungen/gerichtbestaetigtillegalenpush-back/ (Zugriff 02.05.2022).
21 Monika Mokre: Bericht aus der Festung Europa: Die Aushebelung des Rechts auf Asyl durch die Europäische Union und ihrer Mitgliedsstaaten, https://www.transform-network.net/de/blog/article/report-from-fortress-europe-the-annulment-of-the-right-to-asylum-by-the-european-union-and-its-me/ (Zugriff 02.05.2022).
22 Comune.palermo.it, 2015, https://www.comune.palermo.it/js/server/uploads/iosonopersona/charta_von_palermo_2015.pdf (Zugriff 02.05.2022).

Evelyn Schalk

Nacht über Österreich für afghanische Astronomin – Chronologie eines gebrochenen Versprechens

Den Sternen fühlt sich Amena Karimyan oft näher als den Menschen. Kein Wunder, war der Weg der 25-jährigen einzigen Astronomin Afghanistans doch von Anfang an ein überaus steiniger, mit der Machtübernahme der Taliban wurde er lebensgefährlich. Als Österreich ihr ein Visum zusagt, blitzt für sie ein Hoffnungsschimmer auf. Doch kurz darauf wird es schlagartig dunkel. Amena Karimyan, eben von der BBC zu einer der 100 einflussreichsten und inspirierendsten Frauen 2021 gekürt, sitzt in der Falle. In Islamabad angekommen, ziehen die österreichischen Behörden ihre Visumzusage zurück und lassen sie im Stich. Nun kann die junge Wissenschaftlerin, Frauenrechtsaktivistin und Autorin weder vor noch zurück und ihre Lage verschlimmert sich von Tag zu Tag – bis es noch einmal eine unerwartete Wendung gibt.

„Wenn ich hier nicht lebend herauskomme, erzähle der ganzen Welt diese Geschichte. Sag ihnen, dass ich Afghanistan zu einem Ort des Wissens und der Zivilisation machen wollte. Sag der Welt, dass es hier viele wie mich gab, aber unser Leben war kurz und sogar um diese Jahre wurden wir noch betrogen. Sag der Welt, dass Afghanistan so viele gute Menschen hat, aber an ein paar Verräter verkauft wurde. Erzähle ihnen, dass ich mich mit so vielen Träumen auf den Weg aus Staub und Blut gemacht habe und ich mich nicht einmal von meiner Familie verabschieden konnte. Sag ihnen, dass ich kein einziges Mal das Lied der Versöhnung und des Friedens auf der Violine spielen durfte, das Geschenk einer Freundin, um meinen größten Wunsch zu erfüllen."

Diese Zeilen schreibt mir Amena Karimyan am frühen Abend des 19. August 2021 aus Kabul. Seit Wochen versteckt sie sich, traut sich kaum mehr auf die Straße. Wie und ob ihr Leben weitergehen wird, weiß sie nicht. Ein Leben, für das sie schon bisher nahezu jede Minute kämpfen musste. Afghanistan, das Land, in dem die 25 Jahre junge Frau sich gegen so viele Widerstände eine Existenz aufgebaut hat, wo sie Pläne schmiedete und das sie mit ihrer Arbeit voranbringen wollte, zerfällt um sie herum, schneller als sie oder sonst jemand es für möglich gehalten hätte. Die radikalislamistischen Taliban übernehmen eine Stadt nach der anderen, die Angst vor den Gräueln ihres Regimes, das bis vor 20 Jahren an der Macht war, durchdringt jedes Wort, jede Bewegung, jeden Blick. „Wir gehen nicht 20 Jahre zurück, diesmal ist es ein ganzes Jahrhundert", so Amena verzweifelt und fassungslos. Jene aus der Generation zwischen zwanzig und dreißig, die sich nicht

Gegen Einschränkungen und Diskriminierung von Frauen hat A. Karimyan sich schon in Herat gewehrt. (Foto: Privatsammlung Amena Karimyan)

den religiösen Fanatikern anschließen wollen, verlieren alles, wofür sie ein Leben lang gearbeitet und gekämpft haben. Mit ihnen verliert ein Land seine Zukunft.

Auch Herat ist gefallen, die Provinzstadt ist mit ihren rund 630.000 Einwohner*innen mehr als doppelt so groß wie Graz. Hier wurde Amena geboren, hier hat sie bis vor kurzem gelebt und gearbeitet.

In den nächsten Wochen und Monaten werden wir eine Brücke zwischen den beiden Städten spannen, sie, die Herat verlassen musste und für lange Zeit im Nirgendwo zwischen den Welten festsitzen wird. Ich, die von Graz aus versucht, einen Weg zu finden, der sie, ihr Wissen und ihre so früh gesammelten Erfahrungen über diese Brücke bringen kann. In einer Zeit, in der die Pandemie der Distanz jene der Abschottung, die schon viel länger grassiert, noch einmal mehr befeuert und die Zäune und Mauern um Europa immer höher wachsen lässt, werden aus zwei einander unbekannten Frauen „zwei Freundinnen aus zwei verschiedenen Welten", so Amena viel später. Die einzige Barriere zwischen diesen Welten ist weder die unterschiedliche Sprache, noch die Geschichte, Religion oder Kultur, sondern sind ausschließlich jene Barrieren, die verhindern, einander kennen- und verstehen zu lernen. Das wollen wir ändern, als Wissenschaftlerinnen, Autorinnen und Menschen.

30. Juli – Von Herat nach Kabul

Es ist der 30. Juli 2021, die Taliban rücken rasch vor, bald würden sie auch Herat einnehmen. Amena hat längst gepackt, nun schließt sie sich einem kleinen Konvoi von Menschen an, die ebenfalls fluchtartig die Stadt verlassen. In Herat ist Amenas Familie – ihre Eltern, ihre fünf Schwestern mit all ihren Nichten und Neffen –, ihre Freund*innen, ihre Bücher, ihre Notizen, ihr zu Hause. Alles lässt sie zurück, von einem Tag auf den anderen, um in die Hauptstadt Kabul zu fliehen. Auch ihre Social Media Accounts hat sie stillgelegt, zu groß ist die Furcht vor Wiedererkennung. Als sie nach Kabul aufbricht, hat sie sich nicht einmal von ihrem Vater verabschiedet. Ob sie ihn oder sonst jemand aus ihrer Familie je wiedersehen wird, steht in den Sternen.

Für die Sterne hat Amena schon früh eine starke Faszination entwickelt, die von allem Unbill ungebrochen immer weiter gewachsen ist. Sie hat alles über Astronomie aufgesogen, gelesen, was sie finden konnte und sich später lokalen Diskussions- und Forschungsgruppen angeschlossen. Fast immer war sie eine der jüngsten – und die einzige Frau. Amena will Astronomie studieren, denn „Astronomie ist die gelebte Sprache des Universums". Doch das geht in Afghanistan nicht, es gibt kein einziges astronomisches oder astrophysisches Institut. So entscheidet sie sich für Ingenieurswissenschaften, arbeitet gleichzeitig in diversen Jobs, finanziert sich ihr Studium selbst, darauf legt sie Wert. Kaum etwas hasst Amena so sehr wie Abhängigkeit; davon hat sie als junge Frau in Afghanistan auch schon vor der Übernahme der Taliban viel zu viel. Sie wählt trotzdem ein technisches Studium, von dem ihr alle sagen, dass es nur etwas für Männer sei. Beschimpfungen, Spott und Hohn begleiten sie tagtäglich, bis hin zu Übergriffen. Sie weigert sich, eine Burka zu tragen und selbst den obligatorischen Tschador reduziert sie auf das Notwendigste. Auch das bringt ihr Verachtung und Gefahr ein. Ihre zweite Leidenschaft ist die Literatur, sie rezitiert Gedichte, aber sie schreibt auch zusehends gegen die Unterdrückung von Frauen an und liest ihre Texte öffentlich. Mit ihren männlichen Kollegen in Studium und Arbeit tauscht sie sich aus, geht diskutierend durch die Straßen. Was in anderen Teilen der selben Welt zur selben Zeit so selbstverständlich erscheint, nicht mal eine Erwähnung wert, kostet sie jeden Tag immense Kraft, Durchhaltevermögen und Mut. 2017 schließt sie ihr Studium als Zivilingenieurin ab. Als solche interessiert sie sich für das Funktionieren einer Stadt, für die Nutzung von Ressourcen, Wirtschaftsfragen und konkrete Lösungen von Problemen. In einem Infrastrukturprojekt der EU arbeitet sie bis Juli 2021 im Rathaus von Herat. Sie will ihre Stadt weiterentwickeln, die zahlreichen Schwierigkeiten in Angriff nehmen. Schon bisher hat sie Essenspakete für Straßenkinder organisiert, Mädchen zur Schule angemeldet, und sie bestärkt, diese nicht wieder abzubrechen. Zudem engagiert sie sich für den Schutz von Zivilist*innen während des Krieges.

Kayhana öffnet ihr Türen, die sie wiederum für andere junge Frauen aufstößt. Sie bekommt erstmals internationale Kontakte, knüpft an ein weltweites Netzwerk von astronomischen Einrichtungen an, die Gruppe nimmt erfolgreich an Wettbewerben teil. Die Existenz und die Erfolge von *Kayhana* sowie ihr öffentliches

Die Organisation Kayhana setzt sich für naturwissenschaftliche Bildung von Frauen ein, jetzt arbeiten sie online weiter. (Foto: Privatsammlung Amena Karimyan)

Eintreten für die Rechte von Mädchen und Frauen bringen ihr bald lokale Medienpräsenz – und damit die Wut der Taliban ein. Wochen später werden diese am Grenzübergang mit Verachtung auf ihre wissenschaftlichen Bücher blicken und ihr sagen, dass eine Frau, die so etwas bei sich trägt, nur den Tod verdiene.

Durch ihre öffentliche Präsenz bin auch ich auf Amena und ihre Liebe zur Astronomie aufmerksam geworden. Mit Ausbruch der Coronapandemie haben wir in der *ausreißer*-Redaktion die Interview-Serie *Stimmen aus der Krise, Stimmen gegen die Krise* ins Leben gerufen, um Kommunikation über Distanzen hinweg nicht einzustellen, sondern im Gegenteil zu vertiefen. Im Laufe der Zeit haben sich daraus langfristige Kollaborationen und Austausch auf vielfältigen Ebenen entwickelt. Wir erfahren, wie groß die aktuelle Lücke und gleichzeitig der Bedarf an fundierter Information und vertiefenden Perspektiven ist, die tatsächliches Verständnis ermöglichen.

Als sich die Situation in Afghanistan immer rasanter verschärft, ist uns klar, dass wir rasch handeln müssen. Wir koordinieren uns mit Kolleg*innen aus kulturellen und wissenschaftlichen Institutionen, der Kulturvermittlung Steiermark, dem esc medien kunst labor, Instituten der Karl-Franzens-Universität Graz und schließlich der Österreichischen Akademie der Wissenschaften. Von wie vielen Seiten und Ebenen es unmittelbares Interesse und Anknüpfungspunkte gibt, realisieren wir erst jetzt. Also bündeln wir die Einladungen für Amena Karimyan nach Graz und Wien, planen gemeinsam Austausch, Vorträge, Forschungsmöglichkeiten. Eines ist uns allen klar: Ihre Stimme soll und muss hörbar sein. Afghanistan ist in Österreichs Medien fast ausschließlich in den Zahlen der Toten beim jeweils letzten Bombenanschlag präsent. Dass Frauen massiv benachteiligt sind, ist naturgemäß auch nicht unbekannt. Aber was das konkret bedeutet, wissen oder können sich nur die wenigsten vorstellen, erst recht für eine junge Frau, die versucht, als Naturwissenschaftlerin Fuß zu fassen. Umgekehrt hat die Situation massive Auswirkungen auf gesellschaftliche, wissenschaftliche, künstlerische Entwicklungen, und im Jahr 2021 sind diese keineswegs lokal begrenzt.

Denn dafür muss Amena Karimyan zu allererst raus aus Afghanistan. Das versuchen in diesen Tagen und Wochen tausende Menschen. Amena passt in kein bestehendes Evakuierungsprogramm, sie hat nie für internationale Militärs oder Konzerne gearbeitet. Wir wenden uns an die österreichische Botschaft in Islamabad, die Österreichs Angelegenheiten in Afghanistan mitbetreut. Für einen Visumsantrag hat Amena alle Papiere, doch ein solcher könne nur persönlich gestellt werden, sagt man uns. Aber wie über die Grenze kommen? Pakistan hat diese schon längst geschlossen und die Taliban errichten einen Checkpoint nach dem anderen.

15. August 2021 – Kabul fällt

Am 15. August 2021 nehmen die Taliban Kabul ein. Dass die Hauptstadt so schnell fällt, entsetzt scheinbar die ganze Welt. Tags darauf eine Nachricht von Amena, verzweifelter als je zuvor: „Die Taliban kommen in unser Haus, sie sind da, jetzt!" Zusammen mit anderen Frauen versteckt sie sich im oberen Stock des Hauses, in dem sie in Kabul Zuflucht gefunden hat. Im Minutentakt schildert sie mir via WhatsApp, was vor sich geht. „Sie durchsuchen das Haus, sie filmen. Ich hoffe, sie kommen nicht in unser Zimmer." Ich zittere. Ich sitze 5000 Kilometer entfernt, bin dabei und gleichzeitig unendlich weit weg. Ich kann mir kaum vorstellen, was sie gerade durchmacht, solche Angst habe ich nicht erlebt. Ebenso wenig wie solche Machtlosigkeit in all ihrer Unmittelbarkeit. „Es herrscht ein riesiges Chaos. Es ist ein Horror." Sie nehmen sich, was sie brauchen, draußen entwaffnen sie die

Im Radiostudio – Mediale Präsenz ist für Frauen unter dem Taliban-Regime lebensgefährlich. (Foto: Privatsammlung Amena Karimyan)

Sicherheitsleute des Komplexes. Schließlich ziehen sie ab. Doch sie kündigen an, wiederzukommen.

Bis jetzt haben wir fast ausschließlich schriftlich kommuniziert, doch nun halte ich es nicht länger aus und rufe sie an. Ich bin unsagbar erleichtert, als ich ihre Stimme höre. Amenas Muttersprache ist Dari, Persisch und Farsi eng verwandt. Obwohl die meisten theoretischen Bücher ihrer Fakultät auf Englisch verfasst sind, hatte sie nie die Möglichkeit, die Sprache zu sprechen. Auch das ist meist ein Privileg der Männer. Dennoch tauschen wir uns über WhatsApp in Englisch aus, GoogleTranslate macht es möglich. Denn umgekehrt beherrsche ich kein Wort Dari, kann keinen einzigen Buchstaben lesen. Sie wird in langen Tagen und Nächten des Wartens versuchen, mir einzelne Begriffe beizubringen, doch die Struktur und der Klang sind so komplex, dass ich mir kaum etwas merken kann. Sie hingegen wird künftig nahezu die gesamte Kommunikation, von der ihr Leben und damit das ihrer Familie abhängt, in einer Sprache führen müssen, die sie nicht spricht und die nicht die ihre ist.

Die österreichische Botschaft wird aktiv und setzt Amena auf ihre Liste jener Personen, denen man beim Verlassen des Landes helfen will. Die Bedingung: Sie kommt allein. Österreich schickt im Gegensatz zu anderen Ländern weder Flugzeuge noch Konvois zur Evakuierung. Die Diplomat*innen sind ausschließlich beim Grenzübertritt nach Möglichkeit behilflich. Es bleibt einzig der Landweg, wie fragt niemand.

19. August – Wenn ich es nicht lebend hier raus schaffe ...

Sprache, Stadt, die Menschen, die sie liebt. Nun ist der Moment der Entscheidung gekommen. Ich habe Angst, ihr zu raten, sie zu ermutigen und gleichzeitig, es nicht zu tun. Ich kann die Lage nicht einschätzen und sage ihr das auch. „Du hast mich innerlich nicht sterben lassen, das ist so wichtig für mich", schreibt sie mir. Ihre Familie ist dagegen, dass sie allein aufbricht, doch einmal mehr setzt Amena sich durch. Während ich, egal wie sie sich entscheidet, um ihr Leben bange, hat sie ihren Entschluss gefasst. Sie wird gehen. Schließlich stimmt auch ihre Familie zu. Amena wird sich ganz allein auf den lebensgefährlichen Weg nach Pakistan machen. Sie erfüllt die Bedingung der österreichischen Botschaft.

Inzwischen verbreitet sich das Gerücht, das Internet werde bald abgeschaltet. Wie sollten wir dann noch Kontakt halten? Es passiert nicht, doch die Angst ist da, kein Tag vergeht ohne Hiobsbotschaften und Gerüchte gibt es unzählige. Wie noch unterscheiden zwischen Wahr und Falsch? So schnell wie die Meldungen auftauchen und wieder verschwinden, fällt es auch uns als Journalist*innen schwer, sie auf ihren Wahrheitsgehalt zu überprüfen bzw. ist es mitunter schlicht unmöglich. Doch sie tun ihre Wirkung. Sie zermürben Menschen, die ohnehin schon um ihr Leben bangen, noch weiter. Sie schüren Misstrauen und Furcht. Nun drängt Amenas Familie sie zum Aufbruch. Die Angst, dass ihr etwas zustößt, wächst jeden Tag mehr. Auch die Nachrichten über die Lage an den Grenzen sind kaum zu verifizieren. Wo wann wer wie durchkommt, kann sich innerhalb von Stunden ändern.

24. August – Nach Torkham, erster Versuch

Am 24. August wagt Amena den ersten Versuch, über die Grenze zu kommen. Zwischen Kabul und dem nächsten Grenzübergang in Torkham liegen über sechs Stunden Autofahrt auf unsicheren Straßen und zahlreiche Checkpoints der Taliban. Die Familie ihrer Schwester bringt sie an die Grenze, im Wissen, selber wieder zurück zu müssen, mit dabei deren kleiner Sohn, gerade mal zwei Jahre alt. Sie fahren los, und ich hoffe inständig, dass sie die Reise unbeschadet überstehen. Auf der anderen Seite wartet der Fahrer, den wir über private Kontakte buchstäblich um die halbe Welt organisiert haben, vergeblich, um sie von Torkham nach Islamabad zu bringen. Immer wieder versucht sie, die Grenzer zu überzeugen, immer wieder wird sie rüde abgewiesen. Sie hält mich über WhatsApp auf dem Laufenden, stundenlang. Ich texte verzweifelt der Botschaft, bitte um Unterstützung, diese wird auch zugesagt. Allein, sie scheint nicht zu wirken. Es wird Abend und Amena ist immer noch nicht auf der anderen Seite. Für die Rückfahrt nach Kabul ist es zu spät, zu gefährlich wäre die Tour im Dunkeln. Sie beziehen ein Zimmer in einem Guesthouse nahe dem Grenzübergang. Es ist verdreckt, laut, sie werden beschimpft, bedroht. Dreimal werden sie in dieser Nacht die Räume wechseln, aus Angst vor Angriffen. Ich schlafe kaum, hier in meiner Sicherheit, habe ich ihr falsch geraten? Wie konnte ich sie noch mehr in Gefahr bringen! Habe ich das? Am nächsten Morgen fragt sie verzweifelt, was sie tun soll. Ich habe keine Ahnung, bei der Botschaft kann man mir nicht sagen, ob und wann es gelingen wird, eine Genehmigung zu bekommen. Aber tagelang ausharren kann sie nicht, auch für ihre Schwester und deren Familie ist das unmöglich. Fix und fertig fahren sie zurück nach Kabul. Ihr kleiner Neffe wird krank.

30. August – Die letzte US-Maschine hebt ab

Am 30. August hebt die letzte US-Maschine vom Flughafen in Kabul ab, der Luftraum sei jetzt „unkontrolliertes Territorium". Zurück bleiben ein gebrochenes Land und Millionen Menschen in Angst und Verzweiflung. In der Nacht schickt mir Amena Videos, in der Dunkelheit blitzen einzelne Lichter am sternlosen Himmel auf, deutlich sind Schüsse und Explosionen zu hören. Sie erträgt diese Geräusche längst nicht mehr. „Wir sind alle in Panik, ganz Kabul ist wach. Überall wird geschossen. Rund um den Flughafen fliehen die Menschen aus ihren Häusern, aber keiner weiß wohin. Es ist schlimmer als je zuvor. Die Taliban feiern mit dem Blut der Menschen." Es sind Siegesschüsse, die die Taliban abfeuern. Später wird zu lesen sein, wie viele Menschen im Kugelhagel ihres Triumphes starben.

5. September – Ein Visum für Pakistan

Die österreichische Botschaft verhandelt für jene, die auf ihren Listen stehen, die Ausstellung pakistanischer Visa. Für Amena ist es schließlich am 5. September soweit. Als sie das Papier am Schalter der pakistanischen Botschaft in Kabul abholt, zittert sie, diesmal vor Freude. Sie ist unsagbar erleichtert. Zum ersten Mal hat sie eine greifbare Hoffnung.

9. September – Nach Torkham, zweiter Versuch

Kurz darauf macht sie sich ein weiteres Mal auf den Weg nach Torkham. Wieder Staub, gefährliche Straßen, eine stundenlange Fahrt vorbei an bewaffneten Kontrollen Richtung Grenze, unterwegs Werbung der Taliban für Koranschulen an den Wänden und immer wieder ihre schwarzweißen Flaggen. Aber diesmal hat sie einen „Letter of Protection" der österreichischen Botschaft im Gepäck, in dem steht, dass „ein Visum zur Einreise nach Österreich an der österreichischen Botschaft Islamabad" bereitliege.

Unter dieser Voraussetzung wird der Einreise vom pakistanischen Innenministerium zugestimmt. Doch als Amena Karimyan am 9. September in Torkham ankommt, erwartet sie dasselbe wie beim letzten Mal – nur schlimmer. Erst schicken die Taliban sie zurück, immer wieder. Sie beschimpfen sie wüst und drohen ihr Gewalt an. Sie verweist wiederholt auf den österreichischen Schutzbrief, aber sie kommt nicht weiter.

Schließlich hat man alle Wartenden passieren lassen – nur sie nicht. Sie ist wütend und verzweifelt. Als Dari sprechende Tadschikin ist sie ein Leben lang massiver Diskriminierung ausgesetzt und in ihrem Land als Mensch zweiter Klasse behandelt worden, und jetzt will man sie auch noch daran hindern, es zu verlassen. Doch auch von pakistanischer Seite kommt keine Unterstützung, im Gegenteil. „Der Geist von uns allen ist gebrochen. Auf der einen Seite die Taliban, die befehlen, den Hijab zu tragen und uns Waffen an die Stirn halten. Auf der anderen Seite ein pakistanischer Soldat, der uns die Grenze auch nicht überqueren lassen will", schreibt sie bitter. Stundenlang wartet sie in brütender Hitze, in Ganzkörperverhüllung und Wollmaske. Der Akku ihres Handys geht zur Neige, es gibt keinen Strom vor Ort. Sie schickt mir die Nummer ihres Schwagers, der mitgekommen ist, wieder mit ihrer Schwester und dem kleinen Neffen. Irgendwann ist sie mit den Nerven am Ende. „Evelyn, ich halte das nicht mehr aus, ich gehe zurück nach Herat, egal was mit mir passiert. Ich kann das meiner Schwester nicht länger antun." Ich beknie sie, abzuwarten. Mir ist klar, die Botschaft arbeitet, doch gerade wird keiner unserer verzweifelten Anrufe beantwortet. Ich bin zerrissen, einmal mehr – rate ich ihr das Richtige? Bringe ich alle noch mehr in Gefahr? Ich kann sie doch jetzt nicht zurückgehen lassen. Ich habe die Versicherung der Botschaft, dass die pakistanische Seite ihre Zustimmung zum Grenzübertritt gegeben hat. Warum kommt sie dann jetzt nicht durch? Warum hilft ihr niemand? Noch einmal ergreift sie selbst die Initiative, auf einem Parkplatz in der Nähe lädt sie ihr Handy bei einem der Autos auf. Aus der Botschaft heißt es, sie solle warten. Wie lange, schreiben sie nicht. Ein „Urgent Letter" sei in Vorbereitung. Der soll helfen, die Grenzer zu überzeugen. Sie schicken ihr schließlich eine „Note Verbale", in der die pakistanischen Autoritäten dringend gebeten werden, sie als „Bürgerin, die eine österreichische Aufenthaltserlaubnis („resident permit") bekommen wird", über die Grenze zu lassen. „Die österreichischen Behörden übernehmen die volle Verantwortung, dass Frau Karimyan Pakistan in kürzestmöglicher Zeit verlässt." Wieder stimmt das pakistanische Innenministerium zu und gibt Anweisung, sie passieren zu lassen. Allein, es geschieht nicht.

Amena hat panische Angst. Sie ist die einzige Frau rundum, die Blicke und Drohungen der Taliban treffen sie immer und immer wieder. Es wird Abend, zu spät, um nach Jalalabad, die nächstgelegene große Stadt zu fahren. Wieder beziehen sie Quartier im selben Guesthouse. Wieder bleibt sie wach. Taliban gehen von Tür zu Tür, lärmen, drohen. Niemand schläft. Wir bleiben auf WhatsApp, die ganze Nacht. Sie erzählt mir von *Kayhana*, von der Begeisterung der Mädchen, schickt mir Fotos von ihren Treffen. Irgendwann driftet die Kommunikation zu Literatur, ihrem ersten Manuskript, dass sie zusammen mit einer Kollegin veröffentlichte, sie erzählt von Büchern, die sie gelesen hat, und wir finden erstaunlich viele, die wir beide kennen. Hier ist es weit nach Mitternacht, in Torkham gegen vier Uhr morgens. Sie war schon die Nächte zuvor fast durchgehend wach. Schließlich verspricht sie mir, wenigstens ein bisschen zu schlafen. Mir fallen die Augen zu, zwei Stunden später wache ich auf, sie ist noch immer online.

10. September – Über die Grenze

Um sechs Uhr früh lese ich Amenas Nachricht, die Taliban hätten sie mit vorgehaltenen Waffen zurückgedrängt, ihr das Gewehr an die Schläfe gehalten und gedroht, abzudrücken, wenn sie auch nur einen Schritt weiter mache. „Hier traut sich niemand ein Wort zu sagen, die Antwort sind immer nur Waffen."

Ihre Panik wächst, aber sie wartet weiter. Setzt sich. Drei Taliban kommen vorbei, beschimpfen sie, einer schlägt mit der Peitsche zu. Sie zittert am ganzen Körper, Tränen der Angst und der Verzweiflung. Sie will nur weg, egal wohin. Sie folgen ihr zurück zum Guesthouse, beschimpfen sie weiter, drohen. Ihre Schwester brüllt sie an zu verschwinden. Ein lebensgefährlicher Akt der Verzweiflung. Ich sitze im sicheren Wohnzimmer und lese alles nahezu in Echtzeit mit. Ich weiß nicht mehr, was ich tun soll. Was mache ich hier, während sie um ihr Leben kämpft? Wenn ihr was passiert, werde ich mir das nie verzeihen, vergessen werde ich diese Tage ohnehin nicht.

Sie versucht es weiter. Am späten Vormittag reißt plötzlich für zwanzig Minuten die Verbindung ab. Dann endlich, eine Nachricht. „Die Taliban haben mich verhaftet." Ich bin geschockt, was ist passiert? Sie antwortet nicht. Fünf Minuten, zehn Minuten, eine halbe Stunde. Eineinhalb Stunden später blinkt eine Meldung von ihr am Display. Die Taliban haben sie festgenommen, zu ihrem Chef gebracht, ihre Daten aufgenommen, von allen die Papiere gescannt. Was sie noch getan haben, ist sie nicht imstande zu beschreiben. Sie scheint sich zwischen den Grenzen zu befinden. Der Akku ihres Telefons ist wieder fast leer. Dann höre ich zwei Stunden nichts mehr. Endlos.

Die erlösende Nachricht kommt vom Fahrer auf der pakistanischen Seite, der auch diesmal seit dem frühen Morgen auf sie wartet. Sie hat es geschafft, sie ist drüben! Ich weiß nicht, wann ich zuletzt so erleichtert war. Auch Amenas Handy hat wieder Netz. Umgehend schreibe ich der Botschaft und erfahre, dass Amena sich dort bereits selbst gemeldet hat. Das Schlimmste hat sie geschafft. Jetzt kann nicht mehr viel schiefgehen – denke ich.

Über Bekannte haben wir ein sicheres Hotel für sie organisiert, wo sie erstmal zu sich kommen soll. Doch ist das überhaupt möglich? Nach allem, was sie durchgemacht hat, ist sie in einem ihr fremden Land gestrandet, die pakistanische Landessprache Urdu spricht sie nicht. Sie ist zum ersten Mal außerhalb Afghanistans und sie ist ganz allein.

16. September – Erster Termin bei der Österreichischen Botschaft

Drei Tage nach ihrer Ankunft erhält sie die Verständigung über ihren ersten Termin bei der österreichischen Botschaft. Entgegen früheren Auskünften, in denen sie aufgefordert wurde, ein Visum der Kategorie C für drei Monate zu beantragen, soll sie nun die Unterlagen für ein Visum der Kategorie D mitbringen. Zunächst sind wir erfreut, ein solches gilt für sechs Monate und gibt ihr mehr Zeit für ihre Aktivitäten in Österreich. Sie bestätigt den Termin umgehend und bereitet sich akribisch vor. Ich helfe per WhatsApp mit Erklärungen, wenn Google Translate an der Bürokratie der Formulare scheitert. Sie sammelt alle nötigen Dokumente, findet einen Copy Shop für die geforderten Kopien. Als sie sich am 16. September auf den Weg zur Botschaft macht, hat sie außerdem noch Safran aus Herat eingepackt, als kleine Dankesgeste für die Hilfe. Sie ist nervös, hat Angst, etwas falsch zu machen, die Situation ist völlig neu für sie. Gleichzeitig freut sie sich, endlich nach Österreich zu kommen. Sie ist neugierig auf den Austausch mit jenen Leuten, die sie eingeladen haben, schon vorher hat sie mich nach allen Details gefragt, über persönliche Arbeitsschwerpunkte und Interessen der Personen, die Tätigkeitsfelder der Institutionen und Arbeitsweisen der Organisationen. Doch so sehr sie sich auch inhaltlich auf ihren Aufenthalt vorbereitet, so wenig Erfahrung hat sie mit bürokratischen Abläufen.

Als sie sich nach dem Gespräch meldet, ist sie aufgelöst. Sie hätte nicht alle Fragen beantworten können. Ja, selbstverständlich möchte sie nach Österreich, um ihre Einladungen anzunehmen, was sonst? Natürlich will sie die Zeit ihres Aufenthalts auch nutzen, um ihre Sprachkenntnisse zu verbessern. Was danach kommt? Woher soll sie das jetzt wissen? Sie ist gerade dem Horror der Taliban entronnen, sie macht sich furchtbare Sorgen um ihre Familie, die jetzt, nach dem Aufsehen, das sie erregt hat, noch mehr zur Zielscheibe wird. Sie hat keine Ahnung, was sie tun wird können und was nicht. Wie soll sie erklären, was in sechs Monaten sein wird? „Evelyn, ich fühle mich so hilflos." Der Safran ist noch immer in ihrer Tasche, die sie am Eingang abgeben musste.

Man hat sie aufgefordert, weitere Dokumente nachzureichen, das tut sie am 24. September, im selben E-Mail schickt sie wie ebenfalls verlangt ein Terminanfrageformular für ein Folgegespräch.

Am 1. Oktober antwortet ihr die Botschaft mit einem standardisierten E-Mail, das einen weiteren Link zu einem Formular zur Terminvergabe enthält. Auch die-

Blick in eine ungewisse Zukunft, jeden Tag – A. Karimyan bei der Sternenbeobachtung in Islamabad. (Foto: Privatsammlung Amena Karimyan)

ses füllt sie pflichtschuldig aus und schickt noch am selben Tag ein Antwort-Mail zurück.

In den Tagen dazwischen streckt sie vorsichtig die Fühler aus, und wieder ist es ihre Leidenschaft für die Weiten des Weltalls, die ihr Mut gibt. Die junge Wissenschaftlerin verschafft sich einen Überblick über astronomische Institutionen in Islamabad und trifft sich schließlich mit einer Gruppe pakistanischer Astronomen zur nächtlichen Sternenbeobachtung. Nicht ohne zuvor Sicherheitsfragen abzuwägen, zu groß ist ihre Furcht auch hier vor Angriffen. Kurz bevor sie ihr Hotelzimmer verlässt, schickt sie mir ein Foto, auf dem sie Jeans, T-Shirt, offenes Haar trägt. „Ich wünschte, ich könnte so rausgehen", schreibt sie darunter.

12. Oktober – Zweiter Termin bei der Österreichischen Botschaft

Vom Konsulat kommt keine Nachricht. Sie wird immer ängstlicher. Am 6. Oktober heißt es auf Rückfrage, das Formular für das Visum D fehle noch immer. Kein Wort über das E-Mail, dem sämtliche geforderte Unterlagen beigefügt waren. Aber Amena bekommt nun endlich den Termin zum zweiten Gespräch.

Wieder weiß sie nicht, was sie erwartet, wohl aber, dass ihr Leben von der Entscheidung jener Leute abhängt, denen sie gleich wieder gegenübersitzen wird.

Am 12. Oktober, da soll sie auch das Formular wieder mitbringen. Gewissenhaft füllt sie es also zum dritten Mal aus, diesmal von Hand, und legt es, mit allen weiteren Dokumenten, im Konsulat vor.

Doch diesmal sind es andere Mitarbeiter, auch das Gespräch sei völlig anders verlaufen, berichtet sie kurz darauf. Man habe ihr gesagt, sie hätte lediglich eine 50:50 Chance – und ihr schon wieder ein Formular mitgegeben, nun doch für ein Visum der Kategorie C. Auf keine ihrer Fragen hätte sie eine Antwort bekommen, keine Erklärung, nichts. Nur wieder das Formular. Eine Stunde später retourniert sie es ausgefüllt an die Botschaft.

13. Oktober – Die Ablehnung

Diese reagiert nun rasch. Schon am nächsten Tag wird sie wieder einbestellt. Doch jetzt wird sie nicht einmal eingelassen. Am Eingang drückt man ihr einen Bescheid in die Hand, den sie zu unterschreiben hat. Es ist die Ablehnung ihres Visums. Die darin angeführte Begründung: Ihre Ausreise nach Ablauf des Visums aus Österreich sei nicht gesichert.

Sie steht unter Schock, ist vollkommen haltlos. Irgendwann wird sie mir schreiben: „Ich dachte, vielleicht verdiene ich es einfach nicht, in dein Land zu kommen. Vielleicht bin ich wirklich so wenig wert. Schlimmer als die Verzweiflung ist die totale Zerstörung des Selbstwertes. Das tötet einen von innen." Ihr Ton hat sich verändert, ihre Abwesenheiten werden länger. Ich mache mir Sorgen. Zu Recht, wie sie mir viel später eingestehen wird. „Eine Zeitlang habe ich an Selbstmord gedacht."

Sie hat zum zweiten Mal innerhalb weniger Wochen alles verloren. Doch diesmal ist es nicht die Vergangenheit, sondern die Zukunft, die man ihr entrissen hat.

Ich schäme mich in Grund und Boden. Was ist unser Entsetzen über die Taliban wert, wenn man jenen, die vor ihrer Bedrohung fliehen, die Tür vor der Nase zuschlägt? Gelten Frauenrechte in Österreich tatsächlich nur für die, die zufällig mit dem richtigen Pass auf die Welt gekommen sind?

Wie kann die Regierung eines Rechtsstaates lebenswichtige schriftliche Zusagen abgeben und sie dann kommentarlos ignorieren? Zusagen nicht nur gegenüber einer jungen Frau in Gefahr, sondern auch gegenüber den Behörden eines anderen Staates, Pakistan?

25. Oktober – Einspruch

Gegen den Bescheid erhebt sie schließlich am 25. Oktober Einspruch, diesem legt sie drei weitere Einladungen renommierter Institutionen aus Kroatien, Serbien und Kanada/USA bei, die ihre Reisepläne belegen. Alle betreffen den Zeitraum nach Ablauf des beantragten Visums.

10. November – Neuerliche Ablehnung, selbe Begründung

Doch auch das lässt die Behörden kalt. Am 9. November bestellt man sie ein weiteres Mal telefonisch für den folgenden Tag zur Botschaft. Am Morgen des 10. November wird ihr dort ein weiteres Mal wortlos die neuerliche Ablehnung ausgehändigt. Da stehe alles drin, lautet die einzige Auskunft, die sie zu hören bekommt. Die Begründung ist nahezu wortgleich wie die in der ersten Abweisung. Genau heute vor zwei Monaten, am 10. September, ist sie den Taliban entronnen. Nun sitzt sie in der Falle.

In der Falle

Eine Rückkehr nach Afghanistan würde Amenas Tod bedeuten. Ihre Grenzüberquerung hat nicht nur die Aufmerksamkeit der Taliban, sondern vor allem deren Zorn erregt. Wie konnte diese junge Frau eine solche Aktion wagen und auf ihrer Freiheit bestehen? Doch jetzt scheint auch diese Freiheit ein Trugbild zu sein. In all den Wochen sind die Nachrichten über die verheerende Situation in Afghanistan nicht abgerissen. Mädchen werden aus dem Schulunterricht verbannt, Universitäten geschlossen, eine noch nie gesehene neue Kleiderordnung für Frauen eingeführt, die noch weniger als die Burka den Menschen unterm schwarzen Stoff erkennen lässt, Leute werden ausgepeitscht, verschleppt, ermordet. In Herat finden öffentliche Exekutionen statt und der kleinste Widerstand wird von den Taliban im Keim erstickt.

Freund*innen und Familienmitglieder von Amena fliehen, verschwinden, verstecken sich in panischer Angst vor ihren Verfolgern. Nach und nach häufen sich auch die Meldungen von Angriffen in Pakistan. Als ein Zivilingenieur, der für die Stadtverwaltung von Kabul gearbeitet hat, in Islamabad auf offener Straße erschossen wird, versetzt dies Amena tagelang in Furcht. Wie aktiv die Taliban in Pakistan sind, weiß die Welt spätestens seit dem Anschlag auf die Aktivistin und spätere Friedensnobelpreisträgerin Malala Yousafzai. Knapp zehn Jahre später sind sie nun auch noch zurück an der Macht.

Die Stimme erheben

Sowohl als Journalistin als auch Akteurin weiß ich um die Notwendigkeit, diese Geschichte zu erzählen. Wegen meiner persönlichen Involviertheit ist es allerdings unmöglich, dies aus professioneller Distanz zu tun. Daher bitte ich Kolleg*innen um ihre Einschätzung. Alle, denen ich die Abläufe schildere, sind entsetzt. Wie konnten die Verantwortlichen Amena in eine solche Lage bringen? Medien greifen die Geschichte auf und beginnen zu berichten. Am 22. November startet *SOS Mitmensch* eine Petition, die am 16. Dezember als Eil-Appell dem Außenministerium übergeben wird. In nicht einmal einem Monat haben über 7400 Menschen die Forderung unterschrieben, der jungen Astronomin das ihr zugesicherte Visum umgehend auszustellen und sie nach Österreich zu holen. Es treffen zahlreiche Solidaritätsbekundungen ein, die erste ist von Elfriede Jelinek: „Das Schlimmste, das ich mir vorstellen kann, ist, einem Menschen, der am Ertrinken ist, die Hand hinzuhalten und sie dann im letzten Moment doch noch wegzuziehen. Einem Menschen Hoffnung zu machen und die Rettung im letzten Augenblick zu verweigern. Das hat das österreichische Außenministerium mit Amena Karimyan gemacht", so die Literaturnobelpreisträgerin. Sie ist zutiefst empört. „Wir haben schon genug Frauen und genug Forscherinnen, da brauchen wir uns nicht eigens noch welche zu holen, nicht einmal für ein paar Monate. Das haben sie sich vielleicht gedacht. Und Frauenrechtlerinnen brauchen wir hier sowieso nicht. Wer braucht die schon … Die arme junge Frau muss sofort unterstützt werden, so wie es ihr versprochen wurde. Das ist keine Frage."

Für Burgschauspieler Cornelius Obonya ist das Verhalten des Außenministeriums „nicht tragbar." Denn: „Es zeigt Verachtung ihr gegenüber, es zeigt Verachtung der Situation fliehen müssender Menschen gegenüber und nicht zuletzt zeigt es Verachtung österreichischen wissenschaftlichen Einrichtungen gegenüber."

Das findet auch Autorin Eva Rossmann und sieht einen „doppelten Skandal: Man nimmt das Terror-Regime der Taliban als Vorwand, um sie auszuladen. Man überlässt eine junge Frau, die sich auf offizielle österreichische Einrichtungen verlassen hat, schutzlos ihrem Schicksal. Um Bundespräsident Van der Bellen zu zitieren: So sind wir nicht! Hoffentlich."

Erika Pluhar bringt die Zustände auf den Punkt. „Ein vom Außenministerium zugesichertes Visum plötzlich zurückzuziehen, weil man befürchtet, jemand, den man wert befand, aus Afghanistan nach Österreich einzureisen, könne diesen Aufenthalt vielleicht aus Not verlängern – was für ein menschenfeindliches Verhalten tritt doch dabei an den Tag. Nicht umsonst lud man Amena Karimyan ein. Eine anerkannte Wissenschaftlerin und Frauenrechtsaktivistin lud man ein. Wie sieht es dann mit Menschen aus – mit Frauen aus – die ohne unsere Akademie der Wissenschaften und ohne die Universität Graz in unserem Land Zuflucht suchen? Schmählich sieht es aus! Würdelos, engherzig und populistisch beatmet geht Österreich mit dem Thema Flucht, Flüchtlinge, Aufnahmebereitschaft um. Amena Karimyan, in Islamabad von der österreichischen Botschaft – trotz Zusage und Flugticket – ihrem Schicksal überlassen – ist ein trauriges Beispiel. Ich schäme mich."

Ein Kollege auf Twitter erinnert: „Österreich hatte einmal einen Botschafter in Prag, der gegen die ausdrückliche Weisung des Außenministers 50.000 Visa an Flüchtlinge ausstellte. Er hieß Rudolf Kirchschläger. Der Minister Kurt Waldheim. Der Vergleich macht sicher."

Amenas Aufenthalt in Islamabad, der für wenige Tage geplant war und nun schon Monate dauert, können wir längst nur mehr durch ein privates Netzwerk und Spenden finanzieren. Gehen die aus, sitzt Amena Karimyan in Islamabad buchstäblich auf der Straße. Denn sie hat nichts, die paar Dollar, mit denen sie in Islamabad ankam, sind längst verbraucht. Ihren Eltern und Schwestern, allen Lehrerinnen wurde ihr Gehalt schon seit Monaten nicht mehr ausbezahlt, sie wissen bereits jetzt nicht mehr, wovon sie leben sollen. Die Armut in Afghanistan wächst rasant. Das World Food Programm der Vereinten Nationen warnt vor einer Hungersnot. Für 8,7 Millionen gäbe es nicht mehr genug zu essen, um diesen Winter zu überleben. Bilder und Videos von Familien, die ihre kleinen Mädchen für umgerechnet 15 oder 20 Euro verkaufen, gehen durch die Medien. Allein, es interessiert nur wenige. Armut tötet leiser als Bomben.

Ursula Strauss, Schauspielerin und UN-Botschafterin für die *Orange the World*-Kampagne gegen Gewalt an Frauen, ruft zur Unterstützung der 25-jährigen afghanischen Forscherin auf, ebenso Autorin Julya Rabinowich. „Was der jungen Frau versprochen wurde, nämlich ein Visum für Österreich, muss eingehalten werden! Hier geht es um Glaubwürdigkeit, Verlässlichkeit und Haltung. So viel Anstand muss sein. Österreich ist ein Land und keine Boulevardzeitung."

Die BBC hat die Astronomin im Dezember zu einer der 100 inspirierendsten und einflussreichsten Frauen 2021 gekürt, was für ein Gewinn wäre ihr Aufenthalt für Österreich.

Wir wissen so wenig voneinander, dabei wäre der Austausch und das Lernen so leicht – und so notwendig, für alle. Doch man macht es so schwer.

Inzwischen hängt Amena Karimyan seit über drei Monaten in Pakistan fest. Noch immer wird ihr die Weiterreise nach Österreich verwehrt. Es gab ungezählte Versuche, Gespräche, Versprechungen, angekündigte oder tatsächliche Bemühungen. Doch ihre Lage ist nach wie vor unverändert – oder vielmehr, sie wird mit jedem Tag, den sie in Islamabad bleiben muss, gefährlicher.

Der Westen ist entsetzt von der Rückständigkeit und Brutalität der Taliban, wir empören uns über ihre Wissenschafts-, Kultur- und Frauenfeindlichkeit. Aber wir lassen es nicht nur geschehen, wir legitimieren ihre Taten auch noch, indem wir jenen nicht helfen, die von ihrem Regime verfolgt werden. Dabei fehlt es der Welt gerade jetzt am Nötigsten: dem Gegenteil von Ignoranz. Wir sollten alle nach den Sternen greifen.

Jänner 2022 – Wendepunkt und Neubeginn

Wie jedes Jahr sind in Österreich rund um die Weihnachtsfeiertage jede Menge warme Worte zu hören und zu lesen, so auch 2021. Doch diese Lichter am dunklen Himmel der Alpenrepublik scheinen nur innerhalb ihrer engen Grenzen. Dass es auch anders geht, beweist einmal mehr eine Entscheidung, von der wir kurz nach dem Jahreswechsel erfahren. Amena wird von Deutschland auf die Liste besonders bedrohter Afghan*innen gesetzt. Von diesem Moment an geht alles sehr schnell. Bei einem Termin in der deutschen Botschaft in Islamabad werden ihre Daten für die Ausstellung eines deutschen Visums aufgenommen. Wir sind überrascht und unglaublich erleichtert. Kurz darauf teilt man ihr den Abflugtermin mit, in drei Tagen! Obwohl ich um die Verbindlichkeit dieser Zusage weiß, bleibt ein Bangen. Zu oft haben sich in letzter Minute scheinbar unüberwindbare Hindernisse aufgetan. Wird diesmal alles gut gehen?

Am Tag vor dem Abflug erhält sie ihr Visum. Aufatmen. Noch einmal packt sie ihre Sachen, nun ist es soweit. Ein langer Weg liegt vor ihr, die Schrecken des Erleb-

Nach monatelanger Odyssee endlich Aufbruch nach Europa, nach Deutschland. (Foto: Privatsammlung Amena Karimyan)

ten kann sie nicht zurücklassen. Später wird sie schreiben: „Ich habe mich selbst verloren." Ein letztes Foto am Flughafen von Islamabad, dann steigt sie zum ersten Mal in ihrem Leben in ein Flugzeug. Es bringt sie nach Europa, nach Deutschland, in Sicherheit. Spät in der Nacht vom 6. auf 7. Jänner leuchtet Amenas Nachricht bei mir auf: „Ich bin da."

Aktueller Nachtrag: Juli 2022 – Ankommen, weitermachen, „was bleibt mir anderes übrig?"

Afghanistan ist nahezu aus den westlichen Nachrichten verschwunden, doch die Taliban und ihr Regime sind geblieben. Besonders für Mädchen und Frauen ist jeder Tag unter ihrer Herrschaft ein wahr gewordener Albtraum. Noch immer ist ihr Zugang zu Bildung stark eingeschränkt oder wird vornehmlich religiös dominiert. Gleichzeitig wächst die Armut in weiten Teilen des Landes drastisch, Millionen Menschen haben ihre Arbeit verloren und durch den Krieg in der Ukraine steigen die Lebensmittelpreise weiter unaufhaltsam. Mehr als das halbe Land hungert. Auch die Zahl der Kinder- und Zwangsverheiratungen nimmt rasant zu, die Armut zwingt viele Familien, ihre Mädchen mitunter schon im Alter von acht oder neun Jahren für das Brautgeld, das das Überleben der restlichen Familie für kurze

Zeit ermöglicht, zu verkaufen. Manchmal wird vereinbart, dass die Ehe erst vollzogen wird, wenn die Mädchen ihre erste Periode bekommen. Hält sich der Mann daran, beginnt der Missbrauch statt mit acht mit elf oder zwölf Jahren. Schon vor der Übernahme durch die Taliban war Afghanistan das Land mit der höchsten Selbstmordrate weltweit, 80 Prozent davon Frauen. Heute geschieht es täglich, dass Frauen den psychischen Druck, die allgegenwärtige Gewalt und die immer stärkere Isolation nicht mehr ertragen und sich das Leben nehmen. Sie dürfen ohne männliche Begleitung nicht reisen, nicht einmal auf die Straße, haben kaum die Möglichkeit, einen Beruf auszuüben, die Burka ist obligatorisch. Über 1,2 Millionen Mädchen wird der Zugang zu weiterführender Bildung verwehrt.

All das lässt auch Amena in Deutschland kaum schlafen. Die Rücklagen ihrer Familie sind quasi aufgebraucht, ihre Mitglieder zum Teil in Afghanistan, zum Teil in den Nachbarländern verstreut, nahezu ohne Chance auf westliche Visa. Doch Amena gibt nicht auf, „was bleibt mir anderes übrig?" Wenn sie nicht gerade zur Schule geht und Deutsch lernt, versucht sie alles, um Familie und Freundinnen zu unterstützen. Der psychische Druck ist enorm. Zudem hält sie nahezu jeden Abend Online-Klassen mit ihren Kayhana-Schülerinnen. „Es ist so wichtig, die Mädchen nicht im Stich zu lassen, besonders jetzt!" Im August wird es ein Jahr, seit die Taliban die Macht übernommen haben. International sind Protestkundgebungen geplant, in Afghanistan selbst werden Frauen, die sich an Demonstrationen beteiligt haben, bedroht, geschlagen, eingesperrt. Auf all das versuchen Afghan*innen seit Monaten, aufmerksam zu machen, nun belegt auch ein aktueller Report von Amnesty International ihre Berichte. Eines ist jedenfalls klar. Wenn die internationale Gemeinschaft zulässt, dass Millionen von Menschen ihrer grundlegenden Rechte beraubt werden, wird das nirgendwo ohne Folgen bleiben. Eine Normalisierung dieses patriarchalen Regimes verschiebt die Standards drastisch, nicht einzig in Afghanistan, sondern weltweit.

Erstabdruck des Originaltextes: ausreißer – Die Wandzeitung, im Dezember 2021; https://ausreisser.mur.at/2021/12/20/nacht-ueber-oesterreich-fuer-afghanische-astronomin-2/

Weiterführende Literatur

Death in slow motion. Women and girls under Taliban rule. Amnesty International, Juli 2022. https://www.amnesty.org/en/documents/asa11/5685/2022/en/

Bauer, Wolfgang: Am Ende der Straße: Afghanistan zwischen Hoffnung und Scheitern. Eine Reportage, Berlin 2022.

Aleksandra Tulej/Soza Al-Mohammad

Zwischen Polen und Belarus – an Europas Grenze der Menschlichkeit

Sie essen Blätter von den Bäumen, trinken verseuchtes Wasser und frieren im Wald. Seit Sommer 2021 versuchen Menschen aus Syrien und dem Irak verstärkt, von Belarus nach Polen in die EU zu kommen. Nur wenige schaffen es.

Der belarussische Machthaber Alexandr Lukaschenko soll Flüchtlinge mit Charterflügen nach Minsk gelockt haben – mit einem Touristenvisum. Die EU wirft Lukaschenko vor, die Menschen gezielt ins Land zu holen und an die EU-Außengrenze zu schleusen, um den Migrationsdruck auf Europa zu erhöhen und sich auf diese Art für die Sanktionen gegen sein autoritäres Regime zu rächen. Polen lässt diese Menschen nicht ins Land – es kommt zu häufigen Pushbacks – das heißt, die Menschen werden ohne eine Chance auf ein Asylverfahren wieder auf die belarussische Seite im Wald gebracht. Die EU bietet Polen an, bei der Registrierung von Geflüchteten zu helfen – darum müsste das Land aber selbst ansuchen.

Private Reisebüros in der Türkei, dem Libanon und dem Irak sowie private und staatliche Reiseunternehmen aus Belarus bewerben die Reise als touristisches Angebot auf ihren Webseiten und Sozialen Netzwerken. Das ist scheinbar eine Strategie der belarussischen Regierung, die im Mai 2021 angekündigt hatte, keine MigrantInnen mehr aufzuhalten, die in die EU einreisen wollen.

Wir waren im November 2021 vor Ort. Medienpräsenz war während unseres Aufenthaltes strikt verboten. Um die Sperrzone an der Grenze journalistisch zu durchbrechen, haben wir Soldaten via Tinder kontaktiert und Untergrund-AktivistInnen in den Wald begleitet.[1]

„Organisierter Ansturm aus Minsk und Moskau"

„Für unsere Frauen, Frauen wie dich, werde ich in den Krieg ziehen gegen dieses Gesindel!", schreibt Łukasz* uns auf Tinder. Łukasz glaubt, er schreibt einer Kindergärtnerin aus Warschau, die wissen will, wie es den Soldaten an der polnisch-belarussischen Grenze geht. Łukasz ist einer von über 25 Soldaten, die wir an jenem Abend kontaktieren. Was sie alle nicht wissen: Hinter diesem Tinder-Profil verstecken sich Journalistinnen, die nur wenige Kilometer von ihrem Einsatzort in einer Herberge sitzen – und auf offiziellem Weg keine Informationen vom Grenzschutz bekommen.

Auf offiziellem Wege an Informationen zu gelangen, ist hier an der polnisch-belarussischen Grenze fast unmöglich. Seit Wochen harren an der Grenze im Wald mehrere tausend geflüchtete Menschen aus. Sie kommen aus dem Irak, Syrien oder Afghanistan. Sie hoffen auf ein faires Asylverfahren in Europa. „In nur vier Stunden kommt ihr von Minsk nach Deutschland", wurde ihnen von Schleppern versprochen – angeblich angestiftet durch den belarussischen Machthaber Alexandr Lukaschenko. Die polnische Regierung hat an der Grenze eine Sperrzone eingerichtet und den Ausnahmezustand verhängt. Insgesamt liegen 183 Ortschaften in dem Gebiet. Im Grenzgebiet sind 15.000 Soldaten stationiert. Um einer „Invasion aus dem Osten" vorzubeugen, um „die EU-Grenzen vor einem organisierten Ansturm aus Minsk und Moskau zu schützen", so Polens Ministerpräsident Mateusz Morawiecki.

Offizielle Bilder direkt von der Grenze kommen vom polnischen Staatsfernsehen, das von der rechtsnationalen Regierungspartei PiS (Prawo i Sprawiedliwość – dt.: Partei für Recht und Gerechtigkeit) kontrolliert wird. Diese Bilder zeigen, was die Regierung zeigen will. Es gibt ein klares Narrativ: Der Islam will Polen erobern, aggressive Flüchtlinge wollen Europa stürmen. Polen und Belarus liefern sich einen Propagandakrieg auf Kosten von Menschenleben: Während wir im Grenzgebiet sind, hören wir immer wieder, dass erneut jemand erfroren oder verhungert ist. In die Sperrzone auf der polnischen Seite kommen keine Hilfsorganisationen, keine medizinische Hilfe und keine JournalistInnen rein. Die einzigen Menschen, die sich dort frei bewegen dürfen, sind Anrainer:innen und jene, die arbeitsbedingt in den Wald müssen. So etwas haben wir in der EU bis jetzt noch nicht erlebt. Für die Missachtung der Sperrzone drohen Geldstrafen und bis zu drei Monate Freiheitsentzug. Wir kommen nicht rein, aber wir kommen nah ran.

Polizeicheckpoints im Wald

Als wir uns mit dem Auto über dunkle und steinige Waldwege dem Grenzgebiet nähern, fahren wir an mehreren Polizei-Checkpoints vorbei. Wir sitzen zu viert im Auto: Drei Polinnen mit polnischem Personalausweis und unsere Kamerafrau, die einen österreichischen Konventionspass hat – sie ist in Syrien geboren und wurde als Flüchtling in Österreich anerkannt. Dies sorgt bei den Kontrollen für unangenehme Fragen, während die Polizisten uns mit den Taschenlampen ins Gesicht leuchten. Was das für ein Pass sei, woher sie komme, wohin des Weges? Jedes Mal, wenn wir das blaue Licht in der Ferne sehen, stockt uns kurz der Atem. Dabei haben wir alle gültige Dokumente und sind in einer Zone, in der wir gerade noch sein dürfen. Aber wir merken schnell: Erwünscht sind wir hier nicht. Es ist dazu noch unglaublich kalt, um 16 Uhr ist es schon stockdunkel.

Die eisige Kälte lässt uns immer wieder daran denken, dass 15 Kilometer weiter Menschen frieren – und immer mehr von ihnen sterben. Über die App ‚Signal' bekommen wir von FlüchtlingshelferInnen die Information, dass gestern Nacht drei junge Männer im Wald gefunden wurden – auf der polnischen Seite. AktivistInnen haben sie in das Krankenhaus in Bielsk Podlaski gebracht – hier werden diese Menschen so lang behalten, bis sie wieder aus eigenen Kräften gehen können. Über das weitere Schicksal entscheiden die Behörden. Polen hält sich nicht immer an die Gesetze, auch nicht an die Genfer Flüchtlingskonvention. Medienpräsenz ist hier daher besonders wichtig – wäre niemand mit Kamera und Aufnahmegerät vor Ort, könnten die Grenzbeamten die Asylanträge der Geflüchteten zerreißen und sie direkt wieder nach Belarus pushen, wie uns Flüchtlingshelferin Sylwia Gillis erklärt. Hinkend, ausgemagert und einen Zettel mit der Aufschrift „I WANT ASYLUM IN POLAND" hochhaltend, kommt uns ein junger Mann entgegen. Laut seinen Angaben wurde sein Vater im Irak umgebracht, er will nie wieder zurück. Grenzsoldaten führen den jungen Mann in einen Militärwagen. Angeblich wird er vorübergehend in ein Flüchtlingslager gebracht. Was mit ihm passiert ist, haben wir bis Redaktionsschluss nicht erfahren.

Eine Scheibe Brot für 40 Dollar

„Dieser junge Mann, den sie gerade gesehen haben, hat seit zehn Tagen nichts außer Blätter gegessen und versifftes Wasser getrunken," erklärt uns Dr. Arsalan Azzadin, gebürtiger Kurde und Oberarzt des Spitals in Bielsk Podlaski. Dr. Azzadin hat viel zu tun – das hier ist eigentlich ein COVID-Spital. Es stellt sich aber heraus, dass er die Familie unserer Kamerafrau in Kurdistan kennt. Ein Zufall, mit dem keiner gerechnet hätte – deshalb bekommen wir ein kurzes Interview. Der Arzt hat vor kurzem einen Mann behandelt, dem belarussische Soldaten für 40 Dollar eine Scheibe Brot verkauft hatten. So verzweifelt sei die Lage der Menschen dort im Wald. Er hat bis jetzt über 50 Geflüchtete behandelt und alle seien sie in einem katastrophalen Zustand, wie er berichtet: Stark unterkühlt, mit Lungenentzündung, einige von ihnen seien geschlagen worden – durch Soldaten, wie sie ihm erzählten. „Wir haben hier auch eine hochschwangere Frau. Ich hoffe, dass wir sie so lange wie möglich hierbehalten können. Sie und ihr Baby sind in Lebensgefahr." Drei Tage später erfahren wir, dass das Baby eine Totgeburt war und auf dem muslimischen tatarischen Friedhof in Bohoniki begraben wurde. Dr. Azzadin warnt eindringlich: „Niemand sollte mehr versuchen, über diese Route herzukommen. Ich will nicht noch mehr Menschen sterben sehen."

Hilfe im Untergrund

Die Stimmung im Grenzgebiet ist angespannt. Wir befinden uns immerhin in Podlasie – der Region Polens, die den höchsten WählerInnenanteil der rechtsnationalen polnischen PiS-Regierungspartei hat. Die Mehrheit der BewohnerInnen hier will keine Geflüchteten aus Syrien oder dem Irak aufnehmen, sie sind auch dagegen, die Sperrzone zugänglich zu machen. Sie haben Angst. Einerseits vor einem Ansturm an MigrantInnen aus diesen Ländern, andererseits vor einem Krieg mit Belarus. Wir müssen vorsichtig sein, mit wem wir sprechen. Immer wieder gibt es hier in der Gegend rechtsnationale Aufmärsche und Berichte von Gewalt gegen Menschen mit nicht weißer Hautfarbe. Wir erfahren jedoch, dass es entlang der Sperrzone auch genügend Menschen gibt, die sich solidarisch zeigen und helfen, wie und wo es geht; heimlich, im Untergrund. Über ‚Signal' und über Mundpropaganda schaffen wir es, Menschen ausfindig zu machen, die privat aktiv Hilfe leisten – und dabei große Risiken eingehen. Sie möchten anonym bleiben. Wir treffen uns mit ihnen im Auto, im Wald und an abgelegenen Orten. Wie sie mit den Geflüchteten in Kontakt bleiben, verraten sie uns nicht. Sie alle agieren im Untergrund, wie sie immer wieder betonen. Zu groß ist die Angst, dass jemand ihre Identität erkennen könnte. Nicht nur Behörden, sondern auch die NachbarInnen dürfen nichts davon wissen.

Angst vor Spitzeln

„Niemand spricht hier öffentlich darüber, dass er Hilfe leistet. Dazu machen VolontärInnen doch die Arbeit, die eigentlich vom Staat oder durch NGOs geleistet werden sollte", erzählt uns Alicja*. „Wir wollen nur humanitäre Hilfe leisten. Und was passiert: Für viele bin ich hier die Lukaschenko-Schlampe, weil ich für die Aufnahme von Geflüchteten bin. Ich bin sehr vorsichtig, wem ich was erzähle." Wir reden mit ihr auf dem Dachboden ihres Hauses, dort sind wir ungestört. „Weißt du, mein Mann kommt aus dem Nahen Osten. Ich habe kleine Kinder, die dunkle Augen und eine dunklere Hautfarbe haben. Meine achtjährige Tochter hat Fotos dieser Kinder im Wald gesehen und gefragt, ob das irgendwelche Verwandten von uns sind." Sie muss immer wieder schlucken und beginnt zu weinen. „Sorry, ich muss jetzt eine rauchen", sagt sie. Sie zieht an ihrer E-Zigarette und erzählt weiter: „Bei Gott, ob Syrien oder Irak, wo aktive Kriege geführt wurden – überall gab es humanitäre Hilfe. Das, was bei uns passiert, geht einfach nicht in meinen Kopf rein." „So einen Zustand, dass man Angst vor Spitzeln hat, haben wir das letzte Mal vor 1989, also während des sozialistischen Regimes in Polen gespürt", erklärt uns Paweł* kopfschüttelnd. Er darf aufgrund seiner Arbeit in die Sperrzone – er hat eine Bewilligung dafür. „Ich plaudere mit den Grenzsoldaten über das Wetter und 50 Meter weiter im Gebüsch verstecken sich zwei Iraker, denen ich gerade Kleidung gebracht habe", erklärt er nüchtern. „Was wir hier tun, ist grundlegende Hilfeleistung: Wir sammeln Kleidung, Nahrung und Medikamente und bringen sie in die Zone hinein." Unter den HelferInnen vor Ort hat sich also eine regelrechte Untergrundorganisation gebildet. Eine wichtige Figur spielt unter ihnen Jagoda*.

„Sie nennen mich Lukaschenkos Agentin."

Jagoda, eine ältere Dame, trifft sich mit uns zu einem Spaziergang im Wald. „Gestern hätte ich noch keine Kraft gehabt, um mit euch zu reden. Jeden Abend schaue ich aus dem Fenster und frage mich, wie schlimm die Nacht für die Menschen dort wird." Gleichzeitig muss sie daran denken, wie sie möglichst unauffällig helfen kann. „Ich habe schon gehört, dass ich ‚Lukaschenkos Agentin' genannt werde. Es herrscht so viel Misstrauen. Hier passiert etwas, das in einer zivilisierten Welt nicht passieren dürfte – dass Hilfe illegal ist", sagt sie ruhig. Sie erzählt uns, dass die Bandbreite der Helfenden von StudentInnen bis hin zu PensionistInnen reicht. „Ich koordiniere, wer wann was abholen kommt, was gerade gebraucht wird – jeder hilft, wie er kann." Wir erfahren, dass die polnische Bevölkerung stark desinformiert ist – auch wenn viele helfen wollen. Sie spenden Shampoo oder Zahnpasta – dabei haben die Menschen im Wald nicht einmal sauberes Trinkwasser. Jagoda betont, dass sie, so wie die anderen Helfenden, in einer Blase lebe. „Ich muss euch Mädchen schon sagen: Die Mehrheit der Menschen hier besteht aus alteingesessenen Katholiken, die die PiS Partei wählen und die Hilfe für Flüchtlinge entschieden ablehnen", legt Jagoda ernst dar und fährt fort: „Die Grenzbeamten haben die BewohnerInnen hier in der Gegend informiert, dass sie sie anrufen sollen, wenn sie Flüchtlinge sehen, die es zu uns nach Polen geschafft haben. Ich kenne persönlich einige, die angerufen haben. Als sie dann gesehen haben, wie mit diesen Menschen umgegangen wird, haben sie die Seiten gewechselt und begonnen, uns zu helfen."

„Mir sind diese Menschen im Wald komplett egal."

Elżbieta wiederum steht für jene Polen und Polinnen, die Hilfe strikt ablehnen. Wir sprechen sie und ihren Mann auf der Straße an – auf den leer gefegten Straßen Hajnówkas, einer kleinen Ortschaft 25 km von der Sperrzone entfernt. Wir haben Glück – nach vielen gescheiterten Versuchen will doch noch jemand mit uns sprechen. „Mir tun diese Menschen im Wald überhaupt nicht leid. Gar nicht. Die sind mir komplett egal", betont Elżbieta. „Ich habe selbst sechs Kinder – für mich interessiert sich niemand", sagt sie in einem sehr sachlichen Ton. „Unser Spital ist voll mit Flüchtlingen. Mein Sohn hat letztens zwei Stunden auf die Rettung gewartet, weil die so beschäftigt damit waren, diese Flüchtlinge zu behandeln. Und wir, was sollen wir tun? Sollen wir hier krepieren?", fragt sie uns. Das sieht eine andere ältere Frau anders. Auch sie wohnt in Hajnówka. Sie ist tief gläubig, wie sie uns erklärt. „Die Bibel ist die Grundlage unserer Gesellschaft. Und was steht in der Bibel? ‚Liebe deinen Nächsten, wie dich selbst.' Das sehe ich hier gerade gar nicht. Ich weiß, wie es ist, Hunger zu haben. Das soll kein Kind mehr erleben – egal ob meine Enkel, die Kinder meiner Nachbarn und schon gar nicht die Kinder im Wald", sagt sie mit Tränen in den Augen.

Die Einstellung der Menschen im Grenzgebiet ist gespalten – repräsentativ für das ganze Land. Viele trauen sich auch nicht zuzugeben, auf welcher Seite sie stehen. Das merken wir bei der Gastwirtin, bei der wir wohnen. Sie redet zuerst nur über das Wetter und die schönen Radwege mit uns. Nachdem wir ihr vorsichtig klar machen, warum wir hier sind, erklärt sie uns, dass auch sie jemanden kennt, der „in den Wald fährt". So wird die Hilfeleistung im örtlichen Jargon beschrieben. Wir konnten ihr Kleidung für Flüchtlinge geben, die ihr Kontaktmann dann in die Sperrzone schmuggeln würde. Auch ein Taxifahrer unterhält sich mit uns zuerst über die Bisons, die in der Gegend hier frei herumlaufen – unsere Kamera ist aber schwer zu verstecken. Er erzählt, dass er schon oft von Schleppern mit der Frage kontaktiert worden wäre, ob er nicht für ein paar tausend Euro Flüchtlinge aus dem Grenzgebiet fahren wolle. Er habe aber abgelehnt – er möchte nichts Illegales machen. „Habt ihr gehört, dass gestern von einem Krankenwagen (Anm.: der NGO Medycy Na Granicy), der im Wald stand, die Reifen zerstochen worden sind? So eine Sauerei! Man muss sich ja nicht selber in Gefahr begeben – aber die noch daran zu hindern? Wo gibt's denn sowas?", fragt er uns. Als wir mit ihm an einer Polizeikontrolle vorbeifahren, sagt er nur: „Keine Sorge. Ich kenne diese Polizisten hier in der Gegend gut. Nicht jeder von ihnen ist so, wie es auf den ersten Blick scheint." Die Polizisten winken uns durch.

„Ich wache nachts auf und schreie."

Wir wollen selbst erfahren, was „nicht so, wie es auf den ersten Blick scheint" heißt. Offiziell werden wir nichts rausfinden, das ist uns klar. Deshalb beschließen wir, uns in eine versiffte Polizeikneipe im Ort zu setzen – den Tipp bekommen wir von einem älteren Aktivisten hier. Wir bestellen uns ein kleines Bier und führen seichten Smalltalk. Es riecht nach Alkohol. Außer uns sind hier nur betrunkene Männer – vor der Tür stehen rund zwanzig Polizei-Autos. Als wir sie nach einem Feuerzeug fragen, bekommen wir ein paar miese Flirt-Sprüche zu hören – bis einer plötzlich beginnt, sich bei seinem Kollegen aufzuregen. „Kurwa! (poln. Kraftausdruck) Dieser verfickte dreckige Flüchtling von vorgestern, der hatte ein iPhone, hast ja gesehen. Und wer gibt mir ein iPhone? Wer?" Dass die Stimmung zwischen den Beamten genauso gespalten ist wie in ganz Polen, merken wir, als wir über Tinder mit einem 19-jährigen Soldaten in der Sperrzone ins Gespräch kommen. Bartek* glaubt wie Łukasz, dass er mit einer Warschauer Kindergärtnerin schreibt. „Weißt du, ich wache nachts auf und schreie. Ich werde jetzt in Krankenstand gehen. Ich bin nicht für so etwas Soldat geworden."

Die Doppelmoral der polnischen Regierung

Mit Stand April 2022 befinden sich ca. 2,5 Millionen Geflüchtete aus der Ukraine in Polen. Sie bekommen hier Zugang zum Arbeitsmarkt sowie zum Gesundheits- und Sozialsystem. Bis zu 180 Tage dürfen sich diese Menschen in Polen aufhalten. Amnesty International kritisiert die ungleiche Behandlung von Geflüchteten in Polen: Während UkrainerInnen mit offenen Armen empfangen werden, müssen Schutzsuchende aus Ländern wie dem Irak, Afghanistan oder Syrien herabwürdigendes Verhalten seitens der Grenzbeamten über sich ergehen lassen. Auch in der polnischen Zivilbevölkerung macht sich die große Hilfsbereitschaft für UkrainerInnen im ganzen Land bemerkbar: Spendenaktionen, Menschen, die Geflüchtete bei sich aufnehmen und sich solidarisch mit den Schutzsuchenden zeigen. So eine Welle der Solidarität kannte man von Polen bislang nicht. Bei den Flüchtlingen, die über Belarus kamen, gab es nur vereinzelt Hilfe. Fast alle in Polen kennen eine Person, die aus der Ukraine kommt – so lebte auch vor Kriegsausbruch eine Million ukrainische StaatsbürgerInnen in Polen. Es bleibt fraglich, wie lange sich diese neue Hilfsbereitschaft und Offenheit in Polen halten wird – über einen Monat nach Kriegsausbruch gibt es Stimmen, die meinen, dass es „langsam eng werde". Aber die Mentalität scheint sich zu halten – vorerst.

Und was passiert an der Grenze zu Belarus? Die polnische Regierung errichtet einen 5,5 Meter hohen Zaun mit Bewegungsmeldern und Kameras und veranschlagt dafür 360 Millionen Euro. Der Zaun soll vor illegalen Grenzübertritten abhalten. Als wir vor Ort waren, existierte dieser Zaun noch nicht. Der damalige österreichische Innenminister und jetzige Bundeskanzler Karl Nehammer sagte Polen die Unterstützung Österreichs zu.

Anmerkungen

1 Wir danken der polnischen Journalistin Julia Golachowska für die Beratung und Unterstützung vor Ort.
* Zum Schutz der Personen änderten die Autorinnen die Namen.

Benedikt Müller

Das Flüchtlingslager Bürglkopf in Tirol: Zustand und Widerstand

Abschottung im „Rückkehrzentrum" für Geflüchtete

Im Bezirk Kitzbühel liegt die Tiroler Marktgemeinde Fieberbrunn, wo sich hoch oben am Berg eine sogenannte „Rückkehrberatungseinrichtung" befindet. Die Einrichtung auf dem ehemaligen Betriebsgelände eines stillgelegten Magnesit-Tagebaus dient dem Bundesministerium für Inneres seit 2017 vorwiegend zur Unterbringung von Geflüchteten mit negativen Asylbescheiden, um sie zu einer vermeintlich freiwilligen Ausreise zu bewegen. Ab 1993 soll das Land Tirol die ehemaligen Arbeiterunterkünfte zur Unterbringung Geflüchteter angemietet haben. Seit 2014 gilt der Ort als Bundesbetreuungsstelle und wird als eine Art Erstaufnahme- oder Verteilerzentrum genutzt, wenn die großen Erstaufnahmezentren bei Wien überlastet sind. Andererseits werden hier aber auch Dublin-Fälle untergebracht, also Geflüchtete, die bereits in einem anderen EU-Land registriert sind und deren Asylverfahren in Österreich deshalb gar nicht erst beginnen.

Real hat das Lager weitere Funktionen: Isolation, Fremdbestimmung, Kontrolle. Zermürbung, Brechung, Abschreckung. Es ist kein Zufall, dass in ein und demselben Lager sowohl – kurzzeitig – Leute untergebracht werden, die gerade nach Österreich gekommen sind, als auch Menschen, die bereits seit acht Jahren in Österreich verweilen und aufgrund negativer Asylbescheide mehrere Monate oder gar Jahre am Bürglkopf festgehalten werden. So sehen auch die Neuangekommenen gleich, was einmal ihr eigenes Schicksal werden könnte.

Das vorwiegend unter dem Namen „Rückkehrzentrum" bekannte Lager Bürglkopf liegt knapp unterhalb des Berggipfels Bürglkopf am Ende einer acht Kilometer langen Forststraße. Von dort aus dauert der Fußmarsch talwärts über eine Stunde, bis das nächste Haus in Sicht ist. Zum nächstgelegenen Supermarkt im Dorf Fieberbrunn sind es über eineinhalb Stunden. Der Weg bergaufwärts nimmt rund zweieinhalb Stunden Gehzeit in Anspruch. Es gibt zwar eine Art Shuttlebus mit acht Plätzen, der Bewohner*innen ins Dorf bringt. Wer jedoch keinen Platz bekommt, hat Pech gehabt. Immer wieder berichten Betroffene davon, dass sie das Lager mehrere Wochen nicht verlassen konnten.

Die Nahrungsaufnahme ist streng reglementiert: Es gibt drei fixierte Mahlzeiten am Tag. Selbst zu kochen ist nicht möglich. Wer verdächtigt wird, etwa ein Butterbrot mit auf das Zimmer genommen zu haben, muss damit rechnen, dass das Zimmer durchsucht wird. Die Bewohner*innen müssen sich ein Zimmer mit vier bis sechs Personen teilen. In der Regel sind am Bürglkopf zwischen 60 und 100 Menschen untergebracht, mit Stand Mai 2022 sogar etwas über 100 Personen.

Es herrscht Residenzpflicht. Das heißt, der Bezirk Kitzbühel darf nur in Ausnahmefällen verlassen werden. Wer sich zwischen 22 und 6 Uhr aus dem Lager entfernt, bekommt eine Geld- oder Haftstrafe. Wer mehr als eine Nacht fernbleibt, fliegt in der Regel aus der Grundversorgung und wird obdachlos. Grundversorgung am Bürglkopf heißt generell etwas anderes als in regulären Flüchtlingsunterkünften: Die finanzielle Unterstützung wird entweder komplett gestrichen oder auf 40 Euro herabgesetzt und durch „Kost & Logis" ersetzt. Mitarbeiter*innen des Lagers versuchen die Isolation immer wieder auch über die bereits bestehenden Unmenschlichkeiten hinaus zu verschärfen. Besucher*innen werden regelmäßig schikaniert und ihre Anwesenheit – im Freien, mit Maske – seit der Corona-Pandemie oft als unnötige Gesundheitsgefährdung dargestellt. Seit September 2021 werden Besucher*innen unter dem Vorwand abgewiesen und mit Anzeigen bedroht, das gesamte Gelände sei Privatgrund. Auch Journalist*innen werden wie

Das Lager Bürglkopf in Fieberbrunn in Tirol (Foto: Initiative Bürglkopf schließen)

Verdächtige behandelt. Bewohner*innen, die mit Vertreter*innen von Medien oder Nichtregierungsorganisationen (NGOs) sprechen, werden eingeschüchtert. Es wäre illegal, sich an Journalist*innen zu wenden und würde sich negativ auf ihren Asylantrag auswirken, hieß es etwa.

Für Arbeiten wie z. B. das Putzen der Toilette oder den Bau neuer Waldwege erhalten die Bewohner*innen einen Sklavenlohn von 1,60 Euro in der Stunde.

Nahezu alle, die dort länger als drei bis vier Monate festgehalten werden, leiden an Depressionen. Viele nehmen hier das erste Mal in ihrem Leben Psychopharmaka. Bewohner*innen bezeichnen das Lager daher als Gefängnis oder „open prison". Viele tauchen nach unterschiedlich langer Zeit unter und führen dann ein Leben in Obdachlosigkeit.

Die „Initiative Bürglkopf schließen"

Nachdem geflüchtete Bewohner*innen der sogenannten „Rückkehrberatungseinrichtung Fieberbrunn" einen selbstorganisierten Protest gegen ihre dortige Zwangsunterbringung begonnen hatten, wurde in Innsbruck die „Initiative Bürglkopf schließen" gegründet. Anfang Juni 2019 hatten sich 17 Personen im Lager Bürglkopf in den Hungerstreik begeben. Sie forderten die Verlegung in reguläre, städtische Flüchtlingsunterkünfte, die Wiederaufnahme in die reguläre Grundversorgung sowie die nochmalige Überprüfung aller abgelehnten Asylentscheide. Nach 46 Tagen beendeten die letzten Bewohner*innen des Lagers ihren Hungerstreik. Die Heimleitung, das Sicherheitspersonal, das Bundesamt für Fremdenwesen und Asyl (BFA) und das Innenministerium begegneten dem Protest von Beginn an mit Repression und versuchten ihn zu unterbinden. Einer Mutter, die mit ihrem minderjährigen Sohn dort untergebracht war, drohte das Jugendamt bei Fortsetzung des Hungerstreiks mit der Entziehung des Sorgerechts. Am zweiten Tag des Hungerstreiks veranstalteten die Mitarbeiter*innen des Lagers erstmals eine Grillparty mit reichlich Essen: Die Hungerstreikenden sollten zum Essen und damit zur Beendigung ihres Protests bewogen werden. Dieser erste Versuch, den Widerstand der Bewohner*innen zu brechen, scheiterte. Mitarbeitende des Innenministeriums reisten extra aus Wien an und wollten die Rädelsführer*innen des Hungerstreiks durch Befragungen der Bewohner*innen herausfinden.

Um auf die Situation am Bürglkopf aufmerksam zu machen, organisierte die „Initiative Bürglkopf schließen" parallel ein Protestzelt in Innsbruck, verteilte Flyer, sammelte Spenden und informierte die Medien. Solidarisch traten einige Personen in mehrtägige Hungerstreiks. Aktivist*innen fuhren mehrmals zum Lager, um mit den Protestierenden in Austausch zu kommen, sie zu unterstützen und gemeinsam eine Kundgebung in Fieberbrunn abzuhalten. Sie versuchten, den Protest in die Öffentlichkeit zu tragen und den Druck auf das zuständige Innenministerium zu erhöhen. Politiker*innen auf Landesebene, Vertreter der Religionsgemeinschaften, Amnesty International und andere Nichtregierungsorganisationen (NGOs) sowie viele Einzelpersonen schlossen sich der Forderung nach Schließung des Lagers an. Das österreichische Innenministerium reagierte letztlich mit einer fadenscheinigen „menschenrechtlichen Untersuchung" der Zustände im Lager Bürglkopf, woraufhin einigermaßen medienwirksam 19 völlig unverbindliche „Empfehlungen" zur Verbesserung der Situation am Bürglkopf veröffentlicht wurden. Ein Erfolg der Proteste war, dass seit dem Hungerstreik keine minderjährigen Geflüchteten mehr am Bürglkopf untergebracht werden. Ein neues Rückkehrzentrum speziell für Familien mit minderjährigen Kindern wurde jedoch in Bad Kreuzen errichtet.

Seither arbeitet die „Initiative Bürglkopf schließen", der Name verrät es, auf die Schließung dieses extrem isolierten Lagers hin und versucht darüber hinaus konkrete Hilfen für die Bewohner*innen zu organisieren, wie z. B. Kleiderspenden, den Kauf von Smartphones, Handyguthaben oder Tabak. Im Rahmen monatlicher Fahrten zum Lager verteilen die Aktivist*innen die gesammelten Spenden, halten den Kontakt zu den Bewohner*innen und informieren sich über die Lage und Zustände vor Ort. In Absprache und auf Wunsch der Betroffenen trägt die Initiative die Informationen dann in die Öffentlichkeit und verweist in Form von Aktionen, Veranstaltungen und Medienarbeit auf das Lager Bürglkopf als Ausdruck der Festung Europa: Im Inneren ergänzt es die Abriegelung und Bewaffnung der Außengrenzen. Wem es gelingt, vorbei an Frontex-Soldaten, Stacheldrahtzäunen, Mauern und prügelnden Grenzpolizisten einen Weg ins ersehnte Europa zu finden, der*die wird mit allen Mitteln, die der bürgerlich-kapitalistische Rechtsstaat einräumt, möglichst gefängnisähnlich festgehalten. Alles wird darangesetzt, Abschiebungen durchzusetzen. Und dort, wo aus bürokratischen bzw. rechtlichen Gründen keine Abschiebung möglich ist, werden Menschen in abgeschiedenen und überfüllten Lagern unter widrigen Bedingungen interniert, um so zu einer Ausreise bewegt zu werden. Das ist der Zweck des Lagers Bürglkopf und weiterer Lager in Österreich, das ist der Zweck der Rückkehrzentren in Dänemark, der sogenannten AnkER-Zentren in Bayern und ähnlicher Einrichtungen etwa in Italien oder der Schweiz, wie auch immer sie heißen. Die „Initiative Bürglkopf schließen" hat es sich daher zum Ziel gesetzt, diesen Zuständen entschlossen entgegenzutreten.

*Bewohner*innen des Lagers Bürglkopf in Fieberbrunn begaben sich im Jahr 2019 aus Protest in Hungerstreik. Stimmen für die Schließung der Einrichtung wurden laut. (Foto: Initiative Bürglkopf schließen)*

Dunia Khalil

Rassistische Polizeigewalt in Österreich – Erkenntnisse aus der Perspektive einer Rechtsberaterin

In Österreich werden Fälle von rassistischer Polizeigewalt regelmäßig gemeldet. Sowohl die Beratungspraxis als auch unterschiedliche Studien belegen, dass es sich bei diesen Fällen nicht um Ausnahmen handelt. Die Fallzahlen vermitteln jedoch kein repräsentatives Bild über das tatsächliche Ausmaß rassistischer Polizeigewalt, da nur ein kleiner Bruchteil an zuständige Stellen wie ZARA (Zivilcourage und Anti-Rassismus-Arbeit) herangetragen und dokumentiert wird. Hinsichtlich der gemeldeten Fälle lassen sich in der Beratungspraxis wiederholt Parallelen erkennen. Häufig berichten Betroffene über rassistische Beleidigungen, fragwürdige Anzeigen sowie schwerwiegende körperliche und psychische Misshandlungen.

Als Beraterin des Vereins ZARA begleitete ich über mehrere Jahre Menschen, die unterschiedliche Formen von Rassismus erfahren haben. Schnell wurde mir klar, wie schwierig es ist, mit Fällen von rassistischer Polizeigewalt umzugehen. Dies liegt zum einen daran, dass Betroffene einer rassistischen Amtshandlung machtlos ausgesetzt sind. Zum anderen zeigt die Erfahrung, dass die Chancen für Betroffene, sich im Nachhinein gegen die Amtshandlung rechtlich mit Erfolg zu wehren, äußerst gering sind.[1] In der Praxis sehen wir uns als Berater*innen daher nicht selten gezwungen, Klient*innen von einer Beschwerdeführung abzuraten.

Dass es für Betroffene nahezu unmöglich ist, sich bei Rechtsverletzungen gegen die einschreitenden Polizeibeamt*innen erfolgreich zu beschweren, basiert nicht nur auf meiner langjährigen Beratungserfahrung. Es geht auch aus Studien wie der des *Austrian Center for Law Enforcement Sciences (ALES)* der Universität Wien hervor, welche die Beschwerdeproblematik gegen die Polizei aufzeigt. Sie untersuchte 1.518 Misshandlungsvorwürfe gegen Exekutivbeamt*innen. Mehr als die Hälfte der Beschwerdeführer*innen konnte ärztliche Gutachten vorlegen, die Verletzungen belegten. Doch in keinem einzigen Fall kam es zu einer Verurteilung der Polizist*innen. Im Gegenteil: In zehn Prozent der Fälle waren die Betroffenen zusätzlich mit einer Verleumdungsanzeige konfrontiert.[2]

Auch im Vergleich zu anderen europäischen Ländern kommt Österreich hinsichtlich der Belangbarkeit rassistischer Polizeigewalt keineswegs eine Vorreiterrolle zu. In den von der Europäischen Grundrechteagentur (FRA) 2019 veröffentlichten Studien unter dem Titel „Being Black in the EU" schnitt Österreich auffallend negativ ab. Es zeigte sich, dass Österreich im EU-Vergleich als Spitzenreiter galt, was als *racial profiling* wahrgenommene Anhaltungen betrifft. Auffallend oft gehen Exekutivbeamte gegen Menschen aufgrund äußerlicher Merkmale vor. Zudem war Österreich im Untersuchungszeitraum jenes EU-Land, in dem die Polizei die meisten rassistisch motivierten Körperverletzungen zu verantworten hatte. Daher war es wenig erstaunlich, dass von Rassismus in Österreich Betroffene im Ländervergleich das geringste Vertrauen in die Polizei hatten.[3] Im Gegensatz dazu betonen andere Studien vom *Statista Research Department*[4] von *Makam-Research*[5] und der *OGM/APA*[6] das hohe Vertrauen von Österreicher*innen in die Polizei. Entscheidend für solche Auswertungen ist, wer befragt wird. Merkmale wie sogenannte ethnische Zugehörigkeit[7] und Religion spielen hierbei eine entscheidende Rolle. Es kann einen großen Unterschied machen, ob für eine Umfrage bzw. Studie (ausschließlich) autochthone *weiße*[8] oder Schwarze[9] Menschen bzw. People of Color (PoC)[10] befragt werden.

Ein Fallbeispiel aus dem Jahr 2018 soll im Folgenden die Problematiken rassistischer Polizeigewalt auf mehreren Ebenen veranschaulichen. Es war der erste größere Fall von rassistischer Polizeigewalt, der mir persönlich berichtet wurde. In den Jahren darauf meldeten Betroffene ähnliche Ereignisse. Ein 16-jähriger junger Mann schilderte, von mehreren Polizist*innen körperlich sowie psychisch misshandelt worden zu sein. Er wurde aufgrund seines Aussehens angehalten und einer Identitätskontrolle unterzogen. Später nahmen sie den jungen Mann zur Polizeistation mit, wo er mit mehreren Polizist*innen alleine war. Mein Klient gab an, mehrmals mit der Faust geschlagen und von zwei Polizist*innen festgehalten worden zu sein, während ein dritter ihm eine Klobürste ins Gesicht rieb. Außerdem wurden sein Handy durchsucht und seine Fotos begutachtet. Beim Betrachten der Fotos sollen Aussagen wie „Oh, du schaust aber schwul aus, du bist schwul oder?" gefallen sein. Danach warfen ihn die Polizist*innen mit Gewalt aus der Polizeistation. Als der junge Mann ein paar Tage später zu mir in die Beratung kam, erklärte ich ihm, was rechtlich getan werden kann. Es gibt zum einen die Möglichkeit der Richtlinienbeschwerde und zum anderen die Maßnahmenbeschwerde.

Nur die Richtlinienbeschwerde ist kostenlos, wenn sie an die Landespolizeidirektion gerichtet ist. Das bedeutet, dass sich die Polizei hier selbst kontrolliert. Dementsprechend gehen diese Beschwerden auch aus: zugunsten der Polizei. Die Maßnahmenbeschwerde hingegen richtet sich an ein unabhängiges Gericht, das Verwaltungsgericht in erster Instanz, und ist dementsprechend mit einem Kostenrisiko verbunden. Das bedeutet, wenn Beschwerdeführer*innen ein Verfahren verlieren, müssen sie die Verfahrenskosten selbst tragen. Es handelt sich hierbei um beachtliche Summen, die im vierstelligen Bereich liegen können. Nur wenn finanzielle Aspekte für die betroffene Person kein Hindernis darstellen, wird in der Praxis ein gerichtliches Verfahren möglich.

Die Aussichten auf Erfolg bei solchen Verfahren sind jedoch nicht besonders groß, weil Richter*innen und die Polizei als Institution den Polizeibeamt*innen von vornherein mehr Glaubwürdigkeit einräumen. Häufig wird dies mit dem Diensteid, den Polizist*innen ablegen müssen, begründet, da sie sich durch unwahre Behauptungen strafbar machen würden. Für einen Erfolg vor Gericht ist eine gute Beweislage wesentlich, wobei hier insbesondere Videos und Zeug*innen eine ausschlaggebende Rolle spielen. Diese sind jedoch selten vorhanden, denn in der Praxis schicken Polizist*innen mögliche Zeug*innen häufig mit der Behauptung weg, sie würden die Amtshandlung stören. Videoaufnahmen werden von den Polizist*innen selbst unterbrochen.[11] Es mangelt daher oft an solchen Beweismitteln, weshalb im Verfahren dann eine Aussage-gegen-Aussage-Konstellation vorliegt. Doch selbst Zeug*innen oder Videos sind keine Garantie für einen Erfolg vor Gericht.[12]

Entscheiden sich Betroffene trotz allem, rechtliche Schritte zu setzen, sind sie zusätzlich dem Risiko einer Verleumdungsanzeige vonseiten der Polizei ausgesetzt.[13] Dies ist vor allem für Menschen, deren Aufenthaltsstatus in Österreich nicht gesichert ist, gefährlich. Als Rechtsberaterin gelange ich deshalb immer wieder an den Punkt, Betroffenen davon abraten zu müssen, Beschwerde gegen Polizist*innen einzureichen, oder den Sachverhalt so darzustellen, dass eine Verleumdungsanzeige durch die Polizei weitgehend ausgeschlossen ist. Gibt es keine Beweise, führt ein Beschwerdeverfahren aufgrund der Aussichtslosigkeit lediglich zu noch mehr Enttäuschung und Vertrauensverlust gegenüber dem Rechtsstaat und der Polizei. Es ist daher enorm wichtig, Betroffene und mögliche Zeug*innen von rassistischer Polizeigewalt von Anfang an über ihre Rechte und Pflichten zu informieren, um die Erfolgschancen vor Gericht zu erhöhen und Verleumdungsanzeigen vorzubeugen. Mit dem Ziel, diesen Missständen entgegenzuwirken, wurde in Wien Anfang 2018 das Kollektiv *BigSibling* gegründet. Es macht auf rassistische Polizeigewalt in Österreich aufmerksam und leistet Bildungsarbeit.[14]

Bis dato gibt es in Österreich keine unabhängige kostenfreie Anlaufstelle zur Kontrolle der Polizei, die für Betroffene von Polizeigewalt sowie Polizist*innen gleichermaßen kontaktiert werden kann. Menschenrechtsorganisationen wie Amnesty International, aber auch die Volksanwaltschaft fordern eine solche Stelle seit langem. Sie ist nötig, damit die Polizei nicht gegen sich selbst ermittelt und Chancengleichheit gewahrt wird. Auf Druck der Black Lives Matter Bewegung ist nun eine unabhängige Einrichtung im Entstehen. ÖVP und Grüne hatten sich im Regierungsprogramm darauf geeinigt, dass es künftig eine „konsequente und unabhängige Ermittlung bei Misshandlungsvorwürfen gegen Polizeibeamtinnen und Polizeibeamte" durch eine eigene Behörde geben soll.

Zusammenfassend kann festgehalten werden, dass vor allem für Menschen, die unter besonders prekären Bedingungen leben, der Zugang zu ihrem Recht stark eingeschränkt oder gar unmöglich gemacht wird. Die bestehenden rechtlichen Instrumente schützen bis dato in der Praxis nicht vor Rechtsverletzungen durch Polizist*innen und bieten wenig Chancen, sich zur Wehr zu setzen. Vielmehr werden Machtungleichheiten zwischen Zivilpersonen und Polizist*innen aufrechterhalten und verstärkt. Fehlende Konsequenz für polizeiliches Fehlverhalten führt dazu, dass Rechtsbrüche normalisiert werden. Von dieser Praxis geht eine starke Signalwirkung aus, die zur kontinuierlichen Reproduktion eines rassistisch geprägten Systems führt. Nach all den Studien und Fallzahlen in den letzten Jahren muss eingestanden werden, dass rassistische Polizeigewalt in Österreich keine Randerscheinung, sondern ein aus menschenrechtlicher Sicht schwerwiegendes und ernstzunehmendes Problem ist. Um das weiterhin sichtbar zu machen und

Veränderungen zu bewirken, bleibt es von großer Bedeutung, Vorfälle zu melden und Beschwerden einzubringen.

Organisationen wie ZARA oder die *Dokustelle – Islamfeindlichkeit und Antimuslimischer Rassismus* bieten Betroffenen von Rassismus kostenlose Beratung und gegebenenfalls Begleitung bei einer Beschwerdeführung an.

Anmerkungen

1. Austrian Center for Law Enforcement Sciences (Hrsg, 2018): Studie über den Umgang mit Misshandlungsvorwürfen gegen Exekutivbeamte. S. 51.
2. ALES, Studie über den Umgang mit Misshandlungsvorwürfen gegen Exekutivbeamte (2018), www.justiz.gv.at/home/service/publikationen/ales-studie-ueber-den-umgang-mit-misshandlungsvorwuerfen-gegen-exekutivbeamte~11c.de.html (Zugriff 14.5.2022).
3. FRA: Being Black in the EU (2019), https://fra.europa.eu/sites/default/files/fra_uploads/fra-2019-being-black-in-the-eu-summary_en.pdf (Zugriff 14.5.2022).
4. Statista Research Department: Wie sehr vertrauen Sie der Polizei?, 30.4.2021, https://de.statista.com/statistik/daten/studie/377459/umfrage/umfrage-in-oesterreich-zum-vertrauen-in-die-polizei/ (Zugriff 15.5.2022).
5. Makam Research: Hohes Vertrauen in Ärzte und Polizei, 11.11.2015, https://makam.at/vertrauen 2015/ (Zugriff 15.5.2022).
6. Wolfgang Backmayer: Vertrauen in Institutionen, 30.7.2021, www.ogm.at/2021/07/30/ogm-vertrauensindex-institutionen-juli-2021/ (Zugriff 15.5.2022).
7. Der Begriff „Rasse" wird hier bewusst nicht verwendet, da er im deutschsprachigen Raum unter anderem durch die NS-Zeit historisch negativ behaftet ist und die Existenz menschlicher „Rassen" nahelegt. Außerdem soll einer Retraumatisierung von Betroffenen durch die Verwendung des Begriffs vorgebeugt werden.
8. *Weiß* wird hier kursiv geschrieben, weil sich dieser Begriff nicht nur auf ein sichtbares Merkmal bezieht, sondern kontextabhängig zu betrachten ist. Der Begriff bezieht sich auf Personen, die keine Erfahrungen mit Rassismus machen.
9. Schwarz wird großgeschrieben, da es sich hier um einen politischen Begriff handelt. Es ist eine Selbstbezeichnung, mit der Menschen, die sich als Schwarz identifizieren oder als Schwarz gelesen werden, selbst bezeichnen oder bezeichnet werden.
10. PoC steht für People of Color. Es ist ein Sammelbegriff für Personen, die Rassismuserfahrungen machen.
11. Vgl: Elisabeth Rieß: „Darf ich Polizist_innen fotografieren?" Zulässigkeit von Bildaufnahme und Veröffentlichung polizeilichen Handelns, in: juridikum 3/2019, S. 408–418.
12. Siehe z. B. das VwG-Verfahren aufgrund eines 2018 medial sehr präsenten Falles von *racial profiling*. Zur Beschreibung des Falles vgl. ZARA, Rassismus-Report 2018. Einzelfallbericht über rassistische Übergriffe und Strukturen in Österreich (2019), S. 51f.
13. *ALES*, Studie. S. 52.
14. BigSibling Kollektiv, Selbstverständnis, https://bigsibling.noblogs.org/de/home/uber-uns/selbstverstandnis/ (Zugriff 15.5.2022).

Arbeit

Elisabeth Hussl

Einleitung

„Arbeiten ohne Papiere ... aber nicht ohne Rechte!" Unter diesem Motto macht *Vina Yun* auf die Situation von Menschen aufmerksam, die undokumentiert arbeiten und dabei oft extrem ausgebeutet werden. Sie ist in der gewerkschaftlichen Anlaufstelle UNDOK aktiv und hat dort mit Arbeitnehmer:innen ohne bzw. mit unsicherem Aufenthaltsstatus oder eingeschränktem Zugang zum Arbeitsmarkt zu tun. Migrations- und Beschäftigungsgesetze verwehren oder beschränken Migrant:innen weitgehend den Zugang zum Arbeitsmarkt. Dadurch werden Menschen in informelle Sektoren gedrängt und müssen undokumentiert arbeiten. Arbeitgebende nutzen diese prekären Umstände häufig aus. Typische Merkmale sind extrem lange Arbeitszeiten, ein hohes Ausmaß an Willkür, Lohnbetrug, massive körperliche und psychische Belastungen bis hin zu sexuellen/körperlichen Übergriffen. Die Einrichtung informiert und unterstützt Betroffene hinsichtlich ihrer rechtlichen Ansprüche und hat eine eindeutige Botschaft: Auch undokumentiert Beschäftigte haben Rechte – wie beispielsweise Anspruch auf eine Krankenversicherung und eine adäquate Entlohnung – und können für diese kämpfen. Denn Sozialversicherungsgesetze, Arbeitsrecht und kollektivvertragliche Mindeststandards gelten für alle Arbeitnehmenden.[1]

Vina Yun schildert in ihrem Beitrag anhand von Fallbeispielen die soziale und rechtliche Diskriminierung undokumentiert Arbeitender sowie die Auswirkungen der Corona-Pandemie, hinterfragt die zugrunde liegenden Migrations- und Beschäftigungsgesetze und kommt zum Schluss: „Der Zugang zu sicheren Arbeits- und Lebensbedingungen, Existenzsicherung und Gesundheitsversorgung darf nicht über Aufenthaltsstatus oder nationale Zugehörigkeiten bestimmt werden – er muss allen offenstehen, die hier leben und arbeiten."

Dass es vielfach prekär arbeitende Menschen mit Migrationsgeschichten – darunter auch solche, die ohne Papiere arbeiten – sind, die systemrelevante Branchen am Laufen halten, ist spätestens seit dem Ausbruch der Corona-Pandemie bekannt. Migrant:innen waren aber auch vielfach in Bereichen tätig, die mit den Folgen der Krise besonders stark zu kämpfen hatten. Die Anzahl ausländischer Arbeitnehmer:innen hierzulande ging daher vorerst zurück. Bisher galt Arbeitsmigration jedoch als „der dynamischste Faktor der Tiroler Arbeitsmarktgeschichte in den letzten Jahren", erklärt *Armin Erger* in seinem Beitrag „Von Fachkräften und deren Mangel. Aber woran mangelt es eigentlich? An Guter Arbeit!" Das hat damit zu tun, dass es schwierig ist, lokale Arbeitnehmer:innen zu finden, die sich auf die gebotenen Arbeitsverhältnisse einlassen wollten und wollen. Der Autor zeigt Entwicklungen und Trends auf dem Tiroler Arbeitsmarkt auf und analysiert Debatten und Herausforderungen rund um den viel zitierten „Fachkräftemangel". Bei der Frage, warum offene Stellen nicht besetzt werden können, wird vor allem eines deutlich: dass es vorwiegend an zumutbaren und angemessen bezahlten Stellen mangelt. Hausgemachte Rekrutierungsprobleme werden jedoch im politischen Diskurs nur zögerlich wahr- und ernstgenommen, beleuchtet Armin Erger: „Das ist aber ein fundamentales Problem, weil dadurch die notwendigen Lösungsansätze nicht gesehen werden. Nämlich in die Verbesserung der Arbeitsbedingungen zu investieren. (…) Den Menschen umfassend gute Arbeitsbedingungen zu bieten und auf ihre Bedürfnisse ernsthaft einzugehen. Einen Lohn und ein Gehalt zu bezahlen, das angemessen und gerecht ist. Flexibilität nicht einseitig einzufordern, sondern auch zu akzeptieren, wenn Flexibilität für die Bewältigung der persönlichen Lebenslagen der Mitarbeiter:innen notwendig ist. Planbarkeit und Verlässlichkeit sicherzustellen. Und Perspektiven und Weiterkommen zu ermöglichen."

Anmerkung

[1] UNDOK – Anlaufstelle zur gewerkschaftlichen Unterstützung UNDOKumentiert Arbeitender, https://undok.at (Zugriff 1.8.2022).

Vina Yun

Arbeiten ohne Papiere …
aber nicht ohne Rechte!

Lohnarbeit von Migrant*innen ohne Aufenthalts- bzw. Arbeitspapiere ist unsicher, schlecht bezahlt und gefährlich. Doch Arbeitsrechte gelten für alle Menschen – selbst wenn sie undokumentiert beschäftigt sind. Die UNDOK-Anlaufstelle unterstützt Betroffene dabei, ihre rechtlichen Ansprüche durchzusetzen.

Wer hackelt unter welchen Bedingungen auf Baustellen, betreut alte Menschen in ihrem Zuhause, erntet das Gemüse auf den Feldern, putzt im Büro, liefert Essen oder transportiert Pakete? Spätestens seit der weltweiten Ausbreitung der Corona-Pandemie sind diese Menschen – größtenteils prekär arbeitende Migrant*innen – unter dem Stichwort „Systemerhalter*innen" ins öffentliche Bewusstsein gerückt. Immer gibt es unter ihnen auch solche, die undokumentiert, sprich ohne Papiere, arbeiten.

Von undokumentierter Arbeit sprechen wir bei UNDOK, wenn Migrant*innen ohne die erforderlichen Aufenthalts- und/oder Arbeitspapiere erwerbstätig sind. Dabei muss begrifflich unterschieden werden: Nicht jede undokumentiert arbeitende Person ist ein*e undokumentierte*r Migrant*in – denn viele besitzen sehr wohl einen gültigen Aufenthaltstitel. Umgekehrt ist nicht jede*r undokumentierte Migrant*in ohne Arbeitspapiere beschäftigt. Die Schnittmenge ist jedoch groß. Gemeinsam sind den Betroffenen etwa fehlende Zugänge zu Sozial- und Versicherungsleistungen, adäquater Gesundheitsversorgung, gesichertem Wohnraum, höherer formeller Bildung sowie ein größeres Armutsrisiko.

Entgegen der allgemeinen Vorstellung sind Migrant*innen, die ohne Papiere arbeiten, eine sehr heterogene Gruppe und nicht auf einen Nenner zu bringen. Unter ihnen finden sich ebenso Studierende wie Asylwerber*innen, Bauarbeiter*innen wie Crowd-Worker*innen, formell Niedrig- wie Hochqualifizierte. Sie kommen aus den unterschiedlichsten Ländern, und es gibt sie in fast allen Branchen, besonders oft jedoch in den Bereichen Bau, Gastronomie, Landwirtschaft, Reinigung, Transport, persönliche Dienstleistungen im Privathaushalt und in der Sexarbeit. Was die Betroffenen miteinander teilen: Meist haben sie keine andere Wahl, als undokumentiert – und damit weitgehend unsicher wie unsichtbar – zu arbeiten.

Legale Diskriminierung

Undokumentiert zu arbeiten ist weder Zufall noch Schicksal, sondern das Ergebnis konkreter politischer Entscheidungen. Schon der Begriff *undokumentiert*[1] fokussiert auf das eigentliche Problem: die restriktiven Migrations- und Arbeitsmarktgesetze, die insbesondere Menschen aus Nicht-EU-Ländern den Zugang zu offizieller Beschäftigung massiv erschweren.

Hierzulande existieren für nicht-österreichische Staatsbürger*innen rund dreißig verschiedene Aufenthaltstitel – doch nur sehr wenige davon gewähren einen freien Zugang zum Arbeitsmarkt, die meisten schränken die Möglichkeit für Migrant*innen, einer regulären Erwerbsarbeit nachzugehen, massiv ein. Dieser Umstand drängt die Menschen in informelle Arbeitsbeziehungen sowie unsichere Lebensverhältnisse und macht sie gegenüber Arbeitgeber*innen leichter erpressbar. Dabei verursachen nicht jene, die ohne Papiere arbeiten, Schaden. Ganz im Gegenteil tragen gerade diese Kolleg*innen dazu bei, dass die – seit Pandemiebeginn so oft thematisierten – systemrelevanten Branchen am Laufen gehalten werden. Hingegen erwirtschaften Unternehmen Profite, indem sie Lohn- und Sozialdumping betreiben.

Immer wieder sind undokumentiert Beschäftigte von extremer Ausbeutung betroffen, wenn Arbeitgeber*innen ihre prekäre Situation ausnutzen: Lohnbetrug, exzessive Arbeitszeiten, das Nicht-Einhalten von Schutzstandards, Kündigung bei Krankheit, Unfällen oder im fortgeschrittenen Alter sowie körperliche und sexuelle Übergriffe gehören zu den typischen Merkmalen undokumentierter Lohnarbeit. Zusammenfassend lässt sich sagen: Arbeit ohne Papiere ist „dirty, dangerous & difficult", wie auch die folgenden Fallbeispiele aus der Beratung der UNDOK-Anlaufstelle zeigen:

Fallbeispiel 1: Maria C.[2], die aus einem Staat außerhalb der EU kommt, soll bei einer Familie in Österreich als Au-pair arbeiten. Da es Schwierigkeiten mit ihren Aufenthaltspapieren gibt, beschließt die Familie, nicht den offiziellen Weg zu gehen und die junge Frau ohne Anmeldung zu beschäftigen. Maria C. arbeitet viel mehr Stunden als vorgesehen,[3] noch dazu erhält sie weniger als das rechtlich vorgeschriebene Mindestentgelt.

Sie betreut die Kinder, putzt die Wohnung und muss selbstständig kontrollieren, was an Lebensmitteln fehlt, um diese dann einzukaufen. Freie Zeit hat Maria C. nur wenig, freie Tage so gut wie nie. Nicht genug damit wird sie von der Gastfamilie immer wieder beschimpft und gedemütigt. Als sich ihr Gesundheitszustand zunehmend verschlechtert, beschließt Maria C., sich aus dem ausbeuterischen Arbeitsverhältnis zu befreien – sie wendet sich an die UNDOK-Anlaufstelle.

Fallbeispiel 2: Ferhat N.[4] wird von einem Lokalbesitzer in Wien ein Job als Spezialitätenkoch angeboten. Dieser verspricht, ihm eine Rot-Weiß-Rot-Karte (RWR-Karte)[5] zu besorgen. Ferhat N. besitzt einen anerkannten Geflüchtetenstatus in Malta, jedoch keine Aufenthaltserlaubnis für Österreich. Als er nach Wien kommt, ist das Lokal noch nicht eröffnet und er muss bei der Fertigstellung mithelfen.

Nachdem das Restaurant seinen Betrieb startet, steht er täglich in der Küche – ohne freien Tag oder Urlaub und mit ausufernden Arbeitszeiten.

Ferhat N. wohnt auch bei seinem Arbeitgeber, der ihm nie mehr als ein Trinkgeld auszahlt. Ein regelmäßiges Gehalt bekommt er nie zu sehen. Als er die Arbeitsstelle im Streit verlässt, zieht der Lokalchef den Antrag auf die RWR-Karte zurück. Der Fall des Kollegen landet bei der UNDOK-Anlaufstelle, die ihn dabei unterstützt, seine Rechte einzufordern. Nach rund zwei Jahren und mehreren Verhandlungen vor dem Arbeits- und Sozialgericht kommt schließlich ein Vergleich zustande und Ferhat N. erhält einen Teil seiner Ansprüche von mehreren tausend Euro zugesprochen.

Corona: Arbeiten ohne Papiere wird noch prekärer

Bekanntermaßen haben sich seit Beginn der Corona-Krise die existenziellen Nöte vieler Menschen verschärft. Je prekärer die Menschen vor der Pandemie beschäftigt waren, desto härter treffen sie die Auswirkungen der aktuellen Situation. In der Covid-19-Pandemie ist auch deutlich geworden, dass Migrant*innen ohne Aufenthaltspapiere in vielen Unterstützungsangeboten für armutsbetroffene Menschen nicht mitgedacht werden. Dabei wäre es dringend notwendig, Angebote derart zu gestalten (und zu kommunizieren), dass diese auch für sie zugänglich sind.

Vor diesem Hintergrund verzeichneten wir bei UNDOK insbesondere zu Pandemiebeginn 2020 vermehrt Anfragen von Menschen, die sich zu Existenzfragen an uns wandten, etwa weil sie Mühe hatten, die Miete zu zahlen. Besonders schwierig gestaltet sich die Situation von undokumentiert Arbeitenden, die bei ihren Arbeitgeber*innen bzw. in von diesen bezahlten Unterkünften wohnen[6] (siehe auch das zuvor erwähnte Fallbeispiel von Ferhat N.) – denn die dadurch entstehende Abhängigkeit erschwert es ihnen enorm, aus ausbeuterischen Arbeitsverhältnissen auszusteigen.

Gleiche Rechte für alle!

Was viele nicht wissen: Auch wenn sie ohne Papiere arbeiten, haben Betroffene dieselben Rechte wie andere Beschäftigte auch. Denn Arbeitsrecht, Kollektivverträge und Sozialversicherungsgesetze gelten hierzulande für *alle* Arbeitnehmer*innen, unabhängig von ihrem Aufenthaltsstatus. Für Menschen ohne bzw. mit unsicherem Aufenthalt ist der Zugang zu diesen Rechten jedoch ungleich schwieriger. Die UNDOK-Anlaufstelle bietet daher kostenlose, anonyme und mehrsprachige Information und Beratung für betroffene Kolleg*innen – denn auch in undokumentierten Beschäftigungsverhältnissen ist es möglich, sich gegen Arbeitsausbeutung zu wehren. Dafür braucht es das Wissen um die eigenen Rechte und gezielte (rechtliche) Unterstützung. Daneben bietet UNDOK Unterstützung bei der gewerkschaftlichen Selbstorganisierung und organisiert Workshops zu arbeitsrechtlichen Themen für undokumentierte Kolleg*innen und Unterstützer*innen.

Träger der UNDOK-Anlaufstelle ist der UNDOK-Verband, ein Zusammenschluss von Migrant*innen-Selbstorganisationen, antirassistischen NGOs und Aktivist*innen sowie Gewerkschaften, der auf die Situation der Betroffenen aufmerksam macht und das Ziel verfolgt, diese zu verbessern. Damit undokumentiert Arbeitende ihre Rechte auch tatsächlich durchsetzen können, braucht es angesichts der komplexen Materien von Arbeitsrecht einerseits und Fremdenrecht andererseits das Wissen, die Erfahrung und Unterstützungsbereitschaft von verschiedenen Seiten – Beratungen, Gewerkschaften, Aktivist*innen –, etwa wenn es darum geht, aufenthaltsrechtliche Risiken abzuwägen und aufzufangen, sobald sich Betroffene bei Problemen mit dem*der Arbeitgeber*in zur Wehr setzen.

Maßstab sind dabei stets die migrantischen Kolleg*innen selbst, die tagtäglich für ihre Aufenthalts- und Arbeitsrechte kämpfen und immer wieder explizit machen: Der Zugang zu sicheren Arbeits- und Lebensbedingungen, Existenzsicherung und Gesundheitsversorgung darf nicht über Aufenthaltsstatus oder nationale Zugehörigkeiten bestimmt werden – er muss allen offenstehen, die hier leben und arbeiten.

Zum Weiterlesen/-hören

UNDOK: Systemerhalter*innen ohne Papiere: Arbeiten in der Corona-Krise. Statement von UNDOK – Verband zur gewerkschaftlichen Unterstützung undokumentiert Arbeitender, Wien 2021. https://undok.at/blog/2021/03/23/undok-statement-systemerhalterinnen-ohne-papiere-arbeiten-in-der-corona-krise

UNDOK: Arbeit ohne Papiere, aber nicht ohne Rechte! Beilage zur Straßenzeitung „Augustin", Wien 2021. PDF-Download: https://undok.at/wp-content/uploads/2021/11/undok-augustin2021-web.pdf

UNDOK: Arbeit ohne Papiere – gegen Ausbeutung, für gleiche Rechte! Radiosendereihe/Podcast, Wien 2020. https://undok.at/arbeiten-ohne-papiere-podcast

Anmerkungen

1 UNDOK problematisiert Bezeichnungen wie „Schwarzarbeit", „Pfusch" oder „illegale Arbeit", da sie sehr negativ behaftet sind. Der Begriff „undokumentiert" ist dagegen wertfrei und hat sich mittlerweile in der Sozialforschung etabliert.
2 Name geändert.
3 Bei Au-pair-Kräften aus Drittstaaten muss die Arbeitszeit genau 18 Wochenstunden betragen.
4 Name geändert.
5 Die RWR-Karte berechtigt zur Arbeit bei einem*r bestimmten Arbeitgeber*in sowie zur befristeten Niederlassung. Sie gilt für 24 Monate. Sie richtet sich insbesondere an Fachkräfte in Mangelberufen und Schlüsselkräfte.
6 Dies kann ein Indiz für Menschenhandel darstellen. In solchen Fällen kooperiert UNDOK mit Organisationen wie MEN VIA oder LEFÖ-IBF, wo es eine langjährige Expertise zu Menschen- bzw. Frauenhandel gibt.

Armin Erger

Von Fachkräften und deren Mangel – Aber woran mangelt es eigentlich? An Guter Arbeit!

„Die Menschen sind unser wichtigstes Kapital!" Es waren Sätze wie dieser, die man früher bestenfalls als zynische Floskeldrescherei bei der Weihnachtsfeier abtat. Langsam, aber sicher scheint diese Haltung, aus purer wirtschaftlicher Notwendigkeit vieler Betriebe, doch an Substanz zu gewinnen.

Der Arbeitsmarkt hat sich gedreht. Suchten vor einigen Jahren noch die Arbeitskraftanbieter:innen händeringend nach Jobs, so sind es nun die Unternehmen, die fast verzweifelt Arbeitskräfte suchen. Die gebündelten Kräfte der Folgen der Corona-Pandemie und der Demographie haben, möglicherweise, einen kritischen Punkt herbeigeführt. Wobei es eine Frage der Perspektive ist, inwieweit die Situation wirklich „kritisch" ist. Um Markus Marterbauer, Chefvolkswirt der Arbeiterkammer Wien zu zitieren: „Früher nannte man es Vollbeschäftigung, heute Fachkräftemangel."[1]

Zu manchen Zeiten hatte man den Eindruck, als diente der Begriff des „Fachkräftemangels" vor allem dazu, die Politik vor sich herzutreiben und ihr immer mehr arbeitsmarktpolitische Zugeständnisse abzuringen: Ausweitung der Arbeitszeit (Stichwort: 12-Stunden-Tag), Aufweichung der Kriterien für qualifizierte Zuwanderung, Verschärfungen der Zumutbarkeitsregelungen bei Arbeitslosigkeit usw. Alles mit dem Ziel, ein vergrößertes Angebot an Arbeitskräften zu schaffen und Arbeitssuchende unter Druck zu setzen, möglichst schnell irgendeine Arbeit annehmen zu müssen. Letztlich führte dies aber in eine Sackgasse und verhinderte eine zeitgerechte Neuorientierung am Menschen.

Zum Start ein wenig Kontext: Der Tiroler Arbeitsmarkt in den letzten Jahren

Die Diskussion zum Arbeitskräfte- und Fachkräftemangel findet nicht im luftleeren Raum statt, sondern innerhalb des konkreten regionalen Kontexts. Deshalb soll der Entwicklung des Tiroler Arbeitsmarkts in den letzten Jahren Raum gegeben werden. In der Folge werden die Jahre von 2008 bis 2021 am Tiroler Arbeitsmarkt betrachtet. Diese Jahre umfassen einige der wichtigsten arbeitsmarktpolitischen Ereignisse der letzten Jahrzehnte: die globale Wirtschafts- und Finanzkrise 2008 und 2009, die Öffnung des österreichischen Arbeitsmarkts für die mittelosteuropäischen EU-Beitrittsstaaten im Mai 2011 bzw. Jänner 2014 und Kroatien 2020 sowie die Auswirkungen der Coronakrise beginnend mit März 2020. Noch nicht enthalten sind allerdings die weitreichenden Verwerfungen des Kriegs in der Ukraine ab dem Februar 2022 und die Teuerungswelle. Folgende Trends prägen den Tiroler Arbeitsmarkt der letzten Jahre: Demographie, die deutliche Expansion der Beschäftigung und Arbeitsmigration.

Demographie

Die Gesellschaft altert und Tirol bildet keine Ausnahme. Im Zeitraum von 2008 bis 2021 stieg die Tiroler Wohnbevölkerung von 704.472 Personen auf 760.105 Personen, also um 8 %.[2] Bezogen auf einzelne Altersgruppen gab es aber deutliche Unterschiede. Die Zahl der Unter-19-Jährigen sank etwa um 6 % – besonders deutlich ging innerhalb dieser Altersschicht die Gruppe der 10- bis 19-Jährigen zurück (– 15 %). In der breiten Altersschicht zwischen 20 und 64 Jahren, also dem Personenkreis, der am wahrscheinlichsten für Erwerbsausübung in Frage kommt, gab es eine Zunahme um 8 %. Die Gruppe 65+ nahm dagegen um stolze 26 % zu. Aber auch innerhalb der erwerbsfähigen Altersgruppe nahmen die älteren Gruppen stärker zu. So stieg die Zahl der Personen in der Gruppe der 50- bis 59-Jährigen um 40 % (+ 34.516 Personen) an, die Zahl der 20- bis 29-Jährigen dagegen nur um 4 % (+ 3.333 Personen). In absoluten Zahlen nahmen die 50- bis 59-Jährigen in Tirol also um mehr als das Zehnfache als die 20- bis 29-Jährigen zu.

So betrachtet kann also durchaus von einem Nachwuchsproblem gesprochen werden, das in Mangelsituationen am Arbeitsmarkt münden kann. Nirgendwo wird das so deutlich wie bei den Lehrlingszahlen. Dabei wurde die Krise der Lehre über lange Zeit synonym mit dem Fachkräftemangel gesetzt. Die Zahl der Lehrlinge in Tirol nahm von 2008 bis 2021 um fast ein Viertel ab (von fast 14.000 auf knapp 10.600 Lehrlinge)[3] – ein dramatischer Rückgang für eine Ausbildungsform, die international als Vorzeigemodell gilt.[4] Der demographische Effekt der zahlenmäßig schwächer werdenden jüngeren Altersgruppen und veränderte Muster hinsichtlich der Ausbildungsentscheidungen der Jugendlichen wirken hier zusammen. Besondere Probleme haben arbeitsintensive Bereiche, wie die Betriebe der Sparte Tourismus und Freizeitwirtschaft, deren Lehrlingszahlen sich im genannten Zeitraum mehr als halbierten (– 56 % bzw. von 2.200 Lehrlingen im Jahr 2008 auf 978 im Jahr 2021).

Die Expansion der Beschäftigung seit 2008

Parallel zur Alterung der Bevölkerung fand in Tirol eine deutliche Ausweitung der Beschäftigung statt. Die jahresdurchschnittliche Beschäftigung stieg von knapp unter 300.000 Arbeitsverhältnissen auf mehr als 334.000 (+ 38.600), was einer Zunahme von 13,0 % entsprach.[5] Die Beschäftigung in Tirol nahm etwas stärker zu als im österreichischen Durchschnitt (+ 12,3 %). Werden die Auswirkungen der Coronakrise ausgeblendet und nur der Zeitraum von 2008 bis 2019 herangezogen, war der Unterschied zum Österreich-Schnitt prägnanter: Die Tiroler Beschäftigung nahm um 16,4 % (+ 48.400 Arbeitsverhältnisse) zu, in Österreich stieg sie um 12,1 %.

Starke Impulse kamen – vor der Coronakrise – aus dem Wirtschaftsabschnitt Beherbergung und Gastronomie, dem Kernbereich des Tourismus. Die Zahl der Beschäftigungsverhältnisse stieg um fast ein Viertel (+ 24,1 %) bzw. um fast 7.600 an und damit fast doppelt so stark wie im Tiroler Schnitt. Noch stärker war die Zunahme im Gesundheits- und Sozialwesen, in dem die Zahl der Beschäftigungsverhältnisse bis 2019 um mehr als ein Drittel (36,3 %) bzw. um knapp 9.600 anstieg. Durch die Coronakrise erhielt dieser Bereich einen zusätzlichen Auftrieb und der Gesamtanstieg bis 2021 lag bei 42,7 % bzw. bei fast 11.300 Beschäftigungsverhältnissen. Diese beiden Bereiche, Beherbergung und Gastronomie sowie das Gesundheits- und Sozialwesen, machten bis 2019 mehr als ein Drittel der Gesamtzunahme der Beschäftigung in Tirol aus.

Arbeitsmigration

Arbeitsmigration war der dynamischste Faktor der Tiroler Arbeitsmarktgeschichte in den letzten Jahren. Im Zeitraum von 2008 bis 2021 machten Personen mit einer nicht-österreichischen Nationalität mehr als drei Viertel des Tiroler Beschäftigungszuwachses aus. Lag der Anteil der ausländischen Beschäftigten zu Beginn des Analysezeitraums bei 15 %, machte er im Jahr 2021 schon 22 % aus. Fast 30.000 nicht-österreichische Beschäftigte kamen hinzu. Durch die Coronakrise ging die Zahl ausländischer Arbeitnehmer:innen jedoch stark zurück, da sie gehäuft in Branchen tätig waren, welche den Krisenfolgen besonders stark ausgesetzt waren.

Die starke Zunahme von nicht-österreichischer Beschäftigung hängt eng mit den Schwierigkeiten zusammen, lokale Arbeitnehmerinnen und Arbeitnehmer zu finden, die bereit waren bzw. sind, sich mit den gebotenen Arbeitsbedingungen zufriedenzugeben. Durch die Arbeitsmarktöffnung für die EU-Beitrittsländer Ostmitteleuropas wurde es rechtlich sehr einfach, viele Arbeitskräfte aus den östlichen Nachbarländern Österreichs anzuwerben.[6] Mit einem Mal stand ein millionenstarkes, in der Regel gut ausgebildetes Arbeitskräftepotenzial aus Ländern mit einem viel geringeren Einkommensniveau zur Verfügung. Und es wurde aktiv angeworben.

Exemplarisch steht die Entwicklung von Arbeitskräften aus Ungarn für diesen Trend. Die Zahl der ungarischen Arbeitskräfte stieg von weniger als 1.000 Personen im Jahr 2008 auf mehr als 8.500 Personen im Jahr 2019 an. Im Jahr 2017 überholten die Ungar:innen die türkischen Staatsbürger:innen als zweitgrößte Gruppe nicht-österreichischer Beschäftigter in Tirol.[7] Zu fast zwei Drittel sind Ungar:innen in Beherbergung und Gastronomie tätig, was die herausragende Rolle dieses Wirtschaftsbereichs für die Arbeitsmigration unterstreicht.[8]

Die Coronakrise unterbrach diese Entwicklung. Die Zahl der Ungar:innen sank um fast ein Viertel (ca. 2.000 Personen). Die Zahl ausländischer Beschäftigter ging 2020 um ca. 9 % zurück und hat auch seither nicht wieder den Höchststand von 2019 erreicht.

Was ist Fachkräftemangel? Eine nicht abzuschließende Debatte

Wer oder was sind eigentlich Fachkräfte?

Der Begriff der Fachkraft stellt auf das Vorhandensein von speziellen, berufsfachlichen Kenntnissen ab, die entweder formal zertifiziert werden können oder als Kompetenzen, die im Rahmen der Berufsausübung, also als Berufserfahrung, erworben werden.[9] Auch wenn in der Regel die formal nachweisbaren Qualifikationen in den Vordergrund gerückt werden, weil diese klar abgrenzbar und darstellbar sind, ist es logisch, dass in fast jedem beruflichen Kontext fachspezifische Kenntnisse erworben werden bzw. zur Ausübung der Tätigkeiten benötigt werden. Das heißt abseits reiner Hilfstätigkeiten, die keinerlei Vorwissen brauchen, ist immer fachliches Wissen notwendig, egal ob formal nachweisbar oder nicht. Daher: Aus dieser Perspektive kann nicht völlig klar abgegrenzt werden, was eine „Fachkraft" genau ausmacht, obwohl es gute Argumente gibt, den Begriff der „Fachkraft" mit einer zumindest mehrjährigen formalen, berufsspezifischen Ausbildung zu verknüpfen.

Auch innerhalb der formalen Qualifikationen gibt es eine erhebliche Spannweite. Diese reicht von mehrmonatigen, anwendungsorientierten Ausbildungen im Kursformat, über den Lehrabschluss bis hin zum PhD. Zum Teil spiegelt sich das auch in den Analysen zum Fachkräftemangel wider. Die Fachkräfteengpassanalyse der deutschen Bundesagentur für Arbeit unterscheidet zwischen vier Qualifikationsniveaus: Helfer- und Anlerntätigkeiten, Fachkräfte, Spezialist:innen und Expert:innen.[10] In Österreich wird üblicherweise alles ab einem Lehrabschluss als Fachkraft bezeichnet. Der „Fachkräferadar" der Wirtschaftskammer Österreich öffnet diesen Begriff noch weiter und definiert alle Beschäftigten mit Ausnahme von Hilfskräften als Fachkräfte.[11]

Die Konsequenz dieser erheblichen Differenzierung in den formalen Qualifikationen ist, dass eine allgemeine Diskussion über „Fachkräfte" wirkungslos verpuffen muss. Je nach Qualifikationsniveau, nach Branche und beruflicher Position handelt es sich um höchst unterschiedliche Zielgruppen, die unterschiedlich angesprochen werden müssen. Das führt aber geradewegs zum nächsten Problem: Was ist eigentlich ein Mangel?

Und was ist ein Mangel?

Ab wann von einem Mangel an Fachkräften gesprochen werden kann, ist keineswegs selbsterklärend. Geläufig für eine Annäherung an den Mangel ist die Darstellung mittels der Stellenandrangsziffer, d. h. der Zahl „geeigneter" Arbeitsloser pro offener, beim AMS gemeldeter Stelle. Je weniger Arbeitslose auf eine offene Stelle kommen, desto größer der Mangel.

Die viel diskutierte „Mangelberufsliste" verwendet etwa eine Stellenandrangsziffer von 1,5, um zu entscheiden, ob ein Beruf als Mangelberuf kategorisiert wird.[12]

Im Jahr 2021 kann man in Tirol 13 von 78 Berufen als Mangelberuf bezeichnen. In der Hauptsache technische Berufe: „Techniker für Maschinenbau, Elektronik", Elektriker und „Maschineneinrichter, maschinelle Metallbearbeitung". Sie alle haben eine Stellenandrangsziffer von weniger als 1, d. h. es gab in diesen Berufen in Tirol weniger als eine Arbeit suchende Person pro offene Stelle. Andere im Zusammenhang mit dem Fachkräftemangel häufig genannte Berufe wiesen jedoch keinen Mangel im Sinne dieser Definition auf. Die Köch:innen zeigten einen Stellenandrang von 3,7, „andere Hotel- und Gaststättenberufe" einen von 5,4 und auch die Gesundheitsberufe lagen mit 1,9 noch über der Schwelle der Mangelberufe.[13] Diese höheren Andrangsziffern sind bereits ein Hinweis darauf, dass die Probleme eigentlich woanders liegen.

Dennoch ist der Stellenandrang als grobes Maß für die Darstellung von Mangel durchaus geeignet. Im Jahr 2008 wiesen in Tirol nur drei von 78 Berufen einen Mangel auf, im Jahr 2021 waren es, wie bereits erwähnt, 13 Berufe.

Wichtig ist aber Folgendes: Nicht jede Stelle, die nicht sofort neu besetzt werden kann, bedeutet automatisch eine Mangelsituation! Das Institut für Höhere Studien (IHS) weist auf eine ebenso einfache wie wichtige Unterscheidung hin: nämlich die zwischen einem „berufsspezifischen Fachkräftemangel" und „Rekrutierungsschwierigkeiten aus anderen Gründen".[14] Die Nicht-Besetzung von offenen Stellen kann also wegen eines tatsächlichen Fachkräftemangel erfolgen, d. h. wenn die Nachfrage nach bestimmten Qualifikationen das Angebot von Personen mit ebendiesen Qualifikationen am (lokalen, regionalen, überregionalen, internationalen) Arbeitsmarkt übersteigt.

Beharrlich nicht zu besetzende Stellen können aber auch völlig andere Ursachen haben! Etwa dann, wenn zwar an und für sich ausreichend qualifizierte Personen am Arbeitsmarkt vorhanden und auch verfügbar wären, diese aber aufgrund unattraktiver Arbeitsbedingungen die offenen Stellen nicht annehmen wollen. Ebenso können ineffektive Suchstrategien der Betriebe ein Grund für längere Vakanzzeiten von offenen Stellen sein oder ein schlechtes Image von Betrieb/Branche. Hier kann man von einem „Personalmangel" sprechen, der, im Gegensatz zum „echten" Fachkräftemangel, in erster Linie betriebliche Ursachen hat, also eigentlich selbstverschuldet ist.[15]

Diese essenzielle Unterscheidung zwischen tatsächlichem Mangel und – hausgemachten – Rekrutierungsproblemen wurde aber in der politischen Debatte viel zu lange nicht gemacht und erfolgt auch jetzt nur zögerlich. Das ist aber ein fundamentales Problem, weil dadurch die notwendigen Lösungsansätze nicht gesehen werden. Nämlich in die Verbesserung der Arbeitsbedingungen zu investieren.

Vom Mangel zum Eigentor: Ein ganzes Spektrum von Herausforderungen

Die Thematik des Fachkräfte- bzw. Arbeitskräftemangels rückte über die Jahre immer stärker in den Vordergrund der wirtschafts- und arbeitsmarktpolitischen Diskussion. Eine Unterlage zur Fachkräfteoffensive des Landes Tirol aus dem Jahr 2012 hielt noch fest, dass es „in Tirol derzeit noch keinen flächendeckenden Fachkräftemangel gibt." In bestimmten Branchen, wie etwa dem Gesundheits- und Sozialwesen gäbe es zwar einen erhöhten Fachkräftebedarf, von „einem generellen und branchenübergreifenden Mangel kann aber keine Rede sein." 2022 würden wohl die wenigsten bestreiten, dass es Mangelsituationen am Arbeitsmarkt gibt. Die Streitfrage ist nun, warum die offenen Stellen nicht besetzt werden können. Exemplarisch wird das Spektrum der Herausforderungen an den technischen Berufen, am Pflege- und Betreuungsbereich und an der Freizeitwirtschaft/Tourismus kurz skizziert.

Im hochqualifizierten technischen Bereich, in Industrie und Gewerbe, ist es weitgehend unstrittig, dass es einen tatsächlichen Fachkräftemangel am Arbeitsmarkt gibt. Längst findet ein überregionaler Wettbewerb „um die besten Köpfe" statt. Qualifikatorisch handelt es sich hier um Berufe, die von Lehrausbildungen bis hin zum Dipl.-Ing. reichen. Tirol hat vor allem im hochqualifizierten Bereich Konkurrenz aus dem Raum München, der große, international operierende Unternehmen mit entsprechenden Verdienst- und Karrieremöglichkeiten beheimatet. Auch gibt es eine Abwanderung von Wissenschaftler:innen und qualifizierten Arbeitskräften dadurch, dass es zwar in Tirol ein großes Angebot an technischen Studienrichtungen gibt, aber innerösterreichisch mit den Technischen Universitäten Wien und Graz Konkurrenz besteht. Seit Jahren gibt es verschiedenste Versuche, Tirol für Hochqualifizierte attraktiver zu machen. Ein „Welcome Service" wurde etabliert, die Einrichtung einer durchgängig englischsprachigen Schule projektiert und diverse Zugänge zu einer Arbeitgebermarke „Tirol" gesucht. Ebenso gibt es eine ganze Reihe von Initiativen, um das Interesse am MINT-Bereich zu fördern und die Ausbildung in diesem Bereich zu forcieren.[16] Diese reichen von der Einrichtung einer eigenen Chemie-HTL in Kramsach bis hin zur Erstellung einer MINT-Strategie. Natürlich gibt es im Produzierenden Gewerbe auch vieles, das kritisch zu sehen bzw. verbesserungswürdig ist. Dennoch kann festgehalten werden, dass die bestehenden Personallücken sich nicht auf systematische Missstände bei den Arbeitsbedingungen zurückzuführen lassen.

Zurecht heiß diskutiert ist die Situation des Pflege- und Betreuungsbereiches. Dieser nimmt in Bezug auf die Fachkräftediskussion eine Mittelposition ein. Echte Mangelerscheinungen und massive Rekrutierungsschwierigkeiten treten gleichzeitig auf. Die ohnehin vorhandenen hohen berufsspezifischen Belastungen werden durch unzureichende Arbeitsbedingungen verstärkt. Aktive in der Branche betonen zwar, wie sinnstiftend und erfüllend die Arbeit sei bzw. sein könnte, geraten aber durch die notorisch viel zu dünne Personaldecke in den Gesundheits- und Sozialeinrichtungen an ihre Belastungsgrenzen und darüber hinaus. Frühzeitiger Ausstieg aus dem Berufsfeld, belastungsbedingte Einschränkungen der Arbeitszeit und beruflicher Nachwuchsmangel sind die – nur allzu logischen – Folgen. Jahrelang, besonders in Coronazeiten, wurde der hohe gesellschaftliche Stellenwert von Pflege und Betreuung mantraartig wiederholt, echte und nachhaltige Verbesserungen aber bislang, trotz eines massiven Aufschrei der Betroffenen, versäumt. Dabei wäre die Liste der Verbesserungsnotwendigkeiten lang: eine dringende Anpassung der (Mindest-)Personalschlüssel, eine finanzielle Unterstützung der Pflegeschüler:innen und Studierenden nach dem Modell der Polizeiausbildung, Angleichungen der arbeitszeitlichen Regelungen, usw.[17] Es gäbe viel zu tun und in den letzten Jahren wurden von den verschiedensten Seiten reihenweise Vorschläge unterbreitet[18], die nur umgesetzt werden müssten.

Die Freizeitwirtschaft bzw. der Tourismus ist ein Wirtschaftsbereich, der sich gerne als Tiroler Leitbranche präsentiert. Und der schon lange mit dem Begriff des „Fachkräftemangels" operiert. Das aber fälschlich: Denn die unbesetzten Stellen rühren in aller Regel nicht daraus, dass es an qualifizierten Personen mangelt, sondern daher, dass die gebotenen Arbeitsbedingungen in der Masse schlicht und einfach nicht gut genug sind. Denn zu lange wurde „Fachkräftemangel" gesagt, aber die Verbilligung und Flexibilisierung von Arbeit gemeint. Bestrebungen, wie z. B. die Zugangsregelungen zum Arbeitsmarkt für Drittstaatsangehörige immer weiter aufzuweichen (Stichworte: Mangelberufsliste, Reform der Rot-Weiß-Rot-Karte), vermehrter Druck auf Arbeitslose (Zumutbarkeitsbestimmungen) und wiederholte Kritik an der Höhe des Arbeitslosengeldes und der Mindestsicherung („soziale Hängematte"[19]) zeigen klar diese Denkweise – und sind eigentlich eine Bankrotterklärung. Letztlich führte das politische Nachgeben gegenüber diesen Forderungen in die jetzige Sackgasse.[20] Der Tourismus ist, zusammen mit dem Gesundheits- und Sozialwesen, die Branche mit den höchsten körperlichen und mentalen Belastungen. Die Unzufriedenheit mit den Einkommen und Arbeitsbedingungen ist groß und viele planen den endgültigen Ausstieg.[21] Der stark sinkende Anteil österreichischer Beschäftigung in der Branche ist ein deutliches Indiz für die stetig sinkende Attraktivität und gleichzeitig ein Zeichen, wie darauf reagiert wurde: mit einer immer raumgreifenderen Rekrutierung in Ländern mit noch steilerem Lohngefälle.[22] Die erfolgversprechendere Herangehensweise, nämlich deutlich in die Aufwertung der Arbeitsplätze zu investieren, wurde – ganz offensichtlich – viel zu wenig und viel zu spät erkannt. Vorausschauende Betriebe, die es natürlich auch gibt, reagierten früher und haben nun weitaus weniger Probleme mit der Personalrekrutierung. Branchenvertreter:innen haben mittlerweile das Narrativ der attraktiven Arbeitsplätze aufgenommen, die Frage ist aber, wie repräsentativ dies ist und wie ernst es gemeint ist. Ernst genommen werden muss es, denn das derzeitige Modell ist jedenfalls nicht zukunftsfähig.

Zum Abschluss: Was notwendig ist!

Was sich früher auf einige Branchen, wie etwa den Technologie-Sektor, beschränkte, hat sich nun auf so gut wie alle Wirtschaftsbereiche ausgeweitet: Von der Industrie über den Gesundheitsbereich bis zum Tourismus – alle suchen qualifizierte Mitarbeiter:innen. Was ist aber der Schlüssel, gutes Personal zu finden und dauerhaft zu behalten? Die Antwort ist im Grunde einfach: Den Menschen umfassend gute Arbeitsbedingungen zu bieten und auf ihre Bedürfnisse ernsthaft einzugehen. Einen Lohn und ein Gehalt zu bezahlen, das angemessen und gerecht ist. Flexibilität nicht einseitig einzufordern, sondern auch zu akzeptieren, wenn Flexibilität für die Bewältigung der persönlichen Lebenslage der Mitarbeiter:innen notwendig ist. Planbarkeit und Verlässlichkeit sicherzustellen. Und Perspektiven und Weiterkommen zu ermöglichen. Denn in der heutigen Zeit zeigt sich, dass der Arbeitsmarkt eben genau das ist: ein Markt. Und das bedeutet, wenn das Angebot am Arbeitsplatz nicht stimmt, dann kommt halt niemand.

Anmerkungen

1 Frei zitiert nach Markus Marterbauer bei seinem Vortrag bei der Veranstaltung „Wie geht's weiter?" der Diözese Innsbruck am 30.4.2022.
2 Diese und die folgenden Zahlen: Amt der Tiroler Landesregierung, Demographische Daten Tirol 2008 – Revidierte Bevölkerungs- und Wanderungsstatistik 2002 – 2007, 2009: https://www.tirol.gv.at/fileadmin/themen/statistik-budget/statistik/downloads/BEV2008.pdf (Zugriff 3.6.2022) und Amt der Tiroler Landesregierung: Demographische Daten Tirol 2020, 2021: https://www.tirol.gv.at/fileadmin/themen/statistik-budget/statistik/downloads/bev_2020.pdf (Zugriff 3.6.2021).
3 Bundesministerium für Arbeit: amis – Arbeitsmarktinformationssystem, Lehrlingsstatistik laut WKO: https://www.dnet.at/Amis/Datenbank/DB_Lehrlingsstatistik.aspx (Zugriff 3.6.2021).
4 Vgl. z. B. https://www.bmdw.gv.at/Presse/AktuellePressemeldungen/USA-Lehre.html (Zugriff 3.6.2021).
5 Alle Daten in Folge: Bundesministerium f. Arbeit: amis – Arbeitsmarktinformationssystem: https://www.dnet.at/Amis/Datenbank/DB_Index.aspx (Zugriff 3.6.2021).
6 Im Jahr Mai 2011 wurde der unbeschränkte Zugang zum österreichischen Arbeitsmarkt für Ungarn, Polen, Tschechien, die Slowakei, Slowenien, Estland, Lettland und Litauen gewährt. Im Jänner 2014 folgte die Öffnung für Rumänien und Bulgarien, im Juli 2020 dann für Kroatien.
7 Mit weitem Abstand die größte Gruppe ausländischer Beschäftigter stellen aber nach wie vor deutsche Staatsbürger:innen dar.
8 Im Jahr 2021 waren im Schnitt 8.550 ungarische Staatsbürger:innen am Tiroler Arbeitsmarkt tätig. Knapp 5.300 davon in Beherbergung und Gastronomie. Kein weiterer anderer Wirtschaftsabschnitt wies mehr als 670 ungarische Beschäftigte auf.
9 Vgl. Marcel Fink et al.: Institut für Höhere Studien – Gibt es in Österreich einen Fachkräftemangel? Analyse anhand von ökonomischen Knappheitsindikatoren, Wien 2015, S. 5.
10 Vgl. Michael Hartmamm/Judith Wüllerich: Bundesagentur für Arbeit – Arbeitskräftenachfrage und Fachkräfteengpass – Methodenbericht, Nürnberg 2014, S. 20.
11 Vgl. Helmut Dornmay/Marlis Riepl: Unternehmensbefragung zum Fachkräftebedarf/-mangel 2021 – Fachkräfteradar 2021, Wien 2021, S. 2.
12 Mangelberufsliste 2022: https://www.migration.gv.at/de/formen-der-zuwanderung/dauerhafte-zuwanderung/bundesweite-mangelberufe/ (Zugriff 3.6.2021).
13 Ein weiteres Ausdifferenzieren in verschiedene Gesundheitsberufe würde das Bild jedoch sicherlich noch verändern.
14 Vgl. Marcel Fink et al.: Gibt es in Österreich einen Fachkräftemangel?, S. 9.
15 Ebd., S. 10.
16 MINT = Mathematik, Informatik, Naturwissenschaft, Technik.
17 Vgl. Arbeiterkammer Tirol: Pflege.Handeln.Jetzt – Die Situation der Pflege und Betreuung in Tirol. Eine Analyse der AK Tirol mit Handlungsempfehlungen, Innsbruck 2021.
18 Z. B. auch: ÖGB Tirol: Zukunftsthema Nummer 1 – Pflege in Tirol, 2021, https://www.oegb.at/content/dam/oegb/downloads/bundeslaender/tirol/positionspapiere/OEGB%20Tirol_Positionspapier%20Pflege_2021.pdf (Zugriff 2.6.2022).
19 Beispielhaft: Kleine Zeitung: ÖHV-Präsident Veit: „Arbeitslosigkeit: Gewisse Schrauben muss man drehen": https://www.kleinezeitung.at/wirtschaft/6087405/OeHVPraesident-Veit_Arbeitslosigkeit_Gewisse-Schrauben-muss-man (Zugriff 2.6.2022).
20 Einen Höhepunkt in dieser Hinsicht stellte das türkis-blaue Regierungsprogramm von 2017 dar, das sich in den entsprechenden Passagen wie eine Weihnachtsliste der Branchenlobby liest. So etwa Regierungsprogramm 2017 – 2022: Zusammen für unser Österreich, S. 167 f: http://www.wienerzeitung.at/_em_daten/_wzo/2017/12/16/171216_1614_regierungsprogramm.pdf (Zugriff 2.6.2022).
21 AK OÖ: Arbeitsklimaindex – Ein Viertel will wechseln: Verzicht auf schlechte Arbeitsbedingungen, 10.2.2022: https://ooe.arbeiterkammer.at/service/presse/AKI_2022_01_Ein_Viertel_will_wechseln.pdf (Zugriff 3.6.2022).
22 2008 lag der Anteil nicht-österreichischer Beschäftigung in der Tiroler Beherbergung und Gastronomie bei 47 %, 2019, am Höhepunkt, bei 57 %. Mehr als 9.000 Nicht-Österreicher:innen kamen im Vergleich der beiden Jahre hinzu, während fast 1.700 österreichische Beschäftigte weniger vorhanden waren.

Antisemitismus –
Der Hass gegen Juden
im Wandel der Zeit

Patrick Siegele

Einleitung

„Vor Antisemitismus aber ist man nur noch auf dem Mond sicher" schrieb die deutsch-amerikanische Philosophin Hannah Arendt 1941 in einem Artikel für die jüdischen Zeitschrift *Aufbau*.[1] In zugespitzter Form bringt sie damit zum Ausdruck, was in der Wissenschaft vielfach belegt ist: Der Antisemitismus – die Feindschaft gegen Jüdinnen und Juden – ist nicht nur ein omnipräsentes und jahrhundertealtes Phänomen, sondern auch extrem wandelbar. Abhängig von den politischen, wirtschaftlichen oder religiösen Machtverhältnissen hat die nicht-jüdische Mehrheit immer wieder Vorwände gefunden, Juden die Schuld an Missständen und Krisen zu geben. Für die Betroffenen hatte und hat dies verheerende Folgen: Immer wieder kam es zum Entzug von Bürgerrechten, zu Verfolgungen und Vertreibungen, zu Gewalt in Form von Pogromen, und schließlich mit dem Holocaust, dem Völkermord an den europäischen Jüdinnen und Juden, zum größten und folgenreichsten Genozid der Menschheitsgeschichte.

Da es beim Antisemitismus nie um tatsächliche Eigenschaften von Jüdinnen und Juden oder um deren Verhalten geht, hat die IHRA – die International Holocaust Remembrance Alliance – Antisemitismus folgendermaßen definiert: „Antisemitismus ist eine bestimmte Wahrnehmung von Jüdinnen und Juden, die sich als Hass gegenüber Jüdinnen und Juden ausdrücken kann."[2]

Der Antisemitismus „funktioniert" auch dort, wo tatsächlich oder vermeintlich keine Jüdinnen und Juden leben. Dass dies damit zu tun hat, dass der Antisemitismus für Nicht-Juden immer eine bestimmte Funktion erfüllt, darauf geht *Randi Becker* in ihrem Beitrag „Moderner Antisemitismus und Rassismus – Überschneidungen und Unterschiede" ein. So wie beim Rassismus ergeben sich auch beim Antisemitismus für die Mehrheitsgesellschaft Vorteile aus Vorurteilen, Feindbildern, aus Ausgrenzung und Gewalt: Minderheiten wird die Schuld an Missständen zugewiesen, ihre Ausgrenzung und Ausbeutung wird über die ihnen zugeschriebene Minderwertigkeit gerechtfertigt oder ihre vermeintliche Macht dient der Erklärung komplexer und verunsichernder Ereignisse. Dies sind Muster, die schon im Mittelalter funktioniert haben und bis in die Gegenwart reichen. Und: wo es durchaus Parallelen und Gemeinsamkeiten im Rassismus und Antisemitismus gibt. Dass es aber genauso viele Gründe gibt, zwischen Antisemitismus und Rassismus klar zu trennen, erklärt Becker ebenfalls in ihrem Text.

Ein signifikanter Unterschied ist etwa die Vorstellung einer jüdischen Weltverschwörung, die in den letzten Jahren stark an Zuspruch gewonnen hat. Wie dies mit der Corona-Pandemie und den Demonstrationen gegen die staatlichen Maßnahmen zusammenhängt, beschreibt Isolde Vogel im zweiten Beitrag des Schwerpunktes zum Antisemitismus: „Verschwörung, Corona und die Erklärung allen Übels". Die gesellschaftliche Auseinandersetzung um die Pandemie und ihre

Folgen ist ein weiteres Beispiel für die Wandelbarkeit des Antisemitismus. In Zeiten von Krisen, deren Ursprung nur schwer zu fassen und zu erklären ist, suchen Menschen nach Schuldigen. Minderheiten wie die jüdische geraten dabei erneut und immer wieder in den Fokus. Wie Verschwörungserzählungen in die Breite der Gesellschaft hineinwirken, welche Rolle die Verharmlosung des Holocaust spielt und wie sich Antisemitismus im Umfeld von Impfgegnerinnen und -gegnern zeigt, ist ebenso Inhalt des Beitrags von Vogel.

Arnon Hampes Beitrag „Antisemitismus in postkolonial-antikapitalistischen und antizionistischen Kontexten" geht auf ein weiteres für den Antisemitismus typisches Merkmal ein: Er ist ein gesamtgesellschaftliches Problem und von der extremen Rechten bis hin zur extremen Linken wie auch in der so genannten „Mitte" der Gesellschaft zu finden. Der „israelbezogene Antisemitismus" – also eine Form der Judenfeindschaft, die sich ihren Weg über eine Kritik am Staat Israel bahnt – wird überwiegend von linken, pro-palästinensischen Bewegungen getragen. Sie stehen historisch immer wieder in der Gefahr antizionistisch und antisemitisch zu argumentieren. Dies geht so weit, die Politik Israels mit jener Nazi-Deutschlands gleichzusetzen oder Israel das Existenzrecht abzuerkennen. Als jüngstes Beispiel für diese globale Auseinandersetzung, die auch innerhalb der jüdischen Gemeinschaft zu heftigen Kontroversen führt, analysiert Hampe die Ereignisse rund um die *documenta fifteen* in Kassel.

Der Schwerpunkt „Antisemitismus – der Hass gegen Juden im Wandel der Zeit" ist eine Kooperation von _erinnern.at_ mit der Michael-Gaismair-Gesellschaft. Er will einen Beitrag dazu leisten, Antisemitismus in seinen unterschiedlichen Erscheinungsformen besser zu verstehen, um diese im Alltag auch besser erkennen zu können. Denn nur wenn Antisemitismus auch als solcher erkannt und benannt wird, können Politik und Gesellschaft wirksam gegen diesen vorgehen.

Anmerkungen

1 Die gesammelten Aufsätze von Hannah Arendt für den *Aufbau* sind unter dem gleichnamigen Titel 2002 beim Piper Verlag erschienen: Hannah Arendt: Vor Antisemitismus ist man nur noch auf dem Mond sicher. Beiträge für die deutsch-jüdische Emigrantenzeitung ‚Aufbau' 1941–45, hrsg. von Marie Luise Knott, München 2002.
2 Die IHRA Arbeitsdefinition wurde im April 2017 vom österreichischen Ministerrat angenommen. Die Definition in vollem Wortlaut kann auf der Website der IHRA abgerufen werden: https://www.holocaustremembrance.com/de/resources/working-definitions-charters/arbeitsdefinition-von-antisemitismus (Zugriff 26.8.2022).

Randi Becker

Moderner Antisemitismus und Rassismus – Überschneidungen und Unterschiede

Im Oktober 2020 fand im hessischen Frankfurt eine Demonstration unter dem Motto „Moria befreien" statt, die auf die Zustände in Flüchtlingslagern auf den griechischen Inseln aufmerksam machen sollte und von einem breiten Bündnis aus antirassistischen Gruppen wie *Seebrücke Frankfurt, Migrantifa Hessen* oder *Youth against Racism* organisiert worden war. Im Verlauf der Demonstration wurde die Parole „From the River to the Sea, Palestine will be free!" skandiert, die mit der „Befreiung" Palästinas vom Jordan bis zum Mittelmeer einen Aufruf zur Zerschlagung Israels impliziert. Außerdem wurde mit den Worten „Yallah Intifada" zur Gewalt gegen Israel aufgerufen.[1]

Wenige Monate zuvor, im August desselben Jahres, kam es zu ähnlichen Szenen in Wien: Im Vorfeld einer von *Migrantifa Wien* organisierten Gedenkveranstaltung anlässlich der rassistischen Morde in Hanau gab es Auseinandersetzungen zwischen den OrganisatorInnen und VertreterInnen von *BDS*, der antisemitischen Boykott Desinvestment Sanction Kampagne. Letztere kritisierten die Einladung einer Vertreterin der *Jüdischen österreichischen HochschülerInnen (JöH)* als Rednerin. *BDS* verglich die *JöH* mit der rechtsextremen türkischen Organisation *Graue Wölfe*.[2]

Antirassistische Demonstrationen werden in den letzten Jahren immer wieder für antisemitische Agitationen genutzt. Solche Berichte irritieren, gehen doch die meisten Menschen davon aus, dass Antisemitismus eine Form des Rassismus darstellt. Demzufolge müsste der Kampf gegen Rassismus selbstverständlich auch den Kampf gegen Antisemitismus enthalten. Warum also kommt es vor, dass AntirassistInnen Antisemitismus zulassen oder sogar aktiv befördern?

Antisemitismus und Rassismus als moderne Phänomene

Antisemitismus und Rassismus sind Phänomene, die jeweils eine lange Geschichte aufweisen. Die Trennung und Ungleichbehandlung von schwarzen und weißen Menschen gab es schon in der Antike, Juden und Jüdinnen waren in Europa über Jahrhunderte Pogromen und Gewalt ausgesetzt. Allerdings bildeten diese frühen Formen von Ausgrenzung und Gewalt lange Zeit keine zusammenhängenden und gesellschaftlich wirksamen Ideologien. Erst mit der Moderne werden diese zu geschlossenen Vorstellungen über „die Juden" oder „die Schwarzen". Deshalb unterscheiden viele Rassismus- und AntisemitismusforscherInnen auch begrifflich zwischen Frühformen und dem modernen Antisemitismus und Rassismus.

Ein Beispiel dafür ist der Begriff „Antijudaismus", mit dem die vormoderne Feindschaft gegen Juden und Jüdinnen gemeint ist und der vor allem eine religiös begründete Form des Antisemitismus bezeichnet.

Der Übergang zu den modernen Varianten des Rassismus und Antisemitismus war kein auf ein Jahr zu datierender Umbruch, sondern ein langer Prozess der Erweiterung und Verbindung alter Elemente mit neuen, modernen Vorstellungen innerhalb dieser Ideologien.

Der Rassismus ist dabei unmittelbar mit der Praxis des Sklavenhandels verbunden. Die Verknüpfung von Hautfarbe und Wertigkeit von Menschen war der Versuch, den Sklavenhandel durch die Abwertung schwarzer Menschen zu rechtfertigen. Moderner Rassismus sollte so die Ausbeutung von Menschengruppen durch andere Menschengruppen über die Setzung einer biologistisch begründeten, unterstellten Minderwertigkeit der Ausgebeuteten legitimieren, sie zu „verachtenswerte(m) ‚Menschenmaterial" machen."[3]

Die Historikerin Karin Priester definiert modernen Rassismus in Abgrenzung zu seinen Frühformen als „eine spezifische politische Strategie (...), die (...) zwar auf ethnozentrischen Vorurteilen und fremdenfeindlichen Einstellungen aufbaut, aber weit darüber hinaus reicht."[4] Rassismus sei, so nach Priester, „eine Politik der Zuweisung von gesellschaftlichem Status auf Grund ethnischer Zugehörigkeit und Hautfarbe, im Extremfall erzwungen durch staatliche Gesetzgebung"[5].

Auch der Antisemitismus veränderte sich über die Jahrhunderte. Während Jüdinnen und Juden im frühen Mittelalter Ritualmorde an christlichen Kindern unterstellt wurden, wandelten sich die antisemitischen Vorstellungen im ausgehenden Mittelalter zu moderneren Varianten dieser Feindschaft. Religiöse Stereotype wurden um soziale, wirtschaftliche und verschwörungstheoretische ergänzt: „Nicht nur Gotteslästerer seien sie, sondern darüber hinaus Verräter, Homosexuelle, Kindermörder, als Ärzte getarnte Meuchelmörder, Giftmischer und Wucherer."[6]

Wie kommt es zu dieser Veränderung? Die rechtliche und politische Emanzipation als Folge der Aufklärung ermöglichte Juden und Jüdinnen am öffentlichen und wirtschaftlichen Leben teilzuhaben und in immer höhere Positionen aufzusteigen. Gegen diese Emanzipation und gegen die vielen Veränderungen und Verunsicherungen, die mit der Industrialisierung und der Moderne einhergehen, richtet sich der moderne Antisemitismus. Religiöse Vorstellungen verlieren an Bedeutung, neue Stereotype über Juden erstarken: „als das städtische Bürgertum und der wachsende Geldverkehr verstärkt an Bedeutung gewannen, wurden sie (die Juden) zur unerwünschten Konkurrenz und gleichzeitig zum Inbegriff für alles Moderne: für städtische Lebensweise, für einen überdurchschnittlich hohen Bildungsstand, für die Wertschätzung von Gelehrsamkeit und naturwissenschaftlichen Kenntnissen, für Geschäftigkeit, Geldhandel, internationale Kontakte"[7]. Der moderne Antisemitismus macht Juden und Jüdinnen so zu Schuldigen aller modernen Phänomene. Damit wird er zu einer umfassenden Weltanschauung, einer „negativen Leitidee der Moderne"[8], denn er bot und bietet mit diesem Erklärungsmodell eine alternative Weltanschauung an, die die von Krisen geprägte Welt für AntisemitInnen verstehbar macht. Gleichzeitig und durch den Rückgang der Bedeutung von religiöser Zugehörigkeit wird in den Augen der AntisemitInnen das Jüdisch-Sein immer mehr eine Frage des „Blutes", der unveränderlichen „Rassezugehörigkeit".

Auch der Rassismus ersetzt schrittweise alte Ausschlusskriterien wie Religion: die „Rassenzugehörigkeit" wird immer mehr zu einer festen Kategorie, die soziale Beziehungen strukturiert, Abstieg von Weißen vorbeugen und Aufstieg von Schwarzen verhindern soll, und so Ausbeutung legitimiert. Die imaginierte Kategorie des „Blutes" und der „Rassenzugehörigkeit" strukturiert so sowohl modernen Antisemitismus wie Rassismus.

Antisemitismus und Rassismus im Nationalsozialismus

Im Nationalsozialismus erfahren diese Kategorisierungen eine Zuspitzung und lassen auch die Unterschiede zwischen antisemitischen und rassistischen Kategorisierungen zutage treten: Die „Rassentheorien" der NationalsozialistInnen und ihrer Vordenker werden häufig als Beispiel verstanden, das zeige, wie Rassismus und Antisemitismus zusammenhängen oder sogar mehr oder weniger ein und dasselbe wären. Klar ist, dass der Begriff der „Rasse" für die NationalsozialistInnen zentral war: Mit ihm wurde begründet, wer als Teil der Volksgemeinschaft galt und wer auszuschließen war. Jedoch zeigen sich die Ausschlüsse der konkreten Gruppen auf unterschiedliche Art und Weise: Manche Gruppen sollten gezielt und systematisch vernichtet werden, bei anderen „reichte", in nationalsozialistischer Perspektive, die (gewaltvolle) Verhinderung der Fortpflanzung durch Zwangssterilisierung aus. Die nationalsozialistische Ideologie war durch Vorstellungen von Ungleichheit und abgestufter Wertigkeit von Menschen geprägt, die behindertenfeindlich und rassistisch war. Innerhalb der „Rassentheorien" des Nationalsozialismus wurden so Menschen in eine rassistische Hierarchie eingegliedert, an deren Spitze die „arisch-germanische Rasse" stand. In dieser Hierarchie nahmen Juden aber nicht etwa die unterste Stufe der Hierarchie ein, sondern wurden „als regelrechte ‚Gegenrasse'" betrachtet, „deren gänzliche Vernichtung angestrebtes Ziel war und von deren Verwirklichung (…) das Glück der ‚Völker' abhing".[9] Rassenhygiene und Praktiken der Ausgrenzung zum einen und die Shoah als Mord an den europäischen Juden und Jüdinnen zum anderen sind zwar in Gestalt der „Rassenideologie" miteinander verbunden, sie unterscheiden sich jedoch in ihren jeweiligen Zuschreibungen und in der Verfolgungspraxis im Nationalsozialismus. Die Shoah gründete insbesondere auf folgender Vorstellung: „Die Juden als Juden sind nicht wie wir, sie sind anders als wir, sie sind keine Menschen und stehen außerhalb der generell akzeptierten Normen des Menschengeschlechtes; als solche unterwandern und verseuchen sie uns mit ihrer Fremdheit und ihrer Abartigkeit. Da sie niemals so wie wir werden können (…), besteht das einzige Mittel, sich ihrer zu erwehren, darin, sie allesamt – Männer, Frauen und Kinder – mit Stumpf und Stiel auszurotten."[10] Die vollständige Vernichtung der Juden als Ziel, das über alle anderen Interessen gestellt wurde, ist es, was den NS-Antisemitismus von anderen (ebenfalls tödlichen) NS-Ideologien, wie dem rassistischen Antislawismus unterscheidet.

Die Singularität der Shoah

Der Ökonom und Historiker Moishe Postone hat den NS-Antisemitismus in seinem Verhältnis zu Kapitalismus und Rassismus untersucht. Er kommt zu dem Schluss, dass der Vernichtungsantisemitismus nicht verstanden werden kann, solange er „als Beispiel für Rassismus sans phrase"[11], also als Beispiel für „ganz normalen" Rassismus interpretiert wird. Die Besonderheit des Holocausts sei keine der Quantität, also keine Frage der Zahl der Opfer oder der Quantität des Leidens, sondern eine der Qualität: der Art und Weise des Massenmords, also der systematischen Vernichtung. Antisemitismus sei so kein „bloßes Beispiel für Vorurteil, Fremdenhaß und Rassismus allgemein", kein „Beispiel für Sündenbockstrategien, deren Opfer auch sehr gut Mitglieder irgendeiner anderen Gruppe hätten gewesen sein können".[12] Während der Rassismus, so irrational er erscheint, meist einem bestimmten Zweck diente, der Ausbeutung bestimmter Gruppen, hatte der Holocaust „keine funktionelle Bedeutung. Die Vernichtung der Juden war kein Mittel zu einem anderen Zweck." Sie musste „nicht nur total sein, sondern war sich selbst Zweck – Vernichtung um der Vernichtung willen –, ein Zweck, der absolute Priorität beanspruchte."[13]

Was macht also die Shoah singulär? Der Massenmord an den europäischen Juden und Jüdinnen hatte keinen strategischen Sinn, er war völlig grundlos und diente keinem anderen Zweck als der Ausrottung der europäischen Juden und Jüdinnen. Die Verfolgung dieses Zieles sowie der Vernichtungswille der Täter und Täterinnen waren so total, dass sie in Kauf nahmen, sich selbst zu schädigen. Im Krieg hätten sie alle Ressourcen benötigt, nutzten stattdessen aber wertvolle Kapazitäten, nur um Juden aus ganz Europa und aus Nordafrika aufzuspüren, sie mit allen erdenklichen Transportmitteln in die NS-Vernichtungslager zu deportieren und zu ermorden.

Antisemitismus und Rassismus: unterschiedliche Zuschreibungen und Funktionen

Postone führt aus, dass sich beide Phänomene insbesondere hinsichtlich der jeweils zugeschriebenen Macht unterscheiden: „Alle Formen des Rassismus schreiben dem Anderen potentielle Macht zu. Diese Macht ist gemeinhin konkret, materiell und sexuell. Es ist die potentielle Macht des Unterdrückten (…) in Gestalt des ‚Untermenschen'. Die den Juden zugeschriebene Macht ist jedoch größer und wird nicht nur als potentiell, sondern als tatsächlich wahrgenommen. Sie ist vielmehr eine andere Art der Macht, die nicht notwendigerweise konkret ist. Die den Juden im modernen Antisemitismus zugeschriebene Macht wird durch mysteriöse Unfaßbarkeit, Abstraktheit und Universalität charakterisiert." Damit stehen die Juden, im Gegensatz zu rassifizierten Schwarzen, „für eine ungeheuer machtvolle, unfaßbare internationale Verschwörung".[14] Mit diesem Verschwörungsdenken können Juden als die geheime Kraft hinter ganz unterschiedlichen Phänomenen antisemitisch gedeutet werden: als Kraft hinter „dem plutokratischen Kapitalismus und dem Sozialismus", dem, was „hinter allen Kräften steht, die zum Niedergang althergebrachter sozialer Zusammenhänge, Werte und Institutionen führen", als „fremde, gefährliche und destruktive Macht", „die die soziale ‚Gesundheit' der Nation untergräbt".[15] Die Abstraktheit dieser Macht wird auch in den Zuschreibungen der Wurzellosigkeit oder der Idee eines „internationalen Judentums" deutlich. Juden erscheinen als ‚Übermenschen'.

Demgegenüber besteht Rassismus insbesondere aus Zuschreibungen des ‚Untermenschen': als „Ausschluss aus der Menschheit, der in der Mißhandlung von Individuen als willenlose Natur und bedürfnisloser Rohstoff, als Ding und bloßes Produkt von Geschlecht, Sprache oder Heimat sein Unwesen treibt"[16]. Rassifizierte erscheinen im Rassismus als triebgesteuert, als unzivilisiert, als tier- und naturnah.

Anhand der unterschiedlichen Zuschreibungen werden auch unterschiedliche Funktionsweisen von Antisemitismus und Rassismus deutlich.

Antisemitismus „beansprucht, die Welt zu erklären"[17], hier verschafft sich insbesondere der Hass auf das Abstrakte Ausdruck. Das bedeutet, Leiden, das im Kapitalismus für Menschen entsteht, wird im Antisemitismus nicht im System oder an staatlichem oder politischem Handeln festgemacht, sondern auf Menschen, die für abstrakte und für den Einzelnen schwer oder nicht zu durchschauende Prozesse verantwortlich gemacht werden, verschoben: Juden und Jüdinnen. Die Abstraktheit der Prozesse wird so personifiziert: konkrete jüdische Menschen werden zur Projektionsfolie für eigene erlebte Ohnmacht und Unzufriedenheit.

Im Rassismus scheint ein anderes Bedürfnis auf: das Bedürfnis nach Legitimierung von Ausbeutung und das Bedürfnis nach Selbstbewusstsein (weißer Subjekte) in einer (kapitalistischen) Weltordnung, in welcher der und die Einzelne stets von der Angst bedroht wird, die soziale Stellung zu verlieren oder in ökonomischer Hinsicht gänzlich „überflüssig" zu werden. „Der rassistische Ausschluß aus der Menschheit speist sich aus der Angst vor der Entwertung; der Andere als Unmensch symbolisiert die Folgen, die die Niederlage in der Konkurrenz mit sich bringt: Verlust der freien Verfügung über sich selbst, Einbuße der Subjektivität und Angleichung an das Schicksal der Sklaven, Unmündigen und Entmündigten."[18]

Der Publizist Joachim Bruhn betrachtet modernen Antisemitismus und Rassismus als unterschiedliche und doch zusammenhängende Phänomene, die aus der Situation des bürgerlichen Subjekts in der Moderne entspringen: Für seine Identität muss es sich ständig gegen andere abgrenzen, es ist in einem Zustand des „permanenten Zweifrontenkrieges gegen das ‚unwerte' und gegen das ‚überwertige' Leben"[19] gefangen. Der moderne Mensch sei im Kapitalismus von äußeren Zwängen bestimmt und von inneren Ängsten beherrscht. Um sich zu behaupten, erfindet er ständig ein Anderes – Schwarze und Juden, die er abwertet, um zu wissen, wer er selbst (nicht) ist.[20]

Die rassistische Konstruktion des Schwarzen steht für vormoderne Zeiten, sie erinnert den Bürger an eigene Wünsche und Triebe, die den Schwarzen zugeschrieben werden: faul und ohne Zwang frei sein, naturnahe Tätigkeiten verrichten, sich der kapitalistischen Verwertungslogik entziehen.[21] Der antisemitisch bestimmte Jude hingegen steht gerade für die Moderne: Er steht für abstrakte Mächte, ist für wirtschaftliche und soziale Krisen verantwortlich und symbolisiert nicht den

Rückfall in vormoderne Zeiten, sondern moderne Krisen und Unzufriedenheiten, die mit der Vernichtung des Juden ein für alle Mal überwunden und aus der Welt geschaffen werden sollen.

Sowohl im Rassismus als auch im Antisemitismus projizieren der Bürger und die Bürgerin eigene Ängste auf die Anderen.[22] Beide Phänomene erfüllen damit eine bestimmte psychische Funktion. Der Rassismus, der aus Angst vor Abstieg und der Angst vor eigenen Trieben befeuert wird, gewährt dem Rassisten und der Rassistin das gute Gefühl der Beruhigung, denn die Anderen sind ja diejenigen, die ganz unten sind und dort auch bleiben werden. Der Antisemitismus hingegen bietet noch weit mehr: Als Ausdruck der Angst vor der Komplexität der modernen Welt bietet er den Antisemiten und Antisemitinnen die Gewissheit, wer hinter allen Krisen steckt. Antisemitismus dient als Mittel, sich „in einer kalten, entfremdeten und weithin unverständlichen Welt (…) mühelos zu ‚orientieren'"[23]. Damit kann der Antisemit oder die Antisemitin davon ausgehen, dass „die Existenz der Juden der Schlüssel für alles und jedes sei"[24], ganz egal, wie das reale Objekt der Verfolgung, wie Juden und Jüdinnen sich tatsächlich verhalten und unabhängig davon, ob sie überhaupt je mit dem Antisemit oder der Antisemitin in Kontakt standen.

Zusammenhang von Antisemitismus und Rassismus

Die Studien zum autoritären Charakter, die in den 1940er-Jahren in den USA durchgeführt wurden, belegen trotz aller Betonung der Unterschiede eine hohe Korrelation zwischen Antisemitismus und Rassismus.[25] Auch aktuelle Einstellungsstudien wie die sogenannte Mitte-Studie von 2019 in Deutschland zeigen, dass statistisch verschiedene Elemente gruppenbezogener Menschenfeindlichkeit häufig zusammen auftreten, so auch von Rassismus und klassischem Antisemitismus.[26] Die AutorInnen der Studie folgern: „Wer eine Gruppe abwertet, wertet mit statistisch überzufälliger Wahrscheinlichkeit auch weitere Gruppen ab."[27] 35 % der Befragten stimmten eher oder voll der Aussage zu, es würden zu viele Ausländer in Deutschland leben, über 39 % der Aussage, der Staat Israel würde mit den Palästinensern so verfahren wie die Nazis mit den Juden. Knapp 22 % waren voll und eher der Meinung, die Juden würden einen Vorteil aus der NS-Vergangenheit zu ziehen versuchen.[28]

Fazit: Rassismus und Antisemitismus – zwei Seiten einer Medaille

Antisemitismus und Rassismus sind in ihrer historischen Entwicklung eng verschränkt: Beide Phänomene existierten schon vor der Moderne, erfuhren aber insbesondere durch das Christentum und später durch die Entstehung der Moderne, mit Säkularisierung, Industrialisierung und Entstehung des Kapitalismus eine Zäsur: Als moderne Phänomene erfüllen sie jeweils spezifische Funktionen. Beide Phänomene sind nicht im Handeln der von ihnen Betroffenen begründet, also in realen Eigenschaften von Juden und Jüdinnen, Schwarzen oder People of Color. Sie müssen als Projektionen der AntisemitInnen und RassistInnen verstanden werden. Für letztere erfüllen die beiden Ideologien aber unterschiedliche Funktionen: Rassifizierte werden zur Figur des Vormodernen. Sie erinnern RassistInnen an eigene Bedürfnisse des sich Abgrenzens von der Leistungsgesellschaft und symbolisieren gleichsam die Angst vor dem sozialen Abstieg in der Leistungsgesellschaft. Juden und Jüdinnen hingegen werden im Antisemitismus zur symbolischen Figur der Moderne schlechthin: Sie sind die Übermenschen, die abstrakte Kraft hinter Prozessen, die AntisemitInnen nicht verstehen (wollen). Die Figur des Juden dient als Welterklärungsmodell, mit dem die globalisierte und komplexe Weltordnung scheinbar einfach verstanden werden kann.

Beide Phänomene tauchen nicht nur in der extremen Rechten, sondern auch in der Mitte der Gesellschaft wie auch in der Linken auf. Während jedoch der Rassismus als Unterdrückung der als minderwertig Imaginierten für emanzipatorische Bewegungen leichter zu durchschauen ist, kann sich der Antisemitismus einfacher auch in progressiven Bewegungen reproduzieren: Das Wesen des Antisemitismus ist es, die Juden und Jüdinnen als „die da oben" zu begreifen. Damit lässt er sich auch in Bewegungen integrieren, die (vermeintlich) ein demokratisches Selbstverständnis von Gleichheit und Freiheit teilen. Seit dem Nationalsozialismus hat sich Antisemitismus außerdem in seiner Ausdrucksweise verändert: er äußert sich seitdem weniger direkt („Die Juden sind schuld"), sondern über Umwege: etwa durch NS-relativierende Vergleiche („Die Juden machen heute mit den Palästinensern das, was die Nazis mit Ihnen im NS gemacht haben") oder durch antisemitische Bezüge auf Israel. Durch diese Transformation hin zu sprachlich weniger eindeutigen antisemitischen Formeln kann Antisemitismus auch in progressiven Bewegungen wirkmächtig werden, wie etwa in den anfangs angeführten antirassistischen Demonstrationen.

Trotzdem, oder vielmehr, gerade deswegen müss(t)en beide Phänomene (gemeinsam) bekämpft werden. Dazu ist aber das Wissen um die Unterschiede zentrale Voraussetzung.

Literaturtipps

Bergmann, Werner: Geschichte des Antisemitismus, München 2002.
Fischer, Lars: „A difference in the texture of prejudice", Historisch-konzeptionelle Überlegungen zum Verhältnis von Antisemitismus, Rassismus und Gemeinschaft, Vorlesungen des Centrums für Jüdische Studien Band 10, Graz 2016.
Lenhard, Philipp: „Weisse Juden", Zum Unterschied von Rassismus und Antisemitismus, in: Gerber, Jan: Die Untiefen des Postkolonialismus, Hallische Jahrbücher #1, Berlin 2021, S. 41–72.

Anmerkungen

1 Vgl. Frankfurter Rundschau, 5.10.2020, https://www.fr.de/frankfurt/frankfurt-demo-migrantifa-linker-antisemitismus-streit-distanzierung-israelfeindlich-90061638.html (Zugriff 7.5.2022).
2 Vgl. Jüdische Allgemeine, 3.9.2020, https://www.juedische-allgemeine.de/meinung/bds-missbraucht-gedenken/ (Zugriff 7.5.2022).
3 Vgl. Karin Priester: Rassismus. Eine Sozialgeschichte, Leipzig 2003, S. 23.
4 Ebd., S. 21.
5 Ebd.
6 Ebd., S. 27.
7 Ebd., S. 24.
8 Vgl. Samuel Salzborn: Was ist moderner Antisemitismus?, https://www.bpb.de/themen/antisemitismus/dossier-antisemitismus/307644/was-ist-moderner-antisemitismus (Zugriff 28.5.2022).
9 Kreuzberger Initiative gegen Antisemitismus: NS-Rassenideologie und Antisemitismus: https://www.kiga-berlin.org/Dokumentationen/auschwitz/Pages/hi01.html (Zugriff 31.5.2022).
10 Peter Schäfer: Kurze Geschichte des Antisemitismus, Bonn 2021, S. 258f.
11 Moishe Postone: Antisemitismus und Nationalsozialismus, in: Moishe Postone (Hg.): Deutschland die Linke und der Holocaust. Politische Interventionen, Freiburg 2005, S. 165–194, hier S. 176.
12 Ebd., S. 177.
13 Ebd.
14 Ebd., S. 179.
15 Ebd.
16 Joachim Bruhn: Unmensch und Übermensch. Über das Verhältnis von Rassismus und Antisemitismus, in: Joachim Bruhn (Hg.): Was deutsch ist. Zur kritischen Theorie der Nation, S. 89–124, hier S. 93.
17 Postone: Antisemitismus und Nationalsozialismus, S. 179.
18 Bruhn: Unmensch und Übermensch, S. 94.
19 Ebd. S. 96.
20 Vgl. ebd., S. 96.
21 Vgl. ebd., S. 103.
23 Theodor W. Adorno: Studien zum autoritären Charakter, Frankfurt am Main 1995, S. 109.
24 Ebd., S. 124.
25 Vgl. ebd., S. 112.
26 Andreas Zick/Beate Küpper/Wilhelm Berghan: Verlorene Mitte. Feindselige Zustände, Rechtsextreme Einstellungen in Deutschland 2018/2019, Bonn 2019, S. 76.
27 Ebd., S. 78.
28 Ebd., S. 70f.

Isolde Vogel

Verschwörung, Corona und die Erklärung allen Übels

Die Covid-19-Pandemie führte nicht nur zu einer Gesundheitskrise, sondern auch zu einer komplexen Gesellschaftskrise. Am deutlichsten zeigte sie sich in den zahlreichen Protesten gegen staatliche Maßnahmen wie Lockdowns, Maskenpflicht oder Ausgangssperren. Oft wurden nicht nur Covid-Maßnahmen kritisiert, sondern die Existenz des Virus als solches geleugnet, die Krankheit verharmlost, Fakten verdreht und Verschwörungserzählungen verbreitet. Angriffe auf Medienvertreter:innen wurden beinahe alltäglich. Rechtsextreme ebenso wie vermeintlich unpolitische Anhänger:innen von Naturheilkunde und Esoterik trafen sich und protestierten gemeinsam, teilten die gleichen Online-Kettenbriefe und schrieben in denselben Chatkanälen – trotz ihrer scheinbar unterschiedlichen Motivationen. Immer öfter wurden antisemitische Erklärungsmuster zur gefährlichen Begleiterscheinung der Pandemie. Ungewissheit und Unsicherheit, gepaart mit Unwissen, förderten in weiten Kreisen das Bedürfnis, einfache Erklärungen für komplexe Probleme zu finden. Und so sind jahrhundertealte Mythen wieder anschlussfähig für eine Vielzahl von Menschen, die eine bestimmte vereinfachende und dualistische Vorstellung davon, wie die Welt funktioniert, teilen.

Opferrolle als Selbstzuschreibung

In erster Linie zeigen die Corona-Proteste eines: Die Hemmschwelle, Antisemitismus öffentlich zu äußern, sinkt, trotz der (teilweisen) öffentlichen Sanktionierung. Zugleich mangelt es an Wissen über und Auseinandersetzung mit der Vergangenheit und der Geschichte des Antisemitismus in Österreich, von mittelalterlichen Pogromen bis zum Nationalsozialismus.

Das zeigt sich auch am Geschichtsrevisionismus, also der bewussten Verfälschung und Umdeutung historischer Tatsachen, den Teilnehmende der Proteste auf Schildern, Ansteckern und in Sprüchen artikulieren. Ein auffälliges Motiv auf den Corona-Aufmärschen ist die Relativierung der Shoah[1] und die Gleichsetzung pandemieeindämmender Maßnahmen mit dem Nationalsozialismus. So trugen zahlreiche Corona-„Kritiker:innen" gelbe Davidsterne mit Aufschriften wie „Ungeimpft" oder „Nicht Getestet" auf der Brust. Dieses Symbol stellt einen Verweis auf den nationalsozialistischen „Judenstern" dar, der ab 1941 von allen Jüdinnen und Juden im Deutschen Reich, also auch im heutigen Österreich, zwangsweise zu tragen war. Die Markierung diente der Stigmatisierung und war Teil der Entrechtung und Verfolgung von Jüdinnen und Juden im Nationalsozialismus. Der Stern hatte zusätzliche Übergriffe und Demütigungen in der Öffentlichkeit zur Folge und war ein Schritt zur massenhaften Deportation und Ermordung der Jüdinnen und Juden in Europa. Der „Judenstern" war nie ein Symbol des Widerstands, sondern Teil des nationalsozialistischen Terrors. Wer der antisemitischen Verfolgung ausgesetzt war, wer als jüdisch galt, entschied das nationalsozialistische Regime. „Ungeimpft" oder „Nicht Getestet" ist hingegen keine Fremdzuschreibung. Der Vergleich ist nicht nur zynisch, relativierend und verhöhnend, er begreift auch die historische Situation falsch.

Gleichsetzungen mit dem Nationalsozialismus und seinen Verbrechen sind ein wiederkehrendes und auffällig häufiges Element der Corona-Demonstrationen. Als „Corona-Diktatur" werden die pandemiebedingten Ausgangssperren mit der Ghettoisierung der jüdischen Bevölkerung im Nationalsozialismus nebeneinandergestellt, die Maskenpflicht im Supermarkt mit nationalsozialistischer Verfolgung verglichen. Von Sprüchen wie „Medical Genocide" bis „1938 darf sich nicht wiederholen!" wird vermeintlich Kritik an politischen und medizinischen Maßnahmen geäußert. Besonders perfide ist die Gleichsetzung der Impfung mit den pseudomedizinischen Experimenten in Konzentrationslagern. Der für seine tödlichen Behandlungen bekannte SS-Lagerarzt in Auschwitz-Birkenau, Josef Mengele, wird auf einem Plakat mit dem damaligem Bundeskanzler Alexander Schallenberg verglichen. Andere Schilder mit der Aufschrift „Impfen macht frei", bebildert mit dem Eingangstor des Konzentrationslagers Auschwitz, oder Aufkleber mit der Aufschrift: „FFP2 Die neue Gaskammer" setzen Impfung und Atemschutzmasken mit der nationalsozialistischen Tötungsmaschinerie gleich.

Diese Selbstinszenierung als Opfer geht so weit, dass Sprechchöre mit Rufen wie „Wir sind die Juden" zu hören und Anstecker mit der Bezeichnung „Corona-

Foto: © Presseservice Wien

jude" zu sehen sind. Schilder mit solchen Aufschriften oder das Tragen des „gelben Sterns" parallelisieren die Unrechtsherrschaft des Nationalsozialismus mit Regierungsmaßnahmen zur Pandemiebekämpfung und verhöhnen so die Verfolgten und Ermordeten. Jene, die sich als „die neuen Juden" bezeichnen, begreifen sich selbst als entrechtet und kontrolliert von einer imaginierten Übermacht. Trotz der eigenen undemokratischen und autoritären Forderungen sehen sie eine angebliche Diktatur in der demokratischen Ordnung. Die Logik der antisemitischen Verschwörungsfantasie ermöglicht es, die historischen Verbrechen massiv zu verharmlosen und sich selbst als Opfer eben dieser oder ebenso schlimmer Verbrechen zu imaginieren. Gleichzeitig werden die vermeintlichen Täter in dieser Erzählung, die Verschwörer, zwar nicht offen als „die Juden", aber doch deutlich als „die Zionisten", „die Globalisten" oder „die Rothschilds" antisemitisch markiert. Außerdem ist die Selbstbezeichnung als jüdisch und die Behauptung, antisemitischer Verfolgung ausgesetzt zu sein, auch eine Strategie, sich selbst von Antisemitismusvorwürfen freizusprechen.

Die im Antisemitismus angelegte Widersprüchlichkeit, die sich in den oben genannten Beispielen zeigt, erlaubt es, dass sich Menschen zu „den neuen Juden" erklären und zugleich verbal antisemitisch gegen den jüdischen Philanthrop George Soros wettern können oder tätliche Angriffe gegen Jüdinnen und Juden begehen. Die Folge war, dass die Israelitische Kultusgemeinde Woche um Woche eine Sicherheitswarnung an all ihre Mitglieder in Wien aussprechen musste. Die NS-Vergleiche erfüllen doppelt die Funktion der antisemitischen Täter-Opfer-Umkehr: einerseits in Bezug auf die Vergangenheit durch die Relativierung der Shoah, andererseits in der Gegenwart durch die Selbstinszenierung als Opfer.[2]

Antisemitismus, der die Shoah relativiert und die Schuld an der Täterschaft und Mitverantwortung an den NS-Verbrechen abwehrt, erfüllt nach 1945 die Funktion der scheinbar legitimen Äußerung antisemitischen Gedankenguts. Antisemitische Aussagen werden auch in Anspielungen und Codes verpackt, da sie seit dem Ende der NS-Herrschaft zunehmend öffentlich sanktioniert werden. Darin zeigt sich die extreme Anpassungsfähigkeit des Antisemitismus – die Denkstruktur funktioniert auch ohne die offen judenfeindliche Schlussfolgerung und sogar losgelöst vom „jüdischen Feind".

Antisemitismus ist jedenfalls nicht als Phänomen der Vergangenheit zu begreifen. Und doch ist es ohne Blick auf die Geschichte nicht zu erklären, warum es gerade „die Juden" sind, denen die Schuld an allem Übel gegeben wird. Um Antisemitismus in all seinen Ausdrucksweisen, Mythen und Erklärmustern begreiflich zu machen, ist es nötig, die Entstehungsgeschichte des Judenhasses und judenfeindlicher Ressentiments zu beleuchten. Denn die Narrative vieler in der Corona-Krise verbreiteten Verschwörungsfantasien haben historische Bezugspunkte und berufen sich auf jahrhundertealte antijüdische Legenden und Ressentiments – insbesondere auf die Legende der Brunnenvergiftung.

Unwissen und das Bedürfnis, Komplexes einfach zu erklären, sind zentrale Merkmale eines Verschwörungsweltbildes, das nicht so neu ist, wie es zu sein scheint, und das auch historisch klar mit dem Antisemitismus verknüpft ist.

Reaktivierung alter Mythen

Als die Pest Europa im Mittelalter heimsuchte, waren die Ursachen für die hoch ansteckende und meist tödlich verlaufende Krankheit unbekannt. Bald tauchten Gerüchte auf, dass Jüdinnen und Juden sich gegen die Christenheit verschworen hätten und absichtlich die Brunnen vergifteten, um den Schwarzen Tod zu verbreiten. Die erzwungene Ghettoisierung der jüdischen Bevölkerung sowie strenge religiöse Hygienevorschriften konnten ein Grund sein, warum sie teilweise tatsächlich weniger von der Pest betroffen war. Das wurde im Gegenzug als Beweis gewertet, dass Jüdinnen und Juden die Krankheit steuerten. Ihnen war alles zuzutrauen, schließlich war seit Jahrhunderten in Predigten zu hören, dass sie Jesus Christus getötet hätten. Der Weg von der Beschuldigung zur Beschimpfung über körperliche Angriffe bis hin zu Pogromen gegen die jüdische Bevölkerung war nicht weit. Auch dort, wo die Pest nicht wütete, waren Jüdinnen und Juden Verfolgungen ausgesetzt: Viele jüdische Gemeinden wurden fast komplett ausgelöscht – nicht durch die Pest, sondern durch ihre nichtjüdischen Nachbar:innen.

Judenfeindliche Anschuldigungen haben nichts mit der Realität zu tun – die Essenz antisemitischen Denkens ist das Mysterium, die Vorstellung der im Geheimen agierenden Jüdinnen und Juden. Theodor W. Adorno beschrieb Antisemitismus als „das Gerücht über die Juden".[3] Handlungen von Jüdinnen und Juden waren nie ausschlaggebend für ihre Verfolgung, vielmehr sind es die historisch gewachsenen Zuschreibungen und Legenden, die sie zum Ziel von Projektionen machen.

Die Verschwörungserzählung der „Plandemie" – zusammengefügt aus den Begriffen Plan und Pandemie – stellt eine moderne Variante dieser mittelalterlichen Brunnenvergiftungslegende dar. Sie reaktiviert alte Mythen und bedient historische Zuschreibungen. Zentral ist die Verbindung von Jüdinnen und Juden mit Krankheit, Tod und dem Teufel, die Zuschreibung der Kontrollmacht, der Hinterlist und Feindseligkeit, des unmoralischen Handelns und des Interesses am Leid anderer.

Das Verschwörungsdenken ist in der Moderne von zentraler Bedeutung. Es baut auf diesen jahrhundertealten Ressentiments und antijüdischen Legenden auf und ist immanenter Teil der antisemitischen Weltanschauung. Mit pseudowissenschaftlicher und rassistischer Unterfütterung wird der im 19. Jahrhundert entstandene moderne Antisemitismus eine verschwörungsmythische Krisenbewältigungsstrategie in verunsichernden Zeiten in einer Welt im gesellschaftlichen und politischen Wandel. Die Probleme, Konflikte und Krisen erscheinen in ihrer Vielschichtigkeit immer undurchschaubarer. Antisemitismus erklärt einfach verständlich alles Übel dieser Welt: Als vermeintliche Verschwörung einer bösartigen, im Hintergrund agierenden (jüdischen) Elite. Antisemitismus reduziert Komplexität und ist seinem Charakter nach immer verschwörungsmythisch. Daher kommen Verschwörungsfantasien nicht ohne Antisemitismus aus.[4]

Der eliminatorische, also auf die Vernichtung ausgerichtete Antisemitismus des Nationalsozialismus war der negative Höhepunkt des Judenhasses. Seine Fantasie einer „jüdischen Weltverschwörung" wirkt fort und ist immer noch massen-

Foto: © Presseservice Wien

haft anschlussfähig: nicht zuletzt durch die weit verbreiteten Bilder der NS-Propaganda und die große Anhängerschaft der nationalsozialistischen Ideologie, gerade in Österreich als einem der NS-Nachfolgestaaten. Auch viele Inhalte und Positionen von Coronaleugnung bis Impfgegnerschaft lassen sich mit kritischem Blick auf die Nachwirkung der NS-Geschichte als ideologischer Bezugsrahmen aktueller antisemitischer Verschwörungsfantasien analysieren. Sie weisen nicht nur einen inhaltlichen Zusammenhang zum Antisemitismus auf, sondern auch eine historische Parallele zur nationalsozialistischen Ideologie.

Völkische Impfgegnerschaft

Angst vor Impfungen und Skepsis gegenüber ihrer Wirksamkeit sind kein neues Phänomen. Die Geschichte der organisierten Impfgegnerschaft reicht zurück ins 19. Jahrhundert, Impfen galt schon damals unter Anhänger:innen der Naturheilkunde und Homöopathie als „Teufelszeug" und Gift für den Körper. Ebenfalls von Beginn an war Impfgegnerschaft geprägt durch reaktionäre Haltungen und durch die Angst vor Eingriffen in die „natürliche Lebensweise" des Menschen. Die neuartige medizinische Entwicklung, die Gesundheit durch Prophylaxe garantieren konnte, verunsicherte viele und wurde nicht als Heilmittel verstanden, sondern als vermeintlich krankmachend abgelehnt. In modernefeindlicher Haltung wurde die neuartige Impfung ebenso wie die fortschrittliche Medizin mit antisemitischen Erklärungen versehen. Die völkische Impfkritik erlebte auch durch den Aufstieg der NSDAP einen Boom, sie erklärte die Impfung zur „Rassenschande" und knüpfte an ihre antisemitische Politik an: Impfen wurde als eine „Verjauchung" des „deutschen Bluts" und als jüdischer Kontrollmechanismus über den „arischen Volkskörper" begriffen.[5]

So verwundert es nicht, dass diese ideologisch begründete Impfgegnerschaft auch von einflussreichen Anhängern und Funktionären des Nationalsozialismus vertreten wurde. Dazu gehörten Rudolf Heß, enger Vertrauter und Stellvertreter des Führers, sowie Heinrich Himmler, Reichsführer-SS und später zweitmächtigster Mann im Deutschen Reich nach Adolf Hitler. Heß und Himmler waren Verfechter der „deutschen Heilkunde" und Anhänger homöopathischer und esoterischer Ideen. Sie werteten naturwissenschaftliche Medizin als „künstliche" bzw. „jüdische Schulmedizin" ab. Weitere bekannte nationalsozialistische Impfgegner waren Julius Streicher, Herausgeber des antisemitischen Hetzblattes „Der Stürmer". Auch für ihn war die Impfung „eine Rassenschande",[6] der völkische Antisemit Richard Ungewitter bezeichnete Impfungen „als fressendes Geschwür an der Erbgesundheit des Deutschen Volkes".[7] Sie alle vertraten die Vorstellung, dass Abhärtung den „Volkskörper" stärke. Impfungen verhinderten die in der Rassenideologie als natürlich vorgesehene Auslese. Allerdings war die Haltung der nationalsozialistischen Führung zur Impfung uneinheitlich. Weder wurden Impfungen generell abgelehnt, noch war die Kritik an moderner Medizin staatliche Doktrin oder eine klare Position Adolf Hitlers öffentlich bekannt. Vielmehr wurden Impfungen pragmatisch als Dienst für die „Volksgemeinschaft" gesehen, da sie die Wehrfähigkeit des „deutschen Volks" stützten. Die ideologischen Bezüge sind aber zweifelsohne vorhanden: die modernefeindliche Haltung, die Idee des „gesunden Volkskörpers" und die Vorstellung von Stärke durch Abhärtung und Auslese. In der staatlichen Politik der organisierten „Vernichtung lebensunwerten Lebens" wurden sie auf furchtbare Weise ausgeführt.

Die Idee des stählernen „arischen Volkskörpers", der mit der Natur verbunden ist, durch Abhärtung und selbstheilende Kräfte gegen Krankheiten kämpft und, so die völkische Impfgegnerschaft, sein „deutsches Blut" nicht durch Impfstoffe „verjuden" lässt, findet sich auch heute in „impfkritischen" Kreisen – wenn auch in anderer Wortwahl. Das belegt der Bericht der Antisemitismus-Meldestelle der jüdischen Gemeinde in Wien: Auf den Corona-Protesten stiegen explizit antisemitische Verschwörungsfantasien mit Beginn der Impfung in Österreich im Frühjahr 2021 exorbitant an.[8]

Auffällig ist das esoterische Milieu, das die („verjudete") „Schulmedizin" ablehnt. Es waren Vertreter:innen der Naturheilkunde, die diesen Begriff im 19. Jahrhundert prägten. Die Nationalsozialisten griffen ihn auf und füllten ihn mit antisemitischen Inhalten. Die Naturheilkunde mit ihrer oft esoterischen Sicht auf Medizin und Körper hat gewisse Parallelen zur nationalsozialistischen Vorstellung eines natürlichen, durch Kraft des „deutschen Blutes" gekennzeichneten „Volkskörpers". Der Widerstand gegen die Werte der Aufklärung eint Hippies und Aluhutträger:innen, Anthroposophie- und Homöopathie-Anhänger:innen, aber auch Vertreter:innen des christlichen Fundamentalismus und Islamismus[9] – und er knüpft an völkische und nationalsozialistische Vorstellungen und verschwörungsmythischem Antisemitismus an.

Die Impfgegnerschaft in der völkischen Bewegung sowie zentraler Vertreter des Nationalsozialismus verdeutlicht die Kontinuitäten auf ideologischer Ebene, von der „Volksheilkunde" zur heutigen Naturheilkunde und esoterischen „Impfkritik". Es ist der Glaube an eine natürliche Ordnung und an das Recht des Stärkeren; an Abhärtung durch Krankheit und daran, dass wer an den Krankheiten stirbt, sowieso gestorben wäre oder einfach zu schwach sei. Es ist der anti-aufklärerische Glaube daran, dass es ein naturgegebenes Schicksal gäbe, das nicht beeinflusst werden könne und der Glaube an die Existenz höherer Mächte. Dieses Denken lehnt Wissenschaft ab, nimmt irrationale Positionen ein, leugnet Fakten und ist ebenso unsolidarisch wie anti-sozial: Das Stärkere soll überleben. Dieses Denken umfasst einen Reinheitswahn, die Angst vor Veränderung des Erbguts durch eine Impfung. Es beinhaltet die in der NS-Ideologie verankerte Überzeugung, dass Abstammung, „reines Blut" und „Rasse" höchste Bedeutung haben – auch wenn viele Impfgegner:innen diese Zusammenhänge nicht erkennen. Impfgegnerschaft und Coronaleugnung ist reaktionärer Widerstand gegen die Werte der Aufklärung, damals von Nationalsozialist:innen, heute von Rechtsextremen bis Anhänger:innen von Esoterik und Anthroposophie.

Alles Übel dieser Welt

Auch mit dem Ende der Pandemie ist kein Ende des Antisemitismus in Sicht, denn er braucht keinen Grund, um an die Oberfläche zu treten. Auch die Corona-Krise war nur aktueller Anlass für den Aufschwung neuer und alter antisemitischer Mythen.

Was fehlt, ist politische Bildung, die Beschäftigung mit frühen antijüdischen Ressentiments, Zuschreibungen und Legenden, die seit Jahrhunderten gegen Jüdinnen und Juden gerichtet werden und zum negativen Kulturgut in Europa gehören. Es fehlt an Aufklärung darüber, welche Denkstruktur hinter der antisemitischen Weltanschauung steckt, die Antisemitismus trotz der stetigen Wandelbarkeit in Ausdrucksform und Bildsprache erkennbar macht und welche Funktionen Antisemitismus erfüllt.

Was es also braucht, ist die intensive Auseinandersetzung mit aktuellen und historischen Ausdrucksformen des Antisemitismus, um ihn jenseits der nationalsozialistischen Vernichtungspolitik begreifen und erkennen zu können – und nicht nur als Phänomen der Vergangenheit aufzufassen. Dem Antisemitismus als modernefeindliche und reaktionäre Weltanschauung ist stets die Anregung entgegenzusetzen, die Welt in ihrer Komplexität und Widersprüchlichkeit wahrzunehmen und zu erkennen, dass sich nicht alles Übel der Welt einfach erklären lässt.

Anmerkungen

1. Der Begriff „Shoah" bezeichnet ebenso wie „Holocaust" die systematische Ermordung von sechs Millionen Jüdinnen und Juden im Nationalsozialismus. Während „Holocaust" aus dem Griechischen stammt und ursprünglich „völlig verbrannt" bedeutet, ist „Shoah" das hebräische Wort für „große Katastrophe".
2. Samuel Salzborn: Verschwörungsmythen und Antisemitismus, in: Aus Politik und Zeitgeschichte, Heft 35/36 (2021), S. 41–47; hier S. 42.
3. Theodor W. Adorno: Minima Moralia. Reflexionen aus dem beschädigten Leben, Frankfurt am Main 2014 [1951], S. 125.
4. Siehe dazu Salzborn: Verschwörungsmythen und Antisemitismus, S. 44.
5. Vgl. Malte Thießen: Immunisierte Gesellschaft. Impfen in Deutschland im 19. und 20. Jahrhundert, Göttingen 2017.
6. Julius Streicher in der Zeitschrift „Deutsche Volksgesundheit aus Blut und Boden", 1933, S. 14, einzusehen im Bundesarchiv Berlin unter der Signatur R 43–II/724; siehe auch Thießen: Immunisierte Gesellschaft, S. 145.
7. Richard Ungewitter: Denkschrift, Stuttgart 1938, S. 1f., einzusehen im Bundesarchiv Berlin unter der Signatur R 43–II/725a; siehe auch Thießen: Immunisierte Gesellschaft, S. 146.
8. Antisemitismus-Meldestelle der Israelitischen Kultusgemeinde: Antisemitische Vorfälle 2021 in Österreich, https://www.antisemitismus-meldestelle.at/_files/ugd/0a9e18_3870b78f67ac4645a994 38cf188ecc6d.pdf (Zugriff 4.6.2022), S. 17.
9. Antisemitische Verschwörungsfantasien sind zentrales Element des islamistischen Weltbildes, das zeigt sich beispielsweise bei den Taliban, die Impfungen als westlich-jüdisches Gift ablehnen.

Arnon Hampe

Antisemitismus in postkolonial-antikapitalistischen und antizionistischen Kontexten

Dass es einen Antisemitismus linker Prägung gibt, ist in der Antisemitismusforschung heute weitgehend unbestritten. Auch in Teilen des linken politischen Spektrums wird dieses historische Erbe mitsamt seinen wiederkehrenden Aktualisierungen durchaus selbstkritisch reflektiert. Schon in einigen Schriften von Karl Marx und anderen Theoretiker*innen einer kapitalismuskritischen Gesellschaftsanalyse finden sich antisemitische Versatzstücke, die meist auf einer Gleichsetzung von Juden und Kapital, Juden und Geld, Juden und Macht basieren.

Anders als etwa in rechten Ideologien ist der Antisemitismus für linke Theorien jedoch nicht konstitutiv – sie funktionieren im Gegensatz zu jenen auch ohne Antisemitismus. Dennoch greifen ansonsten durchaus dem progressiven politischen Lager zuzurechnende Akteur*innen in einer analytisch verkürzten Kapitalismuskritik immer wieder auf antisemitische oder zumindest strukturell antisemitische Welterklärungsmodelle zurück: etwa wenn sie Juden als Kraken darstellen, die nach der Weltherrschaft greifen oder wenn sie ein kosmopolitisches „raffendes" Kapital von einem bodenständigen „schaffenden" Kapital unterscheiden.[1]

Unmittelbar nach 1945, also nach den Verheerungen des Zweiten Weltkriegs, der Shoah und anderer Menschheitsverbrechen, war die Haltung des linken politischen Lagers in Deutschland und Österreich gegenüber den überlebenden Jüdinnen und Juden zumindest ambivalent. Indem die politische Führung die DDR als antifaschistischen Staat deklarierte, delegierte sie jegliche Verantwortung für die NS-Verbrechen und deren Aufarbeitung an die Bundesrepublik und „den Westen".

Auch die Linke in Westdeutschland und Österreich sah sich in erster Linie als Hort des Widerstandes gegen den Nationalsozialismus. Die Shoa hatte sie nicht im Blick. Aus dem Völkermord zog die Linke weder weitreichende Konsequenzen noch übernahm sie eine spezifische Verantwortung. Doch sie unterstützte in ihrer großen Mehrheit die Gründung eines jüdischen Staates im Nahen Osten. Diese breite Zustimmung fand 1967 ein Ende. Seitdem führt die Linke verschiedener Richtungen einen unerbittlichen Streit um die richtige Haltung gegenüber Israel, nicht nur in Deutschland und Österreich. Diesen aus seiner Sicht dramatischen Bruch des jüdisch-linken Verhältnisses beschreibt der Widerstandskämpfer, Shoah-Überlebende und Philosoph Jean Améry[2] folgendermaßen:

„In einer Vergangenheit, deren Ende brüsk durch das Jahr 1967 markiert ist, sah die Sache verhältnismäßig einfach aus: zwischen den Linken und den Juden – mochten diese auch zu nicht unerheblichen Teilen konservativ gewesen, also in einem ganz soziologisch aufgefaßten Sinne ‚rechts' gestanden sein – gab es ein von beiden Seiten stillschweigend eingehaltenes Friedensbündnis. Beide waren sie Minoritäten, beide gehörten sie zu den ‚Verdammten dieser Erde'. (…) Die Juden stellten nicht nur vielfach das ‚Management', sondern auch einen Teil des Fußvolkes der linken (sozialdemokratischen und kommunistischen) Parteien. (…) Das alles ist Geschichte, ist tiefe politische Vorzeit."[3]

Die Ereignisse des Jahres 1967 hatten nicht nur eine zunehmende Distanzierung oder gar Abkehr linker Bewegungen vom noch jungen Staat Israel zur Folge.[4] Mit Blick auf die Folgejahre kann sogar von einem grundlegenden Perspektivenwechsel auf jüdische Existenz in Europa und der Welt gesprochen werden. Während sich innerhalb der Linken eine immer ablehnendere Haltung zum Staat Israel entwickelte, stieg die Bewunderung Israels in Teilen des bürgerlichen bis rechtskonservativen Lagers steil an.

Die Ereignisse des Jahres 1967 und die politischen Folgen

Die starken Spannungen im Nahen Osten seit den früheren 1960er-Jahren führten für viele Beobachter*innen wenig überraschend zu einem Krieg zwischen Israel und den unter dem damaligen ägyptischen Präsidenten Gamal Abdel Nasser verbündeten arabischen Nachbarstaaten. Am 26. Mai 1967 erklärte Nasser, dass „die Schlacht alle Grenzen überschreitend sein wird und es unser grundsätzliches Ziel ist, Israel zu vernichten".[5] Aufgrund solcher Drohungen entstand in Israel das Bild Nassers als Wiedergänger Hitlers. Nicht nur dessen Hetzreden, auch die Sperrung der Meerenge von Tiran für die israelische Schifffahrt ließen in der öffentlichen Debatte Stimmen laut werden, die vor einer Vernichtung des jüdischen Staates warnten.

Nicht zuletzt aufgrund des starken Drucks aus der israelischen Gesellschaft startete die israelische Armee am 5. Juni 1967 einen Präventivschlag gegen Ägypten. Daraufhin trat auch Jordanien in die Kampfhandlungen ein. Dies wiederum nutzte die israelische Armee, um das Westjordanland und den Ostteil Jerusalems mitsamt der Altstadt zu erobern. Am 9. Juni marschierten die israelischen Streitkräfte auch gegen die syrische Armee auf.[6] Am nächsten Tag war der Krieg zu Ende, die Niederlage Ägyptens, Jordaniens und Syriens verheerend: auch der Gazastreifen, die Sinai-Halbinsel und die Golan-Höhen befanden sich nun in israelischer Hand.

Die Stimmung in großen Teilen der israelisch-jüdischen Bevölkerung war im Anschluss an den gewonnenen „Sechstagekrieg" nahezu euphorisch.[7] Doch die Eroberungen im Westjordanland und im Gazastreifen machten Israel de facto zur Besatzungsmacht. Sie spalteten in den nächsten Jahrzehnten die israelische Politik und führten zu massiven gesellschaftlichen Verwerfungen, letztlich auch zum politisch motivierten Mord am israelischen Ministerpräsidenten Jitzchak Rabin durch einen dem rechten revisionistisch-zionistischen Siedlermilieu entstammenden Studenten im November 1995.

Die Eroberungen Israels im Sechstagekrieg[8]

Die Entstehung einer Palästina-solidarischen Linken im deutschsprachigen Raum

Unter dem Eindruck des Krieges im Nahen Osten verabschiedete der Sozialistische Deutsche Studentenbund (SDS), eine einflussreiche Strömung innerhalb der „68er-Bewegung", im September 1967 eine Resolution. Der SDS – und in der Folge weitere linke Gruppierungen der außerparlamentarischen Linken im deutschsprachigen Raum – ordneten die militärischen Auseinandersetzungen zwischen Israel und seinen arabischen Nachbarn sowie die Besatzung vormals von Jordanien bzw. Ägypten kontrollierten Gebieten so ein: „Der SDS verurteilt die israelische Aggression gegen die antiimperialistischen Kräfte im Nahen Osten."[9] In den folgenden Jahren kam es an verschiedenen deutschen Universitäten zur Gründung von „Palästina-Solidaritätskomitees" und zu einer Solidarisierung weiter Teile der westdeutschen Linken mit den Palästinenser*innen im Westjordanland und Gazastreifen unter israelischer Besatzung. Darüber hinaus erwachte auch das Interesse linker, an antikolonialen Kämpfen interessierter Studierender an der palästinensischen Nationalbewegung. Sie lasen deren Schriften und übersetzten sie ins Deutsche.[10] Innerhalb dieser „Neuen Linken" wurden Stimmen laut, die in den Palästinenser*innen die „Opfer der Opfer" sahen. Mit dieser Interpretation schoben sie Israel als Zufluchtsort für jüdische Shoah-Überlebende die Schuld zu und entlasteten sich selbst als Angehörige des deutschen Täterkollektivs von der Verantwortung für die Shoah.

Diese Sympathisant*innen der Palästinenser*innen legitimierten den bewaffneten Kampf und den Terror der Fatah (Palästinensische Befreiungsfront – PLO) und anderer palästinensischer Gruppierungen als antikolonialen und antiimperialistischen Kampf.[11] Im Vergleich zur Bundesrepublik bildete sich die außerparlamentarische „Neue Linke" in Österreich etwas später. Daher setzte hier die Welle der Palästina-Solidarität erst in den 1970er-Jahren ein, in den späten 1980er-Jahren nach der „Ersten Intifada"[12] erfuhr sie einen massiven Aufschwung. Die „Auto-

Antizionistische Parole an der Außenfassade eines von Linksautonomen besetzten Hauses in der Hamburger Hafenstraße 1988[13]

nome Palästinagruppe", das „Palästina-Solidaritätskomitee" und ähnliche Gruppen positionierten sich eindeutig zugunsten der Palästinenser*innen. Sie machten den Israel-Palästina-Konflikt zu einem wichtigen Thema linker Theoriebildung und Agitation.[14] Vor allem unter den Jungen wurde das „Palästinensertuch" zu einem symbolischen Accessoire der Palästina-solidarischen Linken. Der langjährige Vorsitzende der PLO Jassir Arafat hatte die traditionelle arabische Kopfbedeckung „Kufijeh" zu einem Bestandteil seiner Kampfmontur stilisiert. Teile der neuen linken Bewegung betrachteten nicht nur die zahlreich stattfindenden Diskussionsveranstaltungen und Demonstrationen, sondern auch terroristische Anschläge, Flugzeugentführungen und Angriffe gegen jüdische Einrichtungen als legitimen Ausdruck der Solidarität mit den Palästinenser*innen und der Ablehnung der israelischen Besatzung:[15] Im November 1969 verübten Mitglieder der linken Terrorgruppe „Tupamaros West-Berlin" einen Brandanschlag auf das jüdische Gemeindehaus in der Berliner Fasanenstraße; ab Sommer 1970 ließen sich Mitglieder der „Rote Armee Fraktion" (RAF) auf jordanischem Boden in palästinensischen Trainingscamps für den antikapitalistischen und antiimperialistischen „Guerillakampf" ausbilden. Insbesondere die Ermordung von elf israelischen Sportler*innen durch palästinensische Terrorist*innen während der Olympischen Spiele in München im Jahr 1972 führte zu einer grundlegenden Verschlechterung der Beziehungen zwischen der Bundesrepublik und der palästinensischen Nationalbewegung. Infolge des Terroranschlags wurden die „Generalunion Palästinensischer Studenten" (GUPS) verboten und viele der palästinensischen Studierenden aus der Bundesrepublik ausgewiesen. Auch in Österreich kam es in den 1970er- und 1980er-Jahren zu ähnlichen Anschlägen, wenn auch nicht in solchem Ausmaß: Im April 1979 explodierte im Wiener Stadttempel der Israelitischen Kultusgemeinde (IKG) eine Bombe. Eine palästinensische Terrorgruppe bekannte sich zu dem Anschlag, die Täter*innen wurden jedoch nie gefasst. Im August kam es zu einem weiteren Anschlag auf den Stadttempel, dieses Mal mit Todesopfern und Verletzten. Zwei Terroristen wurden verhaftet und verurteilt. Am 1. Mai 1981 schließlich ermordeten palästinensische Terrorist*innen den Wiener Stadtrat Heinz Nittel (SPÖ) aufgrund seines Engagements in der IKG und seiner pro-israelischen Haltung.[16]

Antizionistische und antisemitische Deutungsmuster der Existenz Israels und des Nahostkonflikts

Die Ereignisse von 1967 haben zweifelsohne maßgeblich dazu beigetragen, dass sich die deutschsprachige Linke zunehmend von Israel ab- und der palästinensischen Nationalbewegung zuwandte. Neuere Forschungen legen aber nahe, dass die schon vor 1967 bestehenden Verbindungen zwischen linken deutschen Studierenden und palästinensischen Aktivist*innen einen entscheidenden Beitrag zu dieser Wahrnehmungsverschiebung und dem daraus resultierenden Bruch geleistet haben.[17] Palästinensische Studierende, die sich seit den späten 1950er-Jahren in der Bundesrepublik und anderswo in der „Generalunion Palästinensischer Studenten" organisierten und häufig erst im Exil eine dezidiert palästinensische Identität entwickelten,[18] haben sich von Anfang an die antikolonialen Bewegungen Algeriens, Vietnams oder Kubas zum Vorbild genommen. Sie bemühten sich, die palästinensische Perspektive auf die Staatsgründung Israels und die Besatzung des Westjordanlandes bzw. des Gazastreifens mit der Sprache des Postkolonialismus und des Antiimperialismus für linke Studierende und Aktivist*innen anschlussfähig zu machen. Seither hat sich ein nicht geringer Teil der deutschsprachigen, westeuropäischen und weltweiten Linken das palästinensische Narrativ der „Nakba"[19] und einer vermeintlich illegitimen Besatzung des historischen Palästinas zu eigen gemacht. Was Vertreter*innen dieser Lesart häufig außer Acht lassen, ist, dass dieses historische Palästina nicht gleichbedeutend mit dem von der palästinensischen Nationalbewegung erstrebten Nationalstaat Palästina sein kann, weil das die Auslöschung Israels bedeuten würde; dass auch die Staatsgründung Israels in einem durchaus postkolonialen Kontext zu verstehen ist[20] und dass die Gründung eines jüdischen Staates auf einem Teil des historischen Palästina von *allen* in der UNO vertretenen arabischen Staaten abgelehnt wurde, als der Vorschlag zur Teilung des Landes in zwei Staaten, Israel und Palästina, auf dem Tisch lag.

Bis heute kommt es im Zusammenhang mit solchen verzerrten historischen Darstellungen immer wieder zu teilweise gewaltvollen Artikulationen antisemitischer Deutungsmuster des Konflikts. Die gemeinsame ideologische Klammer unterschiedlichster Akteur*innen, von Maoist*innen bis hin zu Islamist*innen, ist der Antizionismus. Darunter ist die Ablehnung der Existenzberechtigung Israels als Nationalstaat jüdischer Prägung zu verstehen.

Die antizionistische Lesart anerkennt Nationalideologien, allein der (europäisch-)jüdischen Nationalideologie, die 1948 zur Gründung Israels führte, spricht sie die grundsätzliche Legitimität ab. In der Praxis geschieht dies häufig so, dass der koloniale Aspekt des jüdischen Staatsgründungsprojekts überbetont, Zionismus pauschal mit Rassismus gleichgesetzt und mithilfe antisemitischer Deutungsmuster *den* Juden bzw. dem Staat Israel dunkle Machenschaften oder eine besondere Brutalität unterstellt werden. So sind auf pro-palästinensischen Demonstrationen immer wieder antisemitische Symbole und Sprechchöre zu beobachten. Israelische Soldaten werden generalisierend als blutrünstige „Kindermörder" dargestellt, eine „jüdische Allmacht" und Weltverschwörung angedeutet. Seit Beginn der 2000er-Jahre tauchen vermehrt Analogien zwischen Israel und dem ehemaligen südafrikanischen Apartheidstaat auf. Besonders oft sind Forderungen nach einem Boykott Israels zu hören. Diese Aufrufe lassen offen, was genau der Boykott bezweckt und welche Zukunftsvision er für ein friedliches Zusammenleben der Israelis und Palästinenser*innen auf dem Gebiet des historischen Palästinas bewirken soll.

Die anti-israelische Boykottkampagne BDS als Sammelbecken antizionistischer Kräfte

Bereits in den Jahren unmittelbar nach der Staatsgründung Israels gab es anti-israelische Boykottkampagnen. Politisch folgenreich waren auf internationaler Ebene die „Drei Neins" der Khartum-Resolution, welche die Mitgliedstaaten der

Transparent der BDS-Kampagne während einer pro-palästinensischen Demonstration im Rahmen der „Israeli Apartheid Week 2022" am 26.3.2022 in Wien (Foto: Arnon Hampe)

Arabischen Liga nach dem verlorenen Krieg 1967 verabschiedeten: 1. Kein Frieden mit Israel, 2. Keine Anerkennung Israels, 3. Keine Verhandlungen mit Israel.[21] Diese frühen israelfeindlichen Beschlüsse der arabischen Staaten hatten jedoch keine besonderen Auswirkungen auf die Positionierung linker Bewegungen im deutschsprachigen Raum. Denn bis 1967 war die Linke in ihrer überwiegenden Mehrheit eher pro-israelisch eingestellt.[22]

Im Jahr 2005 riefen palästinensische Aktivist*innen eine Kampagne ins Leben, die für viele antiimperialistisch oder postkolonial eingestellte Strömungen anschlussfähig war und ist: „Boycott, Divestment, Sanctions" (BDS). 2014 entstand eine österreichische Sektion der BDS-Kampagne, die zu Protesten und zur „Israeli Apartheid Week" in Wien auffordert, vor allem aber über internationale Boykottaufrufe gegen Israel informiert.[23] Insbesondere in Großbritannien gelang es BDS, den Diskurs um Israel, Palästina und den Nahostkonflikt im linken politischen Spektrum zu besetzen. Im deutschsprachigen Raum hingegen blieb der Einfluss der Kampagne von wenigen öffentlichkeitswirksamen Aktionen abgesehen weitgehend marginal. Die allgemeine Aufmerksamkeit für BDS in der deutschsprachigen Debatte erhöhte sich erst durch den Beschluss des deutschen Bundestages vom Mai 2019 mit dem Titel „BDS-Bewegung entschlossen entgegentreten – Antisemitismus bekämpfen"[24]. Der Beschluss verurteilt jeglichen Boykott gegen Israel und stellt ihn in einen klaren Zusammenhang mit Antisemitismus. Die Debatte um BDS erhielt dadurch neuen Auftrieb. Seitdem werfen unterschiedliche politische Lager der Kampagne eine antisemitische Ausrichtung vor, sowohl programmatisch als auch methodisch. Dies zum einen, weil sie letztlich auf die Abschaffung des Staates Israel in seiner jetzigen Form abziele und zum anderen Erinnerungen an den Aprilboykott der Nationalsozialisten des Jahres 1933 wachrufe. Dennoch gelingt es der Kampagne speziell im internationalen Kultursektor, in Teilen der Wissenschaft und auch in kirchlichen Netzwerken Anhänger*innen für das von ihr vertretene Narrativ zu gewinnen. Die öffentliche Debatte um BDS führt zu neuen Verwerfungen, auch und gerade innerhalb des progressiv-linken Lagers. Unter Berufung auf den Bundestagsbeschluss werden seit 2019 Veranstaltungen und Akteur*innen, die im Verdacht einer Nähe zu BDS stehen, zur Ordnung gerufen und ihrerseits boykottiert. Im Frühjahr 2020 schließlich eskalierte die öffentliche Debatte, als der kamerunische Philosoph und international renommierte Vertreter der Postcolonial Studies, Achille Mbembe, die Ruhrtriennale mit einer Rede eröffnen sollte. Kritiker warfen Mbembe eine Unterstützung der BDS-Kampagne und Infragestellung des Existenzrechts Israels vor. Andere wiederum sahen in der auf die Proteste erfolgten Ausladung Mbembes von der Ruhrtriennale eine eurozentrische, wenn nicht gar rassistische Machtdemonstration.[25] Der emeritierte Professor für Erziehungswissenschaft und Publizist Micha Brumlik verglich den Umgang mit BDS bzw. dem Verdacht der Unterstützung von BDS sogar mit der Zeit der Denunziation und Verfolgung von Menschen als angebliche Kommunisten in den USA der 1950er-Jahre.[26]

Festzuhalten bleibt, dass sich unter dem Label BDS diverse, sehr heterogene Gruppen und Einzelpersonen versammeln, manche von ihnen sind sich der teils antisemitischen Programmatik der Kampagne nicht bewusst. Während die antisemitismuskritische (und häufig zugleich israelsolidarische) Strömung innerhalb des linken Spektrums eher ein deutsches und österreichisches Phänomen ist, ist der postkolonial fundierte Antirassismus ein globales Phänomen in der akademischen Welt und unter Aktivist*innen.[27] Beide unterscheiden sich in der jeweils unterschiedlichen historischen Bewertung und Gewichtung der Shoah und des europäischen Kolonialismus. Ein zentraler Konflikt der Debatte dreht sich um die Frage der Singularität und Präzedenzlosigkeit der Shoah. Aus Sicht des Postkolonialismus wird die Shoah erst im Zusammenhang mit den zeitlich vorausgegangenen Kolonialverbrechen verständlich. Was die Einschätzung des Nahostkonflikts angeht, muss es daher fast zwangsläufig zu gegensätzlichen Narrativen kommen. Während dem antisemitismuskritischen Verständnis zufolge die Gründung des Staates Israel als jüdischer Staat eine historische Notwendigkeit war, die aus der Erfahrung des Antisemitismus im Allgemeinen und der Shoah im Besonderen resultierte, sieht der postkoloniale Antirassismus die Gründung Israels als Teil der Geschichte des europäischen Siedlerkolonialismus. Und somit als eine historische Gegebenheit, die moralisch zu verurteilen und rückgängig zu machen sei. Vor dem Hintergrund der deutschen und österreichischen Geschichte erscheint letztere Lesart vielen Beobachter*innen als eine hoch problematische historische Verengung, die Israel das Existenzrecht aberkennt und somit abzulehnen sei. Sie hat ihren Ursprung nicht zuletzt auch in einem falschen Verständnis von Antisemitismus als einer bloßen Unterform des Rassismus. Einen solcherart verkürzten Antisemitismusbegriff machen sich nicht zuletzt auch linke israelische Splittergruppen zu eigen, die im deutschsprachigen Raum gegen Besatzung und Zionismus agitieren. Sie bedienen damit ein Narrativ des Nahostkonflikts, das nicht auf historischen Fakten basiert. Vielmehr greifen sie ein postkoloniales

Deutungsmuster auf, in dem es ausschließlich um partikulare identitäre Zugehörigkeiten und die damit vermeintlich einhergehende Deutungsmacht historischer Ereignisse geht. Ein ähnliches Verständnis von Antisemitismus und Rassismus war auch im Zusammenhang mit der Debatte um die auf der 2022 in Kassel stattfindenden „documenta fifteen" ausgestellten antisemitischen Kunstwerke zu beobachten. Die Kritik, dass auf der renommierten Kunstschau antisemitische Werke gezeigt würden, wurde zunächst mit der Behauptung pariert, es könne sich dabei nicht um Antisemitismus handeln, da sich die indonesischen Künstler*innen des Kollektives „Taring Padi" mit dem Werk kritisch gegen die ehemalige Suharto-Diktatur in ihrem Heimatland positioniert hätten. Die fraglichen Darstellungen auf dem großflächigen Wimmelbild seien in einem anderen als dem europäischen kulturellen und politischen Kontext zu verorten. Dies nicht zur Kenntnis zu nehmen, sei eine eurozentrische Perspektive auf postkoloniale Kämpfe im globalen Süden. Die Kritiker*innen würden womöglich auch aufgrund ihrer eigenen biografischen Verstrickung in die NS-Verbrechen überempfindlich auf die Juden-Darstellungen reagieren. Nicht erklären konnten die Künstler*innen indes, warum sie sich ausgerechnet antisemitischer Codes und einer Bildsprache bedienen mussten, die an das nationalsozialistische Hetzblatt „Der Stürmer" erinnert, um gegen die Missstände in Indonesien zu protestieren. Genau daran zeigt sich zweierlei: Erstens, dass solche Ausdrucksformen des modernen Antisemitismus (fast) überall auf der Welt funktionieren und die kritische Auseinandersetzung mit Antisemitismus nicht an den Grenzen „des Westens" enden kann. Zweitens, dass die Ideologie des Antisemitismus keinerlei emanzipatorisches Potenzial haben kann – und deshalb auch kein taugliches Mittel im Kampf gegen andere Macht- und Unterdrückungsverhältnisse ist.

Anmerkungen

1   Zur Genese des linken Antisemitismus von seinen Anfängen bis in die Gegenwart vgl. Matthias Brosch u. a. (Hrsg.): Exklusive Solidarität – Linker Antisemitismus in Deutschland. Vom Idealismus zur Antiglobalisierungsbewegung, Berlin 2006.
2   Jean Améry wurde 1912 als Hans Mayer in Wien geboren, seine Vorfahren stammten aus Hohenems in Vorarlberg. Er nahm sich 1978 in Salzburg das Leben.
3   Jean Améry: Juden, Linke – Linke Juden. Ein politisches Problem ändert seine Konturen (1973), in: Jean Améry: Werke, Bd. 7, Aufsätze zu Politik und Zeitgeschichte, hrsg. von Irene Heidelberger-Leonard, Stuttgart 2005, S. 151–158, hier S. 151f. Die verallgemeinernde Rede von „den Juden" und fehlende Unterscheidung zwischen „Juden" und „Israel" erklärt sich bei Améry aus seiner Überzeugung, es gebe ein geteiltes Interesse „*aller* Juden" an der Existenz des Staates Israel – auch derjenigen, die, wie er selbst, noch nie dort waren.
4   Vgl. z. B. Martin W. Kloke: Israel und die deutsche Linke. Zur Geschichte eines schwierigen Verhältnisses, Frankfurt a. M. 19942. In seinem Grundlagenwerk kommt Kloke zu dem Schluss, dass keine Linke so pro-israelisch eingestellt war, wie die deutsche Linke vor und keine so anti-israelisch wie ebendiese nach 1967.
5   Zit. nach: Noam Zadoff: Geschichte Israels. Von der Staatsgründung bis zur Gegenwart, Bonn 2020, S. 79.
6   Ebd., S. 76–81.

7   Das beschreibt ein israelischer Historiker und Journalist in seinem Standardwerk: Tom Segev: 1967. Israels zweite Geburt, München 2007.
8   Karte: Von Hoheit – Eigenes Werk, basierend auf: Israel location map.svg, Six Day War Terrritories.png und Six Day War Territories.svg, CC BY-SA 3.0, https://commons.wikimedia.org/w/index.php?curid=33418259 (Zugriff 11.9.2022).
9   Vgl. Jospeh Ben Prestel: Heidelberg, Beirut und die „Dritte Welt". Palästinensische Gruppen in der Bundesrepublik Deutschland (1956–1972), in: Zeithistorische Forschungen, 16 (2019), S. 442–466, hier S. 445.
10 Ebd.
11 Vgl. Evelyn Runge/Annette Vowinckel: Es bleibt kompliziert. Israel, Palästina und die deutsche Zeitgeschichte, in: Zeithistorische Forschungen, 16 (2019), S. 421–441, hier S. 429.
12 Als „Erste Intifada" werden die 1987 beginnenden und bis 1993 andauernden gewaltsamen Auseinandersetzungen zwischen unter israelischer Militärbesatzung stehenden Palästinenser*innen im Westjordanland und im Gazastreifen und der israelischen Armee bezeichnet. Neben dem gewaltsamen Widerstand gab es auch zahlreiche Formen des friedlichen Protests gegen die andauernde Besatzung, wie etwa Generalstreiks, das Verteilen von Flugblättern und einen ersten Boykott israelischer Produkte.
13 Foto: ap, https://taz.de/Linker-Antisemitismus/!5151223/ (Zugriff 20.8.2022).
14 Für eine ausführliche Darstellung der Entwicklung der pro-palästinensischen Linken in Österreich vgl. Julia Edthofer: Vom antiimperialistischen Antizionismus zur aktuellen Boykottbewegung. Veränderungen und Kontinuitäten des israelbezogenen Antisemitismus in der Wiener autonomen Linken, in: Österreichische Zeitschrift für Soziologie, 42 (2017), S. 407–424.
15 Vgl. Zarin Aschrafi: Der Nahe Osten im Frankfurter Westend. Politische Akteure im Deutungskonflikt (1967–1972), in: Zeithistorische Forschungen, 16 (2019), S. 467–494.
16 Vgl. https://www.hdgoe.at/ermordung-nittel-anschlag-stadttempel (Zugriff 21.5.2022).
17 Vgl. Prestel: Heidelberg, Beirut und die „Dritte Welt", in: Zeithistorische Forschungen, 16 (2019), S. 444 ff.
18 Vgl. Runge/Vowinckel: Israel, Palästina und die deutsche Zeitgeschichte, S. 432.
19 Für viele Jüdinnen und Juden waren der gewonnene „Unabhängigkeitskrieg" und die Staatsgründung Israels 1948 nach der Katastrophe der Shoah gleichbedeutend mit der Hoffnung auf ein selbstbestimmtes Leben in einem eigenen Nationalstaat. Ins palästinensische Gedächtnis hingegen gingen die kriegerischen Handlungen und insbesondere der Verlust der Heimat für Hunderttausende als „Nakba" ins historische Gedächtnis ein. Beide Narrative konkurrieren seither miteinander im Kampf um die Deutungshoheit und die richtige Sicht auf die Ereignisse.
20 Palästina war bis 1947 britisches „Mandatsgebiet", stand also unter quasi-kolonialer Verwaltung Großbritanniens. Davor war Palästina rund 500 Jahre lang eine Provinz des Osmanischen Reiches.
21 Vgl. Jakob Baier: Antisemitismus in der BDS-Kampagne, in: https://www.bpb.de/themen/antisemitismus/dossier-antisemitismus/328693/antisemitismus-in-der-bds-kampagne/ (Zugriff 25.5.2022).
22 Für Österreich ist diese Einschätzung sehr detailliert nachzulesen bei Margit Reiter: Unter Antisemitismus-Verdacht. Die österreichische Linke und Israel nach der Shoah, Innsbruck 2001.
23 Vgl. Edthofer: a. a. O., S. 418.
24 Der vollständige Beschlusstext sowie Details zur Abstimmung können hier nachgelesen werden: https://www.bundestag.de/dokumente/textarchiv/2019/kw20-de-bds-642892 (Zugriff 25.5.2022).
25 Zur Geschichte der BDS-Kampagne und zum Verlauf der Debatte um Achille Mbembe vgl. Micha Brumlik: Postkolonialer Antisemitismus? Achille Mbembe, die palästinensische BDS-Bewegung und andere Aufreger, Hamburg 2021.
26 https://www.blaetter.de/ausgabe/2019/august/unter-bds-verdacht-der-neue-mccarthyismus (Zugriff 25.5.2022).
27 Vgl. ebd.

Nationalsozialismus

Horst Schreiber

Einleitung

Georg Frauscher war Stallknecht, Kutscher und Holzarbeiter, eine Existenz am Rande der Gesellschaft, ein Mensch, von dem niemand Notiz nahm. 1927 trat er seinen Dienst als Hausmeister im Alten Landhaus in Innsbruck an, den er auch im Erweiterungsbau fortsetzte, im Gauhaus der Nazis. 20 Jahre lang blieb Frauscher Hausmeister, eine Tätigkeit, die er als Karriere ansah. Mit seiner Frau lebte er in einer geräumigen Wohnung am Arbeitsplatz in sicherer Stellung. In der Republik und im „Ständestaat" war Frauscher ein treuer Diener, in der Nazizeit pflichtbewusst bis zur Erschöpfung. Am Gebäude hing er „mit Leib und Seele", Anordnungen von oben setzte er durch; wenn es sein musste auch mit einer Anzeige. Als das NS-Regime sich auflöste und die Nazis ihr Gauhaus vor der anrückenden US-Armee fluchtartig verließen, hielt er die Stellung.

Frauscher war der NSDAP schon vor 1938 beigetreten, 1939 wurde er förderndes Mitglied der SS. Die Entnazifizierungskommission zwang ihn, mit 55 Jahren in Pension zu gehen. Sie kürzte seine Bezüge um ein Achtel – und schmiss ihn mit seiner Frau aus der Hausmeisterwohnung. Er weigerte sich, erst eine Räumungsklage bewegte ihn dazu, sein bisheriges Heim zu verlassen. Frauschers direkter Vorgesetzter, einer der üblichen korrupten Nazis, blieb wie viele andere NS-Beamte im Haus in Stellung. Vor 1945 hatte er sich am Diebstahl von Kirchengut beteiligt, nach 1945 agierte er als Experte der Rückstellung.

Wie beurteilen wir den Hausmeister Georg Frauscher? Sehen wir in ihm zuerst den mitbeteiligten Akteur auf unterer Stufe, den Denunzianten? Oder ist er als kleines Licht Opfer der Entnazifizierungsmaßnahmen? In seinem Beitrag „Georg Frauscher – Hausmeister im NS-Zentrum der Macht" ruft *Christian Mathies* auf, sich mit solchen Fragen auseinanderzusetzen und Überlegungen zur individuellen Verantwortung in der Gegenwart anzustellen: „Zwangsläufig taucht die Überlegung auf, wie man damals gehandelt hätte, ob die eigene Anpassungsbereitschaft heute unter demokratischen Vorzeichen geringer ist. Die zentrale Frage aber ist, welche Bedeutung Frauschers Geschichte für die Gegenwart hat. Sie nimmt Handlungsspielräume in den Blick und lotet Möglichkeiten und Grenzen aus. Es geht darum, dass wir nicht ‚nur' in einer bestimmten Rolle gefangen sind, degradiert zu BefehlsempfängerInnen".

„Wir hatten die Gelegenheit allein eine kurze Zeit zu sprechen. Er teilte mir dabei mit, dass er fotografiert worden sei (nackt) und aufgehängt würde. Ich habe ihm diesen Gedanken auszureden versucht. Seither sahen wir uns nie mehr." Die Rede ist von Michaïl Dzula, einem ukrainischen Zwangsarbeiter, der sterben musste, weil Viktoria Müller ein Kind von ihm erwartete. Die Nazis bestraften Polen und sogenannte „Ostarbeiter" mit dem Tod, wenn sie mit Tirolerinnen intime Beziehungen eingingen. Die Frauen deportierten sie in Konzentrationslager. Dzula wurde in Sillian aufgehängt, Müller überlebte Ravensbrück. Ihr Neugeborenes sah sie nie wieder, die NS-Fürsorge gab es zur Adoption frei.

Müller gehörte zum kleinen Kreis von Frauen in Österreich, die wegen des verbotenen Umgangs mit Ausländern in Haft gesessen waren und schließlich doch als Opfer des Nationalsozialismus anerkannt wurden. Bei Viktoria Müller dauerte es bis 1961. Häufig lehnten die Opferfürsorgebehörden die Ansuchen von Betroffenen österreichweit mit Argumenten ab, die ganz auf Linie der Nationalsozialisten waren. So lautete ein negativer Bescheid des Amtes der Tiroler Landesregierung 1954 so:

„Das Verbot des Verkehrs zwischen ausländischen Fremdarbeitern, die Angehörige eines Feindstaates sind, und der einheimischen Bevölkerung ist nicht allein in der weltanschaulichen Einstellung des Nationalsozialismus begründet (Rassenideologie), sondern entspringt dem Gedanken, daß derartige Beziehungen die Moral der kämpfenden Truppe und auch der Bevölkerung im Hinterland schwer gefährden, (…); es stellt somit eine Schutzbestimmung im Interesse der Abwehrkraft des eigenen Volkes in Notzeiten dar, wie solche auch in demokratischen Staaten bestanden haben (Verbrüderungsverbot der Besatzungstruppen)."

Das Schicksal des polnischen Knechts und der Tiroler Landarbeiterin, die sich im Bezirk Lienz am Wegmacherhof in Iselsberg auf 1.100 Metern Höhe kennenlernten, stellt *Horst Schreiber* in seinem Beitrag vor: „KZ-Haft und Tod durch Erhängen: Die kurze Liebe von Viktoria Müller und Michaïl Dzula".

Am 2. März 1942 befahl die Gestapo den polnischen Zwangsarbeiter Konstantin Przygoda nahe seinem Arbeitsplatz auf der Baustelle des Kraftwerks Rodund aufzuhängen. In seinem Artikel „Die Hinrichtung des polnischen Zwangsarbeiters Konstantin Przygoda in Vandans" liefert *Horst Schreiber* neue Fakten, die das Wissen um die Gründe und die näheren Umstände der Hinrichtung wesentlich erweitern.

Christian Mathies

Georg Frauscher – Hausmeister im NS-Zentrum der Macht[1]

Leerstellen der Erinnerung

Georg Frauscher war von 1927 bis 1946 Hausmeister im Innsbrucker Landhaus – eine scheinbar unbedeutende Karriere. Sie überdauerte von der Ersten Republik über die austrofaschistische Diktatur und das NS-Regime bis zur Wiederherstellung der Demokratie vier unterschiedliche Herrschaftssysteme. Schwor er 1933 seinen Diensteid noch „zu Gott dem Allmächtigen", verpflichtete er sich fünf Jahre später „dem Führer des Deutschen Reiches und Volkes Adolf Hitler treu und gehorsam" zu sein. Auf den ersten Blick hinterließ Frauscher nur wenige Spuren. Die Ehe mit seiner Frau Albertine blieb kinderlos. Es sind keine persönlichen Aufzeichnungen überliefert. ZeitzeugInnen, die nach 1945 in der Gebäudeverwaltung tätig waren, erinnern sich an keine Geschichten, die über ihn erzählt wurden. Seine Lebensgeschichte ist es dennoch wert, thematisiert zu werden. Wie in einem Brennglas zeichnet sie prägende Zäsuren, die bis heute wirksam sind, in einer einzelnen Biografie nach und gibt Einblicke in die Alltagsgeschichte des heute noch größten bestehenden NS-Baus Tirols.

Leerstellen der Erinnerung an der Ostfassade des heutigen Neuen Landhauses (Stadtarchiv/Stadtmuseum Innsbruck, Ph-G-24583)

Frauschers Geschichte kann hier erzählt werden, weil die Tiroler Landesregierung ihre erinnerungskulturelle Verantwortung in der Auseinandersetzung mit der NS-Vergangenheit zunehmend wahrnimmt. Anfang 2019 gab sie die Aufarbeitung der Geschichte ihres Verwaltungsgebäudes in Auftrag. Bis in die späten 1980er-Jahre interpretierte die Tiroler Erinnerungskultur die NS-Zeit als aufgezwungene Fremdherrschaft. Die Auswirkungen des tradierten Bildes von Tirol als Opfer des Nationalsozialismus sind bis in die Gegenwart spür- und sichtbar. Die fehlende Konfrontation führte zu Leerstellen in der Erinnerung. Augenscheinlich wird dies an der Ostfassade des Neuen Landhauses. Dort weisen das Nebeneinander der Wappen Tirols und Vorarlbergs auf den Entstehungshintergrund des Gebäudes hin. Die NS-Bürokratie schloss die beiden Bundesländer in einem gemeinsamen Gau zusammen. In der Mitte der Wappen thronte bis unmittelbar nach Kriegsende der Parteiadler, der entfernt und durch ein leeres Fassadenrechteck ersetzt wurde. Die Vergangenheit des Gebäudes als lokale Schaltzentrale der NS-Gewaltherrschaft wurde verleugnet und geriet nach und nach in Vergessenheit. Nur wenige verbinden heute das Neue Landhaus mit einem zentralen Prestigeprojekt der Tiroler NS-Elite. Forderungen von Tiroler HistorikerInnen, dieser Vergangenheit endlich Rechnung zu tragen, blieben lange Zeit ungehört. Bis ein Beitrag von Markus Wilhelm auf seinem Blog dietiwag.org im Oktober 2018 die Einrichtung einer Kommission durch den zuständigen Landesrat Johannes Tratter in die Wege leitete.

Vom Hilfsarbeiter zum Hausmeister

Georg Frauschers beruflicher Werdegang zum Hausmeister des politisch bedeutsamsten Gebäudes in Tirol war alles andere als vorgezeichnet. Der gebürtige Oberösterreicher, Jahrgang 1891, hielt sich nach seinem Volksschulabschluss als Stallknecht über Wasser. 1910 verließ er seinen Heimatort, um sich „eine bessere Verdienstmöglichkeit zu schaffen", wie er es 1941 in einem selbst verfassten Lebenslauf formulierte. Als Fuhrknecht und Kutscher führte ihn sein Weg über Innsbruck bis nach Meran. Im März 1915 erhielt er eine Einberufung in das Infanterieregiment Nr. 59, das in der Folgezeit an der Südfront zum Einsatz kam. Nach dem Krieg schlug er sich mit wechselnden Gelegenheitsarbeiten als Hilfsarbeiter durch. Mit dem Landhaus machte er 1924 als Holzarbeiter erstmals Bekanntschaft. In seiner Funktion beheizte er die Kachelöfen in den Büroräumlichkeiten. Drei Jahre später folgte er dem damaligen Hausmeister des Gebäudes nach, den er davor als Gehilfe unterstützt hatte. Die wirtschaftliche Absicherung machte kurze Zeit später die Heirat mit seiner Frau Albertine möglich, die im Landhaus als Aufräumerin tätig war. Gemeinsam bewohnten sie die knapp über 90 m² große Hausmeisterwohnung im Erdgeschoss des Gebäudes, bestehend aus einer Küche und zwei Zimmern.

Für Georg Frauscher markierte der Besuch Adolf Hitlers am 5. April 1938 in Innsbruck einen Wendepunkt in seiner beruflichen Laufbahn. Im Rahmen der Propagandaschlacht für die Volksabstimmung, die den „Anschluss" nachträglich legitimieren sollte, reiste Hitler durch ganz Österreich. Halb Tirol war an diesem

Georg Frauscher
(Tiroler Landesarchiv, ATLR-Präs. I, Personal Reihe A+B, Zl. 03777)

Dienstag auf den Beinen, um den Führer zu sehen. Für sämtliche Ämter und Schulen erklärte der damalige Gauleiter Edmund Christoph den Tag kurzerhand zu einem Feiertag. Hausmeister Frauscher hatte hingegen zu arbeiten. Er war bereits in die Vorbereitungen eingebunden gewesen. Schließlich fand der innerparteiliche Höhepunkt des Besuchs in Frauschers Wirkungsstätte, dem historischen Landhaus, statt. Die Verantwortlichen überließen nichts dem Zufall. Zwei Tage vor der Ankunft Hitlers begleitete Frauscher den Architekten Franz Baumann und eine Abordnung der Partei durchs Haus, um die letzten Vorkehrungen zu besprechen.

Die Rechnung ging auf. Die Tiroler Bevölkerung bereitete Adolf Hitler einen frenetischen Empfang. Georg Frauscher zählte vermutlich zu jenen, die sich einen Neuanfang erhofften. Noch ein Monat zuvor war er auf dem Papier Mitglied der Vaterländischen Front gewesen, ein Muss für einen Landesbediensteten wie ihn. Rasch wechselte er wie viele andere die Seiten. Nach der unvorbereiteten Ankündigung einer Volksbefragung durch Bundeskanzler Kurt Schuschnigg, fiel die austrofaschistische Diktatur wie ein Kartenhaus in sich zusammen. Den Diensteid auf den Führer schwor Frauscher am 18. März 1938. Nach Erhebungen der französischen Besatzungsmacht im Jänner 1946 war er bereits vor dem „Anschluss" Mitglied der NSDAP gewesen. Tatsächlich verfügte er mit 1. Mai 1938 über ein Beitrittsdatum und eine Mitgliedsnummer, die illegalen Nazis vorbehalten war. Ab 1939 war er zudem förderndes Mitglied der SS. Den Nachweis seiner „deutschblütigen Abstammung", Voraussetzung für einen Verbleib im Dienst, erbrachte er im April 1939. In seiner politischen Beschreibung findet sich keine Bemerkung zu seiner angeblichen illegalen Zeit. Er wird dort als charakterlich „einwandfrei" beschrieben. Über die Beweggründe seines NS-Engagements kann nur spekuliert werden. Hatte er Angst, seine Anstellung zu verlieren, witterte er ungeahnte Karrierechancen oder war er überzeugter Nationalsozialist?

Die Errichtung des Gauhauses

Mit der Ernennung Franz Hofers zum Gauleiter Ende Mai 1938 mischten sich im Tiroler NS-Apparat die Karten neu. Hofer hatte die NSDAP in Tirol und Vorarlberg seit November 1932 bis zu deren Verbot und seiner Inhaftierung im Juni 1933 angeführt. Zwei Monate später war ihm eine spektakuläre Flucht gelungen. Unmittelbar darauf hatte er am Nürnberger Parteitag der NSDAP einen spektakulären Auftritt als Held. Danach machte er Karriere in der „Politischen Leiter- und Mitgliedersammelstelle Berlin", wo er einflussreiche Netzwerke zu höchsten Parteistellen knüpfen konnte. Hofer pendelte in den ersten Arbeitswochen nach seinem Amtsantritt zwischen der Hofburg und dem Landhaus hin und her. Montag, Mittwoch und Freitag residierte er als Gauleiter in der Burg, die anderen Tage arbeitete er in seinem über der Hausmeisterwohnung gelegenen Büro als Landeshauptmann. Anfang Juli übersiedelte Hofer mit seinem Mitarbeiterstab endgültig in das Landhaus.

Wie sehr sich Frauschers Aufgabengebiete durch die Ernennung Hofers zum Gauleiter erweitern sollten, wusste der Hausmeister zu diesem Zeitpunkt noch nicht. Hofers Rückkehr aus Berlin war in der lokalen Parteielite nicht unumstritten. Die ersten öffentlichkeitswirksamen politischen Handlungen verfolgten den Zweck, Hofers Autorität zu stärken. Eines seiner zentralen Prestigeprojekte war die Errichtung des monumentalen Gauhauses als Erweiterungsbau zum historischen Landhaus. Bereits im September 1938 erfolgte der Spatenstich. Der konkrete Auslöser für die Planungen eines Verwaltungsgebäudes waren zunehmende räumliche Engpässe. Im Vergleich zu früheren Herrschaftssystemen benötigte der bürokratische Aufbau der NS-Bewegung ein Vielfaches an Raum. Die auf allen Ebenen durchgeführte Gleichschaltung hatte die Entstehung zahlreicher neuer Organisationen zur Folge. Ein notorischer Raummangel kennzeichnete die Tiroler Politik seit der Jahrhundertwende. Das historische Landhaus platzte aufgrund neuer Abteilungen und anwachsender Verwaltungsarbeit schon damals aus allen Nähten. Erweiterungspläne hatten daher lange vor dem Ersten Weltkrieg existiert. Dass die NS-Führung mit dem Projekt politische Zielsetzungen umsetzte, über die davor nur diskutiert worden war, kam der NS-Propaganda gelegen. Sie inszenierte Hofer als Mann der Tat und präsentierte die Erweiterung als steingewordenen Beweis für den angekündigten wirtschaftlichen Aufschwung.

Wie viel Mehrarbeit der Bau des Gauhauses für Frauscher bedeutete, verdeutlicht die Baubeschreibung. Ein dreigeschoßiger Wirtschaftstrakt im Innenhof umfasste Kanzleien und einen über zwei Geschoße reichenden und 378 m² fassenden Gemeinschaftssaal, der als Kantine diente. Nördlich angrenzend folgte ein Küchentrakt, in dessen Parterre sich Fahrbereitschaftsräumlichkeiten, Garagen und Werkstätten befanden. Das Hauptgebäude umfasste vier Stockwerke. Der Baubescheid erwähnt insgesamt 257 Kanzleiräume, 10 Beratungszimmer und zwei Säle. Eine Zentralheizung, für die ausschließlich Frauscher die Verantwortung trug, beheizte in den Wintermonaten die Räumlichkeiten. Sie sorgte im Dezember 1940 für eine der wenigen Pannen während der Bauabwicklung. Im noch nicht fertiggestellten Küchentrakt fror die Heizung ab. Das Bauunternehmen Hinteregger machte den Hausmeister verantwortlich. Frauscher beschuldigte wiederum die Arbeiter der Firma und führte das Malheur auf nicht geschlossene Türen und Fenster zurück. Der Bau des Gauhauses war insgesamt aber ein Erfolgsprojekt. Ohne auf Einwände der Stadtverwaltung einzugehen, stampften regionale Firmen mit NS-Bezug das Gebäude in kurzer Zeit aus dem Boden. Gearbeitet wurde rund um die Uhr. Auch zwischen Weihnachten und Silvester, wobei ein schneearmer Winter dem Projekt in die Arme spielte. Die Firstfeier ging am 6. Mai 1939 über die Bühne, die ersten Abteilungen zogen im Sommer ein.

Was Frauscher vom Neubau hielt, ist nicht überliefert. Wenn er sich im historischen Landhaus mit seiner verspielten barocken Kunstausstattung wohlfühlte, sprach ihn die nüchterne Gestaltung des Gauhauses, die den Regeln der Symmetrie folgte, wohl weniger an. Reichsleiter Robert Ley hielt den Bau aus anderen Gründen für völlig misslungen. Er kritisierte ihn als „Kloster mit Zellen", die folgende Auseinandersetzung zwischen Hofer und Ley war heftig. Ley gab daraufhin

Aufmachung des Rohbaus anlässlich der Firstfeier (Privatarchiv Matthias Reisner)

eine Weisung in Auftrag. Er untersagte die Bezeichnung des Neubaus als Gauhaus, stattdessen ordnete er die Verwendung des Begriffs „Landhaus-Erweiterungsbau" an. Leys Weigerung, den Bau zu finanzieren, war ein folgenreicherer Rückschlag für Hofers Prestigeprojekt. Abhilfe schaffte der Vermögensentzug kirchlicher Einrichtungen. Der Verkauf des geraubten Canisianums an das Deutsche Reich spülte über 1,5 Millionen Reichsmark (RM) in die Landeskassa, ein Großteil floss in das Erweiterungsprojekt. Insgesamt beliefen sich die Kosten für den Bau auf 2,5 Millionen RM. Knapp über eine Million RM fielen zusätzlich für Adaptierungsarbeiten und Liegenschaftsankäufe an.

Die Arbeit im Landhauskomplex

Für Georg Frauscher bedeutete der Bezug des Neubaus ab dem Sommer 1939 keine räumlichen Veränderungen. Er wohnte mit seiner Ehefrau weiterhin in der Hausmeisterwohnung im historischen Landhaus. Die staatlichen Stellen verblieben ebenfalls dort. Gauleiter Hofer hingegen übersiedelte mit seinem Mitarbeiterstab in den Erweiterungsbau. Sein Büro befand sich im ersten Stock. Sämtliche NS-Organisationen mit Ausnahme der Nationalsozialistischen Volkswohlfahrt fanden in dem Neubau Platz. Die im Vergleich zu anderen Gauhauptstädten beispiellose Zentralisierung der Dienststellen der Partei und des Staates garantierte eine umfassende Kontrollmöglichkeit. Sie erleichterte die Indienstnahme staatlicher Abteilungen durch die NS-Bewegung. Unabhängig vom neuen Verwaltungsgebäude sorgte ein groß angelegter Raubzug für eine zusätzliche Erweiterung des Landesbesitzes. Die Gauleitung erwarb Liegenschaften in der Meraner Straße und am Vorplatz des Gauhauses und etablierte einen in sich geschlossenen Gebäudekomplex als Machtzentrale. Strukturell reagierte das NS-Regime mit der Einrichtung eines eigenen Dezernats, der Gebäudeverwaltung. Die Verwaltung und Betreuung sämtlicher Amtsgebäude fielen in den Bereich dieser Behörde. Frauscher war diesem Dezernat zugeordnet.

Mit dem Einzug des Gauleiters kam eine strengere Kontrolle der Arbeitsmoral ins Haus. Am Eingangstor des Landhauses hatte sich Hofer persönlich von der nachlässigen Einhaltung der Dienstzeiten durch die Beamtenschaft überzeugt und wollte mit „diesen Bräuchen" Schluss machen. Frauscher reagierte auf die Kontrollmaßnahmen vermutlich gelassen. Die überlieferten Dokumente in seinem Personalakt weisen ihn als äußerst pflichtbewussten Arbeiter aus. Dies war notwendig, um sein ab März 1938 enorm gestiegenes Arbeitspensum zu stemmen. Schon im ersten Jahr der NS-Herrschaft konsumierte er keinen einzigen Urlaubstag. Ihm oblag in den Wintermonaten die Überwachung der Heizungsanlagen, die eine tägliche Arbeitszeit zwischen 12 und 18 Stunden zur Folge hatte. In der Nacht kam es häufig vor, dass ihm Gauleiter Hofer den direkten Auftrag zur Beheizung bestimmter Räumlichkeiten erteilte. Vertraglich war er verpflichtet, anfallende Arbeiten ohne Berücksichtigung der Arbeitszeit umgehend zu erledigen. Er „lebte nur für seine Arbeit" und hing „mit Leib und Seele" an dem Gebäude, wie sich seine Ehefrau nach 1945 ausdrückte. Eine noch nie dagewesene Erhöhung der

Arbeitszeit traf im Übrigen die gesamte Belegschaft des Landhauses. Vor allem ab Kriegsbeginn änderte sich der Arbeitsalltag massiv. Unzählige Einberufungen zur Wehrmacht verlangten dem verbliebenen Personal alles ab. Im Sommer 1944 hatten die Angestellten regulär knapp 60 Stunden pro Woche zu arbeiten. Es herrschte eine allgemeine Urlaubssperre.

Als Luftschutzhauswart musste Frauscher ebenfalls rund um die Uhr erreichbar sein. Der Luftkrieg rückte spätestens mit der Landung britischer und US-amerikanischer Truppen in Sizilien Mitte 1943 ins Zentrum seines Arbeitsalltags. Teile der Belegschaft waren im Rahmen des „Erweiterten Selbstschutzes", dem der Hausmeister vorstand, an den Luftschutzvorbereitungen beteiligt. Was die Angestellten im Falle eines Fliegerangriffs zu tun hatten, war genau geregelt. Ein Sirenengeräusch in den Gängen und das Läuten der Landhausglocke kündigten einen drohenden Luftangriff an. Die Belegschaft musste die Fenster öffnen, durfte die Holzrollos auf keinen Fall herunterlassen und hatte die Türen mit versperrtem Schloss anzulehnen, um Beschädigungen durch Luftdruckeinwirkungen zu verhindern. Bevor sie sich in die Luftschutzräume im Kellerareal des Landhauskomplexes begeben durfte, musste sie Schreibmaschinen und Telefonapparate in Sicherheit bringen. Frauscher hatte die gesamten Abläufe zu überwachen. Der folgenschwerste Angriff auf Innsbruck fand am 15. Dezember 1943 zur Mittagszeit statt, mit einer verheerenden Bilanz: 269 Tote, 500 Verwundete, 1627 Obdachlose und 45 komplett zerstörte Häuser. Im Erweiterungsbau verschüttete ein Treffer teilweise den ostseitigen Luftschutzkeller, etliche Verwundete und mindestens sechs tote Mitarbeiterinnen waren zu beklagen.

Mit einem engmaschigen Überwachungsnetz zwangen die NS-Machthaber das Landhauspersonal zur Erfüllung ihrer Pflicht. Frauscher trat in diesem Zusammenhang als Kontrollorgan in Erscheinung, wenn es etwa um die Durchführung von Einsparmaßnahmen ging. Im Jänner 1941 ordnete das Reichsinnenministerium in Diensträumen eine Drosselung der Raumtemperatur auf maximal 18° C an. Der Hausmeister hatte die Einhaltung der Vorgabe zu überprüfen und war angehalten, wenn sich dadurch „von Seiten der Herren Beamten Klagen ergeben", mit Nachdruck auf den Erlass zu verweisen. In den Frühlingsmonaten galt generelles Heizverbot. Entsprechende Verfehlungen hatte Frauscher umgehend zu melden. Im April 1942 landete eine Anzeige dieser Art auf dem Tisch des Gauleiters. Penibel schilderte Frauscher die despektierlichen Äußerungen gegenüber Hofer, die im Zuge der Kontrolle gefallen waren. Schon im Innenhof hatte er die betreffende Angestellte ermahnt, die gerade Holz holte. In ihrem Büro kam es dann zu einer Auseinandersetzung. „Da kommt er, der Aufschreiber. Schreiben's nur ruhig auf", soll sie Frauscher begrüßt haben. Beim Weggehen rief sie ihm nach: „Das glaube ich schon, dass der Gauleiter mit seiner Fett'n warm genug hat". Hofer reagierte umgehend: „Entheben (sofort!!)" und „Disz.Verfahren!" notierte er handschriftlich auf dem Schreiben. Nach Abschluss der Untersuchungen entschied Hofer, „noch einmal Gnade vor Recht ergehen zu lassen" und sah von einem Disziplinarverfahren ab. Die Angestellte erhielt einen Verweis und wurde zur Behörde des Landrats in Innsbruck versetzt. Ein im Nachhinein harmloser Vorfall, der dennoch Fragen zu Frauschers Rolle im NS-Machtapparat aufwirft.

Innsbruck, am 18. April 1942.
Ha/St

Meldung an den
Gauleiter und Reichsstatthalter
-.-.-.-.-.-.-.-.-.-.-.-.-.-.-.-

Betrifft: Berta H i c k e r s b e r g e r ,
Abteilung IIIb des Reichsstatthalters.

Von der Gebäudeverwaltung habe ich den Auftrag erhalten, alle Zimmer mit Öfenheizung zu kontrollieren und dabei festzustellen, welche Räume überhaupt geheizt sind, darunter auch das Zimmer des Frl. Hickersberger geheizt vorgefunden. Ich habe mir dies alles auf einem Stück Papier notiert.
Als mich Frl. Hickersberger sah höhnte sie mich mit den Worten: "Da kommt er, der Aufschreiber. Schreiben's nur ruhig auf. " Sie belästigte mich fortwährend. Ich liess mich dadurch nicht beirren und erklärte lediglich, dass ich dazu den Auftrag habe und sie soll mich in Ruhe lassen.

Als ich schon im weggehen war, rief sie mir am Gang in Anwesenheit anderer Angestellter nach:
" Das glaube ich schon, dass der Gauleiter mit seiner Fett'n warm genug hat "

Ich bringe dies ordnungsgemäss zur Kenntnis.

H e i l   H i t l e r !

Anzeige Frauschers (Tiroler Landesarchiv, ATLR-Präs. I, Personal Reihe A+B, Zl. 05264)

Der gescheiterte Neustart

Frauscher hielt bis zum Ende des Nationalsozialismus seine Stellung. Als ein kleiner Tiroler Stoßtrupp am 3. Mai, gegen 14 Uhr, den nahezu leerstehenden Regierungssitz einnahm, befand sich nur noch der Hausmeister und eine Polizeiwache von sechs Mann im Gebäude. Die Angestellten der Gauleitung hatten zuvor noch einen Großteil der Akten verbrannt, die gesamten Wertsachen mitgenommen und das Weite gesucht. So wie vor 1938 konnte sich Frauscher arbeitstechnisch ab jetzt wieder auf das historische Landhaus konzentrieren. Im Neuen Landhaus, wie der Erweiterungsbau nach 1945 hieß, ließen sich die Befreier und Besatzer nieder. Während die Tiroler Politik das Alte Landhaus als Symbol der Befreiung und des Widerstands positionierte, schenkte sie dem Neubau keine Aufmerksamkeit. Tirol trat in der unmittelbaren Nachkriegszeit ein schweres Erbe an. Versorgungsengpässe, Bombenschäden und eine große Wohnungsnot kennzeichneten den Alltag. Im Sog des Opfermythos erholte sich das Land aber schneller als gedacht. Die in der NS-Zeit getätigten Investitionen auf dem Rücken tausender Zwangsarbeitskräfte und amerikanische Wirtschaftshilfen begründeten das „Wirtschaftswunder". Die Tiroler Politik profitierte auch von der Erweiterung des Landhauskomplexes. Nach und nach nahm es die unterschiedlichen Gebäudeteile in Besitz, einen Zusammenhang mit der NS-Gewaltherrschaft stellte es in Abrede.

Die Österreichfahne am Neuen Landhaus 1955 (Stadtarchiv/Stadtmuseum, KRNE-8009)

Frauscher stand hingegen auf der Verliererseite. Aufgrund seiner Parteimitgliedschaft und der geschilderten Anzeige gegen eine Angestellte hatte er berufliche Konsequenzen zu tragen. Die Sonderkommission zur Entnazifizierung versetzte ihn im Mai 1946 zwangsweise in den Ruhestand und kürzte seine Pension um ein Achtel. Er hatte auch seine Wohnung im Landhaus zu räumen. Die Kommission reagierte damit auf Erhebungen der französischen Besatzungsmacht, die im Jänner 1946 ehemalige Nationalsozialisten gemeldet hatte, die sich gegenwärtig noch in der Tiroler Verwaltung befanden. Unbestätigten Meldungen zufolge gehörten sie einer geheimen Naziorganisation an. Der Name Frauschers fand sich dort an erster Stelle. Obwohl erst seit 1938 bei der Partei, sei er „ohne Zweifel illegal, bekannt als Anzeiger von Antinazis". Die Österreichische Demokratische Freiheitsbewegung sah die Sache gleich. „Außerdem wird erzählt, daß Frauscher immer noch mit Gauleiter Hofer in Verbindung stünde, auch mit dessen Familie", berichtete sie. Für Frauscher brach eine Welt zusammen. Er weigerte sich, aus der Wohnung im Alten Landhaus auszuziehen, wie eine Räumungsklage der Landeshauptmannschaft zeigt. Seine Frau konnte es nicht fassen, „soviel Liebe" hatte ihr Gatte für das Haus aufgebracht, „und jetzt wirft man ihn hinaus".

Im Vergleich reagierte die Sonderkommission gegenüber Frauscher sehr streng. Bis in die obersten Ämter des Landes waren ehemalige Nationalsozialisten anzutreffen. Der Leiter der Gebäudeverwaltung, Alexander Moschen, ehemaliges Parteimitglied und direkter Vorgesetzter Frauschers, blieb im Amt. Ausgerechnet er, der einige Jahre zuvor das kirchliche Raubgut übernommen hatte, war nun mit dessen Rückgabe betraut. Frauscher fehlte ein Fürsprecher auf oberster politischer Ebene. Vergeblich versuchte seine Gattin bei Landeshauptmann Alfons Weißgatterer eine Zwangspensionierung ihres Mannes zu verhindern. In ihrem Schreiben griff sie auf eine gängige Verteidigungsstrategie zurück. Sein einziger Fehler sei gewesen, dass er zahlendes Parteimitglied war. Doch das „mußten doch fast alle sein um bleiben zu können. Es gibt ja noch viele, die auch Mitglied waren, und heute noch auf ihren Posten sitzen", argumentierte sie. Die Anzeige hätte ihr Mann nur auf Drängen seines Vorgesetzten erstattet: „Schließlich war er ja nur Hausmeister und hatte zu gehorchen." Eine Reaktion Weißgatterers, selbst ehemaliges Parteimitglied, ist nicht überliefert. Überraschend in Anbetracht seines Credos, dass mit „tausendfältigen Mitteln vom raffiniertesten Betrug bis zum unerhörtesten Terror daran gearbeitet worden ist, um dem Lande Tirol das Aussehen eine hitlertreuen Gaues zu verleihen". Seine später erlassenen Richtlinien erleichterten es besonders den Angehörigen des öffentlichen Dienstes, eine Löschung aus dem NS-Register zu erreichen.

Verantwortung statt Leerstellen

Auch wenn viele Fragen offen bleiben, fordert die Geschichte Frauschers zur Auseinandersetzung mit der gesellschaftlichen Verantwortung für den Nationalsozialismus auf. Frauscher war nicht in den Verbrechenskomplex eingebunden und doch hielt er den NS-Apparat indirekt am Laufen. Die verbrecherischen Vorgänge blieben ihm nicht verborgen. Ob ihm die Gerüchte bezüglich der „Euthanasie"-

Morde, die im Landhaus behördlich abgewickelt wurden, bekannt waren, wissen wir nicht. Die Übernahme und Verwahrung des kirchlichen Beuteguts spielten sich vor seinen Augen ab. Sukzessive eignete sich die Gauleitung Kirchen- und Ordensbesitz an. Bewegliches Inventar bunkerte die Gebäudeverwaltung in einem Tresorraum im historischen Landhaus. Klar ersichtlich waren für ihn auch die Ankäufe zweier Gebäude in der Meraner Straße, da sie seinen Zuständigkeitsbereich unmittelbar erweiterten. Dass die Gauleitung das Projekt über „arisierte" Tauschobjekte abwickelte, war offensichtlich. Im Vergleich zur übrigen Bevölkerung ging es Frauscher trotz seiner andauernden Arbeitsüberlastung gut. Durch eine Beförderung, außerordentliche finanzielle Zuwendungen und die günstige Hausmeisterwohnung hatte er keine wirtschaftlichen Sorgen. Seine Unabkömmlichkeitsstellung garantierte, nicht an die Front zu müssen.

Zu Recht wird heute die gesellschaftliche Verantwortung an den NS-Verbrechen betont. Auch wenn eine Kategorisierung in TäterInnen, MitläuferInnen und vermeintlich Unbeteiligte die komplexe Realität nur ungenügend abbildet, macht es Sinn, sich darüber Gedanken zu machen. Die Einschätzungen von Frauschers Verantwortung am Nationalsozialismus werden unterschiedlich ausfallen. Zwangsläufig taucht die Überlegung auf, wie man damals gehandelt hätte, ob die eigene Anpassungsbereitschaft heute unter demokratischen Vorzeichen geringer ist. Die zentrale Frage aber ist, welche Bedeutung Frauschers Geschichte für die Gegenwart hat. Sie nimmt Handlungsspielräume in den Blick und lotet Möglichkeiten und Grenzen aus. Es geht darum, dass wir nicht „nur" in einer bestimmten Rolle gefangen sind, degradiert zu BefehlsempfängerInnen, wie sich Albertine Frauscher ausdrückte. Es geht darum, zu erkennen, dass sich unser Handeln und unser Tun auswirkt. Es geht darum, sich bewusst zu machen, dass wir Prozesse aktiv beeinflussen können. In der Erinnerungskultur und Gedenkarbeit muss dieser Aspekt noch mehr in den Vordergrund rücken. Die vorgeschlagenen Maßnahmen der Expertenkommission zur Aufarbeitung der Geschichte des Landhauses setzen diesen Zugang auf einer wissensbezogenen, pädagogischen und künstlerisch-erinnerungspolitischen Ebene um. Sie füllen Leerstellen der Erinnerung mit Inhalt und ersetzen sie durch Überlegungen zur individuellen Verantwortung im Hier und Jetzt.

Anmerkung

1 Der vorliegende Aufsatz basiert auf der Publikation von Christian Mathies/Hilde Strobl: Vom Gauhaus zum Landhaus. Ein Tiroler NS-Bau und seine Geschichte (Veröffentlichungen des Tiroler Landesarchivs 23), Innsbruck 2021. Einige wenige biografische Details zu Georg Frauscher, die in diesem Buch nicht vorkommen, stammen aus Dokumenten seines Personalakts: Tiroler Landesarchiv, ATLR-Präs. I, Personal Reihe A+B, Zl. 03777.

Horst Schreiber

KZ-Haft und Tod durch Erhängen: Die kurze Liebe von Viktoria Müller und Michaïl Dzula

„Ich war wegen Rassenschande v. Juni 1942[1] bis 20. März 1945 in Haft", schrieb Viktoria Müller Ende Dezember 1958 in ihrem Antrag auf Zuerkennung einer Haftentschädigung und Ausstellung einer Amtsbescheinigung, um als Opfer des Nationalsozialismus anerkannt zu werden. Als Adresse gab sie an: „bei vulgo Seifter, Nörsach Nr. 6, Post Nikolsdorf".[2]

Viktoria Müller ist am 1. Juni 1912 in Innsbruck geboren, zweifellos muss sie in elenden materiellen Verhältnissen aufgewachsen sein. Auch ihr emotionaler Rückhalt wird sich wohl in Grenzen gehalten haben. Sie verdingte sich bis 1940 in Südtirol, dann in Osttirol als Landarbeiterin. Zunächst bis September 1941 bei Michael Mayerl auf dem Wegmacherhof in Iselsberg 29 auf 1.117 Metern Höhe, einer Gemeinde nahe der Kärntner Grenze. In der Zeit der Arbeitssuche fand sie notdürftig Unterkunft bei ihrer Mutter Theresia, die in der winzigen steirischen Ortschaft Baldau wohnte und ihr Leben vermutlich ebenso als Landarbeiterin fristete. Schließlich kam Müller am 8. Dezember 1941 bis zu ihrer Verhaftung am 2. September 1942 zum Bauern Sylvester Etzelsberger nach Nörsach, wo in den 1940er-Jahren ein paar Dutzend Menschen lebten. Die Nationalsozialisten vereinigten 1939 die Katastralgemeinden Nörsach und Lengberg mit Nikolsdorf. Die einzige Siedlung ist Nikolsdorf selbst. Das Dorf grenzt an Dölsach und an zwei Kärntner Ortschaften, Rangersdorf und Oberdrauburg. Zu Nörsach gehören zwei Streusiedlungen: Plone mit wenigen Einzelhöfen wie dem des Bauern Etzelsberger (Plone Nr. 3) und Damer auf 1.140 Metern Höhe mit zwei Almen und zwei Einzelhöfen. Einer davon war im Besitz von Josef Girstmair, bei dem Viktoria Müller zum Zeitpunkt ihrer Antragstellung 1958 arbeitete. Ihr Leben in der Einschicht war karg und hart, arbeitsreich und einsam. Sie hatte weder Besitz noch Freizeit, traf in ihrer abgeschiedenen Welt nur wenige Leute. Eine Aussicht auf Beziehung, Heirat, gar Liebe waren verschwindend gering.

M Ü L L E R Viktoria
bei vulgo Seifter
NÖRSACH Nr.6 Post Nikolsdorf/Osttirol

Titl
AMT d.TIROLER-LANDESREGIERUNG Abt.Va-Opferfürsorge
I N N S B R U C K
Landhaus,Zimmer Nr. 245

Betrifft:Antrag um Ausstellung d.Amtsbescheinigung

Ich bin geboren am 1.Juni 1912 in Innsbruck und seit Geburt österr. Staatsbürgerin.
Ich ersuche um Ausstellung einer Amtsbescheinigung nach dem OFG und um Zuerkennung der Haftentschädigung.
Ich war wegen Rassenschande v.Juni 1942 bis 2o.März 1945(Ich wurde im Juni 1942 v.d.Gestapo in das Gerichtsgefängnis Lienz eingeliefert und nach cirka 3 Wochen in das Gefangenenhaus Klagenfurt überstellt und am 8.Sept.1942 in das Konzentrationslager Ravensbrück eingeliefert.) in Haft,weil ich mich im Jahr 1941 mit einem Ausländer verlobt habe und im Jahre 1942 am 23.Mai ein Kind geboren habe.Der Kindesvater ist Ukrainer der ebenfalls von der Gestapo verhaftet wurde.In Klagenfurt (Gefangenenhaus)des öfteren verhört und gegenübergstellt.Auf unsere Erklärung,daß wir die Absicht haben nach Möglichkeit uns zu verehelichen, wurde der Kindesvater zum Tode durch Erhängen verurteilt.Nach Vollstreckung des Urteiles wurde ich in das KZ.-Ravensbrück überstellt.Das Kind wurde mir abgenommen und einer Kinderlosen Familie übergeben.

In KZ.-Ravensbrück wurde mir das Ansinnen anheim-gestellt,das Kind voll kommen abzugeben,weil es damit einen anderen Schreibname bekomme.Diese Forderung stellte ich in Abrede.

Nachdem diese Haft aus politischen bezw.rassischen Gründen erfolgte,ersuche ich um Zuerkennung der Amtsbescheinigung und Haftentschädigung.

Hochachtungsvoll

Nörsach am 27.12.58

Viktoria Müller

Dem Antrag lege ich bei:
1.) Geburt und Taufbuch-Auszug v.3.Jänner 1933
2.) Identitätsausweis Nr. 17607/47 - Ausgestellt v.d.BH.-Lienz am 5.2.1947
3.) Entlassungsschein aus dem Konzentrationslager Ravensbrück vom 2o.März 1945 - II/13 58o/Bo
4.) 2 Lichtbilder f.d.Amtsbescheinigung

Einschreiben

Antrag von Viktoria Müller auf Haftentschädigung und Anerkennung als Opfer des Nationalsozialismus, 27.12.1958

Merkblatt

für das Verhalten der Bevölkerung gegenüber

Kriegsgefangenen und Fremdarbeitern

Der Mangel an Arbeitskräften zwingt dazu, Kriegsgefangene und Fremdarbeiter zum Arbeitseinsatz heranzuziehen. Sie werden gerecht behandelt, nach bestimmten Sätzen bezahlt und ausreichend verpflegt.

Im Verkehr mit Kriegsgefangenen ist zu beachten:

Strafbar macht sich
nach den reichsgesetzlichen Bestimmungen:

1. Wer Kriegsgefangenen Lebensmittel, Rauchwaren zusteckt, verkauft oder im Tauschwege verschafft; er schädigt dadurch die deutsche Wirtschaft.
2. Wer Kriegsgefangenen Waffen, Zivilkleider, Landkarten, Kompasse usw. gibt und damit fahrlässig Fluchtmöglichkeiten verschafft.
3. Wer von Kriegsgefangenen Wertgegenstände ankauft oder als Geschenk annimmt; unter dieses Verbot fallen auch sogenannte Erinnerungsstücke, Lichtbilder usw.
4. Wer mit Kriegsgefangenen in freundschaftlichen Verkehr tritt und mehr mit ihnen spricht, als zu Arbeitszwecken unbedingt nötig ist. Insbesondere sind in Anwesenheit von Kriegsgefangenen Gespräche militärischen, politischen oder wirtschaftlichen Inhalts zu unterlassen. Vertrauensseligkeit ihnen gegenüber öffnet Spionage und Sabotage Tür und Tor.

Als Landesverräter gilt
und wird schwer bestraft, unter Umständen sogar mit dem Tode:

1. Wer Beihilfe zu heimlicher Nachrichtenübermittlung leistet durch Annahme oder Weiterbeförderung ungeprüfter Kriegsgefangenenpost oder durch Hergabe einer Deckanschrift. Die gesamte Kriegsgefangenenpost muß durch die Prüfstelle der Kriegsgefangenenlager gehen.
2. Wer Kriegsgefangene zum Fernsprech- oder Telegraphenverkehr zuläßt.
3. Wer das unbeaufsichtigte Abhören des Rundfunks oder gar feindlicher Sender gestattet.
4. Wer vorsätzliche Beihilfe zur Flucht leistet.

Pflicht jedes deutschen Volksgenossen ist:

1. Jede Wahrnehmung staatsfeindlicher Gespräche, bzw. Taten sofort dem Arbeitskommandoführer oder der Gendarmerie zu melden.
2. Den deutschen Behörden zur Wiederergreifung entflohener Kriegsgefangener jede mögliche Beihilfe zu leisten und ihnen jeden Verdacht auf Spionage oder Sabotage sofort zu melden.

Deutsche Frauen und Mädchen! Deutsche Männer!

Wahret eure Würde gegenüber allen Fremdarbeitern, sei es, daß sie als Freunde oder Feinde in unserem Lande weilen. Die Zurückhaltung gegenüber den Fremdartigen ist keine Beleidigung.

Der Fremdarbeiter befreundeter Nation wird deinen Stolz achten, denn auch er weiß, daß er sein Volk nur erhalten kann, wenn er sein Blut nicht mit dem eines anderen Volkes vermischt.

Tiroler und Vorarlberger!

Unsere schöne Heimat braucht deutsche Kinder!
Ihr werdet nicht wollen, daß einst die Kinder fremder Völker in eurem Land leben.

Denn dann wäre unser Kampf umsonst!

Gaudruck Tirol 1940/41

Ab 1939 klärten die Nationalsozialisten die Bevölkerung laufend über das erwünschte Verhalten gegenüber ausländischen Zwangsarbeitskräften auf.

Liebe am Wegmacherhof:
„Ich habe Michael Tschurla immer wieder gewarnt"

Viktoria Müller verrichtete schwere Feldarbeit, molk die Kühe, kümmerte sich um das Kleinvieh, kehrte den Stall und dennoch, es fehlte hinten und vorne an Arbeitskräften. Bereits in der jungen Republik war es an abseits gelegenen Höfen immer schwieriger geworden, Knechte und Mägde anzustellen. Und auch als die Nazis kamen, ging die Landflucht weiter. Aufrüstung und Investitionen in die Wirtschaft schufen Arbeitsplätze, das Proletariat am Land strebte in die Städte, wo es eine bessere Zukunft erhoffte.

Der Krieg verschärfte den Mangel, die Frauen schufteten rund um die Uhr und trotzdem war es nicht genug. Die Nationalsozialisten wussten aus den Erfahrungen des Ersten Weltkriegs, der Sieg wurde auch an der Heimatfront erkämpft. Um die Nahrungsversorgung zu sichern, raubten sie die besetzten Länder aus und verschleppten Millionen Menschen als Arbeitssklaven und Zwangsarbeiterinnen ins Deutsche Reich, manche warben sie unter falschen Versprechungen an. Viele von ihnen kamen aus der Ukraine wie Michaïl Dzula, von dem wir nicht wissen, woher genau er stammt. Nicht einmal sein Name ist gewiss. Viktoria Müller nannte ihn Michael Tschurla, in den spärlich vorhandenen Akten taucht er auf als Tschurla, Dzula und Drula. Auf seinem Grabkreuz in Lienz steht Dzula, als Geburtsdatum ist der 20. November 1910 angegeben, in einem Verzeichnis des Gendarmerie-Postens Dölsach[3] der 20. Februar desselben Jahres. Peter Sixl, der die sowjetischen Toten auf den Friedhöfen Tirols erforscht hat, nennt als richtige Schreibweise: Michaïl Dzula/Dschula.[4] Er kam laut Aussage seines polnischen Kameraden Wasyl Syrko, der sich nach dem Krieg Sebastian Serko nannte, am 7. März 1941 nach Iselsberg,[5] laut der Dölsacher Gendarmerie[6] im März 1940. Dzula arbeitete nach dem Hitler-Stalin-Pakt und vor dem Angriff Deutschlands auf die Sowjetunion in Osttirol. Er gehörte daher aller Wahrscheinlichkeit nach der 1939 über 5,5 Millionen Menschen umfassenden ukrainischen Minderheit in Polen an, die vielfach in großer Armut lebte. Bei seiner Geburt 1910 dürfte Dzula noch ein Untertan der Habsburgermonarchie und somit Österreicher gewesen sein. Sebastian Serko, der zu einem Bauern in der Katastralgemeinde Stronach im südöstlichen Gemeindegebiet von Iselsberg-Stronach kam, bestätigte, dass Dzula Landarbeiter war wie er. Viktoria Müller sagte aus, dass Dzula mit dem Militär nichts zu tun hatte und kein Kriegsgefangener war. Die NS-Behörden hätten ihm versprochen, dass er wieder in die Heimat zurückkehren könne.[7]

Bei der gemeinsamen Arbeit kamen sich Michaïl und Viktoria hoch oben auf dem Wegmacherhof rasch näher. Sie verlobten sich. Michaïl versprach der 29-Jährigen, sie mit in seine Heimat zu nehmen und zu ehelichen. Eine ledige Frau in ihrem Alter, vermögenslos noch dazu, hatte am Land, auf einem Bergbauernhof, keine allzu großen Heiratsmöglichkeiten. Rund ein Fünftel der Frauen,[8] die in Tirol wegen verbotenen intimen Umgangs mit „Fremdvölkischen" bestraft wurden, stammten aus den ländlichen Unterschichten und lebten im Dorf oder wie Müller in noch kleinräumigeren Sozialstrukturen. Viktoria glaubte fest an ihr Glück, doch ihre Liebe dauerte nur wenige Wochen. Sebastian Serko wusste um die Intimität

Viele ausländische Zwangsarbeitskräfte in Tirol, ob Kriegsgefangene oder „Ostarbeiter", waren UkrainerInnen aus der Sowjetunion, aber auch aus Polen. Manche wurden freiwillig mit falschen Versprechen angeworben, die meisten aus ihrem Dorf und ihrer Stadt weg verschleppt. Oben: Ukrainische ZwangsarbeiterInnen in Tirol bei ihrer Ankunft (Fotos: Tiroler Landesmuseum Ferdinandeum, Zeughaus Innsbruck); unten: Ukrainerinnen der Firma Pischl Telfs (Foto: Sammlung Stefan Dietrich)

des Paares. Wenn er seinen Kameraden traf, riet er ihm, sich vorzusehen: „Ich habe Michael Tschurla immer wieder gewarnt, weil ich fürchtete, dass er Verfolgungen und Strafe zu erwarten hätte, wenn sein Verhältnis den Dienststellen zur Kenntnis gelangen würde."[9]

Bereits im August 1941 arbeiteten 40 Männer und sieben Frauen aus der Ukraine und Polen in der Landwirtschaft der kleinen Osttiroler Gemeinden Iselsberg-Stronach und Dölsach.

Am 20. Februar 1942 erließ der Reichsführer-SS und Chef der deutschen Polizei Heinrich Himmler die *Allgemeinen Bestimmungen über Arbeitskräfte aus den besetzten Gebieten im Osten* („Ostarbeitererlass"). Sie betrafen vor allem zivile Arbeitskräfte aus Russland, Weißrussland (Belarus) und der Ukraine. „Ostarbeiter" mussten künftig einen blauen Aufnäher mit der weißen Aufschrift „OST" tragen. Ihnen war jeglicher Kontakt mit Deutschen verboten, selbst vom gemeinsamen Kirchenbesuch waren sie ausgeschlossen. Auf Geschlechtsverkehr stand nun die Todesstrafe.[10]

„Er teilte mir dabei mit, dass er (…) aufgehängt würde."

Wer sie denunziert hatte, wusste Viktoria Müller nicht. Der Kreis der Verdächtigen war nicht groß. Sie war der Überzeugung, dass ihre „Hausleute" sie angezeigt hatten, die Familie Mayerl.[11] Für ausländische Zwangsarbeitskräfte war Iselsberg ein gefährliches Pflaster. Marian Binczyk, geboren am 7. Mai 1907 in der polnischen Stadt Petrikau (Piotrków Trybunalski)[12], kam am 15. September 1940 nach Iselsberg 23 zu Ursula Sporer, im August 1941 arbeitete er immer noch dort.[13] Die Gestapo hängte Binczyk, laut Gendarmerieposten Dölsach ein „polnischer Landarbeiter beim Gruberbauern", am 22. Juli 1942. Ihm wurde Notzucht vorgeworfen „an der etwas geistesschwachen Tochter des Bauern Josef Sporer". Die Gestapo exekutierte ihn ohne Gerichtsverhandlung: „Das Urteil wurde als abschreckendes Beispiel in

Die 2015 angebrachte Gedenktafel für den polnischen Landarbeiter Marian Binczyk und die Widerstandskämpferin Helga Peskoller in der Gruftkapelle der Pfarrkirche Dölsach (Foto: Katrin Kalcher)

Göriach, Obernußbaumer Schupfe, vollstreckt. Sämtliche in Dölsach und Umgebung eingesetzten Polen und Ukrainer mußten der Hinrichtung beiwohnen."[14]

Am 25. Juni 1941 nahm die Gestapo Viktoria Müller fest, Dzula am nächsten Tag. Drei Wochen saßen die beiden im Bezirksgericht Lienz in Haft, den Grund dafür kannte Müller nicht. Bei ihrer Entlassung sei sie auch nicht verwarnt worden. Am 16. Juli 1941 kam Müller wieder frei, Dzula am Folgetag. Beide kehrten auf den Wegmacherhof zurück und setzten ihre Beziehung fort.[15]

Über die Zeit dieser Haft liegen keine Quellen vor. Die Freilassung dürfte damit in Zusammenhang stehen, dass die NS-Führung bis in das Jahr 1942 hinein kontrovers über die Behandlung der ukrainischen Zwangsarbeitskräfte diskutierte. Eine Richtung sprach sich gegen harte Maßnahmen aus, um das deutschfreundliche Potenzial der ukrainischen Bevölkerung nicht aufs Spiel zu setzen. Für das SS-Reichssicherheitshauptamt waren die Menschen aus der Ukraine „Russen" und fielen somit in den Zuständigkeitsbereich der radikalen „Ostarbeiter-Erlasse". Die Uneinigkeit in der Übergangsphase demonstriert ein Beispiel aus Oldenburg. Nach Anfragen bei maßgeblichen Stellen, so dem Gesundheitsamt und dem Rassepolitischen Amt, stand der Ehe einer Deutschen mit einem ukrainischen Zwangsarbeiter nichts im Wege. Im August 1942 verlobten sie sich. Wenige Wochen später war alles anders, der Widerspruch in der Führung geklärt, Partei und SS hatten sich durchgesetzt, auch auf regionaler Ebene. Der Ukrainer wurde in ein Arbeitslager deportiert, seine deutsche Verlobte zwei Jahre später ins KZ Ravensbrück, wo sie umkam.[16]

Viktoria Müller musste im September 1941 den Hof der Familie Mayerl verlassen, im Dezember trat sie ihre Arbeitsstelle in Nörsach in der Streusiedlung Plone am Einzelhof von Sylvester Etzelsberger an. Im Jänner 1942 schrieb ihr Dzula eine Postkarte. Zwischen Mitte März und Mitte April 1942 verhaftete die Gestapo Viktoria Müller und Michaïl Dzula ein zweites Mal. Müller wurde zur Verfügung der Gestapo nach Klagenfurt überstellt, ob ins Polizeigefängnis oder ins Landesgerichtliche Gefangenenhaus war ihr nicht erinnerlich. Der offensichtliche Grund ihrer Festnahme: Müller war hochschwanger. Während der rund einmonatigen Haft organisierte die Gestapo eine Gegenüberstellung mit Michaïl Dzula:

> „Wir hatten die Gelegenheit allein eine kurze Zeit zu sprechen. Er teilte mir dabei mit, dass er fotografiert worden sei (nackt) und aufgehängt würde. Ich habe ihm diesen Gedanken auszureden versucht. Seither sahen wir uns nie mehr."[17]

Das Kind

Anfang Mai 1942 entließ die Gestapo Viktoria Müller für kurze Zeit, damit sie am Hofe Etzelsberger gebären konnte. Am 23. Mai kam das Baby zur Welt. Nicht lange danach holte die Nationalsozialistische Volkswohlfahrt den Säugling ab und vermittelte ihn an eine kinderlose Familie, so sagte man ihr.[18] Im KZ Ravensbrück wurde ihr „das Ansinnen anheim-gestellt, das Kind vollkommen abzugeben, weil es damit einen anderen Schreibname bekomme. Diese Forderung stellte ich in

Abrede."[19] Viktoria Müller wollte ihr Baby zurück, doch ihre Gegenwehr hatte keinen Erfolg. Im Juli 1960 stellte sie fest: „(…) ich habe es nie mehr gesehen."[20]

In einem ähnlich gelagerten Fall gebar Karolina Raich aus Ötz im August 1942 ein Mädchen, das zu Pflegeeltern nach Pfunds kam. Im Pflegevertrag musste sie sich verpflichten das Pflegekind „im Geiste des Nationalsozialismus zu einem brauchbaren Glied der Volksgemeinschaft" zu erziehen und es dazu anzuhalten, „regelmäßig seinen Dienst in der Kameradschaft der Jugend (HJ., BDM., DM., JM.) zu tun, sobald es das entsprechende Alter erreicht hat".[21]

Viktoria Müller nannte das Baby in ihren Aussagen immer „das Kind". Das Neugeborene zu taufen und ihm einen Namen zu geben, war ihr nicht vergönnt gewesen. Nach dem Krieg schien es aussichtslos, das Kind wieder bekommen zu wollen. Viktoria Müller hatte ein lediges Kind gezeugt, noch dazu mit einem Ukrainer. Solchen Müttern traute man keine ordentliche Erziehung zu. Die Fürsorgeämter entzogen vielen solcher Frauen die Kinder, gaben sie in Pflege oder in Heime. Viktoria Müller war auch gar nicht in der Lage, das Kind zu versorgen. Sie arbeitete deutlich mehr als acht Stunden am Tag, wer sollte die Aufsicht am Berg übernehmen, Geld war keines da.

Zwei Jahre, acht Monate und drei Wochen im KZ Ravensbrück

13 Wochen lang konnte sich Viktoria Müller der Freiheit erfreuen. Es ist anzunehmen, dass diese Freiheit überschattet war von der Sorge um Michaïl Dzula, ihr eigenes Schicksal und um das des Neugeborenen. Wie die erzwungene Kindesabnahme vor sich gegangen ist und was dies bei Viktoria Müller ausgelöst hat, können wir nur erahnen. Am 2. September 1942 verhaftete die Gestapo sie erneut und transportierte sie ins Gefängnis des Bezirksgerichts Lienz. Am 7. September wurde Müller wieder der Gestapo übergeben, am nächsten Tag traf sie im KZ Ravensbrück ein.[22] Viktoria Müller überlebte den Terror, zwei Jahre, acht Monate und drei Wochen lang. Am 20. März 1945 kam sie frei. Doch schon traf sie der nächste Schlag. Auf der Heimfahrt „am weissen Sonntag", dem 8. April, klärte ein ihr bekannter Gestapo-Beamter sie auf: Dzula war tatsächlich gehängt worden.[23]

„(…) in Sillian durch den Strang an einem Baum hingerichtet"

Das Gendarmerieposten-Kommando Dölsach nahm Michaïl „Drula" am 14. März 1942 fest, „wegen fortgesetzten Verkehrs mit einem deutschen Mädchen." Der Posten Dölsach scheint gut informiert gewesen zu sein, dass derartige Vorwürfe einem Todesurteil gleichkamen. Obwohl der Ukrainer erst am 1. August exekutiert wurde, notierte die Dölsacher Gendarmerie seine Hinrichtung bereits zum Zeitpunkt seiner Festnahme.[24] Auch bei Marian Binczyk trug der Posten am 26. Mai 1942 nicht nur dessen Verhaftung in die Chronik ein, sondern gleich auch die Exekution,[25] obwohl sie erst am 22. Juli durchgeführt wurde. Der Dölsacher Posten-Kommandant Karl Wenter war ein pflichteifriger Beamter. Der Bezirksverband

Lienz des *Bundes der Opfer des politischen Freiheitskampfes in Tirol* warf ihm vor, dass der Tod Binczyks seiner Anzeige geschuldet war.[26] Ob Wenter im Fall Müller/Dzula involviert war oder gar Anzeige gemacht hat, muss offenbleiben.

Eine unrühmliche Rolle bei der Hinrichtung von Michaïl Dzula spielte der 29-jährige Georg König. In Osttirol, das die Nationalsozialisten dem Gau Kärnten zugeschlagen hatten, war die Gestapo mit einem Grenzpolizeikommissariat Lienz und dem Grenzpolizeiposten Sillian vertreten. König leitete die Gestapo in Sillian von April 1942 bis Frühjahr 1943. Er war ein radikaler Nationalsozialist, der für seine gewalttätigen Verhöre bekannt war.[27]

Michaïl Dzula wurde im Friedhof von Sillian beerdigt, später exhumiert und im Soldatenfriedhof Lienz bestattet.[28] *(Fotos: Klaus Lukasser)*

Dzulas Gestapohaft dürfte unter diesen Umständen schmerzhaft verlaufen sein. Am 1. August 1942 transportierte die Gestapo den 31-jährigen Michaïl Dzula nach Sillian an die Hauptstraße nach Arnbach. Unter der Regie von König wurde der Ukrainer

„um 10 Uhr in der sogenannten Schinterwiese in Sillian durch den Strang an einem Baum hingerichtet. Die Hinrichtung wurde von der Gestapo vollzogen. Zu derselben hatten alle in den umliegenden Gemeinden beschäftigten Polen-Ostarbeiter zu erscheinen. Der Gefertigte hatte sie auf den Hinrichtungsplatz zu führen und aufzustellen. Über geschilderte Hinrichtung war die Bevölkerung von Sillian und Umgebung sehr empört und /empfand/ diese Maßnahme als eine Schmähung, indem derlei Handlungen /früher/ nicht vorgekommen wären."[29]

Jahrelanges Warten auf die Entschädigung

Zu Kriegsende war Viktoria Müller 45 Jahre alt, körperlich beeinträchtigt und unverheiratet. Wie sie ohne Hilfe mit der Verarbeitung ihrer KZ-Haft und des Verlustes von Mann und Kind fertig wurde, ist unbekannt. Sie hatte weder Ausbildung noch finanzielle Rücklagen, also musste sie wieder als Magd in Nörsach arbeiten. Hoffnungen auf eine gemeinsame Zukunft mit einem Mann in einer legitimen Beziehung konnte sie unter diesen Umständen aufgeben. Es liegt auf der Hand, dass Müller eines Tages mit dem *Bund der Opfer des politischen Freiheitskampfes in Tirol* in Kontakt kam, der die in Rechtsangelegenheiten Ungeübte und formal Ungebildete dazu bewegte, einen Antrag auf Opferbescheinigung und Entschädigung zu stellen – fast 14 Jahre nachdem sie aus dem Konzentrationslager Ravensbrück nach Osttirol zurückgekehrt war. Ihren Antrag Ende Dezember 1959 begründete sie damit, dass die Haft „aus politischen bzw. rassischen Gründen erfolgte".[30]

Das Amt der Tiroler Landesregierung, Abteilung Opferfürsorge, wandte sich an das Bundesministerium für soziale Verwaltung und bat um Weisung, ob im Fall der Viktoria Müller ein Anspruch auf Ausstellung einer Amtsbescheinigung als Opfer des Nationalsozialismus bestand.[31] Zunächst ging es wie üblich darum, den Nachweis über die Haftzeiten zu organisieren. Müller hatte ihrem Antrag bereits den Entlassungsschein aus dem KZ Ravensbrück beigelegt. Auch die Haftbestätigung des Gefangenenhauses des Bezirksgerichts Lienz über die Einlieferung Müllers durch die Gestapo vom 25. Juni bis 16. Juli 1941 und vom 2. September bis zum 7. September 1942 erreichte das Amt der Landesregierung binnen kürzester Zeit.[32] Das Bundesministerium für soziale Verwaltung informierte das Amt Mitte März 1960 darüber, dass die Anspruchsberechtigung der Viktoria Müller von der Beantwortung der Frage abhing, „ob politische Gründe, Gründe der Abstammung, Religion oder Nationalität für die Verfolgung des Umganges einer Deutschen mit einem Ukrainer maßgeblich waren." Aus Gründen der Nationalität meinte „solche Umstände, die unmittelbar auf nationalsozialistische Tendenzen der Verfolgung bestimmter Nationen zurückzuführen sind." Wesentlich zu klären war, „ob es sich bei dem in Rede stehenden Ukrainer um einen sowjetischen Kriegsgefangenen oder um einen sogenannten Ostarbeiter gehandelt hat." War Dzula ein Kriegsgefangener, hatte Müller laut Ministerium kein Anrecht auf einen Opferstatus, „weil hiefür andere Gründe als die Diskriminierung einer bestimmten Nation maßgeblich waren." Galt Dzula als sogenannter Ostarbeiter, war der Antrag Müllers berechtigt.

Dem Ministerium wären zwar keine Vorschriften bekannt, wonach der Umgang mit Ostarbeitern bei Strafe verboten war, „doch kann kein Zweifel darüber bestehen, daß die nationalsozialistischen Machthaber bemüht waren, die Ostarbeiter ebenso wie die Personen polnischer Volkszugehörigkeit ‚in den Schranken zu halten, die ihnen durch ihre staatrechtliche Stellung als Schutzangehörige des Reiches gezogen' waren (…). Dazu gehört vor allem eine Beschränkung des Umganges mit deutschen Staatsangehörigen." Diese Beschränkung komme auch darin zum Ausdruck, dass „Ostarbeiter" auf dem linken Oberarm jeder Oberbekleidung das entsprechende Volkstumsabzeichen tragen mussten. Die Maßnahmen, die sich gegen den Umgang der deutschen Staatsangehörigen mit

„den Ostarbeitern richteten, sind sohin auf die nationalsozialistischen Tendenzen der Diskriminierung und Verfolgung bestimmter Nationen zurückzuführen. Demnach ist unter Verfolgung ‚aus Gründen der Nationalität' auch eine polizeiliche oder gerichtliche Haft zu verstehen, die wegen geschlechtlichen Verkehrs mit einem ukrainischen ‚Ostarbeiter' verhängt wurde, auch wenn der (die) Verhaftete selbst nicht der verfolgten Nation angehört, wobei dem Umstand, daß die zur Last gelegte Tat an sich in der privaten Sphäre des Opfers lag, keine Bedeutung zukommt."[33]

Damit hatte Viktoria Müller beste Chancen, rasch die Amtsbescheinigung und eine Entschädigung zugesprochen zu bekommen. Die Opferfürsorgebehörde wies die Bezirkshauptmannschaft Lienz an, den Namen des Ukrainers zu eruieren und den Status, den er hatte: Kriegsgefangener oder „Ostarbeiter". Obwohl Müller ihrem Antrag den Entlassungsschein aus dem KZ Ravensbrück beigelegt hatte, ersuchte die Behörde die Bezirkshauptmannschaft, Müller anzuhalten, Beweise für die behaupteten Haftzeiten beizubringen, da diese mit Ausnahme der bezirksgerichtlichen Arretierungen nicht vorlägen.[34] Es war aber schwer möglich, Haftzeiten in Klagenfurt nachzuweisen. Das Landesgerichtliche Gefangenenhaus gab die Auskunft, dass alle Aufzeichnungen über die sogenannten Gestapohaften bis 1943 vernichtet wurden. Die Polizeidirektion informierte, sämtliche Akten der Kriminal- und Staatspolizeileitstelle Klagenfurt vor 1945 waren durch Kriegseinwirkung verloren gegangen.[35] Mitte November 1960 urgierte das Amt der Tiroler Landesregierung bei der Bezirkshauptmannschaft Lienz um die ehestmögliche Bekanntgabe ihrer Untersuchungsergebnisse,[36] einen Monat später wandte sich Heinz Mayer, der Obmann des *Bundes der Opfer des politischen Freiheitskampfes in Tirol*, an Dr. Beer vom Amt der Tiroler Landesregierung, Abteilung Opferfürsorgebehörde:

„(…) ich habe szt über den Fall mit ihnen gesprochen, wobei Sie die Meinung vertreten haben, dass es sich in diesem Falle um eine politische Sache handelt bzw. [Müller] als politisches Opfer anzuerkennen sein wird. Bei meiner neuerlichen Urgenz am 6. April 1960 teilten Sie mir mit, dass der Akt bereits an das Sozialministerium weitergeleitet wurde, von dort aber zu einer zusätzlichen Erhebung an die BH Lienz abgetreten wurde. (…) Ich würde Sie deshalb bitten, die Sache allenfalls beim Sozialministerium zu betreiben, damit die Angelegenheit ehemöglichst erledigt werden kann."[37]

Das Problem lag aber nicht beim Ministerium, sondern bei der Bezirkshauptmannschaft Lienz. Ende Dezember 1960 forderte Beer sie auf, den Opferfürsorgeakt umgehend abzuschließen und ihm das Erhebungsergebnis zu übermitteln.[38] Drei Monate später rechtfertigte sich die Bezirkshauptmannschaft damit, dass noch Widersprüche im Ermittlungsverfahren aufzuklären waren. Entgegen der Behauptung Müllers, dass Dzula sie nach dem Krieg heiraten würde, hätte dessen Freund diese Aussage als unrichtig bezeichnet.[39] Zum einen war diese Frage für den Antragsbescheid völlig unwesentlich, zum anderen hatte Sebastian Serko nur gesagt, dass er darüber nichts wisse, Dzula habe mit ihm nie über eine Heirat gesprochen.[40]

Die Bezirkshauptmannschaft gab als weiteren Grund der langen Verzögerung an, intensiv, aber erfolglos über die Zeiten der Gestapohaft Müllers in Klagenfurt geforscht zu haben. „Müller war es nicht möglich bis jetzt, hinreichendes Beweismaterial über ihre behaupteten Haftzeiten zu erbringen." Zudem kritisierte die Bezirkshauptmannschaft, dass Müller Vorladungen nicht nachgekommen war.[41] Dabei war sie bereits am 25. April 1961 am Gendarmerie-Posten Nikolsdorf vernommen worden, vor der Bezirkshauptmannschaft Lienz am 22. Juli 1960 und am 27. Jänner 1961. Am 18. Mai 1961 erläuterte sie, warum sie nicht jeder Ladung Folge leisten konnte, Krankheiten schränkten ihre Mobilität ein. Müller war magenleidend, klagte über heftige Beschwerden mit der Galle, zudem hatte sie sich in Lagerhaft Rheumatismus zugezogen.[42]

Am 18. Juli 1961 erstellte die Opferfürsorgebehörde endlich einen Aktenvermerk, dass bei Viktoria Müller alle Voraussetzungen für eine Amtsbescheinigung und Haftentschädigung gegeben waren: „Schädigungstatbestand: Haft wegen Verkehrs mit Ostarbeiter, sohin aus Gründen der Nationalität". Die Haftzeiten vom 25. Juni 1941 bis 16. Juli 1941 und vom 2. September bis 7. September 1942 wurden Müller ebenso anerkannt wie ihre Zeit im KZ Ravensbrück vom 8. September 1942 bis 20. März 1945.[43] Keine Anerkennung fand ihre rund einmonatige Haft in Klagenfurt. Ein Blick in die Gendarmerie-Chronik des Postens Dölsach hätte aber bereits einen wichtigen Anhaltspunkt geben können. Dort ist, wie bereits erwähnt, die Festnahme des Michaïl Dzula vermerkt, eine Verhaftung Müllers zu diesem Zeitpunkt ist somit höchstwahrscheinlich und entspräche exakt ihren Angaben.

Am 27. Juli 1961 erging eine Sendung an Viktoria Müller. Inhalt: ihre Amtsbescheinigung als Opfer des Nationalsozialismus. Da Müller krank war, ging ihr Arbeitgeber Josef Girstmair zur Post Nikolsdorf, um mit seiner Unterschrift den wertvollen Umschlag abzuholen.[44] Die Anerkennung als Opfer und die damit verbundene Haftentschädigung samt Rentenzuschuss im Falle einer Bedürftigkeit kamen gerade zur rechten Zeit. Der Postenkommandant von Nikolsdorf berichtete der Bezirkshauptmannschaft Lienz von seinen Erhebungen. Sie zeigten, in welchem Elend Viktoria Müller lebte. Vom 6. September bis 16. November 1961 war sie krank gewesen. Da sie in dieser Zeit nicht als Landarbeiterin tätig war, hatte sie keinen Arbeitslohn und somit nur ein minimales Einkommen aus Ersatzleistungen. Nach ihrer Entlassung aus dem Bezirkskrankenhaus Lienz war sie gezwungen, weiter als Magd in Nörsach beim Bauern Girstmair zu arbeiten. Das äußerst bescheidene monatliche Einkommen betrug 300 Schilling (heute um die 160 Euro) plus Verpflegung und Unterkunft. Weiters bezog sie eine Unfallrente pro Monat von 103,40 Schilling. Wegen ihres generell schlechten Gesundheitszustandes und ihres Unfalles im Jahr 1941 – sie galt wegen einer Sehnenverletzung in der linken Hand als zu 20% invalide – war Viktoria Müller nicht mehr voll arbeitsfähig. Da sich der Arbeitgeber weigerte, für die Schonkost der magenkranken Magd aufzukommen, musste sie diese aus eigener Tasche bezahlen, wie der Posten Dölsach anmerkte: „Es ist anzunehmen, dass der Arbeitgeber wegen ihrer zu geringen Arbeitsleistung früher oder später auf ihre Dienste verzichtet und Müller dann mit der Unfallrente in der Höhe von S 103,40 ihr Auslangen finden müsste."[45] Sie selbst stellte gegenüber der Tiroler Opferfürsorgebehörde fest:

„Wegen meines Gesundheitszustandes und Invalidität bin ich nicht mehr in der Lage meiner Arbeitspflicht nachzukommen, da ich sowieso schon wegen meiner Invalidität und Krankheit minder belohnt werde und aus meinem kärglichen Lohn noch Lebensmittel selbst kaufen muß, weil ich die grobe Bauernkost wegen meiner Diäthaltung nicht vertragen kann. Es ist mir nicht mehr möglich meine verminderte Arbeitskauft aufrecht zu erhalten. Ich bitte aus diesem Grunde mir die Unterhaltsrente zu gewähren. Zur Informierung: Ich stehe derzeit in Krankenhausbehandlung. (…) Ich bitte nochmals um Einleitung des Unterhaltsrentenverfahrens sowie um eheste Erledigung meines Antrages, da ich in Not lebe."[46]

Die Bestätigung, dass sie als politisch eingestufte Gefangene am 8. September 1942 im KZ Ravensbrück eingetroffen war, erreichte Viktoria Müller erst im Dezember 1965, nachdem Arolsen, Internationales Rotes Kreuz, ihren Inhaftierungsbescheid ausfindig gemacht hatte.[47] Dennoch stellte die Tiroler Opferfürsorgebehörde ihr am 1. Februar 1962 – über drei Jahre nach der Einreichung des Antrags – einen positiven Bescheid aus. Die Entschädigung für 32 Monate Haft machten 13.798,40 Schilling aus. Die Summe erhöhte sich mit einem weiteren Bescheid vom 7. Juni 1962 auf 27.520 Schilling (um die 13.500 Euro kaufkraftbereinigt), weil die Republik Österreich inzwischen die Zahlung pro Haftmonat nahezu verdoppelt hatte.[48] Wegen ihres geringen Einkommens bekam Viktoria Müller eine Teilunterhaltsrente zugesprochen. Sie betrug 204,60 Schilling (an die 100 Euro).[49] Mit dieser kleinen Opferfürsorgerente, ihrer winzigen Versehrtenrente von rund 100 Schilling und ihrem geringen Verdienst von 300 Schilling bei freier Verpflegung und Unterkunft musste Müller ihr Auslangen finden. Die monatlichen Einkünfte der schwer kranken und ausgelaugten Frau, die noch keine 60 Jahre alt war, hielten sich also weiterhin in bescheidenem Rahmen. Ihre finanzielle Situation besserte sie aus den Mitteln der Entschädigung auf. Girstmair erhöhte ihren Lohn als Magd auf 350 Schilling, 1964 ging sie dennoch ein neues Arbeitsverhältnis beim Bauern und Tischlermeister Peter Rieslegger in Nikolsdorf 12 ein. Er zahlte ihr 400 Schillinge plus Kost und Logis.[50] Trotz durchschnittlicher Inflation von knapp vier Prozent blieb ihr Lohn drei Jahre lang gleich, dann wechselte sie für 500 Schillinge als Landarbeiterin zu Andreas Ortner in Nikolsdorf 11 beim Kerschbaumerhof.[51]

1969 kürzte das Amt der Tiroler Landesregierung ihre Teilunterhaltsrente aus der Opferfürsorge um ein Drittel, weil die Finanz die Bewertung ihres Naturaleinkommens, also der freien Unterkunft und Verpflegung, deutlich angehoben hatte, sodass sie fiktiv über ein höheres Einkommen verfügte.[52]

Im Dezember 1970 war Viktoria Müller nicht mehr in der Lage, ihrer bisherigen körperlich fordernden Erwerbsarbeit nachzugehen. Sie stand im 59. Lebensjahr und beantragte bei der Land- und Forstwirtschaftlichen Sozialversicherungsanstalt vorzeitige Alterspension bei langer Versicherungsdauer. Doch allein mit den österreichischen Versicherungszeiten erfüllte sie die besonderen Voraussetzungen dafür nicht. Ihr Leistungsantrag konnte erst entschieden werden, wenn ihre Versicherungszeiten in Südtirol bekannt waren. Doch der italienische Versicherungsträger ließ sich dreieinhalb Jahre Zeit mit der Berechnung.[53] Dies sollte sich aber letztlich als Glück für Viktoria Müller herausstellen, weil die provisorische Rente, die ihr bis zur Festsetzung des realen Rentenbetrages ausbezahlt wurde, höher war als ihr Anspruch auf vorzeitige Alterspension, den die Versicherungsanstalt mit Bescheid vom Mai 1974 anerkannte.[54]

Müller musste den Mehrbezug nicht zurückzahlen, weil sie als Rentenempfängerin entsprechend dem Kriegsopferversorgungsgesetz von 1957 „an der Ungebührlichkeit der Leistung kein Verschulden" traf. Von der Einbringung des „Übergenußbetrags" war auch deshalb abzusehen, weil sie eine besondere Härte dargestellt hätte.[55] Zwischen 1971 und 1984 stieg die Rente von Viktoria Müller von rund 800 auf 1.100 Euro. Zu verdanken war dies in erster Linie der Steigerung der Opferfürsorgerente, die anfangs nicht einmal ein Drittel ihrer Gesamtpension ausmachte, 13 Jahre später aber die Hälfte. Dennoch war die 68-Jährige 1980 gezwungen, die Opferfürsorgebehörde um eine einmalige Aushilfe in der Höhe von 2.500 Schilling zu ersuchen.[56]

Victoria Müller wechselte noch zwei Mal ihren Wohnort: 1982 von Nikolsdorf 11 wieder zu Peter Riesslegger nach Nikolsdorf 12, 1983 nach Nörsach 18. Dort verstarb sie am 27. Jänner 1985 um drei Uhr in der Früh mit 72 Jahren.[57] Sie war im Krankenhaus in Innsbruck auf die Welt gekommen und hatte als Landarbeiterin zuerst in Südtirol, ab 1940 in Osttirol in einem Umkreis von 15 Kilometern gearbeitet. Die längste Zeit, die die alleinstehende und kinderlose Frau außerhalb dieser Lebenswelt verbracht hatte, war im Konzentrationslager Ravensbrück gewesen.

Anmerkungen

1 Viktoria Müller war das erste Mal bereits im Juni 1941 in Haft.
2 Tiroler Landesarchiv (TLA), Opferfürsorgeakt Viktoria Müller, 240–542. Antrag Viktoria Müller an das Amt der Tiroler Landesregierung (ATLR), Abt. Va, Opferfürsorge, 27.12.1958.
3 Arolsen Archiv, https://collections.arolsen-archives.org/en/document/71179254: Verzeichnis ukrainischer ZivilarbeiterInnen im Postenbereich Dölsach ohne Datum.
4 Horst Schreiber: Gedächtnislandschaft Tirol. Zeichen der Erinnerung an Widerstand, Verfolgung und Befreiung 1938–1945, Innsbruck–Wien–Bozen 2019, S. 91f.; Peter Sixl, (Hg. unter Mitarbeit von Veronika Bacher und Grigorij Sidko): Sowjetische Tote des Zweiten Weltkrieges in Österreich. Namens- und Grablagenverzeichnis. Ein Gedenkbuch, Graz–Wien 2010, S. 170, 177.
5 TLA, Opferfürsorgeakt Viktoria Müller, 240–542. Niederschrift an der Bezirkshauptmannschaft (BH) Lienz mit Sebastian Serko, 27.1.1961.
6 Arolsen Archiv, https://collections.arolsen-archives.org/en/document/71179254: Verzeichnis ukrainischer ZivilarbeiterInnen im Postenbereich Dölsach ohne Datum.
7 TLA, Opferfürsorgeakt Viktoria Müller, 240–542. Niederschrift an der BH Lienz mit Viktoria Müller, 22.7.1960 und 18.5.1961.
8 Freundlicher Hinweis von Sabine Pitscheider, welche die 53 Verurteilungen von Frauen wegen verbotenen intimen Beziehungen vor dem Sondergericht Innsbruck ausgewertet hat.
9 TLA, Opferfürsorgeakt Viktoria Müller, 240–542. Niederschrift an der BH Lienz mit Sebastian Serko, 27.1.1961.
10 Die „Allgemeinen Bestimmungen" über Arbeitskräfte aus den besetzten Gebieten im Osten von 1942: https://www.bundesarchiv.de/zwangsarbeit/dokumente/texte/00357/index.html (Zugriff 1.8.2022).
11 TLA, Opferfürsorgeakt Viktoria Müller, 240–542. Niederschrift an der BH Lienz mit Viktoria Müller, 22.7.1960.
12 Arolsen Archiv, https://collections.arolsen-archives.org/en/document/71179254: Verzeichnis ukrainischer ZivilarbeiterInnen im Postenbereich Dölsach ohne Datum.
13 Ebd.; weiters Arolsen Archiv, https://collections.arolsen-archives.org/de/document/71179252: Verzeichnis der im Postenbereich Dölsach beschäftigten Zivilarbeiter und -arbeiterinnen polnischen und ukrainischen Volkstums, 5.8.1941.
14 Gendarmeriepostenkommando Dölsach, 26.5.1942, zit. nach Dokumentationsarchiv des Österreichischen Widerstandes (Hg.): Widerstand und Verfolgung in Tirol 1934–1945 (WiVerf), Band 1, Wien 1984, S. 396.
15 TLA, Opferfürsorgeakt Viktoria Müller, 240–542. Niederschrift an der BH Lienz mit Viktoria Müller, 22.7.1960.
16 Birthe Kundrus: Verbotener Umgang. Liebesbeziehungen zwischen Ausländern und Deutschen 1939–1945, in: Katharina Hoffmann/Andreas Lembeck (Hrsg.): Nationalsozialismus und Zwangsarbeit in der Region Oldenburg, Oldenburg 1999, S. 149–170, hier S. 165f.
17 TLA, Opferfürsorgeakt Viktoria Müller, 240–542. Niederschrift an der BH Lienz mit Viktoria Müller, 22.7.1960.
18 Ebd. sowie Antrag Viktoria Müller an ATLR, Abt. Va, Opferfürsorge, 27.12.1958.
19 Ebd., Antrag Viktoria Müller an ATLR, Abt. Va, Opferfürsorge, 27.12.1958.
20 Ebd., Niederschrift an der BH Lienz mit Viktoria Müller, 22.7.1960.
21 Zit. n. Caroline Lisa Greiderer: ZwangsarbeiterInnen im Nationalsozialismus unter der Berücksichtigung der persönlichen Familiengeschichte. „Auf der Suche nach Rosis Vater" und die didaktische Aufarbeitung des Themas „Zwangsarbeit" im Geschichtsunterricht, phil. Diplomarbeit Innsbruck 2018, S. 65.
22 TLA, Opferfürsorgeakt Viktoria Müller, 240–542. Haftbestätigung, Gefangenenhaus des Bezirksgerichts Lienz, 14.1.1959 und Niederschrift Gendarmeriepostenkommando Nikolsdorf mit Viktoria Müller, 25.4.1960.
23 Ebd., Niederschrift an der BH Lienz mit Viktoria Müller, 22.7.1960.
24 Gendarmeriepostenkommando Dölsach, 14.3.1942, zit. nach WiVerf 1, S. 396.
25 Ebd., Gendarmeriepostenkommando Dölsach, 26.5.1942.

26 Freundlicher Hinweis von Sabine Pitscheider.
27 Martin Kofler: Osttirol im Dritten Reich 1938–1945, Innsbruck–Wien 1996, S. 350. Siehe auch Wilfried Beimrohr: Sillian: Geschichte und Gegenwart, Innsbruck–Wien 2015, S. 351.
28 Gendarmerieposten Sillian, 1.8.1942, zit. nach WiVerf 1, S. 617, Fußnote 56.
29 Ebd., S. 397.
30 TLA, Opferfürsorgeakt Viktoria Müller, 240–542. Antrag Viktoria Müller an ATLR, Abt. Va, Opferfürsorge, 27.12.1958.
31 Ebd., ATLR, Abteilung Va, Opferfürsorge, Dr. Beer an Bundesministerium für soziale Verwaltung, Referat Opferfürsorge, 8.1.1959.
32 Ebd., Haftbestätigung, Gefangenenhaus des Bezirksgerichts Lienz, 14.1.1959.
33 Ebd., Bundesministerium für soziale Verwaltung, Dr. Müller-Wandau, an ATLR, Abteilung Va, Opferfürsorge, 14.3.1960.
34 Ebd., ATLR, Abteilung Va, Opferfürsorge an BH Lienz, 31.3.1960.
35 Ebd., Landesgerichtliches Gefangenenhaus Klagenfurt an ATLR, Abteilung Va, Opferfürsorge, 5.4.1960, Polizeidirektion Klagenfurt an ATLR, Abteilung Va, Opferfürsorge, 12.4.1960.
36 Ebd., ATLR, Abteilung Va, Opferfürsorge, Dr. Beer an BH Lienz, 15.11.1960.
37 Ebd., Bund der Opfer des politischen Freiheitskampfes in Tirol an ATLR, Abteilung Va, Opferfürsorge, ORR Dr. Beer, 14.12.1960.
38 Ebd., ATLR, Abteilung Va, Opferfürsorge, Dr. Beer an BH Lienz, 21.12.1960.
39 Ebd., BH Lienz an ATLR, Abteilung Va, Opferfürsorge, 13.3.1961
40 Ebd., Niederschrift an der BH Lienz mit Sebastian Serko, 27.1.1961,
41 Ebd., BH Lienz an ATLR, Abteilung Va, Opferfürsorge, 13.3.1961.
42 Ebd., Niederschrift an der BH Lienz mit Viktoria Müller, 18.5.1961
43 Ebd., Aktenvermerk (ATLR, Abteilung Va, Opferfürsorge), 18.7.1961.
44 Ebd., Empfänger Viktoria Müller, Nörsach 6, Post Nikolsdorf, Osttirol. Unterschrift Josef Girstmair, Arbeitgeber, 27.7.1961.
45 Ebd., Gendarmeriepostenkommando Dölsach an BH Lienz, 17.1.1962. Anbei Aktenvermerk handschriftlich, vermutlich ATLR, Abteilung Va, Opferfürsorge, telefonische Erhebung in der Gemeinde Nikolsdorf.
46 Ebd., Viktoria Müller an Abteilung Va, Opferfürsorge, Dr. Beer, 13.9.1961.
47 Ebd., Arolsen Service Comité international de la Croix-Rouge, Inhaftierungsbescheinigung, 3.12.1965.
48 Ebd., ATLR, Abteilung Va, Opferfürsorge, Dr. Beer. Bescheid Haftentschädigung für Viktoria Müller, 1.2.1962 und 7.6.1962.
49 Ebd., ATLR, Abteilung Va, Opferfürsorge, Dr. Beer. Bescheid Rentenzuerkennung, 12.6.1962. Für September 1961, dem Zeitpunkt ihrer Antragstellung, bis Jänner 1962 erhielt Viktoria Müller eine Nachzahlung von 1.757,60 Schilling.
50 Ebd., BH Lienz an ATLR, Abteilung Va, Opferfürsorge, 20.1.1965.
51 Ebd., BH Lienz an ATLR, Abteilung Va, Opferfürsorge, 21.11.1968.
52 Ebd., Landwirtschaftkrankenkasse für Tirol an ATLR, 2.2.1965 und Bescheid ATLR, Abteilung Va, Opferfürsorge, 13.3.1969. 1965 war die Höhe des monatlichen Bewertungssatzes für Müllers Naturaleinkommen 465 Schilling, ab 1.1.1969 750 Schilling.
53 Ebd., BH Lienz an ATLR, Abteilung Va, Opferfürsorge, 14.1.1971 und Land- und Forstwirtschaftliche Sozialversicherungsanstalt Wien, 20.6.1972.
54 Ebd., Bescheid ATLR, Abteilung Va, Opferfürsorge, 22.1.1971 und Bescheid der Pensionsversicherungsanstalt der Arbeiter, Landesstelle Salzburg, 2.5.1974.
55 Ebd., Bescheid ATLR, Abteilung Va, Opferfürsorge, Dr. Kasseroler, 14.5.1975.
56 Ebd., Bescheid der Pensionsversicherungsanstalt der Arbeiter, Landesstelle Salzburg, 2.5.1974 und Viktoria Müller an ATLR, Abteilung Va, Opferfürsorge, 13.1.1984; Bundesministerium für soziale Verwaltung an Viktoria Müller, 28.5.1980.
57 Ebd., Sterbebuch Standesamtsverband Lienz, 28.1.1985.

Horst Schreiber

Die Hinrichtung des polnischen Zwangsarbeiters Konstantin Przygoda in Vandans

Am 2. März 1942 ließ die Geheime Staatspolizei den Polen Konstantin Przygoda, geboren am 18. September 1901 in Wojtiniov/Wojlniov, Gemeinde Bli(s)cem,[1] Kreis Kielce, ledig, römisch-katholisch, in Vandans aufhängen. Zu diesem Zeitpunkt waren die Gerichte längst ausgeschaltet, wenn das NS-Regime ausländische Arbeitskräfte aburteilte. Der Generalstaatsanwaltschaft beim Oberlandesgericht Innsbruck war der Fall nur gerüchteweise zu Ohren gekommen, sie kannte weder die genauen Hintergründe noch die Art der Hinrichtung.[2] Ihr Ersuchen an die Geheime Staatspolizei, wenigstens eine kurze Information über durchgeführte Exekutionen zu erhalten, zeigt, wie sehr die Justiz gegenüber der Gestapo ins Hintertreffen geraten war und der willkürliche Maßnahmenstaat die Oberhand gewonnen hatte.

Laut Gendarmerieposten Vandans wurde Konstantin Przygoda um 11 Uhr 55 auf Anordnung der Gestapo wegen „mehrfacher sittlicher Verfehlungen an deutschen Frauen" hingerichtet, nach Angaben des Gendarmeriekreises (Bezirkskommandos) Bludenz um 12 Uhr „wegen Notzuchtsversuchs an 2 deutschen Frauen".[3] Der Gendarmerieposten Schruns hatte der Gestapo Bregenz Mitte September 1941 gemeldet, dass Przygoda versucht habe, sich einer Frau gegenüber sexuell anzunähern, bei einer zweiten war sein Verhalten „auf die Duldung eines Geschlechtsverkehrs gerichtet", darüber hinaus hatte er ein siebenjähriges Mädchen geküsst, das Polen „vorgeschriebene ‚P' nicht getragen und mehrere Gasthäuser besucht."[4]

Das Ermittlungsergebnis der Gendarmerie Schruns

Nach der Befragung der betroffenen Frauen und des Beschuldigten fasste die Gendarmerie Schruns ihre Erkenntnisse folgendermaßen zusammen: Przygoda war als Hilfsarbeiter zuletzt bei der Firma Gebrüder Hinteregger auf der Baustelle Rodund – Vandans zur Errichtung eines Kraftwerks beschäftigt und wohnte dort in einem Lager. Ab Ende Mai 1941 ging er mehrmals in die Wohnung der Eltern von Elisabeth und Martha Both in Bartholomäberg-Gantschier. Vater Martin war bettlägerig. Przygoda bot seine Arbeitskraft an und wollte heuen helfen, wurde aber abgewiesen. In der Woche vor Pfingsten betrat er wieder die Wohnung und bot Martha Both an, mit ihm zu trinken, er hatte Bier und Schnaps mitgebracht.

Przygoda umarmte die Frau, fuhr ihr unter den Rock an ihr Geschlecht und griff ihr an die Brüste: „Er wollte mir verständig machen, dass er mit mir verkehren wolle. Ich wehrte mich jedoch gegen sein Vorhaben und ging in die Stube, der Pole war bei diesem Anlass etwas betrunken."[5] Als Elisabeth Both heimkam, traf sie ihre Schwester Martha weinend an. Sie bewaffnete sich mit einem Stock und ging ins Wohnzimmer, wo sich Przygoda und ihr Vater Martin aufhielten. Der sichtlich alkoholisierte Pole war erst nach geraumer Zeit dazu zu bewegen, das Haus zu verlassen. Dann war drei Monate lang Ruhe. Am 15. September suchte er abermals die Wohnung der Familie Both auf und weigerte sich zu gehen. Bis Gendarmen kamen und ihn um 17 Uhr verhafteten. Im Laufe der Ermittlungen gab Hildegard Weide aus Kassel zu Protokoll, Konstantin Przygoda habe ihr auf der Straße auf die Schultern geklopft, sie mit „gute Frau" angesprochen und ihr einen Geldschein über fünf Reichsmark in die Hand drücken wollen: „Der Mann sprach dann immer auf mich ein und konnte ich kein Wort verstehen. Er machte keine Gesten oder Bewegungen, aus denen ich etwas bestimmtes vermuten hätte können."[6] Hermann Riedle, ein linientreuer Nationalsozialist,[7] berichtete über einen sonntäglichen Spaziergang von Gantschier in Richtung der Baustelle Rodund Mitte oder Ende August mit seiner siebenjährigen Tochter, die einige Schritte vor ihm ging. Auf dem Weg zur Bahnhaltestelle Kaltenbrunn kam ihnen Przygoda entgegen, der seiner Tochter einen Kuss gab.[8]

Der Beschuldigte sprach nur Polnisch, einer der Gendarmen übersetzte beim Verhör. Hildegard Weide habe er Geld angeboten, damit sie ihn nicht verriet, dass er ohne Polen-Kennzeichen unterwegs war. Przygoda hatte an diesem Tag verbotener Weise mehrere Gasthäuser aufgesucht: „Ich habe sie nicht zur Begehung eines Geschlechtsverkehrs veranlassen wollen. Es ist mir bekannt, dass der Umgang mit deutschen Frauen verboten ist und war mein Verhalten nur auf meine Trunkenheit zurückzuführen." Przygoda leugnete auch, das Kind geküsst und sich Martha Both unsittlich genähert zu haben, um sie zum Geschlechtsverkehr zu veranlassen. Er saß zunächst ab 15. September 1941 im Gemeindearrest von Schruns. Zwei Tage später wurde er um neun Uhr in der Früh im Arrest des Amtsgerichts von Schruns interniert.[9]

Hinrichtungsgrund: vorbeugende Abschreckung

Schließlich überstellte ihn die Gestapo zum Verhör nach Innsbruck Wie üblich gab es bei polnischen und sowjetischen Zwangsarbeitern kein förmliches Beweisverfahren mit anschließender Verhandlung vor Gericht. Die Gestapo übermittelte dem SS-Reichssicherheitshauptamt den Akt und Berlin entschied, ob der Beschuldigte aufgehängt oder in ein Konzentrationslager deportiert wurde. Bei Przygoda wäre eine Einlieferung ins KZ zu erwarten gewesen, weil seine Handlungen im Sinne der nationalsozialistischen Verordnungen als minderschwer einzustufen waren. Nur bei vollzogenem Geschlechtsverkehr war die Todesstrafe zwingend zu verhängen. Der Gendarmerieposten Vandans sah im März 1942 in der Hinrichtung eine Präventionsmaßnahme, daher die besondere Härte gegen

Przygoda.[10] Über vier Jahre später schloss sich nach den Ermittlungen der französischen Behörden auch die Kriminalabteilung für Vorarlberg in Feldkirch dieser Auffassung an:

> „Die Hinrichtung soll[t]e, allem Anscheine nach, nicht allein wegen der von Przygoda begangenen Tathandlungen erfolgen, sondern man wollte offenbar seitens der Geheimen Staatspolizei ein Exempel statuieren, um Versuche von Vergewaltigungen der Frauen abschreckend zu unterbinden."[11]

Am Samstag, 28. Februar 1942, erteilte die Kriminalpolizeistelle Innsbruck dem Gendarmeriekreis Bludenz telefonisch den Auftrag, die erforderlichen Absperrmaßnahmen für die zwei Tage später vorgesehene Hinrichtung im Lager Rodund, Vandans, durchzuführen. Kommandant Walch forderte zehn Beamte und Reservisten der Posten Nenzing, Thüringen, Braz, St. Anton im Montafon und Schruns an. Sie waren mit Karabinern und Pistolen zu bewaffnen. Der Posten Bludenz sollte neun Männer und eine Maschinenpistole zur Verfügung stellen. Die Anweisung lautete, den Zug um 10 Uhr 40 von Bludenz Richtung Schruns mit Endstation Kaltenbrunnen zu nehmen: „Lebensmittelkarten bzw. Jause nicht vergessen." Doch schon am nächsten Tag, Sonntag, den 1. März, informierte die Gestapo Bregenz, dass sie gemäß der Weisung von Kriminalrat Werner Hilliges[12] auf „die Gendarmen als Vollzugsorgane" verzichtete. Nur der Postenkommandant von Schruns

Zwangsarbeiter und Kriegsgefangene auf der Baustelle Rodund in Vandans unter militärischer Überwachung, 29.6.1941 (Foto: Stadtarchiv Dornbirn, Fotoarchiv der Johann-August-Malin-Gesellschaft; Original im Archiv der Vorarlberger Illwerke AG Bregenz)

musste bei der Hinrichtung anwesend sein. Die Absperrungen der Hinrichtungsstätte und des Lagers Rodund erledigten Beamte der Gestapo Bregenz und Innsbruck unter der Führung von Hilliges selbst.[13]

Konstantin Przygoda wurde tatsächlich am 2. März 1942 zu Mittag im Arbeitslager „in Gegenwart der im Lager Rodund und Landschau befindlichen Volkspolen (ca. 60 Mann) durch Erhängen hingerichtet." Auf Anweisung von Werner Hilliges mussten vier polnische Arbeiter die „Exekutionshandlung" durchführen. Dafür erhielt jeder fünf Reichsmark und „ein gutes Essen". Vor der Hinrichtung wurde den Arbeitern des Lagers der Grund für die Erhängung Przygodas bekanntgegeben. Um keine wertvolle Arbeitszeit zu vergeuden, fand die Exekution zu Mittag statt. So konnten die Zwangsarbeiter rechtzeitig nach Beendigung der Mittagspause um 13 Uhr ihre Arbeit wieder aufnehmen. Sechs von ihnen durften sich verspäten, sie mussten noch die Leiche des Erhängten „etwas abseits des Lagers" beerdigen.[14] Die Kriminalabteilung für Vorarlberg beschrieb die Stelle im Juli 1946 so: „Den Przygoda haben sie dann nächst dem Lager Rodund an einer unbeachtlichen Stelle beerdigt." Nach dem Krieg sorgte die französische Militärbehörde für die Exhumierung und ordentliche Bestattung im „Ostfriedhof" Vandans.[15] Sie soll ehemalige Nationalsozialisten gezwungen haben, den Leichnam des polnischen Opfers auszugraben, unter ihnen auch Hermann Riedle.[16]

Wie starb Konstantin Przygoda

Der Mord lief so ab, wie die Gestapo es wünschte, in Ruhe und Ordnung, ohne Zwischenfälle: „Zu irgend welchen Demonstrationen kam es weder bei den polnischen noch bei den übrigen Arbeitern des Lagers."[17]

Über die Art und Weise, wie Przygoda erhängt wurde, gibt es kein gesichertes Wissen. Es liegen Aussagen eines Augenzeugen und eines Zeitzeugen vor, der damals fünf Jahre alt war, sein Wissen also aus Erzählungen anderer bezog. Beide berichten, dass Przygoda auf einen Rollwagen gestellt wurde, mit dem die Firma Hinteregger ansonsten Aushubmaterial transportierte. Der Strick hing am Löffel eines Baggers, der Rollwagen lief auf Schienen. Przygodas Kameraden traten den Rollwagen weg, der setzte sich in Bewegung und Przygoda baumelte am Bagger.[18]

Diese Darstellung erscheint durchaus plausibel, die Gestapo passte ihre Tötungsmethoden den Möglichkeiten vor Ort an, hier der Baustelle des Kraftwerks Rodund. Vorsicht ist aber deshalb geboten, weil nicht nur die überlieferten Erzählungen der Zeitzeuginnen und Zeitzeugen über die Hintergründe der Exekution Przygodas wenig Wahrheitsgehalt enthielten. Auch ihre Informationen zur Hinrichtung selbst sind falsch oder zweifelhaft. Pryzigoda war während seiner Exekution sicherlich nicht „ungefesselt", auch brachten ihn nicht zwei polnische Kameraden zur Hinrichtungsstätte, sondern Gestapo-Beamte. Und die Gestapo hatte die einheimische Bevölkerung bestimmt nicht zur Exekution „eingeladen", ganz im Gegenteil, sie sperrte das Gelände ab. Es mutet auch eher ungewöhnlich an, dass Przygoda mit verbundenen Augen gestorben sein soll. Völlig aus der Luft gegriffen ist, dass seine Leiche ein, zwei Tage lang am Löffel des Baggers hing.[19]

Wie so oft, wissen wir kaum etwas über das Opfer selbst, über die Vielschichtigkeit seiner Persönlichkeit und seines Handelns. Die Erhebungen der Gendarmerie lassen einiges an Interpretationsspielraum zu, was tatsächlich geschehen ist. In einem Fall scheint das Fehlverhalten eines sexuellen Übergriffs festzustehen. Doch die immer wieder von der Gestapo kolportierten Beschuldigungen von Vergewaltigung und Kinderschändung waren wahrheitswidrige Behauptungen.

Der ehemalige Präsident des Landesgerichts Feldkirch Alfons Dür hat 2014 Alois Brugger interviewt, der sich noch gut an die Hilfsbereitschaft des polnischen Arbeiters erinnerte. Przygoda unterstützte dessen Eltern beim Mähen, einmal trug er den Fünfjährigen auf den Armen heim. Für den kleinen Alois gehörte der 40-Jährige zu den „ganz lieben Menschen".[20] Auch Elsa Schwarzhans, die 2020 Michael Kasper, dem Leiter der Montafoner Museen Auskunft gab, berichtet, wie beliebt der arbeitsfreudige Pole in der Familie war. Am Tag seiner Hinrichtung weinten ihre Mutter und deren Schwägerin.[21] So trauerten zumindest einige Menschen im Montafon über den gewaltsamen Tod des Konstantin Przygoda.

Anmerkungen

1 Die Ortschaften konnten nicht identifiziert werden.
2 Zit. n. Wolfgang Form/Oliver Uthe (Hg.): NS-Justiz in Österreich. Lage- und Reiseberichte 1938–1945, Wien 2004, S. 78.
3 Chronik des Gendarmeriepostens Vandans, 2.3.1942, zit. n. Alfons Dür: Über die verfahrenslose Hinrichtung von Zwangsarbeitern aus dem Montafon durch die Staatspolizei, in: Montfort. Zeitschrift für Geschichte Vorarlbergs 1 (2015), S. 121–130, hier S. 122 sowie TLA, 10 Vr 1745/47. Gendarmeriekreis Bludenz, Bez. Obltn. d. Gend., an Kommandeur der Gendarmerie beim Reichsstatthalter für Tirol und Vorarlberg in Innsbruck, 3.3.1942 (J. Ritter, Kriminal-Inspektor, Abschrift, 10.7.1946).
4 TLA, 10 Vr 1745/47. Gendarmerieposten Schruns an Gestapo – Grenzpolizeikommissariat Bregenz, 16.9.1941 (Abschrift vom 12.7.1946).
5 Ebd.
6 Ebd.
7 Interview Michael Kasper mit Adolf und Elsa Schwarzhans, 4.2.2020.
8 TLA, 10 Vr 1745/47. Gendarmerieposten Schruns an Gestapo – Grenzpolizeikommissariat Bregenz, 16.9.1941 (Abschrift vom 12.7.1946).
9 Ebd.
10 Dür: Über die verfahrenslose Hinrichtung von Zwangsarbeitern aus dem Montafon, S. 122.
11 TLA, 10 Vr 1745/47. Bericht Kriminal-Inspektor Ritter, Kriminalabteilung für Vorarlberg in Feldkirch, 15.7.1946.
12 Ebd., Gendarmeriekreis Bludenz, Bez. Obltn. d. Gend. Walch, an Kommandeur der Gendarmerie beim Reichsstatthalter für Tirol und Vorarlberg in Innsbruck, 3.3.1942 (J. Ritter, Kriminal-Inspektor, Abschrift, 10.7.1946).
13 Ebd., sowie Gendarmeriehauptmannschaftsführer in Bregenz, 28.2.1942 (J. Ritter, Kriminal-Inspektor, Abschrift, 9.7.1946). Angeblich soll laut Kriminal-Inspektor Ritter der Bludenzer Gendarmeriekreisführer Walch gegen die Abstellung der Gendarmen Einspruch erhoben haben. Ob dies stimmt bzw. aus welchen Gründen er diesen Einwand erhoben haben soll, bleibt offen. Schließlich gab er am Samstag, den 28. Februar 1942, auf telefonische Anweisung der Kriminalpolizeistelle Innsbruck schriftlich die Order an mehrere Gendarmerie-Posten aus, Dienst an der Hinrichtungsstätte im Lager Rodund zu verrichten. Wenige Stunden später am Sonntag, den 1. März, kam der Widerruf aus der Gestapostelle Bregenz.

14 Ebd., Gendarmeriekreis Bludenz, Bez. Obltn. d. Gend. Walch, an Kommandeur der Gendarmerie beim Reichsstatthalter für Tirol und Vorarlberg in Innsbruck, 3.3.1942 (J. Ritter, Kriminal-Inspektor, Abschrift, 10.7.1946)
15 Ebd., Bericht Kriminal-Inspektor Ritter, Kriminalabteilung für Vorarlberg in Feldkirch, 15.7.1946.
16 Interview Michael Kasper mit Adolf und Elsa Schwarzhans, 4.2.2020.
17 TLA, 10 Vr 1745/47. Gendarmeriekreis Bludenz, Bez. Obltn. d. Gend. Walch, an Kommandeur der Gendarmerie beim Reichsstatthalter für Tirol und Vorarlberg in Innsbruck, 3.3.1942 (J. Ritter, Kriminal-Inspektor, Abschrift, 10.7.1946).
18 Dür: Über die verfahrenslose Hinrichtung von Zwangsarbeitern aus dem Montafon, S. 122.
19 Vgl. ebd. die Aussagen, zit. n. Jens Gassmann: Zwangsarbeit in Vorarlberg während der NS-Zeit unter besonderer Berücksichtigung der Situation auf den Illwerke-Baustellen. Ungedruckte Dissertation Wien 2005, S. 629–632 sowie aus einem Interview des Autors mit Ing. Alois Brugger, 26.2.2014.
20 Dür: Über die verfahrenslose Hinrichtung von Zwangsarbeitern aus dem Montafon, S. 122.
21 Interview Michael Kasper mit Adolf und Elsa Schwarzhans, 4.2.2020.

Jenische Sprache,
Musik und Geschichte

Elisabeth Hussl/Heidi Schleich

Einleitung

> „Jenische leben in Europa und in ganz Österreich, sie sind eine transnationale Minderheit. Der Europäische Jenische Rat spricht von ca. 500.000 Jenischen in Europa. Jenische haben eine eigene Sprache, das Jenische. Es wird traditionell nur innerhalb der Familien weitergegeben. Die jenische Kultur ist eine mündlich überlieferte und fand bisher kaum Eingang in die GeschichtsSCHREIBUNG."[1]

Ab den 1980er-Jahren begannen Jenische in Österreich auf ihr Dasein und ihre Situation öffentlich aufmerksam zu machen: Eine Geschichte der Ausgrenzung, Diskriminierung und Verfolgung, die sich selbst nach Ende des Zweiten Weltkrieges fortsetzte. Bewusstsein zu schaffen und ins Gespräch zu kommen, war damals allen voran Romed Mungenast ein wichtiges Anliegen. Im Tiroler Oberland geboren, setzte sich der Eisenbahner als einer der ersten für die Sichtbarmachung jenischer Kultur und Sprache sowie dafür ein, das von der Mehrheitsgesellschaft über Jahrhunderte tradierte negative Bild Jenischer ins Wanken zu bringen.

In dem Beitrag „Kneisesch, Gadsche, d'Jenischen? Erinnerungen an Romed Mungenast – ein Jenischer Pionier" erzählt *Eva Lunger* die Geschichte seiner Familie: „Die Großmutter ein Schwabenkind, die Mutter nicht sesshaft und nicht jenisch, der Vater ein Jenischer." Schon in jungen Jahren machte sich Romed mit dem Jenischen vertraut und begann sich mit seiner Herkunft auseinanderzusetzen. „(…) er wurde ein ‚Volkskundler', er war ein ‚Fensteröffner' in eine andere Welt, eine andere Kultur. Er zeigte auf, wie diese Fenster immer wieder zugeschlagen und zugemauert wurden von den sogenannten ‚Gadsches' – den Nicht-Jenischen. Er las Bücher über andere Volksgruppen, über Verfolgte und Minderheiten in Europa, er sammelte Illustrierte, Tages- und Wochenblätter (…)", schreibt Eva Lunger, die Romed 2001 kennenlernen durfte. Gemeinsam planten sie eine Ausstellung auf Schloss Landeck, aus der die Neuaufstellung des Museums werden sollte: „Wir wollten Menschen zu Wort kommen lassen, die aus ihrem Leben und aus ihrer Erfahrung erzählen. (…) Wir veranstalteten Lesungen, Seminare und viele Gespräche mit Interessierten. Romed wurde nicht müde zu erzählen. Er hat seine Erfahrungen und sein Wissen geteilt und anderen mit auf den Weg gegeben. Er hat Menschen bestärkt und in den Bann gezogen."

Der Beitrag widmet sich dem Lebensweg von Romed Mungenast und würdigt einen ganz besonderen Menschen, dessen Wirken bedeutende Spuren hinterlassen hat: „Romed war ein Geschichtenerzähler, ein Sammler, er zeigte die Welt der Jenischen auf, er redete und schrieb Jenisch, damit machte er auf die Sprache aufmerksam, er war Lyriker und Poet, Schriftsteller und Forscher. Er gab den Ausgegrenzten eine Stimme und sein Bemühen um Wertschätzung und eine differenzierte

Sichtweise hörte nicht bei den Jenischen auf. Davon zeugt seine Sammlung, die nun für alle zugänglich im Brenner-Archiv in Innsbruck Platz gefunden hat. Viel wurde über ihn berichtet, sein Werdegang und sein Leben beeindruckten. Romed Mungenast hat die öffentliche Wahrnehmung verändert und am 1. Juni 2004 vom Österreichischen Bundespräsidenten den Berufstitel ‚Professor' verliehen bekommen."

Seither gibt es zahlreiche Publikationen, Veranstaltungen, Aktivitäten, die sich der jenischen Geschichte und Gegenwart, ihrer Sprache und Kultur widmen. Eine Wiedergutmachung oder offizielle Entschuldigung für das Unrecht, das Jenischen widerfuhr, steht aus. Die Anerkennung der Jenischen in Österreich – wie sie das Regierungsprogramm vorsieht – wäre daher ein längst überfälliger Schritt, bei dem es vor allem um Wertschätzung, Respekt, Menschenwürde und gesellschaftliche Aufwertung geht.

Mit dem Stellenwert der jenischen Sprache beschäftigt sich der nächste Beitrag im vorliegenden Schwerpunkt von *Heidi Schleich*: „Jenisch – eine Sprache auf der Suche nach Anerkennung. Warum Jenisch mehr als ein Soziolekt, eine Sprachvariante oder eine Sondersprache ist". Die Autorin hinterfragt, weshalb dem Jenischen so häufig der Status einer eigenständigen Sprache abgesprochen wird und plädiert für einen neuen Standpunkt. Anhand verschiedener Kriterien erläutert sie, dass es sich beim Jenischen um eine Einzelsprache handelt und verweist etwa auf den Faktor der Selbsteinschätzung: „Für Jenische ist es keine Frage, welchen Status ihre Sprache hat. Da sie miteinander jenisch sprechen, ist Jenisch eine Sprache. Jenische können sich in vielen europäischen Regionen in jenischer Sprache unterhalten – somit ist Jenisch eine europäische Sprache, die Europa sprachlich sehr weiträumig verbindet."

Unter dem Titel „Die Musik mit dem jenischen Zwick" lässt uns *Willi Wottreng* eintauchen in die Besonderheiten, Ausprägungen und Klänge jenischer Musik in der Schweiz. Er kennt sie aus eigener Anschauung, weil er Anlässe wie etwa die „Feckerchilbi" – ein jenisches Kulturfest – mitorganisiert hat, „denn einen Niederschlag in der Fachliteratur hat diese Musik noch kaum gefunden." Mit dem Kinofilm „Unerhört Jenisch" und dem bekannten Musiker Stephan Eicher hat „ein breites nichtjenisches Publikum die Existenz dieser eigenständigen Musik bemerkt. Allerdings hatte sie sich ja oft bedeckt gehalten wie viele Jenische selber." Der Autor nimmt uns mit auf eine musikalische Reise: von der Volksmusik, den Tanzböden und dem „Schwyzerörgeli als Sinnbild alpenländisch-jenischer Kultur" über die Geige der Fränzli-Musiker und der Hippies, vom Guggisberglied zur Weltmusik bis hin zum durchaus kommerziellen Schlager mit „Herz-Schmerz-Gefühlsausdruck". Und er kommt zum Schluss: „Heute taucht ein ganzer Kontinent von jenischer Musikkultur auf aus einem Nebel von Schweigen und Scham und Schert-uns-nicht, unter dem er verdeckt lag. Diese Kultur wird heute wahrgenommen und morgen wohl auch erforscht werden. Zu erforschen wäre allerdings auch die Tragik der gestohlenen Kompositionen."

Einem Ort des Erinnerns, Forschens und der Auseinandersetzung mit jenischer Geschichte widmet sich der Beitrag „re:framing jenisch – Zum Start des jenischen Archivs" von *Bernhard Schneider* und *Michael Haupt*. Die Autoren schildern die Hintergründe, Fragestellungen und Prozesse, aber auch die Grenzen eines Projekts, das „einen Beitrag zur Bewahrung und Sichtbarmachung des kulturellen Gedächtnisses der (Tiroler) Fahrenden leisten" möchte. Das jenische Archiv versteht sich als Ort, an dem Geschichte partizipativ geschrieben wird. Insbesondere durch mündliche Berichte von Zeitzeug:innen wird dem Wissen „über" ein Wissen „von" Jenischen hinzugestellt und so ihre Handlungs- und Widerstandsfähigkeit betont. Alternative Erzählungen und künstlerische Interventionen sollen vorherrschende Bilder in der Mehrheitsgesellschaft aufbrechen. Die jenische Autorin Simone Schönett und die Illustratorin Isabel Peterhans erzählen anhand von Graphic Novels Szenen aus jenischen Leben. Der Akkordeonist Rudi Katholnig komponierte ein entsprechendes Musikstück, das dankenswerter Weise in limitierter Stückzahl diesem Jahrbuch beigelegt werden kann. Denn: „Historische Dokumente, aber vor allem auch Erzählungen und Lebensgeschichten sind von unschätzbarem Wert, nicht nur für das Jenische Archiv, sondern auch für die Sache der Jenischen."

Anmerkung

[1] Verein zur Anerkennung der Jenischen in Österreich und Europa, https://www.jenische-oesterreich.at (Zugriff 1.8.2022).

Eva Lunger

Kneisesch, Gadsche, d'Jenischen? Erinnerungen an Romed Mungenast – ein Jenischer Pionier

> Die Großmutter ein Schwabenkind,
> die Mutter nicht sesshaft und nicht jenisch,
> der Vater ein Jenischer.

Eine kleine Hütte in Zams und die große Liebe. So fangen Märchen an. Die junge Rosa verliebt sich in Karl Mungenast, der sich selber öfter „Weltencharlie" nennt. Sie will weg von daheim, raus aus der Enge einer Ein-Zimmerwohnung mit Gemeinschafts-WC am Gang, weg von der Familie auf engem Raum. Sie ist das 6. Kind von Georg Th. und seiner Frau Emma. Sie arbeitet wie früher ihre Mutter in der Textilfabrik in Landeck und träumt von einer anderen, besseren Welt. Junge Menschen treffen sich, wollen mehr als nur für wenig Geld in der Fabrik arbeiten, wollen raus aus dem Familienverband, wollen die Armut und Not der Kriegs- und Nachkriegszeit[1] vergessen. Doch – werden Träume wahr und wie enden oft Märchen? Geboren am 24.11.1931 wird Rosa mit gerade mal 17 Jahren schwanger.

Romed Mungenast, 2002
(Foto: Andrea Weiskopf-Mungenast)

Rosa hat 4 Schwestern, die kleine Martha ist mit 9 Monaten gestorben, und einen großen Bruder, der noch bis 1948 in Marokko in Gefangenschaft sein wird. Die zwei Schwestern Anna und Helene erzählen mir von ihrer Familie und der sehr erschütternden Geschichte ihrer Mutter Emma:[2]

Großmutter Emma – die Geschichte eines Schwabenkindes

Sie war das vierte von fünf Kindern. Ihre Mutter (also unsere Großmutter) stammte aus Schwaz und war das Kind besserer Eltern und soll eine schöne, dunkelhaarige, groß gewachsene Frau gewesen sein. Diese Großmutter, die wir ja nur vom Erzählen kannten, war viele Jahre krank, verbunden mit großen Schmerzen. Sie war schon 8 Jahre lang im Bett, der Vater hat die drei jüngeren Kinder nicht haben können und sie deshalb ins Schwabenland geschickt. Beim Abschied sagte die Mutter zu den Kindern: „Ich seh' euch nimmer, der Herr segne und schütze euch." Und so geschah es auch, die Mutter starb im Alter von 45 Jahren, als Emma elf Jahre alt war.

1906 – Emma war damals 10 Jahre alt – fuhren die Kinder mit dem Zug unter der Begleitung eines Geistlichen nach Ravensburg, wo am Kindermarkt um die Emma gerauft wurde. Unsere Mutter erzählte uns oft, dass sich einige Bauern um sie gestritten haben, weil sie ein verhältnismäßig großes und kräftiges Mädchen war. Die Bauern zogen an ihrem Umhangmantel und jeder wollte unsere Mutter haben und so rissen sie ihr den Mantel kaputt.

Emma war mehrere Jahre immer beim gleichen Bauern in der Nähe von Ravensburg, er hat immer schon auf sie gewartet. Er hatte viele Kühe, Wiesen und Krautäcker. Das Mädchen hatte nie etwas von einer Bauersfrau oder von Kindern erzählt und der Bauer war eher groß, grob und hart. Er hatte nur Knechte und Mägde und beim Essen musste Emma allein sitzen. Ihre Liegestatt hatte sie am Dachboden, wo es kalt war, hereinregnete und Mäuse und Ratten waren. Ihre Arbeit begann um 5.00 Uhr in der Früh. Sie musste Mist tragen, auf den Krautäckern jäten, hacken und Kraut ernten und auf den Feldern heuen helfen. Das einzige Paar Schuhe, das sie besaß, war nur für die Hin- und Heimreise gedacht, Emma ging immer barfuß. Wenn sie im Herbst die Kühe auf der Weide hüten musste, wärmte sie ihre Füße in den warmen Kuhfladen. Einmal, als der Bauer mit der Sense mähte und das Mädchen das Gras mit der Gabel verteilte, verletzte er sie an der Ferse. Er ging nicht mit ihr zum Doktor, sondern er verband sie selber. Sie hatte zeitlebens Probleme mit ihren Füßen. Für ihre Arbeit erhielt sie Schuhe und Gewand und der Geistliche, der die Kinder abholte, kassierte auch ein paar Gulden.

Am Sonntag durfte Emma nach Ravensburg in die Kirche gehen. Ihre Geschwister Maridl und Toni waren bei anderen Bauern untergebracht. Toni mit 8 Jahren musste Schweine hüten und im Stall schlafen, oft bis 23.00 Uhr arbeiten, beim Dreschen helfen. Alles, was er tat, war zu wenig und oft wurden die Kinder als „fule Tiroler" beschimpft.

Emma war drei- bis viermal im Schwabenland, auch ihre Schwester Maridl. Als sie etwas größer waren, hat man die beiden Mädchen gerne auf Hochzeiten zum Singen geholt – der Lohn war ein Essen. Aus Maridl wurde Maria – ein bildhübsches

Mädchen – und nicht nur einmal lief sie ihrem Bauer davon, da er ihr nachstellte. Doch sie hatte kein Glück. An einem Schafschurtag wurde sie von einem Schäfer vergewaltigt und kam schwanger heim. Daheim hatte der Vater wieder geheiratet, die Kinder waren mehr oder weniger auf sich selber gestellt, da in der neuen Familie kein Platz für sie war. Maria heiratete in Landeck, ihr Los blieb ein schweres und sie starb jung an einer Lungenentzündung.

Emma blieb bis zu ihrem 20. Lebensjahr im Schwabenland, auch nach Beginn des 1. Weltkrieges. Sie arbeitete in Privathäusern und Gasthäusern und hatte es natürlich ein bisschen leichter mit der Arbeit als bei den Bauern. Zurück in Landeck bekam sie Arbeit in der Textilfabrik und wohnte im Mädchenheim. Sie lernte ihren zukünftigen Mann kennen. Georg arbeitete als Schlosser in der Donau Chemie, die Familie wohnte in der Kaifenau, einem Ortsteil von Landeck. Doch nicht lange, dann wurde er arbeitslos. Die Familie übersiedelte in eine Baracke in den Ortsteil Bruggen. Dort hatten sie nur einen Raum für sieben Personen. *„Eigentlich war es ein kaltes Loch"*, meinte Anna. Der Vater arbeitete dann eine Zeit lang im Steinbruch in Zams und während des Krieges hatte er Bereitschaft bei einem Kfz-Betrieb in Landeck für dringende Reparaturen. Als der Krieg vorbei war, konnte er wieder als Schlosser in der Textilfabrik arbeiten.

Es war ein hartes Leben – kaum Platz für sieben Leute. Die älteren Mädchen arbeiteten auch in der Textilfabrik und wohnten bei den Eltern. Die Mutter war verzweifelt, bat den Pfarrer um Hilfe für eine größere Wohnung. Aber nachdem er die Familie nie am Sonntag in der Kirche sah, war von dieser Seite keine Hilfe zu erwarten. Der Ausspruch von Georg Th.: „Die Berge sind mein Gotteshaus!" war weitum bekannt. Doch der Betriebsleiter war mit der Familie befreundet und so bekamen sie eine größere Wohnung im Ortsteil Perjen. Die Mutter Emma hatte Zeit ihres Lebens ein Leiden mit ihren offenen Füßen. Das war wohl der Lohn für die schweren Jahre im Schwabenland. Mutter Emma starb mit 61 Jahren im Jahr 1957 an einer Grippe.

Mutter Rosa – sesshaft oder jenisch?

Doch blenden wir in das Jahr 1948 zurück. Die Eltern waren erschüttert, als ihnen Rosa sagte, dass sie ein Kind erwarte. Sie verboten ihr, wieder nach Zams zu gehen, doch erfolglos. Sie kam nicht mehr heim. Nach der Geburt ihres ersten Sohnes wurde sie schwer lungenkrank, musste nach Natters in die Lungenheilanstalt und der kleine Heinz kam zu Rosas Eltern. Anna und vor allem Helene halfen der Mutter bei der Betreuung des kleinen Jungen, der Vater übernahm die Vormundschaft und Rosa entschied sich nach ihrer Genesung für ein Leben mit Karl Mungenast, obwohl ihre Eltern strikt dagegen waren und sie immer wieder baten, dass sie doch heimkommen möge.

Das war ein kleiner Einblick in das Leben von „Sesshaften", auch ihr Leben war gekennzeichnet von Armut, Arbeitslosigkeit, beengten Wohnverhältnissen und Hunger. Sprach man schon beim Verschicken der Kinder ins Schwabenland davon, dass dies geschah, „um einen Esser weniger am Tisch zu haben", so ging erst im Jahr 1948 die kriegsbedingte Hungersnot in Tirol und fast im ganzen übrigen Westeuropa zu Ende.[3]

Bündel

Stets im Bündel gebunden,
deine Habseligkeiten, Fremder,
die Knoten des Bündels festgezogen,
den Stab durch die Knoten geschoben.

Jetzt wartest du
auf die Gnade der Behörde,
je nachdem hebt
oder senkt sich
deine Hand
mit dem Bündel.

Und such dich ja nicht
hier zu entfalten,
Fremder,
du bist kein Mensch,
kein Bürger
des Landes.

Du selbst bist nicht mehr
als ein lange hier lebendes Bündel,
das sich nicht öffnen
und
nicht entfalten darf.[4]

Ilija Jovanovic

Nun kehren wir dort ein, wo es Rosa hingezogen hat. Damals war es „s'Äuli", mehr ein Bretterverschlag, den dann Karl M. ausbaute und aufstockte, sodass seine Familie Platz hatte. Heute ist es der Magdalenaweg 14 in Zams, ein gepflegter Garten um eine einfache Holzhütte, wo Romeds jüngster Bruder Georg Mungenast wohnt.

Kannte Rosa die Geschichte von Georgs und Romeds Großvater, liebevoll „Neni" genannt? Romed Mungenast erzählt sie uns in seinen Reminiszenzen. Im Frühjahr 1926 hatte sich Romedius Mungenast sen. (geb. am 30.12.1886) wieder von seinem Winterplatz in Alberschwende aus auf den Weg nach Tirol gemacht. Doch diesmal freute er sich nicht auf den Frühling, auf das Aufbrechen nach Tirol, denn diesmal lud er auf einen kleinen Leiterwagen nicht seine Werkzeuge, fertige Körbe und Kurzwaren zum Verkaufen, sondern er bettete seine schwangere

Frau auf den kleinen Wagen. Sie hatte zu Weihnachten einen Schlaganfall erlitten und war linksseitig gelähmt. Er schleppte sich mühsam den weiten Weg über den Arlbergpass nach Zams, um dort beim Mutterhaus der Barmherzigen Schwestern Hilfe zu erfahren. Ja, er bekam Hilfe von den Schwestern, welche sich ganz im Sinn des hl. Vinzenz von Paul für die Sorgen und vielschichtigen Nöte der Menschen einsetzten und der Familie Mungenast noch viele Jahre helfen sollten.

Die zwei Heimatlosen bekamen ein trockenes Quartier, man kümmerte sich um die kranke Frau und die Schwester Oberin ging persönlich mit Romedius sen. zum Bürgermeister. Ein kleiner Platz in den Innauen sollte aus dem Fahrenden einen Sesshaften machen. Er bekam Holz von der Gemeinde und Bretter vom Sägewerk des Klosters und versuchte eine einfache Hütte zu bauen. Doch diese wurde nicht sofort fertig, denn für das Überleben zu sorgen war wichtiger. Besen wurden gebunden und Körbe geflochten und er ging damit zu Bauernhöfen, tauschte diese gegen Lebensmittel ein oder bekam kurzfristig Arbeit. Im Juni 1926 kam das Kind zur Welt, ein kleiner Junge, zu früh geboren, untergewichtig. Würde er dem harten Leben standhalten? In den ersten Lebensmonaten war die alte Innbrücke sein Dach, grobe Leinentücher seine „weichen Windeln" und die kranke und verzweifelte Mama erlitt einen zweiten Schlaganfall, sodass wieder Hilfe notwendig wurde. Man stelle sich vor, die Mutter völlig gelähmt, das Kind mit hohem Fieber, so kamen sie ins Krankenhaus. Primar Prenner und seine Frau nahmen den kleinen Karl als Pflegekind auf und er durfte vier Jahre die Geborgenheit dieser Familie erleben. Die entkräftete, schwer kranke Frau wurde im Pflegeheim in Ried gepflegt, sie verstarb mit 44 Jahren.

Der kleine Karl kam wieder zu seinem Vater und lebte mit diesem in der Hütte. Neni war kein guter Baumeister, so blieb diese Unterkunft ein Holzverschlag, 3 m auf 3 m, 1.70 m hoch.[5] Es war ein Raum, wo gekocht und geschlafen wurde, Schnee und Wind kamen durch die Ritzen ins Innere, es war „ein Dach über den Kopf", aber nicht mehr.

Der junge Karl lernte Rosa kennen, umwarb sie und aus ihnen wurde ein Paar. Doch mit 17 Jahren schwanger, verstand das Mädchen nicht, warum ihre Eltern mit ihrer Wahl nicht einverstanden waren. Sie wollte ihren eigenen Weg gehen, es sollte ein schwerer werden. Nach der Geburt des ersten Kindes Heinz, das bei der Mutter Emma und der Schwester Anna aufwuchs, wurde Rosa krank. Nach ihrer Genesung zog sie mit Karl M. in die sogenannte „Spitalbaracke" in der Nähe des Krankenhauses Zams. 1953 kam Romedius, auch Romed genannt, zur Welt. Die Familie wuchs und Schwestern vom Krankenhaus, die das miterlebt hatten, erzählten mir, dass nach der Geburt vom Christele, dem dritten Kind, die Kinder immer bis zur Geburt des nächsten Kindes im Krankenhaus geblieben sind und von den Schwestern versorgt wurden. Inzwischen hatte Karl M. begonnen, die Hütte in der Au zu isolieren und etwas auszubauen. Strom und Wasser wurden angeschlossen, es gab einen Holzherd. Die nun fünfköpfige Familie zog in diese Hütte. Es war beengt, aber die Kinder fühlten sich wohl und der kleine Romed erlebte in den Innauen die Treffen mit den Jenischen, die hier immer wieder lagerten.

Jedes Jahr ein Kind, so wenig Platz zum Leben, immer wieder nicht wissen, was man den Kindern zum Essen geben kann, einen Mann, der nicht viel vom Arbeiten

*Zwei Mungenast-Mädchen
und Sr. Mathilde Regina Bachlechner
(Foto: Chronik Mutterhaus der
Barmherzigen Schwestern Zams)*

hält und die Not und Sorgen nicht versteht. Verzweiflung und Angst waren ständige Begleiter von Rosa. Wo war das Märchen, das nie stattfand?

Und wieder war das Mutterhaus Anlaufstelle und Hilfe für die Familie. Sr. Dr. M. Gerlinde Kätzler kann sich noch an drei Mädchen der Familie erinnern, die mit geeignetem Blechgeschirr regelmäßig ins Kloster kamen und von dort Essen holten. Sie sagte: „Es waren herzige Kinder, die auch an den Sonntagen ins Internat der LBA-Schülerinnen kamen, wo die Schwestern und Schülerinnen mit ihnen gespielt haben". Hilfe kam auch von den Schwestern von Rosa, Anna und Helene und dem Kapuzinerpater Ludwig vom Kloster in Perjen. Aber wie demütigend ist es, wenn man immer wieder auf diese Hilfe, auf Almosen, angewiesen ist.

Romed Mungenast – Lebensweg eines Jenischen Pioniers

Aber was würde uns Romed von seinem Leben erzählen? Für den kleinen Buben waren die ersten Jahre Abenteuer und Freiheit bei seinem Neni in der Au. Sehr aufregend war es, wenn vom Frühjahr bis in den Spätherbst jenische Gruppen in den Innauen lagerten. Er hörte und schaute, lernte die fremde Sprache sowie ihre Lebensweise und Kultur kennen. Wie anders war doch dieses Leben als das eigene. In den Ferien durfte er mit den jenischen Verwandten und Bekannten für zwei oder drei Wochen mit auf die Walz gehen. Aber im Herbst holte ihn das „sesshafte Leben" wieder ein und das hieß: Schule gehen. Allein der Name Mungenast reichte schon, um Außenseiter zu sein. Ausgegrenzt in der Dorfgemeinschaft, ausgegrenzt in der Schule. Aber es war vor allem eine Lehrerin, durch die der kleine Romed fast zerbrach. Kinder wie er und seine Geschwister bekamen ständig zu spüren, dass sie als „minderwertig" galten. Er versuchte, sich durch Stärke zu wehren und der kleine Bub wurde so, wie er gezeichnet wurde – laut, grob, die Fäuste sprachen für ihn. Als Jugendlicher sah er seine Vorbilder in den Freunden seines Vaters, die ihn bestärkten: „Sich wehren, sich nichts gefallen lassen und wenn du einer von denen bist, mit denen man nichts zu tun haben will, dann zeig's ihnen richtig!" Mit 16 Jahren war er verwickelt in Raufhändel und bekannt in den Gasthäusern. Als nach einer Auseinandersetzung der Gegner bewusstlos liegen blieb, hatte Romed das Schlüsselerlebnis, „wo es in mir Klick machte".[6] Er bekam Angst vor einem Leben, das andere gefährdet, dessen Folgen ganz klar Gefängnis heißen und in dem man sich auf die gleiche Stufe mit denen stellt, die einen angreifen und verfolgen.

Sein Leben wurde anders. Aus dem Raufbold wurde ein junger Mann, der sich vom Alkohol abwandte und sich zunehmend für die Geschichte seiner Vorfahren, für die Geschichte der Fahrenden, der Jenischen interessierte. Nach dem Bundesheer bewarb er sich bei den Österreichischen Bundesbahnen und begann 1974 seine Arbeit als Rangierer. Hier erlebte er sowohl Anerkennung als auch versteckte Anfeindung, weil er „einer von denen …" war. Ein ehemaliger Eisenbahn-Kollege sagte mir: „Der Romed, das war ein feiner Kerl, auf den hast du dich immer verlassen können!"

Romed war nicht nur ein Bahnarbeiter, er wurde ein „Volkskundler", er war ein „Fensteröffner" in eine andere Welt, eine andere Kultur. Er zeigte auf, wie diese Fenster immer wieder zugeschlagen und zugemauert wurden von den sogenannten „Gadsches" – den Nicht-Jenischen. Er las Bücher über andere Volksgruppen,

Romed Mungenast 1999 in Zams (Foto: Monika Zanolin)

über Verfolgte und Minderheiten in Europa, er sammelte Illustrierte, Tages- und Wochenblätter in den leeren Waggons und begann, diese zu ordnen, zu kopieren und zu archivieren. Er füllte Ordner um Ordner und 2001 durfte ich diese Sammlung und damit auch Romedius Mungenast kennen lernen.

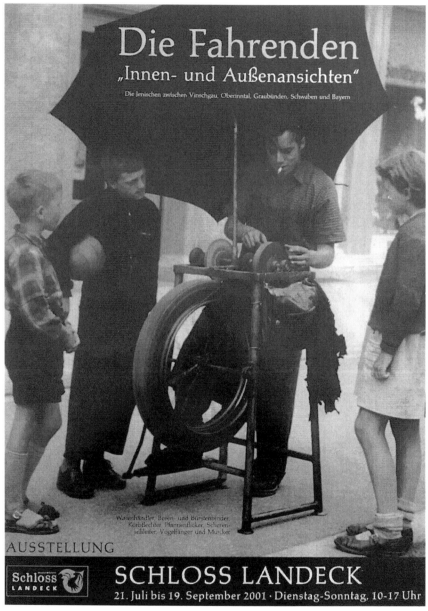

Das von Willi Pechtl gestaltete Plakat zur Ausstellung „Die Fahrenden" auf Schloss Landeck, 2001

Wir planten im Schloss Landeck, in dem ich Obfrau des Bezirksmuseumsvereins war, eine Ausstellung über die Fahrenden. Ich lebte zwar seit 1973 in Landeck, kannte Romed und seine Geschichte aber nicht. Es hieß, dass er mehr als jeder Volkskundler über „Karrner, Fahrende, Jenische" wisse und daher der beste Ansprechpartner sein würde. Es sollte eine Ausstellung über Fahrende werden mit dem Anspruch auf „Innen- und Außensichten". Das heißt, wir wollten nicht wie so oft als Sesshafte auf das Leben dieser Volksgruppe schauen, es bewerten und darstellen. Wir wollten Menschen zu Wort kommen lassen, die aus ihrem Leben und aus ihrer Erfahrung erzählen. Es wurde ein besonderes Erlebnis für mich und für viele andere. Sie kamen von überall her, Fahrende aus Deutschland, der Schweiz und Österreich und sie erzählten ihre Geschichten. Wir luden Schulklassen und Studierende der Universität Innsbruck ein. Wir veranstalteten Lesungen, Seminare und viele Gespräche mit Interessierten. Romed wurde nicht müde zu erzählen. Er hat seine Erfahrungen und sein Wissen geteilt und anderen mit auf den Weg gegeben. Er hat Menschen bestärkt und in den Bann gezogen. Er umarmte so viele und meinte: „Man muss Menschen drucken [umarmen], ihnen zeigen, was man für sie empfindet und so kann man sie gewinnen, dass sie einen verstehen!"

Diese Ausstellung war für uns so nachhaltig, dass daraus das Projekt des Umbaus von Schloss Landeck und die Neuaufstellung des Museums werden sollte mit dem Inhalt „bleiben oder gehen"[7]. Der Bezirk Landeck war Jahrhunderte lang vom „Weggehen und Wiederkommen" geprägt – von Armut und Hunger. So wollten wir die Geschichte der Schwabenkinder und Schwabengänger, der Fahrenden, der Auswanderer, der Optanten und natürlich auch die Geschichte der Kultur unserer Region aufzeigen. Romed hat uns dazu angestoßen.

Foto der Ausstellung auf Schloss Landeck: „Leben auf der Straße – die Jenischen", 2022 (Foto: Eva Lunger)

Romed war ein Geschichtenerzähler, ein Sammler, er zeigte die Welt der Jenischen auf, er redete und schrieb Jenisch, damit machte er auf die Sprache aufmerksam, er war Lyriker und Poet, Schriftsteller und Forscher. Er gab den Ausgegrenzten eine Stimme und sein Bemühen um Wertschätzung und eine differenzierte Sichtweise hörte nicht bei den Jenischen auf. Davon zeugt seine Sammlung, die nun für alle zugänglich im Brenner-Archiv in Innsbruck Platz gefunden hat. Viel wurde über ihn berichtet, sein Werdegang und sein Leben beeindruckten. Romed Mungenast hat die öffentliche Wahrnehmung verändert und am 1. Juni 2004 vom Österreichischen Bundespräsidenten den Berufstitel „Professor" verliehen bekommen. Seine Freude war groß und herzbewegend.

In dankbarer Erinnerung

Lieber Romed, ich möchte dir noch einen anderen Titel verleihen, den dir Menschen in Gesprächen und Erinnerungen ausgestellt haben: „Du warst ein liebender Mensch!"

Wenn deine Frau Andrea von eurer gemeinsamen kurzen Zeit erzählt, schwingt so viel Wertschätzung und Liebe durch. Das Besondere, das du für viele gewesen bist, braucht nicht ausgesprochen werden, es ist spürbar da. Du hast Menschen beeindruckt, wie du auf sie zugegangen bist, mit Liebe, Offenheit und Geduld. Du warst total fair und verlässlich und wohl das schönste Kompliment kommt von

Romed Mungenast, 19.7.1953–27.2.2006 (Foto: Andrea Weiskopf-Mungenast)

deiner Stieftochter: „Wenn ich einen Partner einmal in meinem Leben haben will, dann muss er so sein wie Romed!"

Du hattest Freunde und Freundinnen wie Bert Breit und Heidi Schleich und Günther Zechberger, um nur einige zu nennen. Bei gemeinsamen Gesprächen in Hall bei Günther wurden Projekte entwickelt, es wurde gesponnen und überlegt, es wurden „Traumhäuser" gebaut, manche wuchsen in den Himmel und manche wurden auch verwirklicht, wie zum Beispiel eine Lesung von dir in Kramsach beim Tiroler Künstler Alois Schild, musikalisch begleitet vom Komponisten Günther Zechberger. In diesen Jahren war aus dir, dem aggressiven und ausgegrenzten Jugendlichen, ein hilfsbereiter, liebenswerter und fröhlicher Mensch geworden.

Ihr habt viel geredet, viel gelacht und es tut Günther sehr leid, dass ihr zwei Projekte nicht machen konntet, denn deine Lebensspanne ging dem Ende zu und so blieben diese Ideen unvollendet. Es hätte eine Vertonung von Romeds Gedichten für Sänger, Akkordeon und Gitarre geben sollen. Das war der Plan. Romed wollte selber singen, konnte keine Noten lesen. Aber wie notiert man Lieder, wenn man nicht Noten lesen kann? Allein das Ausprobieren machte Spaß und Freude. Und das zweite Projekt war die Erforschung des Weißenbachgrabens in Hall, wo einstmals kleine Lehmhäuser standen und wo Jenische lebten. Aber vielleicht macht da jemand weiter, wo du, lieber Romed aufhören musstest!

Ganz bewusst bist du deine letzte Reise angetreten. Du hast dich der Krankheit gestellt, hast den Schmerz ausgehalten, du wolltest sehend in die andere Welt gehen. Auch das hat großen Respekt bei all deinen Freunden und Freundinnen hervorgerufen. Uns bleibt die Erinnerung an einen besonderen Menschen und deine Gedichte und Reminiszenzen werden uns immer begleiten. Möge deine neue Heimat frei von Unterdrückung und Ausgrenzung sein und die Straßen für alle ohne Beschränkung frei befahrbar.

Anmerkungen

1 Josef Nussbaumer: Vergessene Zeiten in Tirol. Lesebuch zur Hungergeschichte einer europäischen Region, Innsbruck 2000, S. 1–6.
2 Gespräch der Autorin mit Anna N. am 26.2.2012 und mit Helene G. am 23.4.2022. Aufzeichnungen im Besitz der Autorin.
3 Nussbaumer: Vergessene Zeiten in Tirol, S. 123 ff.
4 Ilija Jovanovic: Bündel, in: Edin Prnjavorac/Veronika Nitsche (Hg.): Südostwind: Anthologie der Migration aus Südosteuropa, den Balkanländern. Neue österreichische Lyrik 6, Landeck 2006, S. 67.
5 Mungenast Romedius: Jenische Reminiszenzen, Geschichte(n), Gedichte, ein Lesebuch. Lyrik der Wenigerheiten, Am Herzen Europas 3, S. 46–51, hier S. 49.
6 Thomas Huonker: „Ich habe mein Leben geändert", in Michael Haupt/Edith Hessenberger (Hg.): Fahrend? Um die Ötztaler Alpen. Aspekte jenischer Geschichte in Tirol: Ötztaler Museen Schriften (5), Innsbruck 2021, S. 171–187; hier S. 178.
7 Eva Lunger/Michael Huter: Bleiben oder Gehen. Die bewegte Geschichte des Tiroler Oberlandes. Bezirksmuseumsverein Landeck (Hg.) 2011, Begleitbuch zur Ausstellung auf Schloss Landeck, S. 8–13.

Heidi Schleich

Jenisch – eine Sprache auf der Suche nach Anerkennung

Warum Jenisch mehr als ein Soziolekt, eine Sprachvariante oder eine Sondersprache ist

Gabriel García Márquez schreibt in seinem Roman „Die Liebe in Zeiten der Cholera":

> „Ihre Leichtigkeit im Umgang mit Fremden verblüffte ihren Mann, wie ihre geheimnisvolle Gabe, sich auf spanisch, wo auch immer und mit wem auch immer, zu verständigen. ‚Sprachen muss man beherrschen, wenn man etwas verkaufen will', sagte sie schalkhaft. ‚Aber wenn man etwas kaufen will, versteht einen jedermann.'"[1]

Dieses Zitat beschreibt sehr anschaulich, wie Lebensumstände ein Talent für Sprachen bedingen und fördern können. Jenische waren häufig unterwegs, um ihre Waren und Dienstleistungen anzubieten und um damit den Lebensunterhalt für die Familie zu sichern. Voraussetzung für das Gelingen war oft sprachliche Gewandtheit, Flexibilität und Vielfalt. Dies schlägt sich in der jenischen Sprache nieder, die sehr reich an Entlehnungen aus verschiedenen Sprachen ist.

Warum aber wird dem Jenischen so häufig der Status einer eigenständigen Sprache abgesprochen?

Vorausgeschickt sei, dass in der Sprachwissenschaft die Definition für Einzelsprachen viel diskutiert wird und alles andere als eindeutig ist. Wann eine Sprache als Einzelsprache gilt, hat einerseits sprachsystematische, andererseits sprachpolitische Gründe. Da Sprachen sich untereinander auf vielfältige Art und Weise unterscheiden, ist die Definition einer Einzelsprache und die Abgrenzung zwischen verschiedenen Sprachen und Sprachvarianten nicht leicht zu fassen.

Ein Kriterium für die Definition einer Einzelsprache ist die **Verständlichkeit**. Wenn SprecherInnen von Sprachvarianten sich gegenseitig nicht verstehen können, erscheint es leicht nachvollziehbar, dass von zwei verschiedenen Sprachen ausgegangen werden muss. Dies gilt vermeintlich auch für so manchen Dialekt. Viele deutschsprachige Menschen können extreme deutsche Dialekte nicht verstehen. Dialekte und Mundarten sind regionale Ausprägungen einer Standardsprache, bei der sich nahe gelegene Regionen besser verstehen als weit auseinander liegende. Es gibt also keine scharfe Grenze der Verständlichkeit. Anders hingegen ist das beim Jenischen, denn diese Sprache bleibt für all jene unverständlich, die diese Sprache nie gelernt haben. Innerhalb der jenischen Sprache gibt es regionale und familiäre Unterschiede, also verschiedene jenische Dialekte gewissermaßen.

Nationalität spielt einen entscheidenden Faktor. Die Sprache eines Landes, die durch Landesgrenzen von der Sprache des Nachbarstaates getrennt ist, wird geradezu selbstverständlich als Einzelsprache gesehen. Dies gilt auch, wenn die entsprechende Sprache in einem anderen Staat als Minderheit vertreten ist. Da es keinen jenischen Staat gibt, kommt diese Selbstverständlichkeit bei der jenischen Sprache nicht zum Tragen.

Um die große Wirkung eines Staates bei der Definition der Landessprache zu verstehen, sei an das ehemalige Jugoslawien erinnert. Nach dem Krieg in den 1990er-Jahren gab es auf dem Balkan mehr Sprachen als vor dem Krieg. Unumstößlich nachvollziehbar ist es, dass Kriege viele Parameter verschieben. Aus Serbokroatisch wurde Kroatisch, Serbisch, Bosnisch und Montenegrinisch, so wie aus Jugoslawien Serbien, Bosnien, Montenegro und Kroatien wurde.

Auch **schriftliche Dokumente** stärken Sprachen. Je mehr Dokumente, Bücher und Briefe in einer Sprache geschrieben sind, desto weniger wird ihr Status als Einzelsprache hinterfragt. Mündlich tradierte Sprachen, wie das Jenische, verfügen nicht oder kaum über historische Schriftstücke. Somit scheinen diese Sprachen keine historischen Beweise zu besitzen, denn alle Zeugnisse sind mündlich, werden in erzählten Geschichten am Leben erhalten und sind somit für Außenstehende nicht sichtbar. *Nicht sichtbar* darf aber nicht mit *nicht vorhanden* gleichgestellt werden. In den letzten fünfzig Jahren ist in Europa viel Literatur zur Sprache, Kultur, Geschichte und der gesellschaftspolitischen Situation der Jenischen erschienen, aber auch Romane, Theaterstücke, Lyrik und Kinderbücher, manches in der jeweiligen Landessprache, manches in Jenisch. Diese Entwicklung trägt viel zum Erhalt, zur Stärkung und zur Wahrnehmung dieser Sprache bei.

So wie die jenische Kultur ganz allgemein wurde auch die Sprache durch **Diskriminierung** bzw. Kriminalisierung und Verfolgung ins Verborgene gedrängt. Jenisch zu sprechen, brachte vor allem Nachteile, zu gewissen Zeiten auch lebensbedrohende Gefahren mit sich. Der Rückzug des Jenischen ins Private führte dazu, dass die Mehrheitsgesellschaft wenig davon hörte und wenig dazu weiß, wodurch ein Übersehen der jenischen Sprache leichter möglich wird. Auch deshalb ist der Status als Einzelsprache immens wichtig.

Ein Faktor bei der Einstufung als Einzelsprache wird jedoch häufig missachtet, die **Selbsteinschätzung**. Für Jenische ist es keine Frage, welchen Status ihre Sprache hat. Da sie miteinander jenisch sprechen, ist Jenisch eine Sprache. Jenische können sich in vielen europäischen Regionen in jenischer Sprache unterhalten – somit ist Jenisch eine europäische Sprache, die Europa sprachlich sehr weiträumig verbindet.

Jenisch ist eine Sprache, die aus historischen Gründen primär im privaten Bereich verwendet wird, Jenisch ist **Familiensprache** und Alltagssprache mit einer weitestgehend unbekannten, aber vermutlich hohen Anzahl an SprecherInnen. Der Europäische Jenische Rat geht von 500.000 Jenisch-Sprechenden in Europa aus. Obwohl es innerhalb der Sprache sehr viele regionale und auch gruppenspezifisch bzw. familiär bedingte Unterschiede gibt, ist es für Jenische jederzeit möglich, sich in weiten Teilen Europas in ihrer transnationalen Sprache zu unterhalten. Somit ist eindeutig, dass sehr viele verbindende Elemente erhalten geblieben sind.

Statt des wiederholten Zitierens der Ansicht, Jenisch sei nur eine Sprachvariante oder eine Sondersprache des Deutschen oder einer anderen Sprache,[2] braucht es dringend einen neuen Standpunkt, denn diese Einordnung des Jenischen wird den entscheidenden Fakten nicht gerecht. Jenisch ist eine Einzelsprache.

Zuletzt ist ein Blick auf das Verhältnis zwischen **Jenisch und Rotwelsch** wichtig. Rotwelsch wird gemeinhin mit dem Begriff „Gaunersprache" übersetzt, was eine negative Bedeutung erkennen lässt. Rotwelsch ist eine Fremdbezeichnung für eine Sprache, in der sich vieles spiegelt, was mit nicht-dauersesshafter und nicht-grundbesitzender Lebensweise zu tun hat. Der Begriff taucht schon sehr früh auf, nämlich im 13. Jahrhundert in schriftlichen Dokumenten.[3] Häufig waren es polizeiliche Interessen, die die Erforschung bzw. Übersetzung des Rotwelschen vorantrieben. Jenisch hingegen ist eine Eigenbezeichnung und erst zu Beginn des 18. Jahrhunderts in schriftlichen Quellen zu finden. Beide Sprachformen sind miteinander verwoben und möglicherweise könnten sie als ein und dieselbe Sprache betrachtet werden. Das unterstreicht die Notwendigkeit der Verwendung einer möglichst neutralen Bezeichnung, die sich von Diskriminierung distanziert und vordergründig von den Menschen, die diese Sprache sprechen, definiert wird. Hierfür würde sich die Bezeichnung JENISCH wohl anbieten.

Ein Buch aus dem Jahr 1974 mit dem Titel „Kundenschall – das Gekasper der Kirschenpflücker im Winter"[4] eröffnet einen schönen Blick auf eine Sprache, die sich in verschiedenen Ausprägungen eines Lebens jenseits der gewöhnlichen Sesshaftigkeit, eben auf der Walz, entwickelt hat. Mit viel Witz, Kreativität und Charme wird ein Kosmos der rotwelschen Sprache gezeichnet. Einzig der Begriff „Rotwelsch" müsste durch den Begriff „Jenisch" ersetzt werden.

> „Das Selbstbewußtsein der Kunden drückt sich in ihren Selbstbezeichnungen aus: Jenisch (…), Kochemer (…) Kunden (zu deutsch kundig). (…)
> Andere, ironische Selbstbezeichnungen der Fahrenden, wohl eher im unbelauschten, unverschlüsselten Gespräch miteinander (vor allem Berliner Rotwelsch): Wolkenschieber, Luftschiffbremser, Kirchturmspitzenvergolder, Himmelsfechter, Schneeschipper im Sommer, Kirschenpflücker im Winter, Zitronenschleifer, Ziegel- und Landstreicher, Chausseegrabentapezierer. (…)
> Es [Rotwelsch – Anm. Heidi Schleich] ist eher als exclusive Zweitsprache zu verstehen, an der die Fahrenden jahrhundertelang arbeiteten, deren Wortschatz sie ständig bereicherten. Als Material dienten ihnen Wörter der deutschen Hochsprache, deren Bedeutung sie veränderten oder die sie auf vielfältige Weise umbildeten, untergehende oder untergegangene Wörter, Dialektausdrücke und Wörter aus Fremdsprachen, vor allem natürlich aus den Sprachen der fahrenden Völker."[5]

Anmerkungen

1 Gabriel García Márquez: Die Liebe in Zeiten der Cholera, Köln 1999, 4. Auflage, S. 240.
2 In Deutschland wird Jenisch eher als eine Sondersprache des Romanés gesehen. Dieser Unterschied zu Österreich zeigt, dass die Beurteilung, ob eine Sprache Einzelsprache oder Sprachvariante ist, durchaus einer gewissen Beliebigkeit unterliegt.
3 Siegmund Wolf bemerkt in seinem Wörterbuch des Rotwelschen (Mannheim 1956) auf Seite 12 dazu: „Die Quellen spiegeln weniger die Entwicklung des Rotwelschen als vielmehr die der Beschäftigung mit dem Rotwelschen."
4 Günter Puchner: Kundenschall – das Gekasper der Kirschenpflücker im Winter, München 1974.
5 Ebd., S. 12f.

Willi Wottreng/Daniel Huber

Die Musik mit dem „jenischen Zwick"

Auf die Frage, was denn das Besondere sei an jenischer Musik, gibt mein Gesprächspartner aus der Bündner Musikerfamilie Kollegger überraschend eine Kürzestantwort: „De jänisch Zwick", sagt er. Das ein bisschen Fetzige, Peppige, das man nicht in der Schule oder aus dem Buch erlernen könne. „Man kann ein Stück vielleicht spielen, dass es einigermassen gut klingt, aber dann hat es keinen Zwick drin."[1]

Hier wird über die Ausprägungen jenischer Musik in der Schweiz berichtet, welche ich[2] aus eigener Anschauung kenne, weil ich Anlässe wie etwa die „Feckerchilbi" – ein jenisches Kulturfest, das zugleich eine Art Landsgemeinde ist – mitorganisiert habe; denn einen Niederschlag in der Fachliteratur hat diese Musik noch kaum gefunden.

„Sie macht Freude und gibt Kraft", meint ein älterer Jenischer bescheiden, aber mit Nachdruck. Jedenfalls ist sie nicht einfach Vorführmusik im Showbusiness, sondern sie durchdringt den Alltag. Sie wird weniger als Konzert dargeboten, sondern mehr mitten in einer animierten Gesellschaft gespielt, so fließt sie direkt aus Fingern, Mund und Herzen zu einem Publikum, das mit Wein, Bier und Seele dabeisitzt, singt, tanzt, trinkt und mitgeht. Am besten unplugged. Diese Volksmusik wird locker aus dem Handgelenk gespielt, wird aus voller Lunge oder wie ein zartes Lüftlein geblasen, wird mit Inbrunst gestrichen. Die obligate Zigarette im Mund manches Spielenden betont die Lockerheit. Vielleicht beginnen einige an den Tischen spontan zu löffeln.

Und manchmal lässt sich damit auch etwas Geld verdienen. An der Stubete im Restaurant, bei Kulturveranstaltungen, bei Sendungen in Radio und Fernsehen.

Der jenische Platzwart Silvio Abt auf dem Campingplatz Rania bei Zillis in Graubünden spielt bei jeder Gelegenheit, bei einem Familienfest im Campingrestaurant oder einem Anlass der Radgenossenschaft. Und wenn's keine Gelegenheit gibt, packt er das Handörgeli ebenfalls hervor, setzt sich in seinem Zimmer auf einen Hocker, stellt sein Handy im Videobetrieb auf eine Ablage, sagt „Hoi zäme". Dann beginnt er zu „letzmere" – wie die Jenischen dem sagen – und spielt das neueste selbst komponierte Stück, das noch nicht einmal einen Namen trägt, worauf er die Performance ins Internet stellt – Noten lesen und sie schreiben hat er nie gelernt.

Stefan Eicher findet seine Identität

2017 kam der Kinofilm „Unerhört Jenisch" auf den Markt, mit Hausmusikern und -musikerinnen aus dem für die jenische Geschichte wichtigen Ort Obervaz in Graubünden.[3] Darin begegnet das jenische Talent Martin Waser von den „Bünd-

Feckerchilbi in Gersau, Kanton Schwyz, 1985. Clemente Graff, Vorstandsmitglied der Radgenossenschaft (mit Hut) und Rosa Graff-Nobel (Foto: Gertrud Vogler)

Jenische und Sinto-Musiker an einer Feckerchilbi in Gersau, 1980er-Jahre (Foto: vermutlich Gertrud Vogler, Archiv der Radgenossenschaft)

ner Spitzbuaba" dem europaweit bekannten Musikstar Stephan Eicher. Seither hat ein breites nichtjenisches Publikum die Existenz dieser eigenständigen Musik bemerkt. Allerdings hatte sie sich ja oft bedeckt gehalten wie viele Jenische selber. Stephan Eicher sagt in einem Interview 2019 über seine jenische Herkunft: „Wir wussten es schon. Aber es war das Problem meines Vaters und einer schmerzhaften Vergangenheit. Ihm wurde eingetrichtert, dass es besser sei, die Herkunft zu verheimlichen. Meiner Grossmutter hat man in Obervaz, weil sie jenisch war, liederlichen Lebenswandel und Trunksucht vorgeworfen. Man versuchte, sie zu versorgen und zu sterilisieren."[4]

Darum gab sich Eicher lieber als ein „Zigeuner"-Musiker aus, was etwas anderes war und die Zugehörigkeit zu wem auch immer unbestimmt ließ. Sein früher Manager erzählt 2010, er habe den Musiker gefragt: „Stephan, wer bist du denn eigentlich?" Und habe dann den jenischen Vorfahren erwähnt, der in der Familie tabu war: „Hier hakte ich ein. Stephan, wir gehen nach Frankreich. Du bist ab jetzt ein Zigeuner."[5]

„Inzwischen ist das Familiengeheimnis bei mir einem gewissen Stolz und einer Freude gewichen", erzählt Eicher im Interview.

Verdeckt als Volksmusik

Die 1993 erschienene Ortsgeschichte „Vaz/Obervaz. In Wort und Bild" erwähnt mit keinem Wort die Jenischen, welche die Gemeinde in den Weilern Richtung Albula-Pass geprägt haben mit ihren vielen Familien namens Moser oder Kollegger. Hinter vorgehaltener Hand meint ein Autor, jenische Stimmen innerhalb der Gemeinde hätten sich dagegen gewehrt, dass ihre Geschichte aufgerollt werde. Wie auch immer: Auf gleiche Weise blieb auch die jenische Musik weitgehend unerkannt. Und Jenische spielten, wie im Film „Unerhört Jenisch" zu sehen ist, vor allem zu Hause in der Stube, in der Küche, das Handörgeli scheinbar nachlässig umgehängt, aber mit feinstem Musikgehör und Rhythmusgefühl.

Auch in Texten zur Volksmusik und in Volksmusiksendungen gab es die Jenischen praktisch nicht. Außer bei einem Musikjournalisten, der sich als „Musikfahnder" bezeichnete, Rico Peter. In seinem 1978 erschienenen Buch über „die amüsante und spannende Geschichte der Schweizer Ländlermusik" steht die wenig beachtete Bemerkung: „Alle die Familien von ‚Jänischen' (Zigeunern), welche bei uns zwangsweise eingebürgert wurden, hatten talentierte ‚Kellabanggerie' (Musikanten) in ihrer Mitte" – Peter kannte Jenische aus Begegnungen in der Musikszene. „(…) und diese brachten in unsere Ländlermusik das ‚Besondere', ‚Zeitlose', welches der wirkliche Musikkenner, der mit dem ‚Gehör', in ihr findet."[6] Unter Kellabanggerie stelle ich mir Bänkelsänger vor, die mit Holzkellen den Takt angeben – die genaue Wortherkunft ließ sich nicht eruieren; eine Stimme meint, es sei ein Ausdruck aus der Sprache der Roma.

Dass es Jenische waren, die in verschiedenen Formationen öffentlich auftraten, blieb meist weiterhin Familiensache. Wer zur Szene gehörte, wusste es. Und manchmal wurde ein Zipfel des Geheimnisses gelüftet: Etwa als ein jenischer

Musiker ein Lied ankündigte mit dem Titel „Schiigeli-Bujer". Gelächter im Saal bei einigen wenigen. Jenen eben, die die Sprache verstanden. Eine Erklärung folgte nicht. Denn der Musiktitel verkündete mit einem deftigen Ausdruck die Botschaft von Liebe und Sex. – Diese Geschichte wurde mir von Jenischen mündlich zugetragen.

Meist blieb's unausgesprochen. Dabei gab es die erfolgreichen Musikgruppen aus dieser Kultur. Ihre Kunst versteckten sie unter der gleichmachenden Decke der „Volksmusik". Und das war sie ja auch. Aber eben nicht nur.

Die Huser-Buebe mit ihren Frauen

Stellvertretend sei von den Huser-Familien erzählt, die über Generationen Ländlermusik pflegten als Duett, Trio, Doppelquartett oder großes Familienorchester. Sie waren die zu ihrer Zeit bekannten „Wandervögel" und „Huser-Buebe". Mutter Frieda spielte in der Krisenzeit der 1930er-Jahre mit ihrem Mann und verhalf so dem Familienbudget zu Zusatzeinkommen. Als die Brüder im Militär waren, traten vier Schwestern als Frauenkapelle auf. Die 1939 gegründeten „Huser-Buebe" mit Tony und Franz legten dann eine veritable Karriere im Showbusiness hin und präsentierten Eigenes und Gehörtes bis Ende der 1980er-Jahre in Konzertlokalen, Hotels und in Volksmusiksendungen von Radio und Fernsehen. Trotz dem Namen der Formation spielte die mittlerweile Großmutter gewordene Frieda darin die Bassgeige, die sie zum Gaudi des Publikums gern auch klopfte, schwenkte oder drehte.

In seiner Militärzeit hatte Franz Huser den beliebten Walzer „Mamma" komponiert; während einer Konzertreise in Israel schuf Tony Huser den Schottisch „Im Sheraton z Tel Aviv". Die kompositorischen Erfindungen zeigen, dass Volksmusik keine von Urvorzeiten überlieferte Tradition ist. Die Schriftstellerin Isabella Huser aus der Musikerfamilie weist auf den Beitrag der städtischen Musikbühnen zur populären Volksmusik mit Trachtenkostümierung hin: „Als Älpler verkleidete Städter schufen das Bild. Darunter viele Jenische wie meine Leute."[7] Das Showbusiness verlangte nach Kostümen. Die andere Quelle der Volksmusik sind die Tanzböden und Tanzplätze, von denen viele Flurnamen im Land zeugen und von denen Sergius Golowin, der Erkunder mündlicher Überlieferungen, immer wieder zu erzählen wusste.[8] Den „Tanzboden" gibt es in den Toggenburger Gemeinden Ebnat Kappel oder Gommiswald; allein in Habkern im Berneroberland gibt es fünf „Tanzböden" und auf meiner Lieblingswanderung zum Hörnli-Gipfel im Zürcher Oberland komme ich an einem solchen vorbei, mit schönster Aussicht aufs Rundum. Die Geschichte des Geldfälschers Farinet im Wallis berichtet von unzähligen Tanzböden in Hinterstuben der Pinten, auf dem Kreuzweg von Waldstraßen, in den Wäldern, wie auch immer die Orte genannt wurden.[9] Sie zeugen von Bewegung und Begegnung. So ist jenische Musik meist auch Tanzmusik.

Hinter den bekannten Musikgruppen zu Stadt und Land darf man sich einen Klangwald vorstellen von wenig bekannten Musikerinnen und Musikern, die offenbar ständig nachwachsen auf einem fruchtbaren Boden. Wenn auch das tra-

Um die Mitte des letzten Jahrhunderts war es Brauch, dass man im Sommer an verschiedenen Orten des Dorfes „Feldtänze" organisierte. Das Bild zeigt eine solche Veranstaltung beim Hotel zum See bei einem Moränensee (1720 m) im Wald oberhalb von Grächen im Schweizer Kanton Wallis. (Foto: Sammlung Reinhard Walter)

ditionelle jenische Gewerbe wie Korben, Schirmflicken, Scherenschleifen mit dem Wandel der Wirtschaftslage allmählich schwand, die Traditionslinie der Spielleute blieb lebendig, so wie die Beizenkultur auch. Immer gab es neben bekannten Gruppen von Profimusikern die Familienmusiker und -musikerinnen oder vielleicht besser gesagt: die Privatmusizierenden.

Das Schwyzerörgeli als Sinnbild alpenländisch-jenischer Kultur

„Letzmere" bezeichnet vor allem das Ländlerspiel auf dem Schwyzerörgeli, das die vorherrschende Form jenischer Musik in der Schweiz darstellt. Gemäß dem Linguisten Hansjörg Roth ist der Ausdruck mit dem jiddischen Wort klésmer, Musikant, und léjzim, Gaukler, verwandt.[10]

Das Schwyzerörgeli ist eine Art ikonisches Bild für jenisches Kulturleben geworden wie der verschwundene Holzwagen, das „Scharotl". Es ist ein kleines Akkordeon, meist diatonisch, aber auch in chromatischen Versionen, das gut auch auf die Reise mitgenommen werden kann. Gemäß dem Musikautor Rico Peter hat es seinen Vorläufer im „Wienerörgeli" mit zwölf Melodie- und zwei Bassknöpfen. Über Wanderhändler und Volksmusizierende muss es seinen Weg in die Schweiz gefunden haben, wo es zuerst unter der Bezeichnung „Langnauerli" hergestellt und dann über den Stöpselbass zum Schwyzerörgeli weiterentwickelt wurde. Aus der Hand des Jenischen Robert Moser in Obervaz stammen wunderbare Schwyzerörgeli, mit Einlegearbeiten und Bildmotiven.

Aber es ist nicht das einzige Instrument und das Letzmere nicht der einzige Musikstil. Im kleinen Museum der Radgenossenschaft der Landstrasse in Zürich finden sich vor allem verschiedene Exemplare von „Mulörgeli" – Mundharmonikas. Manchmal schön verzierte, prächtig glänzende silbrige Objekte, die man bequem in der Tasche versorgen und nach Lust und Laune herausziehen konnte – heute wird es weniger gespielt.

Oft war eine Klarinette im Spiel. Als Meister der Klarinette gilt der 1872 geborene Postillion Paul Kollegger, ebenfalls aus Obervaz. Bekannt gewordener Spieler einer musikalischen Familie und in Wikipedia heute als einer der „Stammväter der Bündner Volksmusik" bezeichnet. Auch wenn selbst in seiner nahen Umgebung manche nicht wissen wollten, dass er ein Jenischer war. Kollegger verfügte über ein Repertoire von rund 300 Stücken, die auch aus dem Raum Bayern oder aus Österreich stammten. Angeblich konnte er eine Nacht durchspielen, ohne sich zu wiederholen. Er war zugleich ein unermüdlicher Komponist. „Zaine-Flicker" (Körbe-Reparierer), „Grüen Bödeli" (sinngemäss: grüner heimatlicher Fleck in der Landschaft) heißen zwei seiner Kompositionen. Ein Nachkomme berichtet, Paul Kollegger habe viele dieser Stücke ins Grab genommen. Denn leider sind

Ein einzigartiges Schwyzerörgeli, Einlegearbeiten mit Jagdmotiven, hergestellt vom Jenischen Robert Moser, Obervaz. Objekt im Museum der Radgenossenschaft, Zürich (Foto: Willi Wottreng)

Links: Paul Kollegger mit Klarinette, vorne rechts, und seine Gruppe, 1897 (Bildquelle unbekannt, Foto: Archiv der Radgenossenschaft); oben: Schallplatte der „Huusmusig Kollegger" im Museum der Radgenossenschaft, Zürich

diese musikalischen Erfindungen meist nicht notiert. Weil Pauls Kinderschar mitmachte, entwickelte sich auch hier ein vielfältiges Familienorchester, die „Huusmusig Kollegger". Der Nachkomme erzählte mir im Interview für einen Zeitungsartikel über seinen Vater, den Musiker Heiri Kollegger: „Wir sind also aufgetreten, als Amerikaner uns fragten: Könnt ihr ein bestimmtes Stück? Vom Titel hatten wir nie gehört, dann sagte mein Vater: Können Sie es denn singen? Sie haben's vorgesummt, und er hat's gleich begleitet und mitgespielt."

Dass man dazu gelegentlich eine Glocke läutete, einer Fuchsschwanz-Säge Töne entlockte oder dass ein Kollegger gar das Alphorn im Kopfstand spielte – was in mancher Fernsehsendung über Graubünden gezeigt wurde –, war eine Zugabe nach dem Gusto der Spielleute. Der Trachten- und Jodlerverband sei „fast Amok gelaufen" deswegen.

Geige der Fränzli-Musiker und der Hippies

Und schließlich gab es die Geige, die sonst eher für Roma-Musik steht. Großartig beherrschte sie offenbar Fränzli Waser, der Begründer einer eigenen Stilrichtung, die „Fränzli-Musik" genannt wird. Geboren 1858 im Unterengadiner Ort Tschlin, nicht allzu weit von Landeck entfernt, war er von Geburt an blind. Als Bauernbub, der kaum auf Hof und Feld mitarbeiten konnte, fand er Zeit, sein musikalisches Können zu entwickeln. Er spielte jung in Kurhotels, wurde von einer Baronin entdeckt, konnte Unterricht nehmen in Mailand und kehrte doch in sein Heimatdorf zurück. In seiner Stammformation spielte ein Bruder die Klarinette, es hatte darin einen oder zwei weitere Geiger, einen Kontrabassisten, einen Trompeter.

Streichmusik, kombiniert mit Holz- und Blechblasinstrumenten, und oft ein schwermütig-langsamer Gang oder manchmal ein fröhliches Hüpfen machen diese Musik unverwechselbar. Fränzlis Nachkommen spielten bis in die 1930er-Jahre zum Tanz auf.

Einen neuen Aufschwung erlebte die Geige mit der Hippiebewegung des letzten Jahrhunderts, die der romantischen Idee eines weltumspannenden Zigeunertums nachträumte. Es gab eine Berner Szene mit dem Musiker Baschi Bangerter – zeitweise Vorstandsmitglied der Radgenossenschaft der Landstrasse –, dem Geschichtensammler Sergius Golowin und manch anderen Musikerinnen, Malenden und Schreibenden. Zusammen pilgerte man in dieser oder jener Zusammensetzung nach Les Saintes-Maries-de-la-Mer ans Fest der Schwarzen Sara, der Beschützerin der sogenannten Fahrenden, und ließ sich inspirieren. War Baschi selbst auch kein Jenischer oder nur der Ahnung nach, hat er doch Impulse gegeben. Gemälde von ihm – denn Baschi malte auch – habe ich noch in der Wohnung des Gründers und Präsidenten der Internationalen Romani-Union Jan Cibula in Bern gesehen.

Eine Live-LP aus dem Jahr 1982 von Bangerter und seinen musikalischen Begleiterinnen und Begleitern ist im Archiv der Radgenossenschaft aufbewahrt; darauf auch das feine Violinstück „Wenn ich berauscht bin", das an den Drogenkonsum der Hippies erinnern mag.[11]

Die legendäre erste Fränzli-Musik mit dem blinden Musiker Franz Waser (1858–1895), rechts im Bild (Bildquelle unbekannt, Foto: Archiv der Radgenossenschaft)

Vom Guggisberglied zur Weltmusik

Viele jenische Spielleute vereint das Lied vom „Vreneli ab em Guggisberg". Von Stephan Eicher bis zu Baschi Bangerter. Ein Liebeslied voll Sentimentalität aus einer Gegend, wo Jenische immer Unterschlupf fanden: Guggisberg, ein Sehnsuchtsort in der Höhe, umgeben von Tälern und Niederungen, in denen Jenische lebten: von Rüschegg über Zumholz bis Schwarzenburg. Das Lied handelt von einem Vreneli, das sich nach seinem Hans Jakob vom Simeliberg sehnt und im Bild des ewig drehenden Mühlrades Trost findet. Dieses Guggisberglied, erstmals erwähnt 1741, gilt als ältestes dokumentiertes Volkslied der Schweiz, ist eines der wenigen in Moll gehaltenen und wird unbestritten als eines der schönsten gerühmt. Denn jenische Musik ist himmelheiterjauchzend und herzschmerztraurig.

Je mehr die jenische Musik an die Öffentlichkeit tritt, umso mehr fächert sie sich auf. Der jenische Spitzenmusiker Counousse spielt heute ebenso gern Ländler wie Melodien aus dem Bereich der Balkan-Roma und vereint sich spontan mit musizierenden Jenischen, Sinti oder Roma in den europäischen Nachbarländern. Die jenischen „Grafen-Brothers" liebten Wildwest und Blues, sangen etwa in Englisch das bekannte „Blueberry Hill".

Versucht man zu kategorisieren, würde ich vorschlagen, dass jenische Musik – in der Schweiz – sich heute in drei hauptsächlichen Richtungen ausformt: Es gibt den Ländler mit dem Schwyzerörgeli, es gibt von Roma und Sinti beeinflusste Weltmusik sowie den durchaus kommerziellen Schlager, dessen Herz-Schmerz-Gefühlsausdruck viele Jenische anspricht. „Du schwarzer Zigeuner", „Aber dich gibt's nur einmal für mich", „Ich tanze mit dir in den Himmel hinein" – so etwas wird auch von jenischen Gruppen gern gespielt und von Jenischen gern gehört, und sei's auf der Reise im Auto unterwegs ab Musikkassetten.

Heute taucht ein ganzer Kontinent von jenischer Musikkultur auf aus einem Nebel von Schweigen und Scham und Schert-uns-nicht, unter dem er verdeckt lag. Diese Kultur wird heute wahrgenommen und morgen wohl auch erforscht werden. Zu erforschen wäre allerdings auch die Tragik der gestohlenen Kompositionen. Wie es der Sohn von Heiri Kollegger weiß; sein vollständiger Bericht lautete: „Paul Kollegger hatte viele seiner Kompositionen ins Grab genommen. Und andere, die er geschrieben hat, haben andere für sich in Anspruch genommen." Manchmal genügte es, dem Jenischen ein Bier zu zahlen, einige Takte auf einem Bierdeckel zu notieren und diesen mitzunehmen.

Anmerkungen

1 Vorarbeit zum Artikel von Willi Wottreng: Mit einem gewissen Zwick! (Nachruf auf Heiri Kollegger), in: NZZ, 29.7.2007, S. 14. Interview mit Andy Kollegger am 23.7. 2007.
2 Die Ich-Form bezieht sich im Text auf den Autor Willi Wottreng, viel jenisches Kultur- und Hintergrundwissen hat Daniel Huber beratend eingebracht.
3 Unerhört Jenisch, Regie: Martina Rieder/Karoline Arn, Frenetic Films, 2017.
4 Stephan Künzli: Die Schweiz ist ein Vorbild, in: Luzerner Zeitung, 28. Januar 2019, S. 3.
5 Albert Kuhn: Ach, bleiben Sie noch einen Moment, in: Die Weltwoche, 20. Januar 2005, S. 72.
6 Rico Peter: Ländlermusik. Die amüsante und spannende Geschichte der Schweizer Ländlermusik, Aarau und Stuttgart 1978, S. 354.
7 Isabella Huser: Zigeuner. Roman, Zürich 2021, S. 54.
8 Siehe etwa: Sergius Golowin: Zigeuner-Magie im Alpenland, Frauenfeld 1973, z. B. S. 89 oder S. 217f. (Unter Bezug auf Gottfried Kellers Novelle „Romeo und Julia auf dem Dorfe").
9 Siehe Willi Wottreng: Farinet. Die phantastische Lebensgeschichte des Schweizer Geldfälschers, der grösser tot war als lebendig, Zürich 2008.
10 Hansjörg Roth: Jenisches Wörterbuch, Frauenfeld 2001, Stichwort „leetzeme" für Musik bzw. musizieren.
11 Zigeunermusik mit Baschi's Scharotl ... unterwegs..., Live-LP mit Alfred „Baschi" Bangerter u. a., Produktion: Pieer Hänni/Alfred Bangerter, Bern 1980 PAN. Archiv der Radgenossenschaft.

Bernhard Schneider/Michael Haupt

re:framing jenisch –
Zum Projektstart des Jenischen Archivs

„Die Großfamilie ist (über Nacht) im Wald zusammengekommen, weit weg von den Gadsche. Das ‚Sippenoberhaupt', der Alte, hat sie hierhergerufen; es geht um die Zukunft der Familie. Man erkennt ein sehr kleines Lagerfeuer, es brennt niedrig. Ein Pferd und ein einfaches Fuhrwerk, darauf schlafen Kinder. Der Mond ist noch fast voll (Vollmond war zwei Tage vorher). Ums Feuer sitzen sehr viele Leute. Details: ein Kupferkessel (mit Eintopf), eine große Korbflasche (mit Wein). Eigentlich sehr idyllisch, wie ein nächtliches Sommerpicknick. Dabei wird hier nichts weniger als das Beenden der jenischen Kultur beschlossen."[1]

Eindrücklich beschreibt Simone Schönett in dieser fiktiven Zusammenkunft den großfamiliären Beschluss, als Jenische unsichtbar zu werden, um so der Verfolgung durch das nationalsozialistische Terrorregime vielleicht doch noch entfliehen zu können: „Man wird unsere Sprache nicht mehr hören. Man wird unsere Art zu leben nicht mehr sehen"[2], rekapituliert Pierro Nobbel, der „Ulmische" – also der Älteste – der Familie in den frühen Morgenstunden des 1. Septembers 1939 das am nächtlichen Lagerfeuer Besprochene, während viele Kilometer entfernt der Überfall der deutschen Wehrmacht auf Polen den Zweiten Weltkrieg in Europa entfacht.

Die systematische Diskriminierung und Marginalisierung der Jenischen durch die sesshafte Mehrheitsgesellschaft und ihre Obrigkeiten setzt jedoch bereits lange vor der Errichtung der nationalsozialistischen Diktatur ein und endet auch nicht mit der Befreiung 1945. „[G]erade so, als hätte der Nationalsozialismus nie existiert"[3], sind Jenische bis weit in die Zweite Republik Opfer rassistisch begründeter Repressions- und Zwangsmaßnahmen, werden zugleich aber nur selten als Opfer des Nationalsozialismus anerkannt – womit ihnen Ansprüche auf Leistungen aus der staatlichen Opferfürsorge verwehrt blieben.[4]

Als sich abzuzeichnen begann, dass der fünfte Jenische Kulturtag aufgrund der Maßnahmen zur Eindämmung der COVID-19 Pandemie wohl abgesagt werden muss, entstand die Idee, die Kontinuität des Unrechts gegenüber Jenischen durch die Mehrheitsgesellschaft in der Form von Hörfunkbeiträgen für das allgemeine Publikum aufzubereiten. Hierzu wollten wir historische Dokumente der Obrigkeiten durch jenische Stimmen kontrastieren und diese in den Bestand kritisch-emanzipatorischen Wissens einbetten, der in den letzten dreißig Jahren erarbeitet und nicht zuletzt in den Gaismair-Jahrbüchern publiziert wurde.

Der Weg vom Radio ins Archiv

Erste Vorgespräche und Quellenrecherchen ließen uns aber schon bald auf die Hürden eines solchen Vorhabens stoßen: Bücher sind vergriffen und nur zu hohen Kosten über den antiquarischen Weg erhältlich. Der Zugang zu akademischen Qualifikationsarbeiten und Fachbeiträgen setzt institutionelle Anbindung voraus und ihr Verständnis erfordert Kenntnisse über fachwissenschaftliche Debatten. Dokumente sind verstreut, die Nutzung durch Dritte aus unterschiedlichen, durchaus auch nachvollziehbaren Gründen, wie etwa dem Schutz von Persönlichkeitsrechten, untersagt.

Ein fundamentaleres Problem zeigt sich mit Blick auf das historische Schriftgut: Die jenische Kultur wird im mehrheitsgesellschaftlichen Diskurs nur in jenen Momenten sichtbar, in denen sie den Weg der Macht quert. Der sesshaften Bevölkerung und ihren Autoritäten erscheinen die sogenannten „Karrner", „Dörcher" oder „Laninger" als Skandal, als Störung der öffentlichen Ordnung, als verachtenswerte „Vagabunden". Die offiziellen Dokumente können als materialisiertes Verlangen gedeutet werden, die jenische Kultur zum Verschwinden zu bringen – im Nationalsozialismus auch ihr physisches Dasein.[5]

Zudem ist die jenische Kultur eine der mündlichen Überlieferung, worin sich nicht zuletzt der Versuch des Selbstschutzes widerspiegelt. Diese Oralität hat jedoch auch zu einem Fehlen historischer Quellen *von* Jenischen und ihren widerständigen Praktiken in der Geschichts*schreibung* der Mehrheitsgesellschaft geführt, die somit auf Berichte *über* Jenische beschränkt bleibt.

Vor diesem Hintergrund und nach Vorgesprächen mit Jenischen und Wissenschafter:innen haben wir uns entschlossen, vorerst von der Idee der Radiofeatures abzulassen und unsere Kräfte auf die Gründung eines „Jenischen Archivs" zu konzentrieren.

Erste Annäherung an eine kritisch-emanzipatorische Archivarbeit

Das Jenische Archiv möchte einen Beitrag zur Bewahrung und Sichtbarmachung des kulturellen Gedächtnisses der (Tiroler) Fahrenden leisten. Dabei folgen wir keinem strengen Fachbegriff, der unter Archiv eine „eigenständige Abteilung der Dokumentation einer juristischen oder physischen Person (…), die (…) organisch erwachsen und zur dauerhaften Aufbewahrung bestimmt ist"[6], versteht. Wir verwenden den Begriff metaphorisch, um die Schnittmenge unserer Vorhaben terminologisch zu fassen.

Zunächst verstehen wir das Jenische Archiv als Praxis der kritisch-reflexiven Sichtung bestehender Archivbestände, die (re-)kontextualisiert in die eigene Sammlung aufgenommen werden sollen – entweder im Original, in Kopie oder auf Verweisebene. Dabei wollen wir insbesondere den Entstehungskontext dieses Wissens sowie die Machtverhältnisse und Interessen problematisieren, von denen es durchdrungen ist.

Die anwachsende Sammlung wird durch eigene Recherche- und Sammlungstätigkeit ausgebaut. Das Jenische Archiv ist um eine fachgerechte Langzeitarchivierung der gesammelten Güter sowie um einen sensiblen Umgang mit personenbezogenen Informationen bemüht. So möglich, setzen wir uns allerdings für einen offenen Zugang zum gesammelten Wissen und seiner kritischen Aufarbeitung ein – wobei wir von zwei Beiräten, einem jenischen und einem wissenschaftlichen, bei der kritischen Reflexion der Archivtätigkeit unterstützt werden.

Vor allem aber will das Jenische Archiv ein Ort der partizipativen Geschichtsschreibung und Wissensgenerierung sein. Entlang thematischer Schwerpunkte werden alternative Deutungen und Erzählungen angeboten, um die hegemonialen Bilder über Jenische in der Mehrheitsgesellschaft zu brechen und ihre Handlungsfähigkeit und Widerständigkeit hervorzuheben. Dieses Wissen wird auf unterschiedliche Arten gewonnen – insbesondere durch Oral History. Zu seiner Verbreitung wollen wir uns über die faktische Wiedergabe der Vergangenheit hinausbewegen und tradierte Mehrheitsdiskurse durch kulturelle Praktiken und künstlerische Interventionen strategisch herausfordern.

Das erste Jahr des Jenischen Archivs war – und ist – durch die intensive Arbeit an einem solchen Projekt gekennzeichnet, und wäre ohne die großzügige Förderung vom Bundesministerium für Kunst, Kultur, öffentlichen Dienst und Sport sowie der Kulturabteilung des Landes Tirol nicht möglich.

re:framing durch Kulturarbeit

In der Form von Graphic Novels, die auf der Homepage des Jenischen Archivs veröffentlicht werden, erzählen die jenische Autorin Simone Schönett und die Illustratorin Isabel Peterhans Szenen aus jenischen Leben. Dabei beziehen sie sich (und verweisen) auf Dokumente im digitalen Archiv, die für das Projekt auf spezielle Weise aufbereitet und (re-)kontextualisiert wurden.

Wesentliche Themen dieser Kurzgeschichten sind die Sprache der Jenischen, ihre Lebensweise und die Verfolgungsgeschichte im Nationalsozialismus sowie das Unrecht, das den jenischen Kindern und ihren Eltern durch Behörden angetan wurde. Insbesondere die Kindeswegnahmen und Zwangssterilisierungen Jenischer, die bis über die Befreiung vom Nationalsozialismus hinweg durchgeführt wurden, schneiden tief in das jenische Herz, wie Simone Schönett in ihren Anmerkungen zum Skript der Graphic Novel aufwühlend beschreibt:

> „Weil Kinder ja das höchste Gut in der jenischen Kultur sind. Weil keine Kinder haben zu können ein Trauma ist. Das ist ja das Perfide an den ‚harmlosen Eingriffen‘: Dieser chirurgische Eingriff, das Messer der Obrigkeit schneidet sich quasi ins Fleisch einer ganzen Familie, zertrennt Traditionen und Kultur. Das ist irgendwie das Unbeschreibbare, das Traurige, dass die Täter genau wissen, wo sie anzusetzen haben: Am sensibelsten Punkt – im Herz der jenischen Lebenskultur, wo alle närrisch kinderliebend sind."[7]

Einblick in den Entstehungsprozess der grafischen Geschichten (Foto: Isabel Peterhans)

Wie die Unsichtbarmachung der jenischen Großfamilie am Vorabend des Zweiten Weltkriegs nach Fertigstellung des Projekts aussehen wird, lässt sich anhand des hier abgebildeten Fotos erahnen, das einen Einblick in den Arbeitsprozess von Isabel Peterhans gibt. Die ausgearbeiteten Zeichnungen werden mit digitalen Mitteln aufbereitet, womit es möglich wird, die Ebene der Erzählung und die des Archivs miteinander zu verknüpfen. Das erlaubt uns die Einbindung zusätzlicher multimedialer Gestaltungselemente. Aus diesem Grund haben wir den Akkordeonisten Rudi Katholnig mit der Komposition eines Musikstücks beauftragt, mit dem diese Szene untermalt wird. Zusammen mit einer Illustration von Isabel Peterhans findet sich das Stück auch auf einer limitierten Vinylpostkarte, die beim Jenischen Archiv bezogen oder in seiner digitalen Form auf der Homepage des Archivs aufgerufen werden kann.

Die Arbeit am Projekt „re:framing jenisch" wird mit Ende des Jahres 2022 abgeschlossen und das Ergebnis präsentiert. Neben dieser Arbeit und dem Aufbau der notwendigen technischen Infrastruktur war das bisherige Jahr aber auch durch kontinuierliche Sammlungstätigkeit und Vernetzung gekennzeichnet.

Von glücklichen Begegnungen und dem Pech der Ressourcen

Oft glücklichen Fügungen geschuldet, entstanden durch die Arbeit am Archiv neue Kontakte und Möglichkeiten, Archivmaterial in den Bestand aufzunehmen. So wurden wir von Christine Riccabona vom Forschungsinstitut Brenner Archiv darauf hingewiesen, dass Romed Mungenast Bekanntschaft mit dem verstorbenen Künstler Hannes Weinberger gepflegt hatte, welcher womöglich eine Sammlung zu Jenischen aufgebaut habe. Die Geschichte stellte sich als wahr heraus und die Familie Weinberger übergab uns einen Teil der Sammlung als Dauerleihgabe.

Aus Navis meldete sich der Witwer Waltraud Kreidls, die einen Themenschwerpunkt zu Jenischen im Heft „Erziehung heute" im Jahr 1990 verantwortete und überließ uns zwei Diplomarbeiten und ein Originalheft.

Bei einer Recherche im Tiroler Landesarchiv machte uns ein Mitarbeiter auf den Historiker Klaus Biedermann aus Liechtenstein aufmerksam, der zu seiner (jenischen) Familiengeschichte im Landesarchiv geforscht hatte und wie sich später herausstellte, dazu in den Bludenzer Geschichtsblättern publizierte. Es entstanden sowohl ein anregender Austausch sowie wertvolle Hinweise auf weitere Quellen.

Oder der Kontakt zu Günter Danzer, der im deutschen Burgberg insbesondere zur jenischen Sprache forschte und publizierte und dessen umfangreiche Sammlung – über Umwege – für € 4.500 zu erwerben wäre. Ein Betrag, der die finanziellen Möglichkeiten des Jenischen Archivs um ein Vielfaches übersteigt.

Ein weiterer Zufall führte uns nach Pettneu am Arlberg. Durch das Projekt #StolenMemory der Arolsen Archive stießen wir auf die Information, dass einer Angehörigen von Johann G., der im KZ Neckargerach ums Leben kam, ein persönliches Dokument des Opfers zurückgegeben wurde. Kurt Tschiderer, Chronist in Pettneu, stellte den Kontakt zu der entfernten Verwandten her, die dem Archiv den Ausschließungsschein G.s aus der Wehrmacht überließ. Das erste originale NS-Dokument im Bestand! Aber es wirft Fragen auf.

Johann G. wurde am 15. September 1941 von der Kripo Klagenfurt ins Konzentrationslager Flossenbürg eingeliefert, kam am 18. Juli 1942 nach Ravensbrück, am 3. November 1942 nach Dachau und am 11. Januar 1944 nach Lublin. Am 26. Februar 1945 stirbt er in Neckargerach, einem Außenlager des KZ Natzweiler.

Eigenartig ist, dass er am 18. Mai 1944 in Leoben aus der Wehrmacht ausgeschlossen wird – also vier Monate nach der Überstellung nach Lublin. Das geht aus dem erwähnten Ausschließungsschein hervor.

Kann es sein, dass Johann G. nach zweieinhalb Jahren Haft in unterschiedlichen Konzentrationslagern freigelassen wird, nur um in Leoben aus der Wehrmacht ausgeschlossen zu werden, bevor er erneut inhaftiert wird, um im KZ-Nebenlager Neckargerach zu sterben?

Viele dieser Fragen können im Rahmen des aktuellen Projekts „re:framing jenisch" nicht beantwortet werden, da sie sich erst im Verlauf der Recherche- und Sammlungstätigkeit ergaben und mit den aktuellen Ressourcen des Archivs nicht bis Jahresende verfolgt werden können. Viele gesammelte Fäden, die von uns für die spätere Archivtätigkeit zur Seite gelegt werden mussten, verweisen auf die Zeit des NS-Terrorregimes.

Um als Jenisches Archiv einen Beitrag leisten zu können, den jenischen Opfern – auch im Sinne ihrer Angehörigen – späte Gerechtigkeit zukommen zu lassen, ist eine solide projektunabhängige Basisfinanzierung unserer Tätigkeit fundamental. Die Entschließung des Tiroler Landtags vom 7. Juli 2022 stimmt uns hier vorsichtig optimistisch: „Der Tiroler Landtag begrüßt ausdrücklich die laufende, von den Jenischen angestoßene Aufarbeitung ihrer Geschichte und fordert die Tiroler Landesregierung auf, mit den Jenischen in Kontakt zu treten, und in weiterer Folge zu prüfen, in welchem Rahmen die Landesregierung die Jenischen aktiv bei der Aufarbeitung ihre Geschichte unterstützen kann."[8]

Auch theoretische Fragen, die sich aus der konkreten Archivpraxis ergaben, konnten gegenwärtig lediglich gesammelt, nicht aber abschließend beantwortet werden. Grundsätzlich: Ist es legitim, jenische Kultur sichtbar zu machen, wenn Sichtbarkeit doch zumindest die Möglichkeit einschließt, von der Mehrheitsgesellschaft an den Rand gedrängt zu werden – zudem, wenn diese Arbeit von nicht-jenischen Archivar:innen durchgeführt wird, selbst wenn diese in engem Dialog mit Jenischen stehen? Eine vergleichbare Debatte begleitet die Verschriftlichung und Veröffentlichung der jenischen Sprache. Oder etwa, dass bereits der Hinweis auf historische personenbezogene Akten Begehrlichkeiten wecken könnte, die wiederum Rückschlüsse auf heute lebende Personen ermöglichen. Zugleich können sie aber auch von unschätzbarer Bedeutung für emanzipatorische Forschung sein, die im Sinne jenischer Anliegen durchgeführt wird.

Für Simone Schönett ist die Existenz eines Jenischen Archivs notwendig, da es „einzigartig ist und es in dieser Größenordnung noch nie den Versuch gegeben hat, jenische (Zeit-)Geschichte zu sichern und zugänglich zu machen"[9].

Historische Dokumente, aber vor allem auch Erzählungen und Lebensgeschichten sind von unschätzbarem Wert, nicht nur für das Jenische Archiv, sondern auch für die Sache der Jenischen. Wir freuen uns über jede Kontaktaufnahme und materielle oder immaterielle Beteiligung am Aufbau unter: info@jenisches-archiv.at.

Anmerkungen

1 Simone Schönett 2022, „Entwurf Graphische Novelle", Jenisches Archiv Digital.
2 Ebd.
3 Horst Schreiber: Die Jenischen im Nationalsozialismus, in: Michael Haupt/Edith Hessenberger: Fahrend? Um die Ötztaler Alpen. Aspekte jenischer Geschichte in Tirol, Innsbruck 2021, S. 125–155, hier S. 155.
4 Vgl. Horst Schreiber: „… obwohl sie der Rasse nach keine Karnerin ist". Die Verfolgung der Jenischen in Tirol, in: Horst Schreiber u. a. (Hg.): Gaismair-Jahrbuch 2016: Zwischentöne, Innsbruck–Wien–Bozen 2015, S. 99–108 und Schreiber: Die Jenischen im Nationalsozialismus.
5 Vgl. Schreiber: Die Jenischen im Nationalsozialismus, S. 125.
6 Johannes Papritz: Archivwissenschaft – Band 1, Teil 1: Einführung, Grundbegriffe, Terminologie, Marburg 1983, S. 90.
7 Schönett 2022. Zum Hintergrund vgl. Oliver Seifert: „Maria S. Ist Sterilisation zu fordern.", in: Ich lasse mich nicht länger für einen Narren halten: Eine Ausstellung zur Geschichte der Psychiatrie in Tirol, Südtirol und im Trentino, Bozen 2012, S. 74–87 und Horst Schreiber: „Angesichts des erheblichen Schwachsinns und der (…) psychopathischen Minderwertigkeit ist Sterilisation zu fordern", in: Monika Jarosch u. a. (Hg.): Gaismair-Jahrbuch 2009: Überwältigungen, Innsbruck–Wien–Bozen 2008, S. 99–106, die das furchtbare Schicksal der Jenischen Maria S. beschreiben, die 1943 rechtskräftig zur „Unfruchtbarmachung" in der Universitätsfrauenklinik Innsbruck verurteilt wurde.
8 Entschließung des Tiroler Landtags vom 7. Juli 2022, GZ 243/2022.
9 Simone Schönett 2022 in persönlicher Korrespondenz mit den Verfassern.

re
mind

Erinnern und beurteilen

Horst Schreiber

Einleitung

Steffen Arora macht mit seinem Beitrag „Die Macht des Gutachters – Heimopfer in den Mühlen der Justiz" auf einen Skandal aufmerksam, den niemand zu interessieren scheint. Zehn Jahre lang hat eine Tirolerin, die als Kind hierzulande in einem Heim körperlicher, psychischer und sexueller Gewalt ausgesetzt war, versucht, Entschädigung nach dem Verbrechensopfergesetz zu bekommen. Trotz mehrerer Anläufe vergeblich. In der Regel lehnt das Bundessozialamt derartige Anträge generell ab. Dann treten Gutachterinnen und Gutachter auf, die scheinbar imstande sind, das Leben eines Menschen und die Auswirkungen traumatischer Ereignisse in kürzester Zeit zu beurteilen. Meist genügt eine Stunde Gespräch mit den Betroffenen und schon ist aus fachärztlicher Sicht erwiesen, dass es zwischen den gesundheitlichen Schädigungen und der erlittenen Gewalt im Heim keinen ursächlichen Zusammenhang gibt. Auffallend ist, dass das Begutachtungspersonal sich aus wenigen ExpertInnen zusammensetzt und unverhältnismäßig oft im Sinne des Auftraggebers entscheidet. Bisher wurden rund 85 % !! aller Anträge abgelehnt. Auffallend ist weiters, dass all dies intransparent bleibt und dass viele der Betroffenen auf hohen Anwaltskosten sitzen bleiben. Auffallend ist aber auch, dass die Unterstützung aus der akademischen Welt fehlt, dass die Expert:innen die aktuelle Gewalt gegen ehemalige Heimkinder wie in der Vergangenheit nicht zeitnah wahrnehmen und inaktiv bleiben, solange die öffentliche Hand keinen Forschungsauftrag erteilt.

Die Bocksiedlung an der Innsbrucker Peripherie beheimatete über Jahrzehnte Menschen, die als sozial randständig wahrgenommen wurden und deren Auffassung von Wohnen, Arbeiten, Lieben und Erziehen bürgerlichen Erwartungshaltungen zuwiderliefen. Nicht zufällig überstellten die Fürsorgebehörden aller politischen Systeme seit der Ersten Republik viele Kinder der „Bockala" in die Erziehungsheime, die nicht vermeintliche Defizite kompensierten, sondern die Minderjährigen terrorisierten. Die materielle Hinterlassenschaft dieser Welt der unteren Klasse, die unter Diskriminierung und Gewalt litt, sich aber auch durch Lebensfreude und Solidarität auszeichnete, ist weitgehend verschwunden. Die Sprachwissenschaftlerin Heidi Schleich und engagierte Studierende der Europäischen Ethnologie an der Universität Innsbruck konzipierten mit Unterstützung des Stadtarchivs/Stadtmuseums Innsbruck und des Amts für Grünanlagen eine Freiluftausstellung in der Egerdachstraße mit dem Titel „Legendär: Die Bocksiedlung". Den aktuellen Kontext und die historischen Hintergründe zu diesem Projekt erläutert *Franziska Niederkofler* in ihrem Beitrag „Die Bocksiedlung. Eine studentische Spurensuche in Innsbruck".

Zwei Artikel dieses Schwerpunktes des Gaismair-Jahrbuchs 2023 thematisieren Denkmäler. *Benedikt Kapferers* Beitrag „Zur Erinnerung an Wolfgang Tschernutter. Ein Denkmal und seine Geschichte" aktualisiert ein fast vergessenes Monument an der Innpromenade hinter dem Hauptgebäude der Universität Innsbruck. 1994 hatten zwei Minderjährige den wohnungslosen Wolfgang Tschernutter mit einem Vierkantholz erschlagen. Der Mord mobilisierte die Zivilgesellschaft und in besonderem Maße die Sozialvereine der Landeshauptstadt, allen voran das Dowas. Es entstand eine Initiative, die ein antifaschistisches Mahnmal errichten wollte. Die Hürden, die es zu überwinden galt und die heftigen Konflikte zwischen der Stadtpolitik und den engagierten Gruppen schildert Kapferer in seinem Beitrag. Im Februar 2022 organisierten das Dowas und Freundeskreis eine Kundgebung, die an den Mord, das Opfer und das Recht auf Stadt erinnerte, aber auch auf die Notwendigkeit hinwies, rechter Gewalt Paroli zu bieten. Benedikt Kapferers Artikel schließt mit einer Fotodokumentation des „Antifaschistischen Denk-mals gegen den industriellen Umgang mit Minderheiten" von Alois Schild, aufgenommen anlässlich der Veranstaltung im Februar 2022.

Mit einem Monument, das 70 Jahre älter ist als jenes von Schild, befasst sich *Gisela Hormayr* in ihrem Beitrag „,Ausdruck des triumphierenden Judentums'. Die Auseinandersetzung um das Kriegerdenkmal in Kufstein 1922–1926". Nach dem Ersten Weltkrieg war die Frage eines würdigen Gedenkens an die unzähligen Toten Thema in vielen Tiroler Gemeinden. Kufstein entschied sich auf breiter parteipolitischer Basis für ein Kriegerdenkmal in Form einer überlebensgroßen Statue des biblischen David. Doch dagegen machte eine Partei mobil, die noch kaum ihre Gründungsphase hinter sich hatte. Die Kufsteiner NSDAP wetterte gegen David, den „jüdischen Schandbuben" und „Besieger des Ariers Goliath". Der Denkmalausschuss wehrte sich mit dem Hinweis, dass „im christlich-germanischen Bewußtsein David mit dem Haupte des Goliath ein Symbol deutscher Kraft" wäre. Im Folgenden brach eine antisemitisch geführte Diskussion aus, die der weitum anerkannte Kufsteiner Heimatforscher Rudolf Sinwel vorantrieb. Für ihn war David der typische Vertreter „jener Rasse, die immer mehr als der tückischeste und gefährlichste Widersacher deutschen Wesens und Volkstums erkannt wird." Die Stadt Kufstein gab schließlich dem Bau der Heldenorgel den Vorzug, das David-Standbild setzte Patina an. Erst Jahrzehnte später wurde die Statue tatsächlich aufgestellt. Nun gab es keine Einwände mehr. Den meisten war die im Alten Testament überlieferte Geschichte von David und seinem Kampf gegen den Riesen Goliath nicht mehr geläufig. So verhinderten ausnahmsweise Vergessen und Bildungsmangel die Wiederkehr einer antisemitischen Debatte.

Der zweite Beitrag von *Gisela Hormayr* „Kadereinsatz: Tiroler an der Internationalen Leninschule in Moskau" bietet Information über ein noch wenig bekanntes Thema. Im Mittelpunkt steht der politische Werdegang von drei Tiroler Linken in der Zeit von Austrofaschismus und Nationalsozialismus, die alle die bedeutendste Ausbildungsstätte der Kommunistischen Internationale in der Sowjetunion besucht hatten. Josef Angermann und Eduard Lange konnten wenig Nutzen daraus ziehen. Angermann setzte seinem Leben in der Folterhaft der Gestapo in Wien ein Ende, Lange kam im Zuge der politischen Säuberungen Stalins in einem Lager des Gulag um. Der Leninschüler Romed Pucher hingegen überlebte das KZ Dachau, er übernahm nach dem Krieg die Landesleitung der KPÖ Tirol.

Steffen Arora

Die Macht des Gutachters – Heimopfer in den Mühlen der Justiz

Der Heimskandal ist eines der größten Verbrechen der Zweiten Republik mit tausenden Opfern. Doch die Aufarbeitung geht schleppend voran. Die Anerkennung und Entschädigung als Verbrechensopfer ist bisher nur 51 Betroffenen gelungen. Eine Tirolerin hat es versucht, fast zehn Jahre lang, und scheiterte an einem Gutachten, das in nicht einmal 60 Minuten erstellt wurde.

Frau Z. (Name auf Wunsch der Betroffenen anonymisiert) ringt um Fassung, wenn sie ihre Geschichte erzählt. Sie will nicht „hysterisch" wirken. „Man hat mir immer eingebläut, dass ich nichts wert bin, nicht zähle", versucht sie ihre Unsicherheit zu rechtfertigen. Diese rührt von einer Kindheit her, die Frau Z. alles andere als einen guten Start ins Leben verschafft hat. Schon kurz nach der Geburt wurde sie auf einem Pflegeplatz untergebracht. Die Mutter war nicht im Stande, sich um sie zu kümmern. Über ihren Vater weiß sie bis heute gar nichts. Laut Akten, die Frau Z. erst im Zuge der Aufarbeitung des Heimopferskandals durch den Historiker Horst Schreiber zu Gesicht bekommen hat, hat ihre leibliche Mutter sie als Kleinkind im Alter von drei Jahren wieder zu sich genommen. Allerdings wurde Frau Z. von der Mutter misshandelt, weshalb sie mit vier Jahren erneut in Fremdunterbringung kam. In eines der heute berüchtigten Tiroler Kinderheime, das von einem Orden geführt wurde.

Im Alter von nur vier Jahren wurde sie dort erstmals sexuell missbraucht, körperliche und seelische Misshandlungen standen auf der Tagesordnung. Schläge mit Stöcken oder Scheitelknien zählten ebenso zum grausamen Alltag wie die Bestrafung als „Bettnässerin" – Frau Z. musste sich dafür die verschmutzte Unterhose auf den Kopf setzen. Acht lange Jahre verbrachte sie in diesem Heim, bevor sie einen Platz in einer liebevollen Pflegefamilie fand.

Die permanente Angst, nicht zu genügen

So sehr sie sich auch bemühte, diese Vergangenheit lastete zeitlebens schwer auf Frau Z. Trotz der Fürsorge, die ihr die neue Pflegefamilie entgegenbrachte, schaffte es die traumatisierte Frau nie, sich von den Demütigungen und Verletzungen, die sie als Kind erlitten hatte, zu erholen. Als sie später selbst Mutter wurde, stand sofort das Jugendamt vor der Tür, erzählt sie: „Wegen meiner Heimvergangenheit war ich unter Beobachtung."

Für Frau Z. bedeutete das permanente Angst, man könnte ihr die Kinder nehmen, ihr Ein und Alles. Auch beruflich fasste sie nie Fuß. Die Beziehung zum Vater ihrer Kinder zerbrach, als Alleinerzieherin musste sie in erster Linie den Alltag bewältigen. Für Aufarbeitung blieb keine Zeit.

Frau Z. schlug sich durch. Nach der Hauptschule besuchte sie die Haushaltsschule. Als Erwachsene bestritt sie ihren Lebensunterhalt und den der beiden Kinder mit Hilfstätigkeiten. Der Traum vom Studium der Geologie blieb ein Traum. „Weil ich mir selbst nie etwas zugetraut habe. Das blieb mir bis heute von der Zeit im Heim", sagt sie. Die Pflegefamilie habe sie stets ermutigt und bestärkt, eine höhere Ausbildung anzustreben: „Sie haben an mich geglaubt, aber ich konnte das nie." Und so funktionierte sie, über Jahre. Stets begleitet von der Angst, ihre Arbeit, ihre Wohnung und vor allem ihre Kinder zu verlieren.

Der lange Weg zur Gerechtigkeit

Viel später, aber noch bevor der so genannte Heimopferskandal vor mehr als zehn Jahren aufgedeckt wurde, begab sich Frau Z. in therapeutische Behandlung. Dort hat sie begonnen, ihre Vergangenheit mit professioneller Hilfe aufzuarbeiten. Sie fasste Vertrauen zum Therapeuten. Und als das Verbrechen an den Heimkindern schließlich mehr und mehr publik wurde, riet ihr der Therapeut, sich als Opfer zu melden, um Ansprüche geltend zu machen. Das tat sie nach Zögern 2013. Nun begann alles von vorne. Sie musste ihre Geschichte wieder und wieder erzählen. Vor der kirchlichen Klasnic-Kommission und der diözesanen Kommission. Die Unabhängige Opferschutzanwaltschaft erkannte Frau Z. schließlich eine einmalige Entschädigung in der Höhe von 15.000 Euro sowie Therapieeinheiten im Ausmaß von 50 Stunden zu. 2018 wurden die Zahlungen für Therapiestunden eingestellt. Sie solle sich einen anderen Therapeuten suchen, wenn bisher nichts weitergegangen sei, wurde Frau Z. lapidar mitgeteilt.

Parallel zu den Forderungen an die Kirche, respektive die Opferschutzanwaltschaft, stellte Frau Z. im Sommer 2013 einen Antrag auf Entschädigung nach dem Verbrechensopfergesetz beim Bundessozialamt. Schließlich litt sie ihr Leben lang unter den Folgen der im Kinderheim erlittenen Misshandlungen und des sexuellen Missbrauchs. Nur wenige der so genannten Heimopfer haben diesen juristischen Weg bis heute beschritten. Denn die Aussichten auf Erfolg sind – obwohl das erlittene Leid als erwiesen gilt – äußerst gering. Diese Erfahrung musste auch Frau Z. machen.

Die enttäuschte Hoffnung in das Gutachten

In einer ersten Reaktion lehnte das Bundessozialamt ihren Antrag ab. Sie erhob Einspruch dagegen. Dem wurde auch stattgegeben, weil „massive Fehler" in der ersten Ablehnung offenkundig wurden. Doch es sollte nur die erste von vielen Hürden sein, die man Frau Z. in den Weg zu dem ihr zustehenden Recht stellte. Die unüberwindbare folgte im Jahr 2018, als sie vom Bundessozialamt zu einem Termin bei einem Facharzt für Neurologie und Psychiatrie bestellt wurde, der ein nervenfachärztliches Gutachten über sie erstellen sollte. Frau Z. trat die Reise nach Wien an, voll der Hoffnung, einem Facharzt ihre Situation und die damit verbundenen Schwierigkeiten schildern zu können. Mit ihrem Antrag auf Entschädigung nach dem Verbrechensopfergesetz wollte sie Ansprüche auf Verdienstentgang geltend machen, die durch die acht Jahre im Kinderheim verursacht wurden. Konkret ging es ihr um die Tatsache, dass sie zeitlebens nicht in der Lage war, eine fundierte Berufsausbildung zu absolvieren und eine damit verbundene, angemessen bezahlte Berufstätigkeit auszuüben. Aufgrund der beschriebenen Traumata und des mangelnden Selbstwertgefühls war schon allein das Meistern des Alltages ein steter Kampf für Frau Z. Die permanente Angst, wegen des eigenen Unvermögens die Wohnung, die Arbeit oder gar das Sorgerecht für ihre Kinder zu verlieren, überschattete ihr gesamtes Leben.

„Ich dachte, der Gutachter wird sich meine Geschichte unvoreingenommen anhören. Aber ich hatte von Anfang an den Eindruck, er hatte sich ohnehin schon eine Meinung gebildet", sagt Frau Z. rückblickend. Der Termin beim Neurologen dauerte keine 60 Minuten. In dieser Zeit befragte sie der Gutachter nach ihrer Mutter, der Zeit bei den Pflegeeltern, ihrer heutigen Verfassung und vieles mehr. „Nur die Zeit im Heim war kaum Thema. Der sexuelle Missbrauch überhaupt nicht", wunderte sich Frau Z. Nach nicht einmal einer Stunde war der Termin vorbei.

Mehr Schock als Verwunderung stellte sich ein, als Frau Z. das vier Seiten umfassende Gutachten dann zu Gesicht bekam. Ihr Antrag auf Verdienstentgang wurde noch 2018 abgelehnt. Basis dafür war das Gutachten des Neurologen, der schon zahlreiche Heimopfer abgewiesen hat, wie Recherchen zeigten. Frau Z. wurde lediglich eine leichte Depression attestiert. Wörtlich heißt es in dem Gutachten:

Schon Kleinst- und Kleinkindalter waren geprägt von wechselnden Bezugspersonen und höchst problematischen Familienverhältnissen, was letztendlich zur Heimaufnahme im 5. Lebensjahr geführt hat. Auch wenn die anschließende Zeit bei der Pflegefamilie durchwegs positiv beurteilt wird, so hat Frau Z. nahezu ihre gesamte Kindheit in einem für ein Kind belastendem Milieu verbracht. Mit einbezogen in die Bewertung des derzeitigen Leidenszustandes muss auch die wenig herausfordernde berufliche Tätigkeit, die Partnerlosigkeit und die körperliche Erkrankung. Aus fachärztlich-psychiatrischer Sicht haben die Misshandlungen zwar möglicherweise einen Einfluss auf den derzeitigen Leidenszustand, sind jedoch nicht als wesentliche Ursache anzusehen.

Der sexuelle Missbrauch, der im Alter von vier Jahren begonnen hat, wurde im Gutachten nicht berücksichtigt. Dass er tatsächlich stattgefunden hat, werde nicht angenommen und daher auch nicht in die Beurteilung miteinbezogen, heißt es dazu. Für Frau Z. war diese Begutachtung wie ein Schlag ins Gesicht. Sie erhob Einspruch gegen die Ablehnung ihres Antrages auf Basis dieses Gutachtens.

Die Berufungsverhandlung

Die für November 2021 angesetzte Berufungsverhandlung in Wien verschob sich mehrmals. Im März 2022 war es schließlich soweit. Die Verhandlung wurde für fünf Stunden anberaumt. Frau Z. hatte schon im Vorfeld große Angst vor diesem Termin, weil sie wusste, dass der Gutachter ebenfalls geladen war. Einen Anwalt konnte sie sich nicht leisten, muss sie doch mit einer kleinen Pension ihr Auslangen finden. Allein die Anreise war für Frau Z. bereits ein finanzieller Aufwand, der kaum zu stemmen war. Schließlich galt es, neben der Zugsfahrt auch ein Hotelzimmer zu buchen. Im Verlauf der Berichterstattung zu ihrem Fall in der Tageszeitung DER STANDARD meldete sich ein Helfer, der Frau Z. anbot, die Anwaltskosten zu übernehmen. So konnte sie sich zumindest einen Rechtsbeistand leisten, der sie zum Verhandlungstermin begleitete und sich ihres Falles annahm. Wenngleich auch der Anwalt von vornherein anmerkte, dass er kaum Hoffnung auf einen positiven Ausgang hege. Er hatte schon andere Heimopfer vertreten und kannte den besagten Gutachter, dem der Ruf vorauseilt, derartige Anträge von Heimopfern abzuweisen.

Das Protokoll der Verhandlung in Wien zeugt vom Ausnahmezustand, in dem sich Frau Z. befunden hat. Nachdem die Vorsitzende einleitend die Misshandlungen vorliest, die Frau Z. im Heim erlitten hat, bricht diese in Tränen aus. Die Vorsitzende bietet ihr an, zu pausieren, doch Frau Z. will weitermachen. Sie erzählt von der Kindheit im Heim und in der Pflegefamilie. Von ihrer leiblichen Mutter, die sie nie wirklich kennengelernt hat. Und von den Folgen, die diese Zeit bei ihr verursacht hat. Von jahrelangen Therapien, von Medikamenten, die sie täglich zu sich nimmt, um einschlafen zu können und den Alltag zu meistern.

Schließlich kommt der sexuelle Missbrauch zur Sprache. Frau Z. erklärt, dass sie in den Jahren in Therapie versucht habe, diesen aufzuarbeiten. Unter Tränen beschreibt sie den Richterinnen, woran sie sich erinnern kann, als sie als Vierjährige erstmals Opfer sexueller Gewalt wurde. Die Vorsitzenden beraten sich und beschließen, den sexuellen Missbrauch nun doch mitaufzunehmen. Obwohl der Gutachter diesen zurückgewiesen hatte. Schließlich ist er an der Reihe, Fragen an Frau Z. zu stellen. Er will wissen, ob es in ihrem Leben längere Berufsunterbrechungen wegen Krankenständen, wegen Rehabilitationen oder ähnlichem gegeben habe. Frau Z. erklärt, dass sie sich aus Angst, ihre Arbeit, ihre Wohnung oder die Kinder zu verlieren, nie getraut habe, „länger auszufallen". „Ich hatte gefühlt immer den Stempel eines Heimkindes und daher die Sorge, dass man mir die Kinder wegnimmt. Wenn ich im Krankenhaus gewesen wäre, was hätten dann meine Kinder machen sollen? Es war immer meine größte Sorge, dass ich einfach alles verliere, wenn ich sage, es geht mir nicht gut", versuchte sich Frau Z. zu erklären. Der Gutachter hakte nach: „Aber die Kinder waren ja irgendwann groß?" Frau Z. erklärte, dass sie sich einen längeren Krankenstand nie habe leisten können.

Vom falschen Zeitpunkt

„Ich habe mich die ganze Verhandlung durch als Beschuldigte gefühlt", sagt Frau Z. rückblickend. Irgendwann war sie wie gelähmt, habe kein Wort mehr herausgebracht: „Ich wollte nur noch weg." Der Gutachter blieb bei seiner Meinung, selbst als der Anwalt von Frau Z. den Einwand vorbrachte, dass nach der internationalen Klassifikation von Krankheiten (ICD) der Weltgesundheitsorganisation, die Diagnose einer komplexen Posttraumatischen Belastungsstörung attestiert werden müsste, die genau diese Folgen aufzählt, die sie vorbrachte und die ihr der Gutachter abzusprechen versuchte. Nämlich, dass „es eine Störung ist, die sich nach der Exposition gegenüber einem Ereignis oder einer Reihe von Ereignissen extrem bedrohlicher oder schrecklicher Natur entwickeln kann, am häufigsten verlängerte oder sich wiederholende Ereignisse, vor denen Flucht schwierig oder unmöglich ist, z. B. wiederholter sexueller oder körperlicher Missbrauch in der Kindheit".

Dem pflichtete der Gutachter zwar bei, allerdings verwies er darauf, dass diese Klassifikation erst mit 1. Jänner 2022 in Kraft getreten sei, bis dahin habe eine andere gegolten. Daher zähle für den Gutachter nur, wann er seine Expertise erstellt habe, nicht der aktuelle Entscheidungszeitpunkt. Der Antrag von Frau Z.s Anwalt, einen Gutachter zu bestellen, der auf Basis dieser Klassifikation den Fall beurteilt, wurde abgelehnt.

Das niederschmetternde Urteil

Die zentrale Frage in der Verhandlung, ob Frau Z. eine bessere Ausbildung und damit auch eine bessere Zukunft erwarten hätte dürfen, wenn sie als Kind nicht im Heim des Ordens über Jahre misshandelt und missbraucht worden wäre, wurde im Urteil daher erneut so beantwortet:

Aus fachärztlicher Sicht ist davon auszugehen, dass höchstwahrscheinlich auch ohne die angeschuldigten Ereignisse die gesundheitliche Schädigung vorläge.

Nach dem Urteil verlor Frau Z. jede Hoffnung, zu Ihrem Recht zu kommen. Eine neuerliche Berufung gegen den Spruch des Bundesverwaltungsgerichtes konnte sie sich nicht leisten. Ihr Anwalt erklärte ihr, dass er sie nicht weiter vertreten könne, außer sie erhalte Verfahrenshilfe. Ihr Schreiben an das Gericht wegen der Fristverlängerung für einen Einspruch, um die nötigen finanziellen Mittel aufzutreiben, blieb unbeantwortet. Die Einspruchsfrist verstrich daher ungenutzt.

Frau Z. will dennoch nicht ganz aufgeben und ihren Fall zumindest publik machen, um damit womöglich anderen Betroffenen Mut zu machen. Denn die wenigsten ehemaligen Heimopfer haben es bis heute gewagt, den juristischen Weg auf Verdienstentgang nach dem Verbrechensopfergesetz einzuschlagen. Die Zahlen aus dem August 2022 belegen, warum: Von bisher 301 Anträgen wurden 242 abgelehnt, 51 wurden zuerkannt, acht Verfahren laufen derzeit noch. Seitens des Sozialministeriums wird darauf verwiesen, dass der Nachweis in solchen Fällen oft schwer zu erbringen sei, weil die Taten Jahrzehnte zurückliegen. Der besagte Gutachter sei mittlerweile nicht mehr für das Bundessozialamt tätig, ließ das Ministerium wissen. Die Frage, in wie vielen Fällen er bis dahin eingesetzt worden war und wie viele davon er abgelehnt hatte, blieb bislang unbeantwortet.

Benedikt Kapferer

Zur Erinnerung an Wolfgang Tschernutter – Ein Denkmal und seine Geschichte

Mit einer Fotodokumentation

Es ist einer von 111 Orten in Innsbruck, „die man gesehen haben muss"[1]: ein rostiges Stahl-Gebilde an der Franz-Gschnitzer-Promenade hinter dem Hauptgebäude der Universität. Als Denkmal erinnert es an die Ermordung des wohnungslosen Wolfgang Tschernutter im Februar 1994. Besser bekannt als das unscheinbare Kunstwerk ist hingegen der Abschnitt der Promenade selbst. Denn in den vergangenen Jahren wurde der Platz am Innufer als städtischer Naherholungsraum immer beliebter. Insbesondere unter jüngeren Menschen wie Studierenden ist er schlicht als das „Sonnendeck" geläufig. So wird er speziell in den wärmeren Jahreszeiten zum sozialen Treffpunkt und zur Partylocation ohne Konsumzwang.[2] Doch der 111. Ort aus Susanne Gurschlers Sammlung der alternativ-verpflichtenden Innsbrucker Attraktionen – die angedeutete Stahl-Konstruktion – gilt allgemein kaum als Sehenswürdigkeit. Wenn sie denn wahrgenommen wird, ist sie für viele wohl eher eine Merkwürdigkeit im Landschaftsbild. Ihre Bedeutung und die Geschichte um den Menschen und das Verbrechen dahinter sind heute weitgehend vergessen. Im Zusammenhang mit der jüngeren Vergangenheit der Innsbrucker Sozialpolitik erweisen sich Ort und Stahl-Konstruktion bei einer genaueren Betrachtung jedoch als besonders erinnerungswürdig.

Vor dem Hintergrund der Entwicklung in Innsbruck und Tirol rund um die Themen Wohnen und Wohnungsnot sowie die räumliche Ausgrenzung durch Verbote im öffentlichen Raum[3] gilt es, historische Phänomene von Verdrängung sichtbar zu machen. Im Sinne eines solchen Zuganges einer inklusiven Erinnerungskultur[4] hat dieser Aufsatz das Ziel, im Fokus auf Innsbruck die Initiative eines lokal-regionalen Erinnerns rund um ein Denkmal darzustellen und die Geschichte der Ermordung eines Wohnungslosen ins Bewusstsein zu rücken.

Insofern sei an dieser Stelle Susanne Gurschler mit ihrer bereits erwähnten Publikation von 111 alternativen Innsbrucker Orten gedankt. Das Buch hat beim Autor eine erste Begegnung mit dem vorliegenden Thema und folglich eine längere Beschäftigung damit ausgelöst. Auf der Grundlage von Zeitungsartikeln und Quellenmaterial aus dem Archiv des Dowas (Durchgangsort für Wohnungs- und Arbeitssuchende), das freundlicherweise von Peter Grüner bereitgestellt wurde, sollen die historischen Ereignisse von damals rekonstruiert werden.

Die Vorgeschichte

Bereits in den 1970er und 1980er Jahren kamen in der Innsbrucker Stadtpolitik verstärkt Debatten um soziale Themen wie Wohnungsnot und Obdachlosigkeit auf. Speziell rechte und rechtskonservative Parteien forderten im Sinne einer „Law and Order"-Politik pauschale Lösungen mit dem Ruf nach mehr Sicherheitsmaßnahmen. Häufig dominierte eine oberflächliche und diskriminierende Sprache gegenüber den von akuter Not betroffenen Menschen. Sie wurden überwiegend als „Nichtstuer", „Störenfriede" oder „Kriminelle" hingestellt, wie eine Analyse der „Sandlerdebatte" im Gemeinderat 1979 zeigt. So standen die Anzahl von Strafanzeigen von Wohnungslosen und die Forderung nach mehr Recht und Ordnung im Vordergrund. Individuelle Schicksale oder der größere gesellschaftliche Kontext hinter der Obdachlosigkeit wurden ausgeklammert. Ebenso die Gründe für die sozialen Notlagen und die Erstellung konkreter sozialpolitischer Konzepte als mögliche Lösung.[5]

Anfang der 1990er Jahre war das gesellschaftliche Klima in Österreich umso mehr von rechtspopulistischen Diskursen geprägt. Auf nationaler Ebene verfolgte Jörg Haider (1950–2008) von der FPÖ einen besonders rassistischen und bisweilen rechtsextremen Kurs. Mit seinem Lob für eine „ordentliche Beschäftigungspolitik im Dritten Reich" im Kärntner Landtag am 13. Juni 1991 trat diese Ideologie zutage.[6] Während in Österreichs Nachbarschaft am Balkan der Krieg um den Zerfall Jugoslawiens tobte und hunderttausende Menschen flüchteten, stießen Politiker:innen aus dem rechten Lager vermehrt auf Gehör. Mit dem von Haider und der FPÖ initiierten Volksbegehren „Österreich zuerst" wurde schließlich die Ausländerfeindlichkeit in Österreich zu einem bestimmenden Thema. In der Eintragungswoche vom 25. Januar bis 1. Februar 1993 sprachen sich etwas mehr als 400.000 Menschen – das waren rund sieben Prozent der Stimmberechtigten – für die Forderungen rund um verstärkten Grenzschutz und Einwanderungsstopp aus.[7]

Im öffentlichen Diskurs vermischten sich ablehnende Haltungen gegenüber Flüchtlingen, Bettelnden, Wohnungs- und Obdachlosen. In Innsbruck wurde derweil die wenig zielführende Debatte der vorangehenden Jahrzehnte fortgeführt. Aus Sicht von NGOs aus dem Sozialbereich waren dafür Vertreter der Stadtpolitik wie ÖVP-Bürgermeister Romuald Niescher und sein Stadtparteiobmann Rudolf Warzilek mit ihren kontroversen Aussagen verantwortlich. Im Oktober 1993 sprach Niescher von einer „aggressiven Bettlerei" und angesichts der Innsbrucker „Sandler" von einer „unerträglichen Situation". Gemeinsam mit der Polizei, Expert:innen aus dem Sozialbereich und dem Land Tirol wolle er die „Stadtplage" angehen. Die Meldungen sorgten für großes Aufsehen. Der Soziallandesrat Walter Hengl (SPÖ) verurteilte das „Sandler-Austreiben" als keinen sinnvollen Zugang in der Sozialpolitik.[8] Diese Äußerungen mit einer von Abwertung, Ausgrenzung und Verdrängung gekennzeichneten Sprache prägten weiterhin die Debatte und bereiteten aus Sicht der Innsbrucker Sozialeinrichtungen schließlich den Boden für physische Gewalt.

Die Tat

In der Nacht vom 25. auf den 26. Februar 1994 kam es in Innsbruck zum Mord am wohnungslosen Wolfgang Tschernutter. Zwei Jugendliche verprügelten ihn mit einem Vierkantholz und verletzten ihn so schwer am Kopf, dass er bereits in der Nacht als hirntot galt und wenige Tage später auf der Intensivstation starb. Tschernutter war 37 Jahre alt und hatte im überdachten Eingangsbereich beim Hallenbad Höttinger Au genächtigt. Dort fand er öfter Unterschlupf. Die beiden Täter waren 14 und 15 Jahre alt und als Lehrling bzw. Schüler noch in Ausbildung. Bei der Polizei und später vor Gericht gaben die Jugendlichen an, dass sie den Mann zuerst um Feuer gefragt, keines bekommen hätten und dann ihres Weges gegangen wären. Wenig später kehrten sie jedoch wieder zurück, um ihn zu ärgern („tratzen"). Zuerst bewarfen sie ihn mit Bierdosen, danach schlugen sie mit einem ein Meter langen Holzstück mehrmals auf ihn ein. Laut Polizei hatte einer der Burschen eine Nähe zu rechtsextremem Gedankengut. Knapp vier Monate nach der Tat, am 23. Juni, endete der Gerichtsprozess nach zwei Verhandlungstagen mit einem Schuldspruch. Die Jugendlichen wurden wegen Mordes zu achteinhalb und neun Jahren Haft verurteilt.[9]

Die Tat erschütterte das ganze Land. Davon zeugen nicht nur die zahlreichen Medienberichte, auch die Innsbrucker Sozialvereine waren aufgerüttelt, wie Peter Grüner vom Dowas berichtet: „Es war klar, dass man etwas machen muss und nicht einfach zur Tagesordnung übergehen kann."[10] Am 4. März, eine Woche nach der Tat – genau an dem Tag, als Tschernutters Tod festgestellt wurde – fanden erste Aktionen aus dem Umfeld von Sozialeinrichtungen statt. Diese waren bereits zuvor im Sozialpolitischen Arbeitskreis Tirol (SPAK), eine Art Dachverband mit mehreren privaten Vereinen, vernetzt gewesen. Um 10 Uhr vormittags hielten sie, organisiert von Stefan Schnegg (Dowas), bei der Annasäule in der Maria-Theresien-Straße eine Mahnwache gegen Gewalt ab. Die Aktivist:innen verteilten Flugzettel, die vor „Hetzern" wie dem ÖVP-Stadtparteiobmann Warzilek warnten und seinen Rücktritt forderten. Ihr Vorwurf: Seine Aussagen und jene von ÖVP-Vertretern hätten das Klima für die Ermordung von Wolfgang Tschernutter erst hergestellt.[11]

Am Abend desselben Tages fand im Innsbrucker Bierstindl eine Diskussion zu Wohnungsnot und Wohnungslosigkeit statt. Der Sozialarbeiter Jussuf Windischer mahnte dort, dass es eine „bittere Hetzjagd gegen Obdachlose" gebe. Ulla und Wolfgang, selbst von Wohnungslosigkeit betroffen, sprachen ihre Existenz- und Zukunftsängste sowie die wesentlichen Ursachen für ihre Not an: das Scheitern von Beziehungen und Alkohol.[12]

Am 8. März wurde die Asche von Wolfgang Tschernutter in einem Urnengrab am Innsbrucker Westfriedhof beigesetzt. Der „Tirol-Kurier" berichtete wenige Wochen später über die Zeremonie, bei der viele Menschen große Anteilnahme zeigten: Wohnungslose, Street-Worker:innen, Fremde und natürlich die Eltern. Der „Wolfi", so der „Kurier", hatte eine Lehre zum technischen Zeichner gemacht, aber bereits Anfang der 1980er Jahre in Genf auf der Straße gelebt, bei seiner Rückkehr nach Innsbruck ebenso. Die Bemühungen seiner Eltern, ihn zu unterstützen, schlugen fehl. In der Stadt allgemein und speziell bei Sozialarbeiter:innen war

Tschernutter bekannt. Als besonders ruhig, zurückgezogen und friedfertig charakterisierte ihn der Journalist: „Er schweigt viel, er geht viel, er setzt sich in Cafés oder Unisäle, liest, hört zu. Er darf drinnen duschen und unterm Vordach des Höttinger Hallenbades übernachten. Die Bademeister sind nett. Wolfis fixe Station über Jahre. Der Mann hat keine richtigen Freunde – und keine richtigen Feinde. Bis zu dieser Nacht im Februar."[13]

Das Urnengrab von Wolfgang Tschernutter ist am Innsbrucker Westfriedhof im Grabfeld UH-2 unter der Nummer 57 zu finden. Laut der Friedhofsinformation der Stadt Innsbruck wurde er am 27. Februar 1956 geboren[14] und einen Tag vor seinem 38. Geburtstag Opfer der Misshandlung. In den Monaten nach der Tat dauerte das Gedenken an ihn an. Die Bemühung wurde ein Ringen um Anerkennung der sozialen Missstände.

„Sichtbar-Machen versus Entfernen": Die Initiative Denk-mal und die Erinnerung

Innerhalb des Sozialpolitischen Arbeitskreises entstand in der Folge unter Mitarbeit des Dowas, des Tiroler Sozialparlaments, des Vereins VAKUUM und anderer Einrichtungen die Initiative „Denk-mal". Peter Grüner, Anita Netzer, Hardy Ess, Helmut Kunwald, Sabine Trumer, Peter Valentini und Wilfried Hanser arbeiteten aktiv mit. Ihr Ziel war, ein antifaschistisches Mahnmal in Erinnerung an den Mord zu entwerfen und es in der Maria-Theresien-Straße bei der Annasäule aufzustellen.[15] Das Gedenkzeichen „sollte eine zentrale, öffentliche Stelle haben und nicht verdrängt werden wie jene, denen es gewidmet ist", so Grüner im Interview.[16] Bereits Anfang April stellte die Initiativ-Gruppe eine provisorische Pyramide bei der Verkehrsinsel an der Annasäule auf. Kurz darauf ließ die Stadt sie entfernen, weil sie widerrechtlich angebracht worden sei. Schließlich konnte die Gruppe den Kramsacher Künstler Alois Schild, einen Schüler des Bildhauers Bruno Gironcoli, für das Projekt gewinnen. Bis Anfang Juni entwarf er eine 800 Kilogramm schwere Stahl-Pyramide. Sein Denkmal nannte Schild „Mahnmal gegen den industriellen Umgang mit Minderheiten". Die Botschaft des Erinnerungszeichens bezog sich nicht nur auf die Ausgrenzung von Wohnungslosen, sondern auch auf die Arbeitswelt generell und die Geschichte des Nationalsozialismus. Schild kritisierte, dass in der Gesellschaft oft nur die Leistung zähle: „Der Druck fährt über die Menschen drüber. Wer nicht mithalten kann, wird verdrängt." Die Pyramide stellte eine überdimensionale Grabstätte dar. Sie sollte auch an den industriellen Massenmord in den Konzentrationslagern der NS-Zeit erinnern. Mit den Inschriften „Mama" und „Papa" wollte der Künstler den Menschen hinter dem Schicksal hervorheben.[17]

In den folgenden Monaten kam es zu heftigen Auseinandersetzungen zwischen der Initiative „Denk-mal" und der Stadtpolitik. Die Initiative errichtete mehrere Erinnerungszeichen, die Stadt beseitigte sie wieder. Mitte Juli wurde das Stahlgebilde von Schild in der Maria-Theresien-Straße vor dem Kaufhaus Tyrol aufgestellt. Die Aktivist:innen trugen Schilder mit Parolen: „Denk-mal gegen Ver-

Das Mahnmal von Alois Schild in der Maria-Theresien-Straße in Innsbruck vor dem Kaufhaus Tyrol Mitte Juli 1994. Kurze Zeit später ließ die Stadt es entfernen. (Foto: Archiv Dowas)

Aktivist:innen von Innsbrucker Sozialeinrichtungen der „Initiative Denk-mal" Mitte Juli 1994 in der Maria-Theresien-Straße in Innsbruck (Foto: Archiv Dowas)

gessen und Verdrängen im Herzen der Stadt". Am 18. Juli berichtete das Nachrichtenmagazin „profil": „Am vergangenen Donnerstag ließ die Stadtregierung auch diese Skulptur von der Feuerwehr abtransportieren. Die Diskussion um Sichtbar-Machen versus Entfernen ist prolongiert."[18]

Die Feuerwehr „entsorgte" das Stahl-Gebilde im städtischen Recyclinghof in der Rossau (heute Gelände des Bauhofs), also in der Nähe des ehemaligen Arbeitserziehungslagers der Geheimen Staatspolizei (Gestapo). Dort wurden von 1941 bis 1945 über 100 Menschen ermordet und viele Häftlinge in Konzentrations- und Vernichtungslager wie Auschwitz-Birkenau deportiert.[19]

Die Sozialeinrichtungen um den SPAK, die Initiative gegen Fremdenhass und der Arbeitskreis Wohnen und Existenzsicherung des Tiroler Sozialparlaments gaben nicht auf. In einer Presseaussendung wandten sie sich an die Medien und luden für den 20. Juli zu einer Mitternachtslesung. Sie sollte die Kontinuitäten einer menschenfeindlichen Politik aufzeigen und deutlich machen, dass „Faschismus hier und heute existiert". Die Veranstalter kritisierten, ein Denkmal werde „offensichtlich störender empfunden, als ein neues Kaffeehaus". Sie hofften auf einen Kompromiss in der Standortfrage mit dem neuen Bürgermeister Herwig van Staa,[20] der in der Gemeinderatswahl vom 24. April 1994 mit seiner von der ÖVP abgespalteten Liste Für Innsbruck als Sieger hervorgegangen war.[21] Die Diskussionen zogen sich noch mehrere Monate hin. Die Initiativ-Gruppe schlug den Marktplatz und den Rapoldipark vor. Die Stadtverwaltung lehnte die Vorschläge ab, etwa mit der Begründung, dass sich Kinder beim Klettern verletzen könnten und im Rapoldipark Pflanzen beseitigt werden müssten.[22] Schließlich einigte man sich auf den Standort an der Franz-Gschnitzer-Promenade hinter dem Hauptgebäude der Universität. Am 12. Dezember 1994 halfen Mitglieder der Stadtregierung wie Hilde Zach, Lothar Müller, Eugen Sprenger und Georg Gschnitzer mit, das Denkmal dort aufzustellen.[23] Wo es heute noch steht.

Ausblick

Auch in den Jahren nach der Denkmal-Errichtung an der Innpromenade im Dezember 1994 wurde die Erinnerung an den Mord an Wolfgang Tschernutter wachgehalten – von den Aktivist:innen, aber auch von Menschen aus den Bereichen Kunst und Kultur. Am ersten Jahrestag 1995 hielt das Aktionsbündnis gegen Rechtsextremismus eine Kundgebung ab. Es verwies auf Tschernutter und nahm Bezug auf das Attentat von Franz Fuchs, der Anfang Februar 1995 im burgenländischen Oberwart vier Roma mit einer Rohrbombe ermordet hatte.[24] Ein Jahr später gestaltete der Künstler und Journalist Bert Breit, der als Jugendlicher selbst im Lager Reichenau interniert war,[25] ein Klaviertrio, das er unter dem Titel „Schibboleth" Wolfgang Tschernutter widmete. Seine Uraufführung hatte das Stück am 24. September 1997 bei den Klangspuren in Schwaz.[26] In den Jahren danach gab es immer wieder kleinere publizistische Initiativen wie Blogbeiträge, aber auch einzelne Kundgebungen aus Kreisen der linken und antifaschistischen Szene.

Anlässlich des 28. Jahrestages der Ermordung veranstaltete das Dowas gemeinsam mit Freundinnen und Freunden am 25. Februar 2022 die Kundgebung „das recht auf stadt. erinnern an wolfgang tschernutter und die opfer rechter gewalt".[27] Außer der Lesung von Texten gab es mehrere Redebeiträge, unter anderem vom Künstler Alois Schild. Es entstand die Idee, das Denkmal zu aktualisieren und den verrosteten Stahl mit neuer Farbe zu bestreichen. Sarah Milena Rendel nahm das Denkmal in ihrer Dokumentation „Wohnen" (2021) auf. Der Film behandelt Wohnungs- und Obdachlosigkeit in der Gegenwart aus der Perspektive von unterschiedlichen Organisationen, Betroffenen und Aktivist:innen.[28]

Knapp 30 Jahre nach der Tat scheint das Denkmal dennoch weitgehend unbekannt zu sein. In seiner Funktion als Mahnung vor Ausgrenzung und dem „industriellen Umgang mit Minderheiten" wirkt es an seinem heutigen Standort wenig beachtet. Obwohl es an der Innpromenade nicht wie ursprünglich intendiert an einem zentralen Ort in der Innsbrucker Innenstadt errichtet wurde, so liegt es immerhin in Luftlinie gegenüber dem Höttinger Hallenbad, dem Tatort und oftmaligen Unterstand von Wolfgang Tschernutter. Das Denkmal befindet sich im Naherholungsraum des „Sonnendecks", einem Ort des studentischen Lebens ohne Konsumzwang und ohne Regulierungen wie den Nächtigungs- und Alkoholverboten. Als einer von 111 Orten, „die man gesehen haben muss", ist das Denkmal Sehens- und Merkwürdigkeit zugleich – ein Platz, der trotz oder gerade wegen seiner unscheinbaren und vergänglich-rostenden Gestalt erinnerungswürdig und bemerkenswert bleibt.

Close-up: Denk-mal – eine Fotodokumentation

Die Bilderreihe dokumentiert das „Antifaschistische Denk-mal gegen den industriellen Umgang mit Minderheiten" von Alois Schild an der Franz-Gschnitzer-Promenade in Innsbruck. Die Fotos hat Benedikt Kapferer im Februar 2022 aufgenommen.

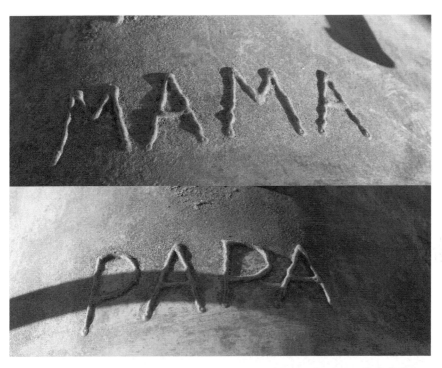

Anmerkungen

1 Susanne Gurschler: 111 Orte in Innsbruck, die man gesehen haben muss, Dortmund 2018, S. 230f.
2 Vgl. Simon H. Schöpf: „Wenn ich nicht hier bin, bin ich auf'm Sonnendeck…", https://www.uibk.ac.at/zeitgeschichte/hidden-histories/sonnendeck.html (Zugriff 26.5.2022).
3 Vgl. Horst Schreiber/Elisabeth Hussl (Hg.): Gaismair-Jahrbuch 2019. Schöne Aussichten, Innsbruck–Wien–Bozen 2018, speziell Abschnitt „Stadt der Verbote – Recht auf Stadt", S. 10–43.
4 Vgl. dazu Martin Lücke/Irmgard Zündorf: Einführung in die Public History, Göttingen 2018, S. 53–56.
5 Andrea Sommerauer/Hannes Schlosser: Gründerzeiten. Soziale Angebote für Jugendliche in Innsbruck 1970–1990, Innsbruck 2020, S. 311.
6 Der Standard, 14.6.1991, S. 1.
7 Bundesministerium für Inneres: Alle Volksbegehren der zweiten Republik, https://www.bmi.gv.at/411/Alle_Volksbegehren_der_zweiten_Republik.aspx (Zugriff 26.5.2022).
8 Kurier, 8.10.1993, S. 19; Der Standard, 9.10.1993, S. 8.
9 Kurier, 23.6.1994, S. 9; Kurier, 24.6.1994, S. 9.
10 Telefon-Interview Benedikt Kapferer mit Peter Grüner, 18.2.2021.
11 Archiv Dowas, Korrespondenz zwischen Stefan Schnegg und Bundespolizeidirektion/Verwaltungssenat, März 1994; Kronen Zeitung, 5.3.1994, S. 15.
12 Kronen Zeitung, 6.3.1994, S. 18.
13 Kurier, 1.4.1994, S. 11.
14 Friedhöfe Stadt Innsbruck, innsbruck.gv.at/friedhof, Wolfgang Tschernutter, Grabfeld UH-2, Grab 57.
15 Archiv Dowas, Originalwortlaut aus SPAK Protokollen im Jahr 1994/95, Eintrag vom 24.3.1994.
16 Interview Grüner, 18.2.2021.
17 Telefon-Interview Benedikt Kapferer mit Alois Schild, 17.2.2021.
18 profil, 18.7.1994, S. 33.
19 Horst Schreiber: Gedächtnislandschaft Tirol, Innsbruck–Wien–Bozen 2019, S. 180–183; Johannes Breit: Das Gestapo-Lager Innsbruck-Reichenau, Innsbruck–Wien 2017.
20 Archiv Dowas, Presseaussendung Mitternachtslesung der Initiative antifaschistisches Denk-mal, Innsbruck 20.7.1994.
21 Kurier, 26.4.1994, S. 2.
22 Archiv Dowas, Magistratsabteilung IX an Bürgermeister van Staa, Innsbruck 8.11.1994.
23 Kurier, 13.12.1994, S. 9.
24 Archiv Dowas, Manuskript für einen Beitrag für das Mittagsmagazin des RAI-Senders Bozen von Benedikt Sauer, 25.2.1995.
25 Tiroler Porträt. Bert Breit. Nach einem Interview von Othmar Costa: in: Das Fenster Jg. 24 (1990), Heft 47, S. 4630–4646, hier S. 4635.
26 Der Standard, 24.9.1997, S. 14; Tiroler Tageszeitung, 26.9.1997; siehe auch Matthias Breit: Remember Wolfgang Tschernutter (Schibboleth von Bert Breit), YouTube, 10.4.2021, https://youtu.be/SiwSh74EC1I (Zugriff 26.5.2022).
27 Kundgebung: Das Recht auf Stadt, erinnern.at, https://www.erinnern.at/bundeslaender/tirol/termine/kundgebung-das-recht-auf-stadt-wolfgang-tschernutter-und-die-opfer-rechter-gewalt (Zugriff 30.5.2022).
28 Der Film hatte am 26.5.2022 beim 31. Internationalen Film Festival Innsbruck (IFFI) seine Premiere, https://iffi.at/filme/wohnen/ (Zugriff 30.5.2022).

Franziska Niederkofler

Die Bocksiedlung –
Eine studentische Spurensuche in Innsbruck

Seit jeher liegt das Interesse der Europäischen Ethnologie in der Erforschung des Alltags und der Lebenswelt von Menschen. Die Kulturanthropologin Johanna Rolshoven beschreibt dies sogar als die „zentralen Fragen der Kultur, die sich, wenn auch nicht immer auf den ersten Blick erkennbar, aus Nebenschauplätzen und Randzonen erschließen"[1].

Auch die sogenannte Bocksiedlung in Innsbruck lässt sich als Nebenschauplatz und Randzone definieren. 1963 zerstörte ein verheerendes Feuer einen Großteil der Siedlung. Trotz des heftigen Widerstandes einiger „Bockala" setzte die Stadt Innsbruck bald nach dem Brand die bestehenden Abbruchpläne um. Heute weisen keine physischen Relikte mehr auf die ehemalige Siedlung hin. Das macht die Erforschung dieses Stücks Innsbrucker Stadtgeschichte zu einer Herausforderung, zumal sich schon die Lokalisierung als schwierig erweist.

An den Rändern der Stadt

Einer der wenigen nach wie vor existierenden Orientierungspunkte ist der sogenannte „Dodlbichl". Dieser Hügel, auf dem noch bis in die 1960er-Jahre gerodelt wurde, markiert die Grenze zwischen den Stadtteilen Pradl und Reichenau. Setzt man sich mit der Geschichte der Bocksiedlung auseinander, wird deutlich, dass sich der „Dodlbichl" als Grenze wie ein roter Faden durch die Erzählungen zieht. Der Stadtrandlage der Siedlung geschuldet, repräsentiert er die territoriale Grenze zwischen Zentrum und Peripherie, aber auch die gesellschaftliche Ausgrenzung, die die Bewohner:innen häufig erleben mussten. Sie wurden als „kriminell"[2] und „verwahrlost"[3] beschimpft oder „Karrner"[4] genannt, eine abfällige Bezeichnung für Jenische. Parallel zu dieser gesellschaftlichen Ausgrenzung haben sich die „Bockala" auch von der ihnen feindlich gesonnenen Umwelt abgegrenzt: Durch persönliche Beziehungen und Nachbarschaftshilfe entstand ein starker kollektiver Zusammenhalt unter den Bewohner:innen. Vor allem im Widerstand gegen Behörden und die kleinbürgerliche Mehrheitsbevölkerung solidarisierten sie sich untereinander.

Vor diesem Hintergrund entstand im Rahmen einer Lehrveranstaltung, die von Silke Meyer zu historischer Stadtforschung am Institut für Geschichtswissenschaften und Europäische Ethnologie der Universität Innsbruck im Sommersemester 2021 angeboten wurde, die Idee, die Spuren der Bocksiedlung nachzuzeichnen. Es ist dies ein Stück Innsbrucker Geschichte an den Rändern der Stadt, jenseits der bekannten touristischen Attraktionen wie Goldenes Dachl, Tirol Panorama oder Schloss Ambras.

Doch wie tastet man sich an ein Forschungsfeld heran, wenn es keine physischen Überbleibsel mehr gibt? Im Zuge eines Wahrnehmungsspazierganges durch das Gebiet wuchs allenfalls unsere Irritation: Zwischen den bunten, mehrstöckigen Wohnhäusern lässt nichts mehr auf die ehemalige Bocksiedlung schließen. Eingekesselt zwischen dem Gewerbegebiet Rossau, mehrspurigen Straßen, der Autobahn und dem Einkaufszentrum DEZ ist eine konkrete Lokalisierung des ehemals ländlich geprägten, dörflichen Raumes der Bocksiedlung nur mehr mittels alter Fotografien möglich. Diese bilden neben Überresten der Siedlung vor den finalen Abbrucharbeiten bereits einige der neuen Wohnhäuser ab, die das rasante Tempo der Stadtentwicklung erahnen lassen.

Für uns Studierende ergaben sich daraus folgende Fragestellungen: Wie und wo können wir der Bocksiedlung und ihrem Mythos nachspüren? Welche Vorstellungen sind damit verbunden, was prägt das kommunikative Gedächtnis? Den Einstieg in unser Feld unternahmen wir mit Heidi Schleich, die mit uns durch das ehemalige Gebiet der Bocksiedlung wanderte, uns Fotos zeigte und Gebäude lokalisierte. Weitere Antworten fanden wir im Stadtarchiv/Stadtmuseum Innsbruck. Gerahmt wurde unsere Recherche durch einen facettenreichen Film und das Buch „Bocksiedlung. Ein Stück Innsbruck" mit Interviews, Fotografien und historischen Einordnungen, 2017 herausgegeben von Melanie Hollaus und Heidi Schleich. Im Folgenden wird die Geschichte der Bocksiedlung zusammenfassend dargestellt.

Zur Geschichte der Bocksiedlung

Anfänge

Um die Entstehung der Bocksiedlung ranken sich viele Erzählungen: War der Kellner Otto Salcher der erste Siedler oder waren es Josefa und Otto Rauth mit ihrem Wohnwagen? Die Stadt Innsbruck wollte den Wagen an die alte Schottergrube bei Amras versetzen lassen, irrtümlicherweise landete er aber bei der neuen Schottergrube in der Reichenau.

Aufgrund der Wohnungsnot in der Zwischenkriegszeit und Weltwirtschaftskrise blieb es jedoch in den 1930er-Jahren nicht lange bei diesem einen Wohnwagen. Bald kamen weitere Holzhütten und kleine Häuser hinzu, für die Wasserversorgung wurde ein Ziehbrunnen errichtet. Trotzdem kam die Bocksiedlung nicht über den Status einer informellen Siedlung hinaus – sie hatte nie dauerhaft eine legale und abgesicherte Stellung. Dies betraf nicht nur räumliche und juristische Aspekte, sondern auch gesellschaftliche und politische.

Johann Bock

Ein gängiges Narrativ, das informellen Siedlungen häufig anhaftet, ist das einer chaotischen und unorganisierten Struktur. In Bezug auf die Bocksiedlung lässt sich dies jedenfalls nicht bestätigen, wie sich bereits hinsichtlich der Namensgebung offenbart: Die Bezeichnung „Bocksiedlung" hat ihren Ursprung bei Johann Bock (1900–1975), der oft auch als inoffizieller Bürgermeister der Siedlung beschrieben wird. Er kümmerte sich um die Notlagen der Bewohner:innen, auch wenn er als raubeiniger Zeitgenosse galt. Mit seiner Familie betrieb er eine Frächterei, sammelte neben Schlachtabfällen und Speiseresten der Innsbrucker Gasthäuser auch Bauschutt und entleerte die Sickergruben der Bocksiedlung. Bereits von Zeitzeug:innen als „Lokalbürgermeister"[5] oder „ungekrönter König der Siedlung"[6] beschrieben, kristallisierte sich die Funktion, die er innehatte, besonders am Ende der Bocksiedlung heraus: Als in den 1960er-Jahren die Pläne zum Abriss bekannt gegeben wurden, war es Johann Bock, der mit dem damaligen Innsbrucker Bürgermeister Alois Lugger über den Verbleib der Siedlung bzw. der Bewohner:innen verhandelte.

Vom Leben in der Bocksiedlung

Die Bocksiedlung bestand wie erwähnt aus einfachen Hütten oder umgebauten Wohnwägen, oft lebten mehrere Generationen in einem Haushalt. Das geht beispielsweise aus den Erzählungen von Hans Richter[7] hervor, der mit seiner Mutter und Großmutter unter einem Dach wohnte. Das Aufwachsen in der Bocksiedlung war aber auch geprägt von Armut und teils schwierigen Familienverhältnissen. Dennoch sind die Erinnerungen der ehemaligen „Bockala" an ihre Kindheit weitestgehend positiv, weil sie bestimmt war von vielen Freiheiten und einem starken Zusammenhalt untereinander. Sigrid Montagnolli, Enkeltochter von Otto und Josefa Rauth, beschrieb das Aufwachsen in dieser Gegend als „paradiesisch"[8], erzählte jedoch auch von Diskriminierungserfahrungen aufgrund ihrer Herkunft. Auch andere ehemalige Bewohner:innen berichteten, dass sie oft noch im Erwachsenenalter bei der Arbeit oder bei Behördengängen Benachteiligungen erfuhren.

Wie in dieser Zeit nicht unüblich, versorgten sich die „Bockala" zum größten Teil selbst, indem sie kleine Gemüsegärten anlegten und „Überlebens-Viecher"[9] wie Hühner oder Schweine hielten. Da sich nur wenige Haushalte den Luxus von fließendem Wasser und elektrischem Licht leisten konnten, wurde das Wasser aus dem gemeinschaftlich genutzten Ziehbrunnen bezogen. Plumpsklos wurden als Toiletten benutzt.

Viele der männlichen Bewohner der Bocksiedlung verdienten ihren Lebensunterhalt in Bau- und Handwerksbetrieben oder im Gastgewerbe, während die Frauen neben der Hausarbeit oft in Nähereien, umliegenden Firmen oder den nahegelegenen Gärtnereien mitarbeiteten. Auch innerhalb der Bocksiedlung war der Unternehmer:innengeist groß: Neben mehreren Baufirmen, die ihren Sitz dort hatten, gab es noch die bereits erwähnte Frächterei der Familie Bock, kleine Lebensmittelgeschäfte, die Kunstschlosserei des Hans Pinzger und die Schmiede des damals in ganz Innsbruck bekannten und geschätzten Josef Tschachler.

Ende der Bocksiedlung

Am 17. Juni 1963 brach in der Bocksiedlung ein Feuer aus, wobei bis heute nicht geklärt ist, ob es sich um Brandstiftung handelte. Kurze Zeit später wurden die bereits jahrzehntelang andauernden städtischen Abbruchpläne durchgesetzt und neue Bauvorhaben rasch realisiert. Aufgrund der Olympischen Winterspiele 1964 verfügte die Stadt über zusätzliche Gelder, die in den Wohnbau flossen. Sie errichtete vor allem in der Gegend der heutigen Reichenau und des Olympischen Dorfes unzählige Neubauten. Einige „Bockala" wehrten sich jedoch bis zuletzt vor einer Umsiedlung: So wurde der „Wolkenkratzer"[10] der Familie Giuliani als eines der letzten verbliebenen Häuser der Bocksiedlung erst 1972 abgerissen.

Erinnerungslücken schließen

Wie bereits einleitend erwähnt, hinterlässt die Bocksiedlung durch die Abwesenheit physischer Relikte eine Leerstelle. Diese Erinnerungslücke wollten wir schließen – fernab der traditionellen, historischen Erzählungen und in materieller Form. Unser Ehrgeiz war einerseits geweckt, weil wir im Gegensatz zu Lehrveranstaltungen mit „konventionellen" Lernmethoden die Möglichkeit hatten, etwas Physisches zu schaffen, das auch für Menschen außerhalb der universitären Gebäude

Die Baracken der Bocksiedlung vor den damals neu erbauten Sternhochhäusern in der Reichenau. (Foto: © Stadtarchiv/Stadtmuseum Innsbruck)

zugänglich ist. Zum anderen war es auch spannend, mit Zeitzeug:innen in Dialog treten zu können. Es war uns ein Anliegen, die Bocksiedlung nicht romantisierend darzustellen und den Menschen eine Stimme zu geben, die einen persönlichen

Stadträtin Uschi Schwarzl (2. v. l.) eröffnete gemeinsam mit Professorin Silke Meyer (4. v. l.), GRin Irene Heisz (5. v. l.), Renate Ursprunger vom Stadtarchiv/Stadtmuseum Innsbruck (4. v. r.), Buchautorin Heidi Schleich (r.) sowie den Studentinnen der Europäischen Ethnologie und ehemaligen Bockalan am 3.11.2021 die Freiluftausstellung in Innsbruck. (Foto: © Stadt Innsbruck/A. Dullnigg)

Die Ausstellung erzählt vom Leben und Alltag in der ehemaligen Bocksiedlung. (Foto: Franziska Niederkofler)

Bezug zur Siedlung haben – wie beispielsweise Albert P., der seine Erinnerungen anhand einer Fotografie des Elternhauses mit uns teilte.

So erwachte vor diesem Hintergrund die Idee, eine Freiluftausstellung mit dem Titel „Legendär: Die Bocksiedlung" zu konzipieren, die das Leben und den Alltag in der Siedlung zeigt. Die Standortwahl im öffentlichen Raum gewährleistet einen offenen und niederschwelligen Zugang. Die Umsetzung erfolgte mittels sogenannter „Freaks" – bunten Ausstellungstafeln aus lackiertem Stahlblech, die an Google-Maps-Markierungen erinnern sollten.[11] Realisiert wurde die Ausstellung in einer Kooperation der Universität Innsbruck, Fach Europäische Ethnologie mit Heidi Schleich, dem Stadtarchiv/Stadtmuseum Innsbruck und dem Amt für Grünanlagen. Sie kann in der Grünanlage Egerdach (Egerdachstraße) besucht werden.

Der Standort der Freiluftausstellung hat einen symbolischen Wert – die unmittelbare Nähe zum „Dodlbichl" ist kein Zufall. Nicht nur, weil er die Grenze zwischen Pradl und der Bocksiedlung markiert und ein konkreter räumlicher Bezug zur Bocksiedlung hergestellt werden kann – sondern auch, weil die Grünanlage Egerdach am Fuße des „Dodlbichls" über die Reichenauer:innen hinaus von Bewohner:innen aus Pradl und anderen Stadtteilen besucht wird. So erhoffen wir uns, dass außer den speziell Interessierten auch zufällig Vorbeispazierende auf die Ausstellungstafeln aufmerksam werden.

Anmerkungen

1 Johanna Rolshoven: Europäische Ethnologie – Diagnose oder Prognose der kulturwissenschaftlichen „Volkskunder", in: Europäische Ethnologie (= Österreichische Zeitschrift für Geschichtswissenschaft), IV/15 (2004), S. 73–87; hier S. 75.
2 Andrea Sommerauer: Vom Leben am Rand: Die Innsbrucker Bocksiedlung aus historischer Sicht, in: Melanie Hollaus/Heidi Schleich (Hg.): Bocksiedlung. Ein Stück Innsbruck, Innsbruck–Wien–Bozen 2017, S. 103–141; hier S. 132.
3 Ebd.
4 Ebd.
5 Melanie Hollaus/Heidi Schleich: „Als man auf dem Flugplatzgelände noch Fußballspielen konnte". Ein Interview mit Winfried Carrer, in: Hollaus/Schleich: Bocksiedlung, S. 37–43; hier S. 43.
6 Tiroler Nachrichten, „Republik" am Rande der Landeshauptstadt, 8.8.1950, S. 3.
7 Melanie Hollaus/Heidi Schleich: „Eine zusammenklappbare Pappkartonschachtel auf Rädern". Ein Interview mit Hans Richter, in: Hollaus/Schleich: Bocksiedlung, S. 69–74.
8 Melanie Hollaus/Heidi Schleich: „Das Aufwachsen in dieser Gegend war für uns Kinder paradiesisch". Gerhard und Martin Granig, Sigrid und Manfred Montagnolli im Gespräch, in: Hollaus/Schleich: Bocksiedlung, S. 85–95; hier S. 89.
9 Hollaus/Schleich: „Eine zusammenklappbare Pappkartonschachtel auf Rädern". Ein Interview mit Hans Richter; hier S. 72.
10 Melanie Hollaus/Heidi Schleich: Vom Wohnwagen, der zur Entstehung der Bocksiedlung führte. Maria und Emanuel Heger im Gespräch, in: Hollaus/Schleich (Hg.): Bocksiedlung, S. 77–83; hier S. 81.
11 Mona Erhart: OFF-Spaces Innsbruck. Alternative Ausstellungsorte im öffentlichen Raum der Stadt, Innsbruck 2020, S. 21.

Gisela Hormayr

„Ausdruck des triumphierenden Judentums"
Die Auseinandersetzung um das Kriegerdenkmal in Kufstein 1922–1926

Eine „reife Schöpfung", „eine besondere Zier des Franz-Josef-Platzes" – die Aufstellung der Kupferstatue des David mit dem Haupt des Goliath in einer zentral gelegenen Parkanlage Kufsteins im Mai 1957 wurde allgemein als Bereicherung des Stadtbilds empfunden – Herkunft und Geschichte des Standbilds waren in Vergessenheit geraten.[1]

Heldenehrung

Hunger, Arbeitslosigkeit und Inflation, die Trauer um Tote und Vermisste, der schwierige Neubeginn für Heimkehrer – die Frage einer angemessenen Ehrung der Gefallenen im öffentlichen Raum gehörte in der Nachkriegszeit kaum zu den vordringlichen Anliegen einer Mehrheit der Bevölkerung. Sie war dennoch Gegenstand erregter Debatten, in der Hauptsache getragen vom konservativen *Tiroler Anzeiger* und Veteranenverbänden, die die Errichtung von Kriegerdenkmälern einforderten und säumige Gemeindeführungen unter Druck setzten.

Die Überlebenden, konfrontiert mit dem im Kriegsverlauf entstandenen Topos von der „undankbaren Heimat", wurden an ihre Verpflichtung gegenüber den Kriegsopfern erinnert, die Errichtung einer würdigen Gedenkstätte zur Ehrensache erklärt.[2] Sie bedeutete für die Gemeinden zunächst eine nicht unbedeutende finanzielle Belastung, die vielerorts den Ankauf künstlerisch anspruchsloser und kostengünstiger Denkmäler, beworben durch große Steinmetzfirmen und Architektenbüros, bewirkte.[3]

Der Tiroler Heimatschutz beklagte „wilde Auswüchse", denen der Verein angesichts der in rascher Folge überall im Land eingeweihten Gedenkstätten hilflos gegenüber stehe, und bedauerte, dass bei ihrer Planung in den meisten Fällen auf die Mitwirkung einheimischer Künstler verzichtet werde.[4] Zuständig war in der Regel ein vom jeweiligen Gemeinderat eingesetzter „Kriegerdenkmalausschuss", dem Vertreter der politischen Parteien, einflussreicher gesellschaftlicher Gruppen im Ort und des lokalen Klerus angehörten. Er sorgte erfolgreich für den religiösen Charakter der Denkmäler und der jährlichen Gedenkrituale: 76,8 % der in der Zwischenkriegszeit errichteten Tiroler Kriegerdenkmäler befanden sich auf einem Friedhof oder Kirchplatz, weitere 12 % im Innenraum einer Kirche.[5] Der katholischen Kirche, „dieser Hüterin alles Guten und Schönen", erwachse, so der

Tiroler Anzeiger, in der Erinnerung an die Kriegsopfer ebenso wie im Trost und der Förderung „sittlichen Strebens" seitens der Hinterbliebenen „ein neues und fruchtbares Feld ihrer kulturell so segensreichen Tätigkeit."[6]

Späte Entscheidung

Drei Jahre nach Kriegsende gehörte Kufstein nach wie vor zu den „denkmallosen" Gemeinden. Die offenbar in der Stadt laut gewordene Kritik an diesem Zustand wurde zurückgewiesen: Es handle sich keineswegs um „lieblose Vergeßlichkeit und Gefühlsverhärtung", die dem Charakter der Kufsteiner:innen wesensfremd seien. Man habe vielmehr auf eine Verbesserung der wirtschaftlichen Lage gehofft, um ein besonders großartiges Mahnmal errichten zu können. Da dies nun derzeit nicht möglich sei, könne die Umgestaltung des Kalvarienbergs am Kienbichl

Josef Mühlbacher, David mit dem Haupte des Goliath (Foto: Heimatverein Kufstein)

in einen der Erinnerung an die Gefallenen vorbehaltenen Waldfriedhof eine vorläufige Lösung darstellen.[7] Wie weit dieser Vorschlag ernsthaft diskutiert wurde, ist unbekannt. Wenige Monate später, am 24. Juni 1922, informierte der seit Februar tagende Kriegerdenkmalausschuss die Öffentlichkeit, dass nach eingehender Begutachtung von sechs Entwürfen eine Entscheidung gefallen sei – sowohl was die Form des Denkmals als auch was seinen künftigen Standplatz anging. Die Zusammensetzung des 14-köpfigen Gremiums verbürgte Autorität: Unter dem Vorsitz von Vizebürgermeister Wilhelm Köhle gehörten ihm Bürgermeister Oskar Pirlo, Bezirkshauptmann Karl Janetschek, Dekan Josef Hintner, Gemeinderäte der drei politischen Parteien (Deutschfreiheitliche, Sozialdemokraten, Volkspartei) und angesehene Kufsteiner Bürger an. Dass es in diesem Ausschuss um eine ausschließlich von Männern zu führende Debatte ging, verstand sich von selbst.

Kufstein sollte also nach dem Willen der Verantwortlichen ein Kriegerdenkmal erhalten, dessen Botschaft sich von allen im Land errichteten Denkmälern abhob: eine überlebensgroße Statue des biblischen David, weithin sichtbar aufgerichtet inmitten des nach dem verstorbenen Kaiser benannten Franz-Josef-Platzes nahe dem Stadtzentrum, umgeben von Bronzetafeln in der Form von Schilden mit den Namen der Gefallenen des Weltkriegs.[8] Die Intention des Künstlers Josef Mühlbacher bedurfte einiger Erläuterung:

„Nicht das Ringen und Kämpfen um Herrschaft und Macht wird dieses Standbild ausdrücken, nicht den Triumph des Siegers über den Besiegten, nein, es wird uns in eindringlicher Sprache, in vollendeter künstlerischer Form daran mahnen, daß die Liebe zur Heimat, die Liebe zum eigenen Volke heute das eherne, das oberste Gebot ist, das unsere Taten beseelen muß. So wie die Helden, deren Gedächtnis das Denkmal gilt, für die Heimat bluteten, für das eigenen Volk litten, so kämpfte auch David. […] Harren wir aus im Kampfe gegen das Ungeheuer Unmoral, gegen den Riesen Volksverfremdung, bleiben wir standhaft gegen den Riesen Gewinnsucht und völkische Lauheit, dann wird der Tag kommen, der uns die Früchte des endgültigen Sieges, des Sieges des deutschen Geistes, der deutschen Art und des deutschen Wesens reifen läßt, wenn wir auch heute noch klein sind, wie der sieghafte Hirtenknabe."[9]

Mühlbacher hatte seinen David der Stadt für einen „bescheidenen Betrag" angeboten, Einzelheiten der Vereinbarung wurden zunächst nicht offengelegt, wiederholt jedoch auf den Vorteil dieser kostengünstigen Lösung hingewiesen. Zur Finanzierung des Sockels und der Bronzetafeln sollten die Kufsteiner durch die Zeichnung von Denkmalbausteinen im Wert von jeweils 5.000,-- Kronen beitragen. Der Entwurf der gesamten Anlage konnte in den folgenden Wochen im Fenster der Gewerbe- und Bauernkassa besichtigt werden, die Statue selbst war bereits im Rahmen der großen „Kriegs- und Kunstausstellung", abgehalten im Sommer 1917 zugunsten der heimischen Kriegerfürsorge, als einzigartiges Meisterwerk bewundert worden.[10]

Akademischer Bildhauer und Priester: Josef Mühlbacher (1868–1933)

Mühlbacher stammte aus St. Margarethen im Lungau. Seine erste Stelle als Kooperator trat er, nach früher Priesterweihe 1890, in Hofgastein an.[11] Während seiner Jahre als Benefiziat in Radstadt (ab 1895) wurde Erzbischof Johannes Katschthaler auf die künstlerische Begabung des Priesters aufmerksam und sorgte dafür, dass er 1909 ein Kunststudium an der Universität Wien und zugleich eine Ausbildung an der Akademie der bildenden Künste aufnehmen konnte. Studienreisen führten ihn nach Italien, Griechenland und Dalmatien. Im Rahmen der Schlussausstellung des Absolventenjahrgangs 1914 der Akademie präsentierte Mühlbacher erstmals eine Auswahl seiner Werke in der Öffentlichkeit, Kritiker erkannten in ihnen eine außergewöhnliche Begabung. Der „David mit dem Haupte Goliaths", seine von der Jury der Akademie gepriesene Abschlussarbeit, war hier erstmals zu sehen.[12] Der Kriegsbeginn verhinderte einen Aufenthalt bei Auguste Rodin in Paris, den ihm ein staatliches Stipendium ermöglicht hätte. Mühlbacher kehrte nach Radstadt zurück. In diese Zeit fällt die Arbeit an einer riesigen Samson-Statue für Tamsweg, die 1915 am dortigen Marktplatz im Dienst der weit verbreiteten „Kriegsnagelungen" Verwendung fand.[13] Im folgenden Jahr übernahm Mühlbacher die Pfarre in Kufstein-Zell, die er bis kurz vor seinem Tod betreute. Seine künstlerische Arbeit setzte er hier fort: 1921 entstand eine Inschriftendenkmal für die Gefallenen seiner Pfarrgemeinde, 1922 ein Relief mit dem Motiv des Hl. Georg für ein Kriegerdenkmal in Schwoich bei Kufstein.[14]

 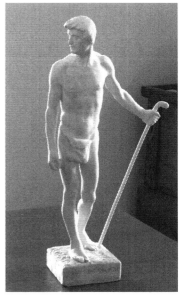

Links: Tamsweg 1915: Josef Mühlbacher neben seiner Samson-Statue (Foto: Heimatverein Kufstein); rechts: Josef Mühlbacher, Entwurf für die David-Statue (Foto: Heimatverein Kufstein)

Chronik einer Verhinderung

Am 26. Juli 1922, vier Wochen nach Erscheinen des Aufrufs des Denkmalausschusses, veröffentlichte der *Grenzbote* einen offenen Brief der jungen Ortsgruppe der NSDAP – ein „Mahnwort" an die Bevölkerung Kufsteins, die im Begriff stehe, „tiefste völkische Schmach" zu erleiden: „David, der Judenjüngel, der Besieger des Ariers Goliath als Sinnbild deutschen Geistes, deutscher Art und Wesens, Davids Standbild zur Ehre der Heldensöhne Kufsteins!" Den Ausschussmitgliedern, die ihre Entscheidung offensichtlich in völligem Unwissen über die Natur des „jüdischen Schandbuben" David getroffen hatten, könne nur ein Wort des „großen Ariers" Jesus (sic!) entgegengehalten werden: „Herr, vergib ihnen, denn sie wissen nicht, was sie tun."[15] In der nächsten Ausgabe der Lokalzeitung informierte ein Artikel im redaktionellen Teil über die zu erwartenden Kosten des Denkmals und über das zu diesem Zeitpunkt in der Bevölkerung kaum bekannte Angebot des Landes Tirol, der Stadt Kufstein eine monumentale Statue Andreas Hofers zu überlassen. In derselben Ausgabe bezog der Denkmalausschuss ausführlich Stellung zu den Angriffen der Nationalsozialisten, denen politisch motivierte Stimmungsmache vorgeworfen wurde. Gemeindewahlen standen bevor, die erstmalige Kandidatur der NSDAP Kufstein war zu erwarten. Es folgte – nicht ohne Ironie – eine ausführliche Belehrung zur Überlieferung im Alten Testament, der Verweis auf die allseits bekannten Darstellungen Davids durch Michelangelo und Donatello und die Symbolkraft des Standbilds, die die Kritiker anscheinend gar nicht verstanden hätten: „(…) denn so, wie einst Samson die Philister schlug, so wie David den Oberphilister überwand, so haben unsere germanischen Voreltern einst die Feinde aus dem Land gejagt! Das ist der Sinn! So ist auch im christlich-germanischen Bewußtsein **David mit dem Haupte des Goliath ein Symbol deutscher Kraft!**"[16] Nachzulesen war nun auch, welche Inschrift für die Stirnseite des Monument ausgewählt worden war:

„Wahret rein den Schild der Ehre,
Kufsteins Söhne, fort und fort!
Haltet nach der Helden Lehre,
Heilig eurer Heimat Hort!
Seht, wie dieser Hirtenknabe
Einst den Riesen überwand
Mit dem Stein, des Baches Gabe,
Weil ihm Gott zur Seite stand!
Darum laßt euch niemals rauben
Deutscher Tugend Kraft und Mark
Eurer Väter alten Glauben:
Gott der Herr bleibt ewig stark."

Unterstützung erhielt der Denkmalausschuss wenige Tage später im *Tiroler Anzeiger*, wo auch auf vermutete antiklerikale Motive der Nationalsozialisten verwiesen wurde.[17] Im August und September 1922 war Kufstein Schauplatz der Tiroler

Rudolf Sinwel
(Foto: Forschungsinstitut Brenner-Archiv,
Nachlass Rudolf Sinwel)

Landesausstellung. Wieder wurde der David gezeigt, Berichterstatter betonten den religiösen Charakter der Darstellung.[18] Das Gottvertrauen Davids, das den Sieg über Goliath erst möglich gemacht habe, weise in die Zukunft – „auf den Feind, den wir an der Stirne treffen müssen" – eine Interpretation, die spöttische Kommentare in der sozialistischen Presse des In- und Auslands zur Folge hatte. Das in München und Berlin erscheinende *Tagebuch* etwa ortete „chauvinistischen Schwachsinn" (besonders häufig anzutreffen in österreichischen Kleinstädten wie Kufstein!) – nicht nur aufseiten der Nationalsozialisten, sondern auch in der Argumentation des Denkmalausschusses, der David offenbar gegen die Siegermächte des Weltkriegs in Stellung bringen wolle.[19]

Josef Mühlbacher nahm die Wertschätzung seines Kunstwerks von katholisch-konservativer Seite wohl zur Kenntnis – von den Angriffen in Kufstein war er dennoch tief betroffen. Am 4. Oktober 1922 wandte er sich in einem längeren Schreiben an den Kriegerdenkmalausschuss. Seine Forderung, das Standbild vor Verunglimpfung und Beschädigung wirksam zu schützen, andernfalls er vom Verkauf an die Stadt Kufstein zurücktrete, lässt vermuten, dass entsprechende Drohungen laut geworden waren. Er habe dem Vertrag mit der Stadt aus ideellen Motiven zugestimmt, wolle aber nicht die Verantwortung für Streit in der Bevölkerung und das Nachlassen der Spenden für die Errichtung des Denkmals übernehmen. Gegen antisemitische Argumentation war auch er nicht immun: „Wenn solcher Idealismus verhöhnt, vereitelt und mit Füssen getreten wird, und zwar aus blossem Parteiphanatismus, wie soll dann ein Aufbau des Volkes möglich sein? Wenn jemand Grund hat, hiezu Beifall zu klatschen, so ist es das Judentum und seine Loge! (sic)." Einem (gewinnbringenden) Verkauf seines David durch die Gemeinde könne er jedenfalls unter keinen Umständen zustimmen.[20]

Am 21. Oktober 1922 verlas Ausschussobmann Köhle den Brief Mühlbachers in der Gemeinderatssitzung und erinnerte daran, dass ein einstimmiger Beschluss zur Aufstellung des David-Standbilds bereits zweimal gefasst worden sei.[21] Allerdings war es in der Zwischenzeit zu einer weiteren Intervention gekommen: Eduard Lippott, der Herausgeber des *Grenzboten*, und Heimatforscher Rudolf Sinwel hatten befunden, dass „die Natur des Daviddenkmals" keine „profane Umgebung" dulde, eine würdige Aufstellung vielleicht auf dem Kufsteiner Soldatenfriedhof denkbar wäre. Allgemeine Zustimmung fand dann jedoch der Vorschlag, das Kriegerdenkmal auf dem Kirchplatz zu errichten. Es folgte eine Wortmeldung der beiden sozialistischen Mandatare Franz Richter und Ewald Grasl, die klarstellten, dass sie grundsätzlich die Errichtung von Wohnungen für wichtiger hielten als die eines Kriegerdenkmals.[22] Dass die Arbeiterschaft ihrem Unmut durch Beschädigungen eines derartigen Denkmals Ausdruck verleihen würde, sei aber ein haltloses Gerücht. Warum es dann im Sitzungsverlauf zu einer weiteren Abstimmung über den Ort der Aufstellung kam, ist dem Protokoll nicht zu entnehmen – sie ergab nun eine deutliche Mehrheit für den von Anfang an vorgesehenen Franz-Josef-Platz.

Der antisemitische Konsens

Ob die Veröffentlichung von Auszügen aus Briefen Sinwels an den Kriegerdenkmalausschuss in der Ausgabe des *Grenzboten* vom 3. November 1922 in Zusammenhang stand mit dem Beharren des Gemeinderats auf seinem ursprünglichen Beschluss, lässt sich nicht mehr feststellen. Sinwel ging es, wie sich herausstellte, nicht nur um ein geeignetes Umfeld für die David-Statue. David gelte den Juden als Verkörperung des nach Macht und Herrschaft strebenden Judentums, offenkundig geworden in jüngster Zeit mit der Gründung der Sowjetunion. Eine religiöse Deutung des David-Standbilds sei daher unmöglich: „Zumal das deutsche Volk, das wie kein anderes durch den unheilvollen Einfluß des Judentums in seiner nationalen Kraft und Wesensart bedroht ist, hat alle Ursache, vor jenem Davidgeiste auf der Hut zu sein und die Unverwischbarkeit des germanisch-semitischen Rassengegensatzes gehört seit dem Kriege mehr denn je zum nationalen Glaubensbekenntnis eines Großteils der Deutschen." Die Entscheidung für das Werk Mühlbachers sei umso bedenklicher, als sein David ganz eindeutig die „rassisch-typischen Züge des echten Juden" trage. Sinwel zeigte sich überzeugt, dass er damit im Namen der Kufsteiner Bevölkerung spreche und, was noch schwer wiegen mochte, es Rücksicht zu nehmen gelte auf die zahlreichen deutschen Urlaubsgäste, die mit Sicherheit Anstoß an dem Denkmal nehmen würden.[23] In der dem *Grenzboten* an diesem Tag beiliegenden Ausgabe der *Heimatblätter* gestand Sinwel in einem Bericht über die Landesausstellung vom August und September 1922 Mühlbacher zwar große künstlerische Begabung zu, machte aber auch hier deutlich, dass die Figur des David für jeden „völkisch empfindenden" Betrachter als Kriegerdenkmal nicht in Frage komme.[24]

205

Sinwels Stellungnahmen hatten Gewicht. Er lebte zwar seit seiner Schulzeit in Innsbruck, war aber gebürtiger Kufsteiner und hatte sich in seiner Tätigkeit als weithin anerkannter Schriftsteller und Heimatforscher ein besonderes Interesse am Tiroler Unterland und seiner Heimatstadt bewahrt.[25] Seine vehemente Ablehnung des Standbilds mag rückblickend befremden, überrascht aber kaum angesichts des seit dem Ende des 19. Jahrhunderts vorwiegend im konservativen und deutschnationalen Milieu verbreiteten Antisemitismus, dem der verlorene Krieg neue Nahrung gab. Nur die „lähmende Zersetzung" des deutschen Volkes habe den Sieg der Entente ermöglicht, jüdisches Spekulantentum bewusst die Ernährungskrise bei Kriegsende und in den ersten Nachkriegsjahren herbeigeführt.[26] In Tirol vermengte sich diese Wahrnehmung nach 1918 zudem rasch mit der Ablehnung der sozialistischen und „verjudeten" Regierung in Wien, eine Ausbreitung des „Geists des Judentums" müsse verhindert werden.[27] Was Sinwels Einmischung für die weitere Entwicklung der Denkmalfrage bedeutete, ist im Einzelnen nicht feststellbar. Das Auftreten der Nationalsozialisten immerhin war erfolgreich: Sie stellten nach den Gemeindewahlen vom 5. November 1922 zwei der 28 Gemeinderäte, ein in keinem anderen Tiroler Ort erreichtes Ergebnis. Mit Georg Pirmoser, dem Kandidaten des Fortschrittlichen Bürgervereins, übernahm nach Oskar Pirlo ein weiteres Mitglied des Kriegerdenkmalausschusses das Amt des Bürgermeisters, die Errichtung des mehrfach einstimmig beschlossenen Denkmals ließ dennoch, ungeachtet des Vertrags mit Mühlbacher, auf sich warten.[28]

„Heldenhain" und „Heldenorgel"

Im Mittelpunkt der Beratungen der neuen Gemeindeführung über Denkmalfragen stand 1923 auch nicht das Schicksal des David-Standbilds, sondern das erwähnte fünf Meter hohe Abbild Andreas Hofers, das der Stadt angeboten worden war.[29] Kontroversen um die Darstellung blieben in diesem Zusammenhang aus, umso schwieriger gestaltete sich, der Größe wegen, die Suche nach einem geeigneten Platz. Vorschläge, die Hofer-Statue als Ersatz für den David zum Kriegerdenkmal umzufunktionieren, wurden erörtert und verworfen, bewirkten aber ein Wiederaufleben der Debatte.[30] Pfarrer Mühlbacher schrieb am 20. Juli 1923 erneut an die Stadtverwaltung und erbat eine rasche Entscheidung – vergeblich. Gegen Ende Jahres schließlich wandte sich der Kufsteiner Kaufmann Hans Laad in einem offenen Brief an die Bevölkerung, in dem er betonte, dass die Stadt stolz sein müsse auf den Besitz eines Kunstwerks, wie es der David darstelle, um sodann eine Unterbringung in den städtischen Grünanlagen anzuraten. Für das überfällige Kriegerdenkmal bot sich seiner Meinung nach die Errichtung eines „Heldenhains" am Lausbühel an, einer Anhöhe im Ortsteil Zell.[31] Dort könne, mit vergleichsweise geringem finanziellem Aufwand, ein würdiger Erinnerungsort entstehen, indem innerhalb eines Mauerrings für jeden Gefallenen ein Baum gepflanzt würde.[32] Rudolf Sinwel bezog auch jetzt Stellung, angeblich auf ausdrücklichen Wunsch der Gemeindeführung. Die Idee eines Heldenhains begrüßte er – was die weitere Verwendung der David-Statue anlangte, äußerte er einmal mehr Vorbehalte. Sie „in einer Stadt von so kerndeutscher Art" überhaupt öffentlich zu präsentieren, sei undenkbar. Es handle sich bei David um den „typischen Vertreter jener Rasse, die immer mehr als der tückischeste und gefährlichste Widersacher deutschen Wesens und Volkstums erkannt wird."[33] Eine Aufstellung im religiös definierten Raum, also etwa vor der Kirche, sei der einzige tolerierbare Ausweg. Dies entspreche auch der Überzeugung der Mehrheit der Kufsteiner:innen.

Bald darauf beschäftigte eine weitere Idee zur gebührenden Erinnerung an die Kriegsopfer die Öffentlichkeit: Max Depolo, Komponist, Volksdichter und Kaiserjägeroffizer,[34] hatte im Sommer 1924 vorgeschlagen, auf der Festung Kufstein eine riesige Freiorgel zu installieren, deren Spiel auch jenseits der nahen Grenze gehört werden könne.[35] Gewidmet werden sollte dieses Mahnmal, in der Vorstellung Depolos und des rasch gegründeten Orgelbaukomitees, dem „Gedächtnis aller im Weltkriege Gefallenen deutschen Stammes" – zugleich auch Symbol sein für den „unerschütterlichen Glauben an die kommende unzerreißbare Einheit" des deutschen Volkes.[36] Die Umsetzung des in völkischen Kreisen begeistert begrüßten Projekts nahm mehrere Jahre in Anspruch, technische und finanzielle Fragen waren zu klären. Am 3. Mai 1931 konnte die Einweihung der „Heldenorgel" in Anwesenheit von Bundespräsident Wilhelm Miklas, Landeshauptmann Franz Stumpf, Erzbischof Ignaz Rieder und 15.000 Gästen schließlich als patriotisches Großereignis gefeiert werden. Dass mit der Orgel eine bald vielbesuchte Fremdenverkehrsattraktion geschaffen worden war, erwies sich als erfreulicher Nebeneffekt.[37]

Kalvarienberg Kufstein 1926. Links die neu errichtete Kriegergedächtniskapelle (Foto: Heimatverein Kufstein)

Auch die Einweihung des „Heldenhains", dessen Gestaltung nach langer Vorbereitung 1926 endlich abgeschlossen war, hatte Anlass zu einer bejubelten Großveranstaltung geboten, ganz in der Tradition der seit Ende des 19. Jh. zahlreichen dem Andenken an 1809 gewidmeten Festen in Tirol. Am Ende hatten sich alle Beteiligten auf den südlich des Friedhofs gelegenen Kalvarienberg geeinigt, auf dem sowohl das Hofer-Standbild als auch eine Kriegergedächtniskapelle Platz fanden. Die sieben Kreuzwegkapellen am Fuß des Kalvarienbergs, errichtet im Lauf des 18. Jahrhunderts und im Besitz von Kufsteiner Familien, wurden in die Planung einbezogen und Traditionsvereinen übergeben, die hier fortan ihrer Gefallenen gedachten.[38] Das Landesdenkmalamt begrüßte ausdrücklich die gelungene Verbindung von Kriegergedenkstätte und Ehrung des Landeshelden Andreas Hofer.[39] Politische Vereinnahmung blieb nicht aus: Im Juni 1928 besuchte eine 350 starke Abordnung der Münchner SA Kufstein und hinterließ im „Heldenhain" Blumenkränze mit Hakenkreuzfahnen.[40] Um den David Mühlbachers war es still geworden. Erst 1928 beschloss der Gemeinderat auf Ersuchen des Künstlers, das Werk zurückzuerstatten.[41] Die Anerkennung, die seinen Arbeiten an anderen Orten zuteilwurde, mochte entschädigen für die Enttäuschung über die in Kufstein erfahrene Ablehnung: Er hatte 1926 ein bewundertes Kriegerdenkmal in Form eines Christusbrunnens für Tamsweg geschaffen und, trotz der Behinderung durch die Folgen eines 1927 erlittenen Schlaganfalls, ein Relief mit Porträts der beiden Schöpfer des „Stille Nacht"-Lieds, Josef Mohr und Franz Xaver Gruber, fertiggestellt.

Die Wiederentdeckung des Meisterwerks

Das David-Standbild überstand die Jahre des Nationalsozialismus und die Bombardierung Kufsteins am 4. November 1944 im Garten eines Privathauses in Zell und ging schließlich als Geschenk neuerlich in den Besitz der Stadt Kufstein über, die seine Aufstellung an dem ursprünglich vorgesehen Platz veranlasste.[42] Die Stadtgärtnerei sorgte fortan für reichen Blumenschmuck rund um den Sockel mit dem Haupt des Goliath, ablehnende Reaktionen aus der Bevölkerung sind nicht bekannt. Viele Einheimische und Besucher der Stadt allerdings standen ratlos vor dem Denkmal, weil – so eine Vermutung des *Grenzboten* – die im Alten Testament überlieferte Geschichte von David und seinem Kampf gegen den Riesen Goliath nicht mehr allgemein bekannt war. Ein im Gemeinderat am 19. November 1963 eingebrachter Vorschlag, durch eine entsprechende Informationstafel am Franz-Josef-Platz Abhilfe zu schaffen, wurde mit Zustimmung zur Kenntnis genommen, aber nicht weiterverfolgt.[43] Die Errichtung eines Kreisverkehrs 2008 erübrigte derartige Überlegungen endgültig: Das Standbild Davids steht heute isoliert (und unerreichbar für den interessierten Betrachter) inmitten einer Verkehrsinsel. Josef Mühlbachers Grab befindet sich auf dem kleinen Friedhof der Zeller Kirche, in der Nähe trägt ein unscheinbarer Weg seinen Namen. Das Skizzenbuch des Künstlers und beeindruckende Entwürfe seiner Arbeiten werden im Heimatmuseum der Stadt aufbewahrt.

Kufstein 2022: David im Kreisverkehr (Foto: Gisela Hormayr)

Anmerkungen

1. Tiroler Grenzbote (TGB), 18.5.1957, S. 3.
2. TGB, 26.11.1921, S. 3.
3. Oswald Überegger: Erinnerungskriege. Der Erste Weltkrieg, Österreich und die Tiroler Kriegserinnerung in der Zwischenkriegszeit (Tirol im Ersten Weltkrieg. Politik, Wirtschaft und Gesellschaft, Bd. 9), Innsbruck 2011, S. 140.
4. Allgemeiner Tiroler Anzeiger (ATA), 29.3.1922, 4 und 4.4.1922, S. 4. Der „Verein für Heimatschutz" (heute: „Verein für Heimatpflege und Heimatschutz in Nord- und Osttirol"), gegründet 1908, hat sich Schutz und Pflege des Tiroler Kulturguts zur Aufgabe gesetzt.
5. Überegger: Erinnerungskriege, S. 132.
6. ATA, 15.2.1921, S. 5.
7. TGB, 26.11.1921, 3. Der Verfasser des namentlich nicht gezeichneten Artikels war, so darf vermutet werden, Eduard Lippott, Herausgeber des *Grenzboten*, 1916 Gründer des „Tiroler Heldendanks" und maßgeblicher Organisator der Kriegerfürsorge in Kufstein.
8. Geplant war die Aufrichtung des Standbilds auf einer annähernd vier Meter hohen Säule.
9. TGB, 24.6.1922, S. 5.
10. TGB, 5.9.1917, S. 3.
11. RES (Personendatenbank im Archiv der Erzdiözese Salzburg): https://res.icar-us.eu/index.php/Mühlbacher,_Joseph_(1868-1933).
12. Reichspost (RP), 10.7.1914, S. 9.
13. „Samson-Riesen", die bei Festumzügen durch den Ort getragen werden, sind Bestandteil einer im Lungau und im Bezirk Murau bis heute gepflegten Tradition. Die zwischen 1915 und 1918 überall im Deutschen Kaiserreich und Österreich-Ungarn anzutreffenden „Nagelfiguren" dienten der Kriegsopferfürsorge: Gegen Abgabe eines bestimmten Geldbetrags durfte ein Nagel in eine Holzfigur eingeschlagen werden.
14. Kufstein-Zell: an der westlichen Außenseite der Kirche; Schwoich: nach einem Entwurf Clemens Holzmeisters umgestaltet heute westlich der Friedhofsmauer.
15. TGB, 26.7.1922, S. 3.
16. TGB, 29.7.1922, 5 (Hervorhebung im Original, Inschrift ohne Nennung des Verfassers).
17. ATA, 4.8.1922, S. 3.
18. ATA, 18.9.1922, S. 3 und ATA, 20.9.1922, S. 5.
19. Das Tagebuch, H. 34 (1922), S. 1224–1225.
20. Stadtarchiv Kufstein, Faszikel 11, Denkmäler, Schreiben Mühlbachers vom 4.10.1922.
21. Stadtarchiv Kufstein, RA 65, Protokoll der Sitzung vom 21.10.1922.
22. Volkszeitung (VZ), 19.12.1920, S. 9 zur sozialdemokratischen Kritik an der nach 1918 einsetzenden „Heldenverehrung" und dem finanziellen Aufwand für Kriegerdenkmäler.
23. TGB, 3.11.1922, S. 2. Das Zitat im Titel des Aufsatzes stammt ebenfalls aus einem der hier zitierten Briefe Sinwels.
24. TGB, 3.11.1922, Beilage Heimatblätter, S. 4.
25. Rudolf Sinwel (1865–1947). Gemeinsam mit Eduard Lippott zeichnete er verantwortlich für die Herausgabe der im März 1923 erstmals erschienenen *Heimatblätter*.
26. Wolfgang Benz: Der Antisemitentag in Wien 1921, in: David. Jüdische Kulturzeitschrift, H. 92, 4 (2012), https://davidkultur.at/artikel/der-antisemitag-in-wien-1921 (Zugriff 19.2.2022). Zu Tirol Niko Hofinger: Unsere Losung ist: Tirol den Tirolern!" Antisemitismus in Tirol 1918–1938, in: Zeitgeschichte, H. 3-4, Jg. 21 (1994), S. 83–108.
27. Vgl. etwa für Kufstein ATA, 14.11.1919, S. 5 (Wahlaufruf der Ortsgruppe der Tiroler Volkspartei).
28. Georg Pirmoser (1871–1948), Bürgermeister von Kufstein 1922–1938.
29. Schöpfer des Standbilds war der Wiener Bildhauer Theodor Khuen (1860–1922). An seiner Aufstellung in Wien bestand nach 1918 kein Interesse mehr. Landeshauptmann Franz Stumpf überließ es Kufstein gegen Übernahme der Transportkosten. Stadtarchiv Kufstein, Faszikel 11, Denkmäler.
30. Stadtarchiv Kufstein, Faszikel 11, Denkmäler, Sitzungsprotokolle vom 16.8.1923, 7.4.1924, 26.4.1924, 4.7.1924.

31 Die Anlage von „Heldenhainen", unter Rückgriff auf angeblich altgermanische Traditionen, war ein nach Kriegsbeginn vor allem im Deutschen Kaiserreich populäres Konzept. Ein „Heldenhain" wurde am 8.8.1926 auch in Brixlegg eingeweiht.
32 TGB, 29.12.1923, S. 4.
33 TGB, 19.1.1924, S. 1–2.
34 Max Depolo (1888–1971), von Beruf Geometer, war u. a. der Textautor des *Kaiserjägerlieds* und zahlreicher deutschnational-chauvinistischer Gedichte, seit 1932 NSDAP-Mitglied und nach 1938 in Innsbruck im Dienst nationalsozialistischer Propaganda tätig. Die Stadt Kufstein verlieh ihm ihr Ehrenzeichen, sicherte eine monatliche „Ehrenrente" zu und benannte eine Straße nach ihm. Amtsblatt der Stadt Kufstein, Nr. 2, 1967, S. 2.
35 TGB, 13.8.1924, S. 2. Ein erster ausführliche Artikel über die „Riesenorgel" folgte in der Ausgabe vom 8.10.1924, S. 4.
36 Innsbrucker Nachrichten (IN), 4.5.1931, S. 1. Der Ausschluss der nicht-deutschen Gefallenen erklärt sich aus der kollektiven Erinnerung an deren angeblich mangelnden Kampfgeist, die sie zu Verrätern und damit Mitschuldigen an der Niederlage machte – ein nicht hinterfragter Topos der konservativen und deutschnationalen Publizistik der Zwischenkriegszeit.
37 IN, 4.9.1931, S. 8; Vgl. Festbeilage des TGB, 2.5.1931.
38 Herbert Kuntscher: Der Kufsteiner Kalvarienberg und seine Kapellen, in: Kufsteiner und Wörgler Rundschau, 31.10.2000. S. 36–37.
39 TGB, 31.7.1926, S. 4.
40 TGB, 27.6.1928, S. 2.
41 Stadtarchiv Kufstein, Protokoll der Gemeinderatssitzung vom 8.3.1928 und Aktennotiz vom 19.7.1928. Die Rückgabe erfolgte gegen Bezahlung von S 100,– durch Mühlbacher (in heutiger Kaufkraft rund 3.700,– Euro).
42 TGB, 18.5.1957, S. 3. Die Villa (im Besitz eines Freundes Mühlbachers) war bei Kriegsende schwer beschädigt und wurde verkauft.
43 Stadtarchiv Kufstein, Gemeinderatsprotokoll 19.11.1963 und TGB, 30.11.1963, S. 2. Eine unscheinbare Holztafel mit der Bezeichnung der Statue und dem Namen Mühlbachers steht heute in einiger Entfernung am Rand des Platzes.

Gisela Hormayr

Kadereinsatz: Tiroler an der Internationalen Leninschule in Moskau

> *„Ich bestreite entschieden, die Leninschule besucht zu haben. In diese Schule kommen, wie ich gehört habe, nur solche Leute, die unverheiratet und gänzlich unabhängig sind, die eine gewisse marxistische Vorbildung genossen haben und die politisch unbelastet sind, da bekannte Kommunisten im Auslande nicht verwertet werden können."*[1]

Romed Pucher, in den Tagen des „Anschlusses" aus Moskau nach Innsbruck zurückgekehrt und seit dem 20. April 1938 unter dem Verdacht hochverräterischer Betätigung in Haft, hielt es mit gutem Grund für ratsam, zu leugnen: Die Internationale Leninschule in Moskau (ILS), gegründet 1926, war in den zwölf Jahren ihres Bestehens die wichtigste Ausbildungsstätte der Kommunistischen Internationale. Von den nationalen kommunistischen Parteien empfohlene Männer und Frauen studierten in Kursen unterschiedlicher Länge die Parteitheorie und die Geschichte der internationalen Arbeiterbewegung. Die Aufnahmebedingungen der ILS und die Anzahl der für die nationalen Parteien vorgesehenen Studienplätze

Gebäude der ehemaligen Internationalen Leninschule, Moskau (gemeinfrei)

gaben die Leitungsgremien der Kommunistischen Internationale (Komintern) vor. Formale Kriterien betrafen das Alter der Kandidat:innen und ihre soziale Herkunft: Sie sollten nicht älter als 35 Jahre sein und bevorzugt aus dem Arbeitermilieu stammen. Eine zumindest dreijährige Parteimitgliedschaft und ein Jahr aktive Parteiarbeit auf lokaler oder regionaler Ebene wurden als Nachweis ihrer politischen Zuverlässigkeit vorausgesetzt. Als weiteres Kriterium galt der Nachweis des Studiums grundlegender Schriften des Marxismus-Leninismus.

Eine Entsendung an die ILS unterlag absoluter Geheimhaltung, die Verwendung von Decknamen war auch intern verpflichtend, Familie und Freunde durften über den Schulbesuch nicht informiert werden. Briefliche Kontakte oder gar Besuche in der Heimat waren daher nicht vorgesehen – im Fall der Aufnahme in einen Grundkurs bedeutete das den Abbruch jeder Beziehung für zweieinhalb Jahre. In der Praxis erwiesen sich Kompromisse allerdings als unumgänglich, Kurse von nur wenigen Monaten Dauer wurden eingerichtet und viele Parteileitungen ignorierten die Vorgaben der Komintern. Im Fall der Schutzbündler, die ab 1934/35 einen beträchtlichen Teil der Österreicher an der ILS ausmachten, entfiel zwangsläufig die Voraussetzung längerer KP-Mitgliedschaft und Parteiarbeit.

Wesentlicher Bestandteil der Ausbildung war die Unterweisung in revolutionärer Taktik und Strategie für den späteren Einsatz der ILS-Schüler:innen in ihren Herkunftsländern. In den Jahren nach dem Verbot der KPÖ 1933 hielten sich annähernd 100 Absolvent:innen der ILS in Österreich auf, als mittlere und höhere Kader in Wien und den Bundesländern mit dem Auftrag tätig, die von der Polizei zerschlagenen Parteistrukturen wieder aufzubauen.[2]

Erfolgreich von der Staatspolizei in die Gruppen eingeschleuste Konfidenten (Spitzel) sorgten in der Regel für ihre rasche Enttarnung, wie im Fall des Kärntners Simon Kompein, Absolvent eines Grundkurses zwischen September 1930 und Jänner 1933. Er war ab Oktober 1934 zum Aufbau einer neuen Landesleitung der KP nach Tirol kommandiert, aber bereits im März 1935 in Haft. Dass es sich bei Kompein um einen an der ILS in Moskau geschulten „Agitator" handelte, blieb der Innsbrucker Polizei nicht verborgen. Ihm folgte mit Fritz Lauscher im Herbst dieses Jahres ein weiterer ILS-Absolvent und im Herbst 1937 Valentin Strecha, Teilnehmer des ILS-Jugendkurses 1935/36. Strecha war als Grundwehrdiener in Innsbruck stationiert, versehen mit dem Auftrag der KPÖ, unter den Soldaten antifaschistische Zellen aufzubauen und Ausgaben des *Roten Soldaten* zu verbreiten. Im Zuge der Verhaftungswelle nach dem „Anschluss" wurde auch gegen Strecha ermittelt, das Verfahren wegen Verdachts der Vorbereitung zum Hochverrat jedoch eingestellt.[3] Den Jugendkurs besuchte auch Johann Schmidl, gelernter Schlosser aus Matrei am Brenner. Spätestens seit Anfang der 1930er Jahre lebte er in St. Pölten und trat hier 1933 dem Kommunistischen Jugendverband bei, für den er in verschiedenen Funktionen tätig war. Nach dem Verbot der Partei war er mehrmals in Haft und wurde schließlich im Herbst 1935 zum Besuch der Leninschule kommandiert. Im Juli 1936, noch vor dem Kursende, erhielten Schmidl und zwei Kollegen die Weisung, nach Österreich zurückzukehren, um ihren Wehrdienst abzuleisten. Ob damit der Auftrag verbunden war, im Bundesheer für die Partei tätig zu werden, lässt sich nicht mehr feststellen.[4] Die drei Männer über-

Valentin Strecha in Innsbruck
(Foto: Archiv der KPÖ Wien)

schritten bei Retzbach im nördlichen Weinviertel illegal die tschechisch-österreichische Grenze. Den Zollwachebeamten gegenüber, die sie am 16. Juli aufgriffen, versuchten sie vergeblich, einen privaten Aufenthalt in Brünn und den Verlust ihrer Papiere glaubhaft zu machen. Ihre identische (russische) Kleidung und mitgeführte Rubelnoten verrieten ihre Herkunft. Schmidl wurde am 5. August auf Grundlage der „Juli-Amnestie" entlassen, in der Folge verliert sich seine Spur.

Romed Pucher (1901–1975)

Den Einsatz des Tiroler Leninschülers Romed Pucher verhinderte die politische Entwicklung. Er kehrte am 13. März 1938 nach Innsbruck zurück und geriet nur wenig später in die Hände der Gestapo. Pucher war im Frühjahr 1936 über Prag nach Moskau gereist und wurde an der ILS mit dem Decknamen „Leo Rusch" nach dem üblichen gründlichen Überprüfungs- und Eignungsverfahren aufgenommen.[5] Sein Lebenslauf erfüllte ganz offensichtlich wesentliche Anforderungen: Nach Jahren als Hilfsarbeiter an verschiedenen Arbeitsplätzen hatte er eine Tischlerlehre abgeschlossen, politischen Fragen stand er nach eigener Aussage zunächst gleichgültig gegenüber. Für den Kommunismus habe er sich erst nach längerer Arbeitslosigkeit interessiert.⁶ Er trat 1930 der KP bei und übernahm bald die Leitung der kommunistischen Bauernselbsthilfe für Tirol und Vorarlberg, die verschuldete und von der Exekution bedrohte Hofbesitzer unterstützte. Eine derartige Aktion im Dorf Thaur bei Innsbruck im März 1932 brachte Pucher eine Kerkerstrafe von neun Monaten ein.⁷ Zum Jahreswechsel veröffentlichte die *Rote Fahne* den Brief eines von diesem Urteil wenig beeindruckten Pucher aus der Haft: „Der Kampf geht weiter. Erst das Klassengericht hat mir bewiesen, daß ich auf dem richtigen Weg bin. Und nun erst recht trotz Terror und Schikane – bis zur siegreichen Revolution. Dann werden wir die roten Richter sein!"⁸

Im März 1934 wurde Pucher wegen seiner (von ihm vehement bestrittenen) Betätigung für die mittlerweile verbotene KP zu einer Arreststrafe von zwei Monaten und anschließender Einweisung in das Anhaltelager Wöllersdorf verurteilt, weitere sechs Monate Haft verbüßte er nach der Zerschlagung des von Kompein aufgebauten KP-Netzwerks. Über Puchers Aufenthalt in der Sowjetunion erfuhr der Staatsanwalt am Landgericht Innsbruck 1938 wenig Konkretes: Er habe ein nicht unterzeichnetes Schreiben bekommen, das ihn vor einer weiteren Verhaftung gewarnt und aufgefordert habe, nach Wien zu kommen. In Moskau sei ihm ein Arbeitsplatz in einer Kollektivwirtschaft in der Nähe der Hauptstadt zugewiesen worden. Von den politischen Verhältnisse im Land habe er dort nichts mitbekommen. Der Besuch der Leninschule war nicht zu beweisen, Pucher gab sich ahnungslos: Er hätte keine der bekannten Aufnahmekriterien für die Leninschule erfült, sei Familienvater, verfüge über keine theoretische Vorbildung und sei in Tirol als KP-Mitglied viel zu bekannt.

Das nach seiner Rückkehr gegen ihn eröffnete Verfahren wegen des Verdachts des Hochverrats wurde im Jänner 1939 eingestellt, Pucher jedoch zur weiteren Verfügung der Gestapo festgehalten. Am 10. März 1939 erging ein Haftbefehl durch das Landgericht Innsbruck, die Anklage lautete erneut auf Vorbereitung zum Hochverrat.

Romed Pucher
(Foto: Schweizerisches Bundesarchiv, Bern)

Pucher hatte angeblich Mithäftlingen gegenüber die Lebensverhältnisse der Arbeiter in der Sowjetunion gepriesen: Sie erhielten ausreichenden Lohn und Verpflegung, Klassenunterschiede seien aufgehoben und der endgültige Sieg des Kommunismus nur eine Frage der Zeit. In der am 9. Oktober 1939 in Innsbruck durchgeführten Hauptverhandlung vor einem Senat des Oberlandesgerichts Wien wurde Pucher zu einer Zuchthausstrafe von drei Jahren verurteilt, weil er durch kommunistische Propaganda den von der KP bekanntermaßen geplanten gewaltsamen Umsturz des NS-Regimes unterstützt habe.[9] Die Freiheit erlangte Pucher erst bei Kriegsende: Nach Verbüßung der Haftstrafe im August 1942 veranlasste die Gestapo Insbruck seine Einweisung in das Konzentrationslager Dachau.

Josef Angermann (1912–1944)

Unter den Teilnehmern des letzten langfristigen Kurses an der ILS befand sich gemeinsam mit Pucher auch der Schriftsetzer Josef Angermann. Seine Eltern lebten seit 1906 in Innsbruck, der Vater war Konduktuer bei der Südbahn, überzeugter Sozialdemokrat. Nach Kriegsende übersiedelte die Familie nach Niederösterreich und dann Wien. Angermanns außergewöhnliches Leben endete mit seinem Selbstmord am 8. Jänner 1944, letzter Ausweg aus der unerträglich gewordenen Folter während der Verhöre im Gestapohauptquartier am Wiener Morzinplatz. Die Verfolger verschonten kein Mitglied seiner Familie: Der Vater wurde 1943 wegen der Unterstützung des Sohnes in Dachau festgehalten, die Stiefmutter während ihrer Einvernahme durch die Gestapo misshandelt. Josef Angermann wuchs im sozialdemokratischen Wiener Milieu der Zwischenkriegszeit auf. Er war Mitglied der Kinderfreunde, des Arbeiterturnvereins, der Freidenker, der Sozialistischen Arbeiterjugend (SAJ) und schließlich aktiv in Partei und Republikanischem Schutzbund. Am 14. Februar 1934 erhob die Staatsanwaltschaft Wien gegen ihn Anklage wegen des Verbrechens der Aufruhr. Erschwerend für das Gericht war sein Fluchtversuch über die tschechische Grenze und die Tatsache, dass Angermann, „wenn auch nachweislich nur für kurze Zeit", die Führung einer Schutzbundgruppe übernommen hatte.[10] Zu dieser Zeit war Angermann bereits Mitglied der illegalen KPÖ, in deren Auftrag er nach seiner Entlassung bis zur neuerlichen Verhaftung im Juni 1935 am Wiederaufbau des verbotenen Schutzbunds mitwirkte.

Während der Monate seiner Internierung im Anhaltelager Wöllersdorf fiel im ZK der Partei die Entscheidung, ihn zum Besuch der Leninschule nach Moskau zu kommandieren. Nach Abschluss des Kurses und der Schließung der ILS im Frühjahr 1938 blieb Angermann zunächst in Moskau, erhielt aber noch im Mai dieses Jahres den Auftrag, sich der Führung der Exil-KP in Paris zur Verfügung zu stellen. In einem nach seiner Rückkehr nach Moskau 1942 verfassten Lebenslauf berichtet er von seiner Festnahme durch die französische Polizei im September 1939, seiner Internierung bis Dezember 1940, dem Einsatz in Deutschland auf Wunsch der KP und seiner Festnahme und Überstellung nach Dachau. Der Entlassung im Juni 1941 folgten Monate in Polizeihaft in Wien. Ermittelt wurde anscheinend wegen vermuteter Aufenthalte Angermanns in Österreich 1939, Nachweise konnten nicht erbracht werden. Zur Wehrmacht eingezogen, befand er sich ab Mai 1942 an der Ostfront und entschloss sich im September des Jahres während eines Wachdienstes zur Flucht. Nach kurzem Aufenthalt in einem sowjetischen Kriegsgefangenenlager gelang es offenbar rasch, Kontakt zur KPÖ-Führung in Moskau aufzunehmen, die seine weitere Verwendung befürwortete.[11] Am 10. Mai 1943 landete er gemeinsam mit dem deutschen Spanienkämpfer Georg Kennerknecht als Fallschirmagent in der von der deutschen Wehrmacht besetzten weißrussischen Stadt Borisow, ausgerüstet für geplante Sabotageakte an Einrichtungen der Infrastruktur in Wien. Mit gefälschten Dokumenten gelang es beiden, sich durchzuschlagen und nach ihrer Ankunft in Wien Unterkunft und Zivilkleidung zu beschaffen. Am 4. Juni geriet Angermann in die Kontrolle einer Heeresstreife und entkam seiner Festnahme nur knapp nach Gebrauch einer Schusswaffe. Der Versuch einer Flucht in die Schweiz misslang. Die Gestapo überwachte Bekannte und Familienangehörige und verhaftete Angermann und Kennerknecht nach kurzer Verfolgung.[12]

```
              T a g e s b e r i c h t Nr. 6
                 vom 18.-21. Juni 1943

         zu 2): Sabotage, Fallschirmagenten:

    Am 11.6.1943 wurde nachrichtendienstlich bekannt, daß
    kommunistische Parteigänger Quartiere für Fallschirmagenten
    suchen, die in Wehrmachtsuniform aus sowjetrussischen Flugzeugen
    im Rücken der deutschen Linien abgesetzt worden waren und in
    Wien zum Einsatz gelangen sollten. Im Zuge der sofort durchge-
    führten umfangreichen Ermittlungen wurde festgestellt, daß es
    sich bei den Fallschirmagenten um den Schriftsetzer
                   Josef A n g e r m a n n,
                   25.10.1912 Innsbruck geb.,
                   DRA., rk., led.,
                   zuletzt Wien, VIII., Laudongasse 3 whg.,
    und um den Schneidergehilfen
                   Georg K e n n e r k n e c h t,
                   17.8.1909 Lettigenbichel, Gemeinde
                   Bayersoien, Krs. Schongau, geb.,
                   DRA., rk., led.,
    handelt. Auf Grund systematischer Überwachung des Verwandten-
    und Bekanntenkreises des Angermann gelang es, A n g e r m a n n
    am 16.6.1943 festzunehmen. Er hat sich seiner Festnahme nach
    Kräften widersetzt und von seiner Pistole Gebrauch gemacht,
    doch hat die Waffe, anscheinend infolge eines Fehlers der
    Munition, versagt.
```

Tagesbericht der Gestapoleitstelle Wien (DÖW Wien, Ausschnitt)

Eduard Lange (1906–1942)

Am 22. September 1942 starb Eduard Lange, geboren 1906 in Triest und seit 1935 in der Sowjetunion, in einem Lager des Gulag. Er war wenige Wochen vorher zum Tod durch Erschießen verurteilt worden, die Hinrichtung wegen seines schlechten Gesundheitszustands vorläufig ausgesetzt. Zum Verhängnis war Lange seine Vergangenheit in Tirol geworden, die er bei der Aufnahme in die ILS verschwiegen hatte.

Mit dem Einverständnis der Eltern war Lange im Alter von 14 Jahren aus Linz zu wohlhabenden Verwandten in die Gegend von Landeck übersiedelt. Die leibliche Mutter war früh verstorben, Zwistigkeiten in der Familie gaben den Ausschlag. Sie waren auch politischer Natur: „Mein Vater war Roter, meine Stiefmutter eine Schwarze." Der Bruder des Vaters, der sich in den folgenden Jahren um den Neffen kümmerte, vermittelte eine Lehre als Mechaniker in einem Textilbetrieb. In der Fabrik wurde Lange Mitglied der (sozialistischen) Freien Gewerkschaften. Die deutsch-national gesinnte Tiroler Familie erfuhr davon nichts, überredete ihn vielmehr, dem Deutschen Turnverein beizutreten. Dort lernte er, die Sozialdemokraten als „grössten inneren Feind" zu betrachten – wie er später gestand, ohne weitere Erklärungen zu suchen.[13]

Seinen Neigungen kam die neue Gemeinschaft entgegen: „Im Verein waren auch junge Offiziere, ich hatte immer Interesse fürs Militärische. Es ist auf militärischem Gebiet nichts da, was ich nicht beherrsche." Mit einigen Mitgliedern des Turnvereins gründete er eine Ortsgruppe des rechtsextremen „Bundes Oberland", hervorgegangen aus dem 1919 in Bayern entstandenen Freikorps Oberland. Eng verbunden mit der Heimatwehr unter Richard Steidle, trat der „Bund Oberland" in den 1920er Jahren regelmäßig bei Aufmärschen und völkischen Veranstaltungen in Tirol in Erscheinung. Bereits 1921 schloss sich eine Gruppe junger Tiroler in Bayern dem Freikorps als „Sturmzug Tirol" an, bereit zur Rettung der von Polen bedrohten deutschen Bevölkerung in Oberschlesien. Auch Lange wollte dabei sein.

Eduard Lange
(Foto: Schweizerisches Bundesarchiv, Bern)

Zwar wurde seine Meldung als Freiwilliger aus Altersgründen abgelehnt, seine Begeisterung aber war ungebrochen und er blieb im „Bund Oberland" aktiv. Die Nähe zu den Nationalsozialisten verteidigte er gegenüber Kollegen am Arbeitsplatz: „Hitler macht seine Organisation, damit die Arbeiter sich selbst führen und nicht von Juden geführt werden wie ihr."

In der 1924 gegründeten Ortsgruppe Landeck des „Alldeutschen Verbandes", der sich dem Schutz bedrohten Deutschtums vor Kommunisten und Juden verschrieben hatte, wurde Lange als Kassier in den Vorstand gewählt.[14] Vorhaltungen des jüngeren Bruders Alexander, der in der Sozialistischen Arbeiterjugend aktiv war, die Erfahrung der Arbeitslosigkeit und die Rückkehr nach Oberösterreich scheinen den Ausschlag für einen Gesinnungswandel gegeben zu haben. Er trat 1928 der SDAP bei, ein Jahr später dem Republikanischen Schutzbund, übersiedelte nach Stadl-Paura und war dort im Februar 1934 der örtliche Schutzbundkommandant. Nach tagelangen Kämpfen gelang die Flucht in die Schweiz, wo er engen Kontakt hielt zum unter umstrittenen Umständen aus der Haft entkommenen Linzer Schutzbundkommandanten Richard Bernaschek.[15]

Wie Lange unter diesen Umständen zu einer Einreiseerlaubnis in die Sowjetunion, einer Arbeitszuteilung als Schlosser in Moskau und schließlich einer Empfehlung des Exekutivkomitees der Kommunistischen Internationale (EKKI) zum Besuch der ILS kam, ist unbekannt. Seine Beurteilung war zunächst positiv: „Ein Genosse, der mit praktischer Erfahrung an die Schule kam, jedoch mit unbedeutendem politischen Wissen. Anfangs hatte er große Schwierigkeiten, aber er hat sie mit großem Erfolg mittels großer Aktivität und Lerneifer beseitigt."[16] In einer Parteiversammlung am 9. Dezember 1936 wurde Langes umfassendes Geständnis protokolliert.[17] Verdacht geschöpft hatte Hans Täubl, Österreich-Referent in der Kaderabteilung der Komintern, der nach Recherchen unter Mitschüler:innen und Lehrenden an der ILS feststellte, dass Lange den ILS-Fragebogen unvollständig ausgefüllt hatte, indem er die Existenz eines Schwagers in der Tiroler Heimatwehr unerwähnt ließ. Die Indizien genügten, um Lange als „feindliches Element" aus der Partei auszuschließen. Der Prozess gegen ihn am 3. Oktober 1937 dauerte ganze 20 Minuten. Die verschwiegene Mitgliedschaft im Deutschen Turnverein kam zur Sprache, nicht aber seine Rolle im paramilitärischen „Bund Oberland". Schwerer wogen die Beziehung Langes zu Bernaschek und sein Geständnis zumindest vorübergehender Sympathien für „revolutionäre" Nationalsozialisten. Als „Faschist aus Überzeugung" wurde er zu zehnjähriger Lagerhaft verurteilt, die 1940 um drei Jahre verlängert wurde, angeblich wegen eines Fluchtversuchs. Eine neuerliche Anklage 1942, offenbar identisch mit der Anklage von 1937, endete mit dem Todesurteil.[18]

Nach 1945

Bei Kriegende waren mindestens 25 ehemalige österreichische ILS-Schüler nicht mehr am Leben, mehr als 20 Absolventen wurden 1945 aus Konzentrationslagern und Haftanstalten befreit. Politische Karrieren nach 1945 gelangen nur wenigen von ihnen. Die KPÖ war nach der 1. Nationalratswahl im November 1945 nahezu bedeutungslos, Spitzenfunktionen auf Bundesebene dünn gesät. Eine Reihe von ehemaligen ILS-Schülern gehörte für kürzere oder längere Perioden dem ZK und dem Politbüro der Partei an. Größere Chancen für Leitungsfunktionen ergaben sich auf Landesebene. Romed Pucher kehrte im Mai 1945 aus dem Lager Ottobrunn bei München, einem Außenlager des Lagerkomplexes Dachau, nach Innsbruck zurück, übernahm die Landesleitung der KPÖ und war von 1946 bis 1948 Mitglied des ZK.

Mehrere Versuche zwischen 1946 und 1950, eine Einreisebewilligung in die Schweiz zu erhalten, scheiterten an seiner Einschätzung durch die eidgenössische Fremdenpolizei: Pucher sei ein „äußerst aktiver Kommunist", der Kontakte zur Schweizer Partei der Arbeit (PdA) unterhalte. „Aus Gründen des Staatsschutzes zur Abwehr gegen fremde kommunistische Umtriebe" könne daher ein Aufenthalt Puchers im Land nicht genehmigt werden.[19]

Zwei ehemalige Leninschüler kamen aus dem Exil nach Tirol und übernahmen die Leitung des im Herbst 1945 zugelassenen Parteiorgans *Tiroler Neue Zeitung*. Der Wiener Journalist und erfahrene KP-Funktionär Emil Huk kehrte aus der Schweiz zurück, sein Nachfolger als Chefredakteur, Stefan Benkovic, auch er vor 1938 in der KP Wien aktiv, hatte nach seiner Entlassung aus dem Anhaltelager Wöllersdorf Zuflucht in Norwegen und Schweden gesucht.[20] Benkovic und Pucher waren 1947 maßgeblich an der Durchführung der von Edwin Tangl initiierten antifaschistischen Ausstellung „Niemals vergessen!" in Innsbruck beteiligt.

Literaturtipp

Gisela Hormayr: Aufbruch in die „Heimat des Proletariats". Tiroler in der Sowjetunion 1922–1938, Innsbruck 2022.

Anmerkungen

1   Bundesarchiv Berlin (BA), R58/3843 (Zeugeneinvernahme Romed Pucher, 1.9.1938, S. 4).
2   Julia Köstenberger: Kaderschmiede des Stalinismus. Die Internationale Leninschule in Moskau (1926–1938) und die österreichischen Leninschüler und Leninschülerinnen (Wiener Studien zur Zeitgeschichte, Bd. 8), Wien 2016, S. 349.
3   Zur konspirativen Tätigkeit Strechas in Innsbruck vgl. Gisela Hormayr: Josefine Schneider (1906–1942). Eine Jüdin im kommunistischen Widerstand, Mitteilungen Alfred Klahr Gesellschaft, 26. Jg., 3 (September 2019), S. 1–6.
4   Manfred Mugrauer: Ernst Burger (1915–1944). Funktionär des Kommunistischen Jugendverbands und führendes Mitglied der „Kampfgruppe Auschwitz", in: Dokumentationsarchiv des österreichischen Widerstandes – DÖW (Hg.): Feindbilder (Jahrbuch 2015), Wien 2015, S. 191–228, hier S. 201–202.
5   Köstenberger: Kaderschmiede, S. 462. Im Fall Puchers bestätigte der Bezirksobmann der KP Schwaz 1946, dass er Pucher dem ZK vorgeschlagen habe.
6   BA, R3017/28047 (Aussage Romed Pucher, 19.9.1938, S. 1).
7   Allgemeiner Tiroler Anzeiger (ATA), 18.10.1932, S. 15 und 19.10.1932, S. 7.
8   Die Rote Fahne (RF), 3.1.1933, S. 3.
9   OLG Wien, OJs 28/39.

10 LG für Strafsachen I, Vr 1466/34. Angermann wurde zu einer Kerkerstrafe von 10 Monaten verurteilt.
11 DÖW, 35.301/001B (18.9.1942) und DÖW 35.301/001A (16.12.1942).
12 DÖW (Hg.): Widerstand und Verfolgung in Wien, Bd. 2, Wien 1984, S. 454–455. Georg Kennerknecht starb am 14.10.1944 im Konzentrationslager Mauthausen.
13 DÖW 35300/094B (Kaderakte Eduard Lange, Protokoll der Parteiversammlung am 9.12.1936).
14 Innsbrucker Nachrichten (IN), 22.5.1924, S. 4.
15 Die Flucht gelang mit Hilfe von Nationalsozialisten, mit denen Bernaschek zu diesem Zeitpunkt eine Zusammenarbeit für möglich hielt.
16 DÖW 35 300/094A (Kaderakt Lange, Beurteilung).
17 DÖW 35 300/094B (Kaderakt Lange, Protokoll der Parteiversammlung, 9.12.1936).
18 DÖW 35 400/042 (Strafakt Lange, Urteil vom 3.10.1937).
19 Schweizerisches Bundesarchiv (BAR), BAR-CH_E2200.227A#1000/371#39*G (Visadossier Romed Bucher).
20 Huk (1911–?) und Benkovic (1903–1993) besuchten beide den ILS-Kurs 1935–1937. Benkovic war auch langjähriger Landesobmann der Tiroler KPÖ.

Visuelle Kunst

Andrei Siclodi

Einleitung: Eine „super-delikate Angelegenheit"

Der Beitrag zu visuellen Künsten im vorliegenden Gaismair-Jahrbuch beschäftigt sich mit der Frage, wie die (kritische) Gegenwartskunst-Szene sich mit ihren Institutionen auseinandersetzt, wenn Gründer*innen dieser Institutionen in den begründeten Verdacht geraten, eine gewisse Nähe zum nationalsozialistischen System bzw. Gedankengut gehabt zu haben. Anlass der Auseinandersetzung ist die Eröffnung des Klocker Museums in Hall im März 2022.[1] Die Eröffnung markierte eine bedeutende Erweiterung der institutionellen Kunstlandschaft in Tirol: Das Museum präsentiert in den vom Architekturbüro Scharfetter.Rier und Max Schönherr eigens hierfür adaptierten Räumlichkeiten der ehemaligen Galerie Goldener Engl österreichische Kunst nach 1945 aus der familieneigenen Sammlung, die von der gemeinnützigen Privatstiftung Komm.Rat Dr. Hans Klocker und Dr. Wolfgang Klocker verwaltet und unter Einbeziehung eines Fachbeirates kontinuierlich erweitert wird. Das Museum ist somit die größte private Kunstinstitution in Tirol, die Nachkriegsmoderne sowie Gegenwartskunst öffentlich präsentiert. Darüber hinaus fördert die Stiftung durch die Vergabe von jeweils entsprechend gut dotierten „großen Kunstpreisen" sowie Förderpreisen laufend österreichische Künstler*innen, wobei die Anzahl der Künstler*innen mit Tirol-Bezug verhältnismäßig groß ist. Alles in allem eine gute und wichtige Sache, würde man meinen: Eine neue Institution, die österreichische Künstler*innen durch Ankäufe und Preise direkt fördert und dadurch die seit Jahrzehnten kontinuierlich sinkenden Ermessensausgaben der öffentlichen Hand, aus denen sich die breitenwirksame Kunstförderung in Österreich hauptsächlich speist, ein bisschen abfedert, ist mehr als willkommen. Und tatsächlich füllen Museum und Stiftung Klocker eine Lücke in Tirol. Allerdings mit finanziellen Mitteln, deren Ursprung möglicherweise in der NS-Vergangenheit von Hans Klocker liegt. Denn diese Vergangenheit ist, trotz der Bemühungen der Stiftung etwa durch die Beauftragung des an der Universität Innsbruck tätigen Historikers Wolfgang Meixner mit einer diesbezüglichen Recherche, nach wie vor nicht eindeutig geklärt.

Am 25. März 2022 besichtigte ich gemeinsam mit der Autorin und Kuratorin Olga Ștefan, die zu diesem Zeitpunkt Fellow im Künstlerhaus Büchsenhausen war, im Zuge des Eröffnungsabends das Museum. Hier wurden wir in der Sammlungsausstellung auf eine Arbeit von Brigitte Kowanz[2] aufmerksam, die relativ zentral im Hauptraum hing: Die Arbeit zeigte das Wort „Vergessen" auf Hebräisch, das in Neonleuchtschrift gestaltet und vor einem Spiegel so platziert war, dass dieser den Begriff scheinbar unendlich nach hinten widerspiegelte. Unweit vor dieser Arbeit, in einem relativ unscheinbaren, engen Durchgang, konnten interessierte Besucher*innen einen 9-minütigen Ausschnitt aus einem längeren Dokumentarfilm über die Geschichte der Familie Klocker und ihre Kunstsammlung ansehen, die die ORF-Tirol-Journalistin Teresa Andreae im Auftrag der Stiftung hergestellt hatte. Hier wurde ganz kurz auch die NS-Vergangenheit des Familienvaters, NS-Strafrichters und späteren Unternehmers Hans Klocker gestreift. Der in der Ausstellung offensichtlich völlig unreflektierte Widerspruch zwischen der ursprünglichen Gesinnung des Mannes, der mit seinem erfolgreichen Autohandelsgeschäft VOWA die finanziellen Grundlagen des späteren Sammlers Sohn Wolfgang Klocker legte, und der Arbeit von Brigitte Kowanz waren sowohl für mich als auch für Olga Ştefan dermaßen verstörend, dass ich sie einlud, sich mit dem Thema eingehender zu beschäftigen und für das Gaismair-Jahrbuch einen Text zu verfassen.

Die Autorin, selbst jüdischer Abstammung und seit vielen Jahren mit der Wiederentdeckung und Präsentation vergessener bzw. aus der Geschichte verdrängter jüdischer Künstler*innen aus Rumänien befasst,[3] betrachtet den „Fall Klocker" im Kontext aktueller – und durchaus problematischer – Politiken eigener Vergangenheitsaufarbeitung einflussreicher Institutionen des internationalen Kunstbetriebs wie die Julia Stoschek Stiftung und Sammlung[4] sowie die documenta[5]. Ihre Analyse des Umgangs der Kunstszene mit den Hintergründen des Museums Klocker, der zahlreiche Gespräche und Interviews mit relevanten Akteur*innen zugrunde lagen, verbindet sie mit einem anderen, zeitnahen Ereignis, dessen Folgen für die internationale Kunstszene noch nicht absehbar sind: mit den Antisemitismus-Vorwürfen gegenüber dem für das künstlerische Ausstellungskonzept der diesjährigen documenta verantwortlich zeichnende, aus Indonesien stammende Kurator*innenkollektiv ruangrupa im Zuge der Eröffnung der Ausstellung in Kassel im Juni 2022. Sie zeigt, dass hier wie dort die Problemfelder sich ähneln: die Schwierigkeiten der Verständigung über den genauen Gehalt der Vorwürfe, das asymmetrische Verhältnis zwischen Institutionen und den einzelnen Akteur*innen des Kunstbetriebs, das im professionellen Kunstbetrieb weiterhin unzureichend verankerte Bewusstsein über die Notwendigkeit einer lückenlosen Aufklärung der Ereignisse UND der damit zwingend ebenso lückenlosen Aufarbeitung der Vergangenheit. Dabei müssten sowohl Institutionen als auch Künstler*innen und Kurator*innen, die tagtäglich miteinander interagieren und voneinander immanent profitieren, ein dringendes beidseitiges Interesse an der Beseitigung sämtlicher diesbezüglicher „Missverständnisse" und Unklarheiten haben. Denn nur durch eine ehrliche und offene Auseinandersetzung mit der rechten Vergangenheit der Institutionsgründer kann der Kunstbetrieb den gegenwärtig wiederaufflammenden rechtsradikalen, anti-demokratischen Tendenzen in Europa entschlossen entgegentreten.

Anmerkungen

1 https://klockermuseum.at (Zugriff: 11.9.2022).
2 https://kowanz.com (Zugriff: 11.9.2022).
3 https://thefutureofmemory.ro/en (Zugriff: 11.9.2022).
4 https://jsc.art (Zugriff: 11.9.2022).
5 https://documenta.de (Zugriff: 11.9.2022).

Olga Ștefan

Zurück zur Politik der Erinnerung[1]

Im Zeitalter der Postmemory[2] sind fast alle Überlebenden des Holocaust verstorben. Ihre Berichte aus erster Hand über die erlebten Schrecken können nicht mehr direkt zu uns sprechen. Uns bleibt nur noch unser eigenes Verantwortungsgefühl gegenüber der Last der Geschichte. Doch Gefühle sind subjektiv, sie ändern sich im Laufe der Zeit. So wie derzeit in den politischen Kämpfen um die Erinnerung in Europa, vom Baltikum und der Ukraine bis nach Westeuropa und darüber hinaus bis in die Vereinigten Staaten. Für viele ist die dunkle Vergangenheit eine unangenehme Wahrheit, mit der sie leben müssen: „Meine Eltern, meine Großeltern, die ich liebe, sollen zu so viel Bösem fähig gewesen sein? Was sagt das über mich aus?" Daher ignorieren sie lieber die Vergangenheit, löschen sie aus oder legen sich eine bequemere Version der Geschichte zu, die ihnen die Last abnimmt. Ein solches Beispiel ist die Julia Stoschek Stiftung und Sammlung, die letztes Jahr unter massive Kritik von Künstler*innen geriet, weil sie nicht transparent genug mit ihrer familiären Nazi-Vergangenheit umging. Max Bode, der Urgroßvater der Gründerin, erwirtschaftete sein Vermögen während des Krieges durch Sklav*innenarbeit.[3] Sein Erbe gab er an Julia Stoschek weiter. Bei so vielen, die tatsächlich Opfer waren, saß manchmal der Schmerz so tief, dass sie vergessen wollten, um weiterleben zu können. Die Schuldigen hingegen logen einfach, um der moralischen Gerechtigkeit zu entgehen.

2022 fanden in Deutschland und Österreich zwei Ereignisse statt, die durch eine ähnliche Geschichte, aber unterschiedliche Erinnerungspolitiken miteinander verbunden sind. Ich denke zum einen an die documenta fifteen in Kassel, zum anderen an die Eröffnung des Klocker Museums in Hall in Tirol. Vor diesem Hintergrund nehmen wir die Gelegenheit wahr, erneut nach unserer Verantwortung gegenüber unserer kollektiven Vergangenheit zu fragen, wie wir uns mit ihr auseinandersetzen und wie wir uns erinnern sollten.

Wie in den Medien ausführlich berichtet wurde, hatten einige der auf der documenta fifteen präsentierten Kunstwerke eine umstrittene Geschichte. Es fanden sich antisemitische Zeichnungen auf einem erst nach einiger Zeit entfernten Transparent, das ein indonesisches Kollektiv bereits vor 20 Jahren angefertigt hatte. Zu sehen war auch der Film eines Angehörigen der Terrorgruppe „Japanische Rote Armee". Drei ihrer Mitglieder hatten 1972 auf dem Flughafen von Lod bei Tel Aviv aus „Solidarität mit dem palästinensischen Volk" 26 Menschen getötet, unter ihnen acht israelische Staatsbürger*innen. Die Einbindung dieses Films in die documenta-Ausstellung weckte Erinnerungen an die uneingestandene verbrecherische Nazi-Vergangenheit der gastgebenden Institution selbst und ihre jahrzehntelange Praxis, die eigene Geschichte zu ignorieren oder zu verfälschen. 2021 fand eine Ausstellung im Deutschen Historischen Museum statt. 66 Jahre nach der

Gründung der documenta wurden der Öffentlichkeit erstmals Unterlagen zugänglich gemacht, die das ganze Ausmaß der Verbrechen von Werner Haftmann, eines der wesentlichen Gründungsakteure in den Anfängen der documenta, aufdeckten. Offensichtlich wurde auch, wie sehr dessen Biografie die kuratorische Ausrichtung der ersten Ausstellungen beeinflusste. Haftmann war nicht nur Mitglied der SA seit 1933, der NSDAP seit 1937 und einfacher Soldat. Im Zweiten Weltkrieg war er Anführer eines Kommandos, das in Italien an der Partisan*innenbekämpfung teilnahm. Haftmann war nachweislich beteiligt an Folterungen von Partisan*innen und der Erschießung von Zivilist*innen. Deshalb wurde er nach dem Krieg als Kriegsverbrecher gesucht.[4]

Seinen nationalsozialistischen Werten blieb Haftmann auch in der Nachkriegszeit treu. In die von ihm mitkuratierten ersten drei Ausstellungen der documenta (1955, 1959, 1964) nahm er keine jüdischen Künstler*innen auf. In den Ausstellungstexten des Katalogs ging er sogar so weit zu behaupten, dass es in Deutschland gar keine jüdischen Künstler*innen der Moderne gegeben habe. Dabei erhob die documenta in jenen Jahren zugleich den Anspruch, dem Erbe des Nationalsozialismus entgegenzutreten und die Moderne von der Punzierung als „entartete Kunst" zu befreien. Haftmann nahm etwa 15 Künstler mit nationalsozialistischer Vergangenheit auf, darunter den späteren Liebling der Kunstwelt, Joseph Beuys. Auch er gehörte zu jenen, die ihre unbequeme Vergangenheit umschrieben. Beuys verbarg die Tatsache, dass er ein ehemaliges Mitglied der Hitlerjugend und Freiwilliger der Luftwaffe war, der an der Bombardierung der Krim und anderer Gebiete beteiligt war. Sein Leben lang war er mit ehemaligen Nazis befreundet,[5] die sich während des Krieges durch Sklav*innenarbeit bereichert hatten. Die Institution documenta hat sich mit ihrer eigenen Geschichte nie selbst auseinandergesetzt, sie war bemüht, sie zu verschleiern. Auch unter den eingeladenen Künstler*innen gab es keine einzige Person, die ein Projekt vorgeschlagen hätte, die Vergangenheit der documenta als Institution zu beleuchten. Dabei hätte es Vorbilder gegeben, wie man dies machen kann, unter anderem die bereits erwähnte Julia Stoschek Stiftung und Sammlung. Anstatt nach diesen schockierenden Enthüllungen endlich den Blick nach innen zu richten, lud die Leitung der documenta 2019 das indonesische Kollektiv ruangrupa ein, die Ausstellung 2022 zu kuratieren. Wie bequem muss es für sie gewesen sein, dass der Fokus der Ausstellung fast ausschließlich auf Themen fiel, die „die Anderen" betrafen, den Globalen Süden. Aber anachronistischer Weise losgelöst von den Stürmen Europas, wo ein andauernder Krieg verheerende Auswirkungen auf den gesamten Planeten und vor allem auf den besagten Globalen Süden hat. Diese Verflechtung wurde jedoch nicht gründlich untersucht, gerade so, als ob der Krieg und seine globalen Auswirkungen nicht existierten.

Die Aufmerksamkeit wurde hingegen woanders hingelenkt: In einer später abgesagten Diskussionsreihe „We need to talk!" hätte sich ein Panel damit befassen sollen, wie Kritik am Staat Israel in Deutschland aufgrund seiner „historischen Verantwortung für den Völkermord an den europäischen Juden" und wie im Globalen Süden gesehen wird. Doch die Geschichte der documenta wurde in der Ankündigung nirgendwo erwähnt, jede ernsthafte institutionelle Selbstbetrachtung wurde somit vermieden. Ein anderes Panel hätte „den oft wiederholten Vorwurf" untersuchen sollen,

„dass postkoloniale Perspektiven die Besonderheit der Shoah und des Antisemitismus nicht anerkennen". Die Beschreibung des Inhalts des Panels gab sich kritisch, ließ aber die Tatsache weg, dass das Judentum in Indonesien, dem Herkunftsland der Kurator*innengruppe ruangrupa und des Künstler*innenkollektivs Taring Padi, des Schöpfers des Werks „People's Justice", das einige antisemitische Motive enthielt, nicht einmal rechtlich anerkannt ist. Die Erklärung auf der documenta-Website zum Film des japanischen Künstlers behauptet als Grund für den Terroranschlag zwar „antiimperialistische japanisch-palästinensische Solidarität".[6] Sie erwähnt aber nicht den kriminellen Akt selbst, an dem seine Gruppe beteiligt war, die aus einem Land stammt, das nur 30 Jahre vor dem Anschlag im Zentrum seines eigenen Holocausts im Osten stand. Die Erklärung der documenta ist daher ein weiteres Beispiel für Geschichtsverfälschung. Trotz offenkundiger politischer Ambitionen war keine der Diskussionen darauf ausgerichtet, den Krieg in der Ukraine und seine globalen Folgen zu behandeln – die Idee der „weltweiten Solidarität" war in der Tat geografisch begrenzt, obwohl die Probleme universell sind.

An dieser Stelle eine Klarstellung: Im Rahmen dieses Artikels gehe ich nicht auf die Ästhetik und die Qualitäten der ausgestellten Werke und Projekte ein, die unter anderen Umständen nicht mit einem kritischen Sternchen versehen, sondern aufgrund der erklärten kuratorischen Absicht, marginalisierte Geschichten und Befreiungskämpfe zu zeigen, voll und ganz akzeptiert worden wären. Doch der unkontrollierte Prozess der Aufnahme in die Ausstellung und die damit verbundenen politischen Praktiken haben diesen groben Fehlern und blinden Flecken Tür und Tor geöffnet. Es liegt nun in unserer kollektiven Verantwortung, auf sie aufmerksam zu machen und sie zu korrigieren.[7]

Die Eröffnung des Klocker Museums in Hall in Tirol im März dieses Jahres spiegelt in gewisser Weise das Geschehen auf der documenta wider, offenbart aber gleichzeitig eine eigene Spezifität. Das Klocker Museum ist aus der ehemaligen Wolfgang und Hans Klocker Stiftung hervorgegangen, die viele Jahre in der Villa Klocker in Innsbruck untergebracht war. Dort war die gleichnamige Kunstsammlung der Familie ausgestellt und gelagert. In Vorbereitung auf die Eröffnung des Museums gab die Klocker Stiftung bei der ORF-Journalistin Teresa Andreae einen Dokumentarfilm in Auftrag. Aus Archivdokumenten, die Wolfgang Meixner, Assistenzprofessor an der Wirtschafts- und Sozialgeschichte sowie von 2007 bis 2020 Vizerektor der Universität Innsbruck, für die Stiftung gesichtet hat, geht hervor, dass Hans Klocker bereits 1933, also lange vor dem „Anschluss" 1938, die Mitgliedschaft in der NSDAP erworben hatte. Wie Werner Haftmann gehörte er der SA an und wie Beuys meldete er sich freiwillig zur Luftwaffe. Klocker trat in das Nationalsozialistische Fliegerkorps (NSFK), das als NS-Organisation dem Reichsluftfahrtministerium unterstand.[8] Es gibt Gerüchte, dass er in der Nazizeit als Strafrichter besonders harte Urteile gefällt haben soll, in diesem Zusammenhang fällt der Ausdruck „Blutrichter". Diese bisher ungenügend aufgearbeitete NS-Vergangenheit des Namensgebers der Stiftung war einer der Gründe, warum das Tiroler Landesmuseum Ferdinandeum das Schenkungsangebot der Sammlung von Emma Klocker, Ehefrau von Hans, Mutter von Wolfgang und Gründerin der Stiftung, nach deren Tod ablehnte. Im Zuge des Entnazifizierungsverfahrens nach dem Krieg saß Hans Klocker weniger als einen Monat in Haft, darüber hinaus wurde über ihn ein Berufsverbot als Rechtsanwalt verhängt. Klocker wechselte die Profession, gründete mit der VOWA ein Autohaus zwischen Innsbruck und Hall, das ihm rasch ein Vermögen einbrachte. Sein Sohn Wolfgang entwickelte eine Leidenschaft für Kunst und nutzte das Kapital seines Vaters und Räumlichkeiten der VOWA, um zeitgenössische Künstler*innen zu fördern, auszustellen und zu sammeln. So entstand die Sammlung, die Emma Klocker nach dem Tod ihres Sohnes und ihres Ehemanns über die Stiftung weiterführte.

Ich wollte mehr über die Verflechtung zwischen dunkler NS-Vergangenheit, Geld und Kunst herausfinden, aber auch wie sich die Erinnerungskultur im Laufe der Zeit verändert hat. Darüber hinaus wollte ich aber auch mehr über die Rolle von Künstler*innen und Kulturarbeiter*innen in diesem Zusammenhang erfahren: Tragen sie eher zur Verschleierung bei, legen sie die Vorgänge offen oder lassen sie sich im Prozess institutioneller Legitimation instrumentalisieren? Ich habe mehrere Personen, die an der Gründung des Klocker Museums beteiligt waren, ebenso befragt wie Historiker*innen und Künstler*innen. Ich wollte ihre Ansichten und Positionen besser verstehen. Lena Ganahl, Direktorin des Klocker Museums, antwortete auf meine Frage, ob Künstler*innen, die mit Wolfgang oder Emma Klocker zu tun hatten, die NS-Vergangenheit des Patriarchen Hans Klocker erwähnt haben, folgendes:

„Ich kann nicht behaupten, dass NIEMALS eine* Künstler*in die nationalsozialistische Vergangenheit von Hans Klocker kommentiert hat, aber mir ist in dieser Hinsicht weder etwas bekannt noch wurde mir gegenüber diesbezüglich etwas angesprochen. Freilich hat in dieser Familie nicht Hans Klocker, der Vater, Kunst gesammelt, sondern es war zunächst Wolfgang, sein Sohn, und nach dessen Tod Emmy Klocker, die Mutter, die systematisch sammelten. Vieles deutet darauf hin, dass Wolfgang Klocker sehr bemüht war, sich auch durch die Entwicklung seiner Interessen deutlich vom Vater absetzen wollte und dass also auch sein Engagement für die Kunst Ausdruck dieser Abgrenzung und Ausdruck der Ablehnung war. Paul Flora (als scharfer Kritiker des politischen Zeitgeschehens) und Max Weiler (als Maler der zeitkritischen und heftig skandalisierten Fresken in der Innsbrucker Theresienkirche, was seine öffentliche Wahrnehmung zu dieser Zeit bestimmte) waren für ihn sicher auch Idole. In dem Interview mit Peter Paul Tschaikner, das Sie auch in dem Film gesehen haben, betont er, dass Wolfgang ‚den Mief hinter sich lassen wollte' und deshalb sehr offen der Kunst gegenüber war und hauptsächlich von jungen Künstler:innenfreunden angekauft hat. Vermutlich war die Vergangenheit des Hans Klocker auch deshalb nie Thema, weil die damals angekauften Künstler:innen hauptsächlich mit dem Sohn Wolfgang in Kontakt standen bzw. später mit der Mutter Emma."

Auch Teresa Andreae hebt mit Blick auf die Interviews in ihrem Dokumentarfilm hervor, dass Wolfgang Klocker sich von der Vergangenheit seines Vaters distanzieren wollte. Sie erwähnte auch, dass über die NS-Vergangenheit einflussreicher

Personen der Gesellschaft „in Tirol lange Zeit nicht gesprochen wurde". Zu den Gerüchten, Hans Klocker sei ein „Blutrichter" gewesen, sagt Wolfgang Meixner in einem E-Mail-Interview:

> „Gerüchte begleiten uns immer, aber wie gesagt, wenn die Aktenlage das nicht hergibt, dann muss man irgendwann einmal ein Gerücht eigentlich zurückweisen, beziehungsweise man sollte es dann auch nicht weiterverbreiten. Es gibt ja oft Überlagerungen, dass man jemanden anderen meint und ihn verwechselt. Wie gesagt, es gibt Kollegen von Herrn Klocker, bei denen dieses Diktum ‚Blutrichter' auch auftaucht, aber im Zusammenhang mit dem Herrn Klocker ist es nicht aufgetaucht, bisher."

Sowohl Andreae als auch Meixner scheint es sehr wichtig zu sein, Hans Klocker nicht als „Blutrichter" zu bezeichnen, ohne Belege dafür zu haben. Solche Akten müssten erst noch gefunden werden. Warum dies im Zuge der Recherche für die Klocker Stiftung nicht abschließend geklärt werden konnte, bleibt unklar. Unabhängig davon ist es jedoch allgemein bekannt, dass es unter Österreichs ehemaligen Nazis eine Praxis gab, Geschichten zu erfinden, dass sie der Partei unter Zwang beigetreten sind, oder sogar kompromittierende Unterlagen verschwinden zu lassen, wenn die Personen genügend Einfluss hatten. Die Innsbrucker Historikerin Sabine Pitscheider, die sich ausführlich mit der Geschichte des Nationalsozialismus in Österreich beschäftigt hat, schrieb mir: „In der Nachkriegszeit versuchten viele Nazis begnadigt zu werden, indem sie Geschichten erzählten, dass sie keine richtigen Nazis waren, dass sie gezwungen wurden und so weiter. Die ‚Belasteten' versuchten, ihre Positionen in der Partei zu leugnen. Die betreffenden Dokumente sind ein großes Paket von Lügen". Wie im Fall der Julia Stoschek Stiftung und der Sammlung wurde die historische Forschung der Wolfgang und Hans Klocker Stiftung in Auftrag gegeben, und wie Kritiker*innen des ersten Beispiels hervorgehoben haben, kann sie nicht zwangsläufig als unabhängig angesehen werden und müsste meines Erachtens von Forscher*innen überprüft werden, die nicht von der Stiftung hierfür bezahlt werden.

Was für Handlungen Hans Klocker als Mitglied der Nazi-Partei auch immer tatsächlich gesetzt hat, ist nach wie vor offen. Aber außer Frage steht die Tatsache, dass er, rasch entnazifiziert, schnell wieder auf freiem Fuß war, seine soziale Position binnen kurzer Zeit wieder einnehmen konnte und wohlhabend wurde. Mit diesem Reichtum wurde die Sammlung aufgebaut, sein Erbe lebt im Namen der Stiftung weiter. Ein großformatiges Porträt von Max Weiler zeigt Hans und Wolfgang Klocker Seite an Seite im Ausstellungsraum des Museums. Prominent ausgestellt, präsentiert es beide Männer als gleichermaßen respektable Mitglieder der Gesellschaft. Die Biografien der drei Klocker, Ehepaar und Sohn, sind in großen Lettern an die Wand geschrieben, die Nazi-Vergangenheit von Hans wird nicht erwähnt. Bei der Eröffnung des Museums wurde der Dokumentarfilm von Teresa Andreae auf einem Monitor abgespielt, nahe den Biografien, jedoch in einer deutlich gekürzten Version von 9 Minuten. Die kompromittierenden Enthüllungen wurden übersprungen.

Im Fall der Stiftung und Sammlung von Julia Stoschek bezogen Künstler*innen eine klare Position, sie forderten historische Transparenz ein. Dies veranlasste die Stiftung zu einem – wenn auch kritisierten – internen Analyseprozess. Im Gegensatz dazu scheinen die Reaktionen von Tiroler Künstler*innen, die die Klocker Sammlung finanziert oder aufgenommen haben, lau zu sein und ohne klare Haltung. Direktorin Lena Ganahl schreibt, dass das Museum stolz ist auf Werke von Künstler*innen wie Brigitte Kowanz, die in ihrer Neonarbeit den Begriff „Vergessen" auf Hebräisch buchstabiert. Ganahl erkennt zwar eine kraftvolle Konfrontation mit den Praktiken des Auslöschens. Sie interpretiert das Werk aber allgemein „als dialektische Bezugnahme auf die zentrale Bedeutung der Erinnerungskultur im Judentum", ohne es mit der bisher unausgesprochenen Geschichte des Stifters selbst in Beziehung zu setzen. Oder nehmen wir die E-Mail-Antwort von Maria Anwander, 2019 Stipendiatin der Stiftung. Sie verkaufte dem Museum ein Werk mit Porträts deutscher Persönlichkeiten des antinationalsozialistischen Widerstandes. Das Erbe Österreichs und Klockers ließ sie aber unangetastet. Auf die Frage, ob ihr die Geschichte des Klocker-Patriarchen bekannt sei, antwortete sie: „Das Thema ist so super-delikat und ich möchte nicht missverstanden werden". Sie bat um die Möglichkeit, ihre Antwort nach der Fertigstellung meines Beitrages und der Kenntnis meiner Position übermitteln zu können. Ich konnte diesem Anliegen nicht nachkommen, da grundlegende journalistische Standards dagegen sprechen. Katharina Cibulka versteht ihre künstlerische Praxis als politisch. Sie konnte aber keine Zeit finden, um meine vier Fragen über die Verantwortung von Künstler*innen zu beantworten. Janine Weger, Stipendiatin der Klocker Stiftung 2022, teilte mir Folgendes mit:

> „Ich wusste nichts von der nationalsozialistischen Vergangenheit von Hans Klocker, bevor ich das Stipendium angetreten bin. Dies hat mich letztendlich nicht davon abgehalten, weiter an meinem Projekt zu arbeiten. Ich halte es vielmehr für wichtig, auf subtile Art und Weise etwas darüber zu sagen, in Form eines Kunstwerks."

Sie fährt fort,

> „Die Rolle der Künstler*innen ist eine gesellschaftspolitische. Das heißt: Ja, wir haben eine politische Verantwortung. Das Wichtigste ist, auf die Dinge hinzuweisen und offen über sie zu sprechen. Ich denke, es ist wichtig abzuwägen, ob man etwas sagen soll oder nicht, oder aber etwas zu sagen, weil es immens wichtig ist, Dinge anzusprechen und nicht ‚verschweigen'. (…) Die Rolle der Institutionen besteht in diesem Fall darin, diese Themen zu kommunizieren und offen anzusprechen. (…) Die Rolle der Künstler*innen ist es, in ihrer Arbeit darauf hinzuweisen. Das Klocker Museum zeigt gesellschaftspolitische Arbeiten verschiedener Künstler*innen, die damit eine Plattform für ein Publikum finden, das seinerseits über diese Themen reflektiert. Man kann sich fragen, ob das nicht wichtiger ist, als diese Plattform nicht zu haben und gar nichts sagen zu können."

Und doch berührt ihre Arbeit im Museum die Vergangenheit überhaupt nicht, weder auf subtile noch auf andere Weise.

In den meisten künstlerischen Praktiken der adressierten Künstlerinnen scheint es eine Diskrepanz zu geben. Statt einer Konfrontation mit dem Konkreten – vor allem wenn es um den Geldgeber geht oder eine Infragestellung seiner Weltanschauung – wird der Verweis auf allgemeine Wahrheiten bevorzugt, ein zahmerer und weniger umstrittener Ansatz. Womit wir wieder bei der Frage nach dem Erinnern wären, der institutionellen Verantwortung, sich mit der eigenen Vergangenheit auseinanderzusetzen, und der Rolle der Künstler*innen in diesem Kontext.

„Der Ankauf von Werken von Künstler*innen, die sich mit dem Thema ernsthaft auseinandersetzen – wie zum Beispiel die komplexe und qualitätsvolle Arbeit ‚High Resistance' von Maria Anwander, ist zu begrüßen", meint Teresa Andreae, obwohl die Arbeit auf Deutschland verweist, nicht auf Österreich – ein weiteres Beispiel für einen mehr nach außen gerichteten Blick. Auf die Frage, ob es in der Sammlung auch Werke jüdischer Künstler*innen gibt, antwortete Lena Ganahl, dass sie vor allem Tiroler und österreichische Künstler*innen sammle: „Leider kann ich Ihnen zu den religiösen Bekenntnissen unserer Künstler:innen keine Auskunft geben, da wir diese Information generell nicht in unsere Biographien aufnehmen." Wird es heute immer noch nicht verstanden, dass Jüdischsein nicht unbedingt eine Frage des religiösen Bekenntnisses ist, sondern eine Frage der Identität? Während es also unbestreitbar ist, dass wir in der Tat „reden müssen", ist es ethisch zwingend erforderlich, dass wir mit einer kritischen Analyse jener Einrichtungen beginnen, mit denen „wir" selbst verstrickt sind und von denen wir profitieren: wie die documenta, das Klocker Museum und so viele andere Institutionen auf der ganzen Welt, die möglicherweise mit „Blutgeld" finanziert und von Täter*innen oder Personen mit belasteten Biografien gegründet wurden.[9]

Es ist daher ermutigend, dass in Deutschland eine neue Initiative zur Auseinandersetzung mit der eigenen Vergangenheit in den sozialen Medien entstanden ist – #meinnazihintergrund. Weitere ähnliche Unternehmungen sind die Kunstsammlung Oetker in Bielefeld, die freiwillig Forscher*innen beauftragt hat, Raubkunst in ihrer Sammlung zu identifizieren, um sie zurückgeben zu können.[10] Silvia Fotis Buch über ihren litauischen Großvater Jonas Noreika, einem Kriegsverbrecher, und die Veröffentlichung der Familiengeschichte der deutsch-nigerianischen Schriftstellerin Jennifer Teege, die lange Zeit unwissentlich die Enkelin des „Schlächters von Płaszów" war, sind Beispiele und Vorbild dafür, wie man produktiv Themen ansprechen kann, die zu lange unterdrückt worden sind. Als Künstler*innen und Kulturarbeiter*innen müssen wir uns über unsere Rolle bei der Legitimierung umstrittener Institutionen bewusst sein, wenn wir das Schweigen wählen. Es ist unsere Pflicht, uns mit der Geschichte unserer Vorfahren auseinanderzusetzen, vor allem, wenn wir von ihr profitiert haben, während andere leiden mussten. Wir dürfen es uns nicht bequem machen und wegschauen. Denn damit würden wir das kollektive Vergessen dort, wo wir leben, befördern und dazu beitragen, eine lückenhafte Geschichte fortzuschreiben.[11]

Anmerkungen

1. Dieser Text ist in englischer Sprache und leicht veränderter Form auch in KAJET Journal Digital erschienen: https://kajetjournal.com/2022/08/16/olga-stefan-back-to-the-politics-of-memory/ (Zugriff: 11.9.2022).
2. Mit dem Begriff des „Postmemory" beschreibt die Literaturwissenschaftlerin Marianne Hirsch „die Beziehung der ‚Generation danach' zu den persönlichen, kollektiven und kulturellen Traumata der Vorgängergeneration – zu Erfahrungen also, an die sie sich nur durch die Geschichten, Bilder und Verhaltensweisen ‚erinnern', mit denen sie aufgewachsen sind. Diese Erfahrungen wurden ihnen so leidenschaftlich vermittelt, dass sie nun als eigene tatsächliche Erinnerungen wahrgenommen werden. Die Verbindung des Postmemory zur Vergangenheit wird also nicht durch Erinnerung, sondern durch Imagination, Projektion und nachempfindende Erfindung hergestellt. Mit überwältigenden ererbten Erinnerungen aufzuwachsen, von Erzählungen dominiert zu werden, die der eigenen Geburt oder dem eigenen Bewusstsein vorausgingen, birgt jedoch die Gefahr, dass die eigenen Lebensgeschichten von denjenigen der Vorfahren verdrängt, ja sogar ausgelöscht werden. Die eigene Lebensgeschichte wird, wenn auch indirekt, von traumatischen Bruchteilen von Ereignissen geprägt, die sich noch immer einer narrativen Rekonstruktion entziehen und das eigene Fassungsvermögen übersteigen. Diese Ereignisse liegen in der Vergangenheit, aber ihre Auswirkungen wirken bis in die Gegenwart hinein." https://postmemory.net/ (Zugriff 11.9.2022).
3. Quynh Tran: Top Collectors Don't Like to Discuss Their Families' Nazi Ties. Now, Artists Are Forcing Them to Confront the Past. A new generation of artists and activists is sparking a formerly taboo conversation: https://news.artnet.com/art-world/mein-nazi-hintergrund-1962932 (Zugriff 11.9.2022).
4. Die Co-Kuratorin Julia Voss über den Partisan*inneneinsatz von Werner Haftmann: „Er ist da sehr engagiert, wird mehrfach ausgezeichnet, und wir können auch nachweisen, dass er an Folterungen von Partisanen und der Erschießung von Zivilisten beteiligt war". Werner Haftmann: Der SA-Mann, der die documenta miterfand: https://www.deutschlandfunkkultur.de/werner-haftmann-der-sa-mann-der-die-documenta-miterfand-100.html (Zugriff 11.9.2022).
5. Lebensfreundschaften pflegte Beuys mit ehemaligen Nazi-Offizieren, Bankiers und Industriellen. Lies, contradictions and great art: Joseph Beuys at 100: https://www.swissinfo.ch/eng/culture/joseph-beuys--great-art-built-on-even-greater-lies/46606814 (Zugriff 11.9.2022).
6. https://documenta-fifteen.de/en/lumbung-members-artists/subversive-film/ (Zugriff 11.9.2022).
7. Es gibt zwar Forderungen nach einem Rücktritt des documenta-Kurator*innenkollektivs ruangrupa und nach einer Kürzung des Budgets der Institution als eine Form der Bestrafung, aber ich schließe mich diesen Forderungen nicht an. Ich denke jedoch, dass es für die documenta an der Zeit ist, endlich einen „Hausputz" durchzuführen.
8. „Dr. Klocker wurde nach dem Verbotsgesetz 1945 registriert und wegen seiner Mitgliedschaft in der NSDAP seit 1933 und im NSFK als ‚Sturmführer' als belastete Person im Sinne des §17 (2) Verbotsgesetz 1947 geführt. Das Strafverfahren wurde 1949/50 durch den Bundespräsidenten eingestellt." Aus der E-Mail von Dr. Wolfgang Meixner.
9. Dies steht im Zusammenhang mit einem radikalen Umdenken bei Denkmälern und Museen, insbesondere in den Vereinigten Staaten, wo dieser Trend am einflussreichsten war.
10. https://www.artsy.net/article/artsy-editorial-frozen-food-company-showing-nazi-looted-art (Zugriff 11.9.2022).
11. Infolge des Skandals um Taring Padis Arbeit „People's Justice" wurde auf der documenta fifteen am 29. Juni 2022 in letzter Minute doch eine öffentliche Diskussion zum Thema „Antisemitismus in der Kunst" organisiert. https://youtu.be/T-GJ1GzmBiY (Zugriff 11.9.2022).

Brigitte Kowanz, Vergessen, 2001
https://haeusler-contemporary.com/brigitte-kowanz-ferdinandeum-innsbruck

Literatur

Christoph W. Bauer

Einleitung

Seit einigen Ausgaben widmet sich der Literaturteil im Gaismair-Jahrbuch Schriftstellerinnen und Schriftstellern, die in Vergessenheit geraten sind, obwohl sie mit ihren Romanen, Erzählungen und Gedichten die vergangenen Jahrzehnte maßgeblich geprägt haben. Ob Rajzel Zychlinski, Jesse Thor, Alejandra Pizarnik oder Soma Morgenstern – in literarischen Portraits soll an sie erinnert werden, wobei die Texte neugierig machen wollen und auch Einladung sind, sich mit literarischen Werken zu beschäftigen.

Im Mittelpunkt des diesjährigen Literaturteils steht Emmanuel Bove, der heute als ein Klassiker der französischen Literatur des 20. Jahrhunderts gilt. Dem war nicht immer so. Zwar feierte der 1898 in Paris geborene Autor mit seinen ersten Romanen große Erfolge und avancierte binnen weniger Jahre zu einem Star der Literaturszene, zu seinen Bewunderern gehörten unter anderem Rainer Maria Rilke und Klaus Mann, doch nach seinem frühen Tod 1945 geriet Bove rasch in Vergessenheit. Zu einer Wiederentdeckung sollte es erst Ende der 1970er-Jahre kommen, im deutschsprachigen Raum sorgten vor allem die Übersetzungen Peter Handkes für eine starke Rezeption. Seitdem gilt Bove als Kultautor, aber was an ihm ist Kult? Warum wurde auf sein Werk vergessen und warum dauerte es so lange bis zu seiner Wiederentdeckung, nur einige der vielen Fragen, auf die im nachfolgenden Portrait Antworten gesucht werden.

Boves Leben ist voll der Leerstellen, die – ob bewusst oder unbewusst – von ihm selbst gesetzt wurden. Als Sohn eines russischen Anarchisten und einer Luxemburgerin, die sich in Paris als Dienstmädchen verdingte, wuchs Bove in ärmlichen Verhältnissen auf. Sein Vater, ein Bonvivant, der sich mal als Student, als Professor, dann wieder als Verleger ausgab, verließ die Familie früh, um mit einer reichen englischen Kunstmalerin zusammenzuleben. Eine erste Zäsur, die später in Boves Werk literarischen Niederschlag finden wird. Viele Brüche und Einschnitte sollten folgen, der Ausbruch des Ersten Weltkriegs, eine gescheiterte Ehe, eine zweite mit einer Tochter eines jüdischen Bankiers, die 1929 den Großteil ihres Vermögens verlor, eine schwere Erkrankung, schließlich die Flucht vor Nazi-Terror und Vichy-Regime nach Algerien.

Emmanuel Boves Werk umfasst 30 Romane, zahlreiche Erzählungen, Kurzgeschichten und journalistische Arbeiten. Sein Leben wirft viele Fragen auf – und wahrscheinlich wird schon jene Frage, mit der das Portrait anhebt, so manche Leserin und so manchen Leser erstaunen.

Christoph W. Bauer

„Seltsam, wie alles weitergeht, ohne einen selber"
Emmanuel Bove in Tulln

Warum ausgerechnet Tulln, frage ich mich, als ich vor den Tullner Bahnhof hinaustrete. Was mag Emmanuel Bove vor gut hundert Jahren hierher verschlagen haben? Wen mag er getroffen haben, welche Wege führten ihn durch die Stadt, während er an seinem Roman *Meine Freunde* schrieb – ein Meisterwerk, das heute als Klassiker der französischen Literatur gilt. Trat er bei seiner Ankunft – wie ich gerade – unschlüssig von einem Bein aufs andere? Drehte er sich um zum Bahnhofsgebäude, in dem Egon Schiele seine Kindheit verbrachte und erste Zeichnungen anfertigte?

Wahrscheinlich zündete er sich eine Zigarette an, Bove war Kettenraucher, mitunter soll er bis zu hundert Zigaretten am Tag konsumiert haben. Wem auch immer Bove in Tulln begegnet ist, mit Sicherheit einem Trafikanten. Ich versuche mir vorzustellen, wie er den Bahnhofsvorplatz überquert, er hatte einen schlendernden Gang, habe ich einmal gelesen, „eine Schulter höher als die andere". Aus seinem Wehrpass geht hervor, dass er „1.71 Meter" groß sei, „braunes" Haar habe und seine Augen „orangefarben" seien.

Am Tag seines 20. Geburtstags, dem 20. April 1918, folgte Bove der Einberufung seines Jahrgangs zu Militär. Seine Einheit wurde in die Bretagne geschickt, wo er bis November 1918 seinen Grundwehrdienst ableistete. An die Front musste er nicht, dank des Waffenstillstands entging er dem Krieg. Den Rest seiner Dienstzeit, damals drei Jahre, verbrachte er in verschiedenen Garnisonen in Ostfrankreich. Kaum aus dem Dienst entlassen, wurde er erneut eingezogen. Im März 1921 besetzten französische und belgische Truppen in der gemäß Friedensvertrag entmilitarisierten Zone des Rheinlands die Städte Duisburg und Düsseldorf. Lange musste Bove aber nicht bleiben, sein Wehrpass gibt in militärischer Knappheit Auskunft: „Im Mai 1921 im Korps angekommen als Schütze. Besetzung des Rheinufers vom 11. Mai bis zum 15. Juni 1921. Nach Hause entlassen am 17. Juni 1921."

Ich folge Bove über den Bahnhofsvorplatz, er kommt nicht alleine nach Tulln, an seiner Seite befindet sich Suzanne, sie ist fünf Jahre älter als er, das Paar hat erst vor zwei Wochen geheiratet, am 6. Dezember 1921 im Rathaus des 10. Arrondissements in Paris. Suzanne, mit Mädchennamen Vallois, lernte Bove während seiner Zeit beim Militär kennen, sie arbeitete als Volksschullehrerin, sie sei groß gewesen, braunhaarig, habe spanische Gesichtszüge gehabt.

Als die beiden in Tulln ihre Zelte aufschlagen, zählt die Stadt etwas mehr als 6.000 Einwohner. Der Zerfall der Monarchie und die ersten Nachkriegsjahre haben auch hier ihre Spuren hinterlassen. Vorbei der Glanz der Jahrhundertwende, als man sich in der ehemaligen Bamberger-Residenz weltmännisch gab, die neueste Mode aus Wien zur Schau trug und im Sonntagsstaat über die Wiener Straße zum Hauptplatz flanierte. Zahlreiche gutbürgerliche Geschäfte gab es, kleine Konditoreien, Wirtshäuser. Nun mangelt es an allem, die Hyperinflation setzt den Menschen zu, bekam man 1914 für zwei Kronen noch ein Kilo Schweineschmalz, waren jetzt bis 15.000 Kronen dafür zu bezahlen. Ein Laib Brot kostete 1922 zuweilen mehr als 5.500 Kronen, ein Jahr zuvor war er noch um 160 Kronen zu haben. Über das Tullner Feld zogen Scharen von „Hamsterern" und Quellen besagen, dass an Samstagabenden die Züge, die von Wien kamen, derart überfüllt waren, dass die Menschen wie Bienenschwärme an den Trittbrettern der Waggons hingen und sogar auf den Dächern gesessen seien. Scheine im Wert vom 5.000, 50.000, 100.000 und 500.000 Kronen waren im Umlauf, österreichweit kam es zu Hungerdemonstrationen, Plünderungen und Toten, die Salzburger Festspiele mussten abgesagt werden, da die Gäste nicht mehr verpflegt werden konnten, auch in anderen Tourismusregionen, Tirol und Oberösterreich, wurden alle Gäste ausgewiesen, die Lebensmittel reichten nicht.

Warum also ausgerechnet Tulln, warum Österreich? Emmanuel Boves jüngerem Bruder Léon zufolge, habe der günstige Wechselkurs das junge Paar zum Verlassen Frankreichs bewogen: „Das Geld war nichts mehr wert. Mit dem wenigen, das Suzanne noch hatte, kaufte er Schillinge, und dann zogen sie dorthin, damit er Zeit habe, sein Buch zu schreiben." Und er fügt noch hinzu: „Nur kamen sie vor Hunger fast um." Damit übertreibt er zweifelsohne nicht, die Situation in Österreich war in der Tat verheerend, aber in Frankreich war sie eben nicht besser. Fest steht jedoch auch, dass Bove Paris unbedingt verlassen wollte, um schreiben zu können, er sollte dieses Vorhaben in den darauffolgenden Jahren immer wieder umsetzen, mal ging er in die Schweiz, mal an die Côte d'Azur, um einen Roman zu beginnen. Was nicht heißen soll, dass er in Paris nicht arbeiten konnte, oft sei er stundenlang in den Cafés von Montmartre gesessen und habe dort geschrieben, aber um sich wirklich in Ruhe konzentrieren zu können, war Paris wohl nicht die richtige Stadt für ihn. Immer wieder brach er alle Brücken nach Paris ab, kehrte er seiner Geburtsstadt den Rücken – und wohl auch seiner Familie, Bove schämte sich seiner Herkunft, diese Scham durchzieht sein ganzes Leben.

„Nach seiner Militärzeit war er von der fixen Idee besessen, endlich in Gang zu setzen, was er werden wollte, und das heißt: durch die Literatur berühmt zu werden, ein Buch zu schreiben, irgendetwas, das bewirkte, dass man von ihm sprach." Dies behauptet sein Bruder Léon, zu dem Bove ein schwieriges Verhältnis pflegte. Dennoch geben die Erinnerungen seines Bruders, die dieser als Erwachsener aufzeichnete, Einblick in das Leben des Schriftstellers, wie auch die Gespräche seines Bruders mit Raymond Cousse, der mit Jean-Luc Bitton eine umfassende Biografie zu Emmanuel Bove verfasste. Aber will Bove berühmt werden, wie sein Bruder behauptet, will er, dass man von ihm spricht?

Während ich meinen Gedanken nachhänge, sehe ich die beiden mächtigen Türme der Tullner Stadtpfarrkirche, fast fünfzig Meter sind sie hoch, sie prägen das Bild der Stadt, als Bove und seine Frau hier ankommen und ein Zimmer in Untermiete beziehen. Wenig ist über ihren Aufenthalt bekannt, nicht einmal das Haus, in dem das Paar lebte, ist ausfindig zu machen. Als wäre Bove nie in dieser Stadt gewesen, in der im Mai 1922 seine Tochter zur Welt kommt. Suchte die schwangere Suzanne nicht einen Arzt auf, ging Bove nicht in eine Apotheke? Scheint Nora nicht in einem Geburtenregister auf? Ihr Vater vergaß, sie anzumelden, las ich in der vorhin erwähnten Biografie, „was Nora später, als sie heiraten will, einige Probleme mit der Bürokratie beschert. Lange Zeit kann sie nicht mit Sicherheit angeben, ob sie tatsächlich Französin ist."

Bove war keinesfalls einer, der wollte, dass man von ihm spricht. Während andere versuchen, von sich reden zu machen, scheint er sich selbst vergessen machen zu wollen. Und schon gar nicht will er von sich selbst sprechen. Als er – bereits ein gefeierter Autor – von einem Verleger gedrängt wird, etwas über sich selbst zu schreiben, lehnt er durchaus humorvoll ab: „Wenn ich um des Redens willen rede, wird man meinen, dass ich einen kleinen virtuosen Akt vollführe, und mir erneut sagen, was ich schon so oft gehört habe: ‚Sie haben das Talent, aus nichts etwas zu machen.' Sollte ich dieses Talent wirklich haben, dann schwillt mir aber deshalb nicht gleich der Kamm, denn ich halte es nicht für verdienstvoll, aus nichts etwas zu machen, sondern eher, etwas aus dem zu machen, was man vorfindet. Und das ist in diesem Fall meine Unfähigkeit, Angaben zu meiner Person zu liefern. Dafür gibt es tausend Gründe. Der hauptsächliche Grund ist eine Scham, welche mich daran hindert, von mir selbst zu sprechen. Alles, was ich sagen könnte, wäre darüber hinaus verkehrt."

Sein um ein Jahr älterer Kollege, der Dichter und Schriftsteller Philippe Soupault, hält über Boves Verschwiegenheit fest: „Bove war ein eigenartiger Mensch. Er war sympathisch, entgegenkommend, freundschaftlich – aber immer ein wenig reserviert. Man spürte, dass er etwas phlegmatisch und zugleich weit weg war. Er öffnete sich nicht leicht und legte eine gewisse Kühle an den Tag, die in Wirklichkeit eine Art Scham war. [...] Ob er schweigsam war? Nein, das war er nicht: Er dachte an etwas anderes."

„Boves Geistesabwesenheit war nicht frei gewählt, auch keine Pose, sie gehörte zum Kern seines Wesens, und sie hat oft zu Missverständnissen mit seinen Nächsten geführt", schreibt einer von Boves Biografen. Vielleicht führt diese Geistesabwesenheit auch dazu, dass er vergisst, seine Tochter Nora anzumelden, nicht einmal in den Briefen, die er Ende April und Anfang Mai aus Tulln und Wien an seinen Bruder in Frankreich schreibt, wird erwähnt, dass das Paar ein Kind erwartet.

Wie reagieren die Menschen in Tulln auf das Paar? Erkennen sie in Boves Geistesabwesenheit die Attitüden eines Städters? Interpretieren sie sein Gebaren als Arroganz? Immerhin ist er Franzose, Klischees sind damals wie heute rasch zur Hand. Gewiss haben die Tullnerinnen und Tullner andere Probleme, zwar sind viele ihrer Kinder, die nach Kriegsende in die Schweiz, nach Holland und Dänemark verschickt wurden, um dem Hungertod zu entgehen, wieder zurück, aber die Zeiten sind nach wie vor trist, da kümmert man sich wenig um einen Franzosen und dessen Frau.

Doch mag die Zeit auch noch so trüb sein, Bove legt eine Unbekümmertheit an den Tag, die verblüfft. Er scheint sich keine Sorgen zu machen, ist von einer ungeheuren Realitätsferne und Arglosigkeit, vor all den Katastrophen – und die ereilen ihn ja schon seit seiner Kindheit – scheint er in eine Traumwelt zu fliehen. Er ist „woanders", im Universum des Traums, wie seine Biografen treffend feststellen, „ja fast des Schlafwandelns, an der Grenze des Weggetretenseins". Diese Ansicht bestätigt auch der Schriftsteller und Kunsthistoriker Jean Cassou, der während der deutschen Okkupation Frankreichs in der Résistance kämpfte und nach Kriegsende das Pariser *Musée National d'Art Moderne* aufbaute, Cassou kannte Bove in seinen Anfängen: „Bove war dem praktischen Leben gegenüber völlig gleichgültig, mit einer Art entzückender Unbekümmertheit. […] Voller Ironie, wenn er bei uns war, und ganz unernsthaft in Bezug auf sich selbst."

Bei all der Leichtfertigkeit darf nicht unerwähnt bleiben, dass Bove schlicht unfähig war, Verantwortung zu übernehmen, mehr noch, er ging ihr aus dem Weg. Dies wiederum sorgte bei seinen Verwandten für Missstimmung, die mitunter in offenen Hass umschlug. Er funktionierte nicht, um es salopp zu formulieren, und nicht etwa, weil er nicht funktionieren wollte, er war nicht in der Lage dazu. Seine Unangepasstheit führte unweigerlich zu familiären Brüchen und verweist zugleich auf seine Kindheit.

•

Geboren wurde Emmanuel Bove als Emmanuel Bobovnikoff am 20. April 1898 in Paris. Sein Vater, ein Bonvivant und Hasardeur, wuchs im jüdischen Viertel von Kiew auf und kommt vermutlich ein Jahr vor Emmanuels Geburt in Paris an. Angeblich floh er als wichtiges Mitglied der anarchistischen Bewegung vor der zaristischen Polizei, das ist nur Legende. Eher zwang ihn die Angst vor Pogromen zur Flucht: Als Zar Alexander II. 1881 einem Attentat zum Opfer fällt, werden umgehend Juden der Tat bezichtigt, obwohl der Mörder ein Russe ist. Massive Übergriffe sind nun an der Tagesordnung, vor allem in Kiew und Odessa. Mag sein, es gab noch andere Gründe, die Boves Vater zum Aufbruch veranlassten, alles reine Spekulation. Jedenfalls durchquerte er zu Fuß Deutschland, hielt sich einige Zeit in Berlin und Straßburg auf und eignete sich auf seinem Gewaltmarsch, wie es anders nennen, die deutsche Sprache an, was ihm bald nützlich sein sollte. Denn in Paris lernte er Henriette Michels, Boves Mutter, kennen, eine deutschsprachige Luxemburgerin, die sich zwar schon seit einigen Jahren als Hausmädchen in der Seine-Metropole verdingte, aber der französischen Sprache kaum mächtig war. Lange verständigten sich die beiden untereinander auf Deutsch, wobei sie einander nicht viel zu sagen hatten, wie es scheint. Während Boves Mutter weiterhin als Mädchen für alles arbeitete, hing sein Vater seinen Träumen nach, nannte sich mal Student, mal Professor, dann wieder Schriftsteller, Buchdrucker oder Verleger, und schlug sich die Nächte um die Ohren. „Obwohl immer knapp bei Kasse, war er ein unverbesserlicher Schürzenjäger", kommentiert Léon und: „Er war ein mit einer lebhaften Intelligenz ausgestatteter Träumer, der von dem Wunsch beseelt war, es zu etwas zu bringen."

Seine ganze Kindheit hindurch werden Emmanuel Bove, sein Bruder und seine Eltern regelmäßig aus Wohnungen hinausgeworfen, da sie die Miete nicht aufbringen können. Der Schriftsteller hat sich nie öffentlich zu seinen Eltern und seiner

Kindheit geäußert, sein Bruder aber gewährt Einblick in die düsteren Verhältnisse: „Emmanuel schlief in einem schmuddeligen Bett. Selbst im Januar gab es Wanzen. Die Kinder schauten ihnen zu, wie sie auf den Wänden herumkrochen, und zerquetschten sie mit den Fingern. Die meiste Zeit saß Henriette mit ihren zwei Kindern ohne einen Sou auf der Straße, das jämmerliche Mobiliar stand im Treppenhaus, und sie rannte wie eine Verrückte herum, ohne zu wissen, wohin oder an wen sie sich wenden könnte." Von einer Wohnung in die nächste, von der Rue du Val-de-Grâce – in der ein Herr Blutel wohnt, der später zu einer Figur im boveschen Werk wird – zum Boulevard de Port-Royal, kaum zehn Minuten Fußweg von der einstigen Bleibe entfernt, es ist die Zeit in der Léon geboren wird. Zu dritt hausen sie nun in dem Loch, Emmanuel, Léon und ihre Mutter, Vater Bobovnikoff geht seiner Wege, hat längst eine Neue.

Durch diese Neue, die Engländerin Emily Overweg, widerfährt Boves Kindheit eine Zäsur. Overweg öffnet ihm den Blick zu einer anderen Wirklichkeit, plötzlich hat er eine bis dahin nicht gesehene Welt vor Augen, denn sein Vater lebt nun abwechselnd bei seiner Ehefrau und seiner neuen Geliebten. Emily ist reich, besitzt eine 5-Zimmer-Wohnung auf dem Boulevard du Montparnasse und unterhält zusätzlich, sie ist Kunstmalerin, ein Atelier in der Rue Campagne Première, die als Künstler- und Schriftstellerdomizil gilt. Von nun an pendelt Bove zwischen zwei Haushalten hin und her, taucht ein in die Welt der Reichen, Léon hingegen bleibt bei seiner Mutter, verbittert schreibt er in seinen Erinnerungen: „Mein Vater hatte meinen Bruder meiner Mutter weggenommen, er hatte ihn geraubt, um ihn Emily zu bringen, weil Emily davon träumte, ein Kind zu haben, und weil sie zu dieser Zeit keins hatte. Hinzu kam der Umstand, dass meine Mutter es nicht schaffte, mit dem bisschen Geld klarzukommen, das mein Vater – wie auch immer – zusammenkratzte. Emily hatte sich also in dieses Kind verknallt."

Wie dem auch sei, Léon gibt es ja selbst zu, bei all seinen Mängeln hat der alte Bobovnikoff die Familie nie gänzlich im Stich gelassen. Und Emmanuel Bove wird später in einem Roman mit dem sprechenden Titel *Der Stiefsohn* schreiben: „Obwohl erst ein Kind, hatte er erraten, wie verschieden von seiner Mutter diese Fremde war, die nie laut wurde und inmitten von Büchern, Farben, Gegenständen lebte, die ihm kostbar erschienen." Und an anderer Stelle: „Was sollte ohne seine Stiefmutter aus ihm werden? Obwohl es immer zahlreiche Konflikte zwischen ihr und ihm gegeben hatte, war sie dennoch der einzige Mensch auf der Welt, der ihm am Herzen lag. Sie war seine ganze Familie, sein Daseinsgrund, weil er sie liebte und weil sie den einzigen Bezug darstellte zu einem Milieu, in dem er nicht akzeptiert war und dem er doch sehnlichst angehören wollte." Auch ein Selbstportrait fertigt er an: „Er war jetzt ein großer, magerer junger Mann von siebzehn Jahren. Sein Gesicht war aufgedunsen und von diesem glanzlosen Fleisch, bei dem die Poren zu sehen sind. Seine Zähne waren so gewachsen, dass sie leicht vorstanden, man konnte sie erkennen, auch wenn er nicht redete. Von seiner ganzen Person ging etwas Nobles, Schüchternes, Stolzes aus. Die Stirn lag wie bei einem alten Mann in Falten. […] Dennoch gab es in diesem ungefälligen Gesicht so etwas wie ein Licht, das von den Augen herkam und das einen denken ließ, dass dieser junge Mann in bestimmten Augenblicken schön sein konnte."

Von einem Roman auf das Leben eines Autors zu schließen, ist immer eine heikle Angelegenheit, aber bei *Der Stiefsohn* dürfte es sich um eine wenig kaschierte Autobiografie handeln. Léon bestätigt, dass sein Bruder Emmanuel eine tiefe Zuneigung zu seinem Vater und zugleich Mitleid für seine Mutter empfunden habe, was freilich nichts daran änderte, dass er sich alleingelassen fühlte: auf der einen Seite das unstete Leben seines Vaters, auf der anderen die Unfähigkeit seiner Mutter, ihm ein Gefühl von Geborgenheit zu geben. In Emily Overweg muss er eine Art Rettungsanker gesehen haben, an den er sich klammerte, und vielleicht wäre er ohne sie nie Schriftsteller geworden.

Ob er sich bei Emily und seinem Vater geborgener fühlt, sei dahingestellt, jedenfalls erhält er nun eine andere Erziehung, er lernt Tennis- und Schachspielen, er reitet, spielt Golf, taucht ein in ein Intellektuellen- und Künstlermilieu. An seinen schulischen Leistungen ändert das allerdings nichts, er bleibt ein undisziplinierter Schüler, fliegt regelmäßig von den Schulen, die er besucht – wenn er das denn tut, oft betritt er mehrere Monate keine Lehranstalt. Es zieht ihn auf die Straßen, er kleidet sich exzentrisch und übertrifft dabei noch seinen Vater. Auch ist er für sein Alter schon weit gereist, besucht auf Emilys Drängen eine Schule ein Genf, eine andere in England, und nicht viele Kinder aus Paris in jener Zeit werden an die Côte d'Azur gefahren sein, wo Emily in Menton eine Wohnung hat, in der sie mehrere Jahre lang mit Boves Vater und ihrem gemeinsamen Sohn Victor lebt, auch Emmanuel hält sich immer wieder dort auf.

Dann die Katastrophen gleich in mehrerlei Hinsicht: Der Krieg bricht aus, Emilys Konten in England werden gesperrt – und nach dem Krieg ist das Geld nichts mehr wert. Sein Vater stirbt 1915 an Tuberkulose, seine Stiefmutter ist selbst in Geldnöten und hat ihren Sohn Victor durchzubringen, Emmanuel schlägt sich als Tellerwäscher, Kellner, Straßenbahnfahrer und Hilfsarbeiter bei Renault in Paris durch. Er wohnt in einem schäbigen Hotel in der Rue Saint Jacques, „er aß in einem heruntergekommen Restaurant für 20 Sou", berichtet Léon, „und er trug russische Schuhe", also um die Füße gewickelte Lappen. Seine Armut und der ausländisch klingende Name tragen ihm sogar einen Monat Gefängnis in der berüchtigten Pariser Santé ein. Es sind dies die zwei elendsten Jahre seines Lebens, sie enden erst mit dem Beginn seines Militärdienstes. Es sind aber auch die prägendsten, sie bilden den Rahmen und liefern die Atmosphäre für die beiden ersten Romane Boves.

•

Von seiner Entlassung aus dem Militär im Juni 1921 bis zu seiner Übersiedlung nach Österreich hatte Bove noch zwei neue Anstellungen, zunächst als Versicherungsvertreter, danach als Werbefachmann. Er hatte in dieser Zeit noch nicht mit dem Schreiben begonnen, erst in Tulln setzte er um, was er seinem Bruder im Alter von 19 Jahren kundtat, als der ihn fragte: „Was willst du später mal machen?" Und Bove erwiderte: „Ich hoffe, Schriftsteller zu werden." Sein Bruder hakte nach. „Schriftsteller? Und du glaubst, du hast das Zeug dazu? Er schien sich seiner sicher zu sein und hatte diesbezüglich keine Zweifel."

Bove hatte keine Zweifel. Seine ersten Werke, an deren Niederschrift er sich in Tulln macht, sind von einer zwingenden Notwendigkeit, sie kommen wie aus einem Guss, als hätte er sie schon jahrelang in sich getragen. Sein Stil ist schnörkellos, die Sätze sind auf das äußerste reduziert, Subjekt Prädikat Objekt, da gibt es kein Wort zu viel, keine schwammigen Metaphern oder hinkenden Vergleiche. Aber reichen nicht schon die ersten Zeilen, mit denen der Roman *Meine Freunde* anhebt, um von der Originalität und dem Stil dieses Schriftstellers begeistert zu sein:

„Wenn ich aufwache, steht mir der Mund offen. Meine Zähne sind belegt: es wäre besser, sie am Abend zu putzen, aber das bringe ich nicht über mich. In meinen Augen eingetrocknete Tränen. Die Schultern tun mir nicht mehr weh. Ein Haarschwall bedeckt meine Stirn. Mit gespreizten Fingern streiche ich ihn zurück. Ohne Erfolg: wie die Seite eines neuen Buches richtet er sich auf und fällt mir wieder über die Augen."

Im Mittelpunkt des Romans steht der Kriegsinvalide Victor Bâton, der sich mit einer niedrigen Rente im Paris der 1920er-Jahre durchs Leben schlägt. Zurückgeworfen auf sich selbst, und um der Einsamkeit zu entfliehen, sehnt er sich nach einem Freund – „Wie feinfühlig ginge ich um mit dem Menschen, der mir Freundschaft erwiese. Niemals würde ich ihn verärgern. All seine Wünsche wären die meinen. Ich würde ihm überallhin folgen wie ein Hund." Doch alle seine Versuche, Freunde zu finden, sind zum Scheitern verurteilt. Bei seinen Streifzügen trifft er auf die Prostituierte Lucie, den Schnorrer Billard, einen lebensmüden Matrosen namens Neveu, auf die Nachtklub-Sängerin Blanche, zu Freunden werden sie ihm nicht. Nachdem ihm auch noch sein Dachzimmer gekündigt wird, fristet er in einem heruntergekommen Hotel sein Dasein.

Gewiss verarbeitet Bove in diesem Roman eigene Erlebnisse, vielleicht gibt er sich auch ein wenig in Victor Bâton zu erkennen. Bâton trägt stets einen Hut und führt in der linken Tasche seines Überziehers ein Taschentuch, einen Schlüssel und das alte Soldbuch mit sich, damit „das Gewicht dieser Dinge" seine schiefen Schultern ausgleicht.

Es gibt ein Foto von Bove aus seiner Zeit beim Militär, er trägt Uniform, und es ist zu erkennen, dass er die linke Schulter etwas nach oben zieht. Auch sein Bruder Léon bestätigt, Emmanuel habe einen unverwechselbaren Gang gehabt und sein Erkennungsmal sei gewesen – „eine Schulter höher als die andere".

Mag sein, das fiel auch den Menschen in Tulln auf, wenn sie Bove durch die Straßen gehen sahen, vorbei an den Resten der Tullner Stadtmauer beim Wienertor, in der Rudolfstraße oder an der Donau entlang. Ich stehe vor dem Tullner Karner, er gilt als einer der schönsten und bemerkenswertesten seiner Art, nicht viele Orte in Europa können sich ihrer Beinhäuser rühmen, Bove wird vom Ossarium Notiz genommen haben. Auch vom Römertum und dem ehemaligen Dominikanerinnenstift, das viele Jahre als Sanatorium diente und in dem sich nun das Römermuseum befindet, von der Minoritenkirche, alles Bauwerke, die ins Auge stechen.

Die meiste Zeit wird Bove am Schreibtisch verbracht haben, was seine Frau Suzanne von seinen Schriftsteller-Ambitionen hielt, ist schwer zu sagen, aber es ist anzunehmen, dass sie ihn darin bestärkte. Ihre Tochter Nora weiß wenig über die Jugend ihrer Mutter, „ihre Eltern waren Leute vom Land und von einer schrecklich engstirnigen Mentalität. Als sie ihnen eröffnete, dass sie beabsichtige, meinen Vater zu heiraten, wollten sie davon einfach nichts hören. ‚Wie heißt der Kerl? Bobovnikoff?' – Undenkbar. Keiner wusste was über die Eltern, dann war kein Geld da usw. Ja, und was das Schreiben betrifft, das überstieg schlichtweg ihr Fassungsvermögen. Was und warum schreiben, und was sollen die Leute von uns denken? Kurzum, die Sache ging schief. Meine Mutter packte daraufhin ihre Siebensachen und reiste ab."

Daraus lässt sich zum einen schließen, dass Suzanne Vallois ihren Weg zielstrebig an der Seite ihres zukünftigen Manns gehen wollte, zum anderen vor allem auch, dass sie Emmanuel ihren Eltern als Bobovnikoff vorstellte. Ob er in Tulln unter diesem Namen sein Zimmer in Untermiete bezog, konnte ich nicht eruieren, wahrscheinlich änderte er ihn erst in Bove, als er die literarische Bühne betrat – und das sollte bald der Fall sein.

Ohne Frau und Tochter verlässt Bove bereits im Oktober 1922 Österreich in Richtung Frankreich. Das Reisen zu dieser Zeit ist mühsam, gut eine Stunde dauert die Fahrt mit einer Regionalbahn zum Franz-Josefs-Bahnhof nach Wien, von dort zum Westbahnhof und dann in 22 Stunden über München und Straßburg nach Paris Gare de l'Est. In seinem Koffer hat Bove mehrere handgeschriebene Erzählungen, die er zu seinem ersten Buch formen wird, nicht enthalten sind in diesem ein 44 Seiten umfassendes, von Bove unterzeichnetes und dem Datum *Wien 1922* versehenes Manuskript mit dem Titel *Le Crime d´une nuit, Das Verbrechen einer Nacht*.

Warum er Wien und nicht Tulln als Entstehungsort der Erzählung anführt, ist schleierhaft, aber Bove sollte auch später – wenn er schon einmal über sich und seine literarischen Anfänge sprach – immer von Wien bzw. Österreich als seinem Aufenthaltsort sprechen. Einerlei, zurück in Paris findet er bald Fürsprecher für sein Vorhaben, Colette wird auf ihn aufmerksam – und öffnet ihm die Tür zur schriftstellerischen Karriere.

Im März 1923 kehren auch seine Frau und seine Tochter nach Paris zurück, ein Jahr später wird sein Sohn Michel geboren – und es erscheint der Roman *Mes amis*, ein durchschlagender Erfolg, das Feuilleton ist begeistert. Man vergleicht Bove mit Proust und Dostojewski, in einer der Rezensionen ist zu lesen: „Der ganze Schmerz unseres Lebens, dieser Schmerz, den wir nicht immer wahrnehmen und den wir zu ersticken suchen, doch der am Ende immer siegt, ist in diesem großartigen Buch enthalten."

Ein wenig Geld bringt der Roman auch ein, sofort macht sich Bove an die Arbeit an seinem zweiten Buch. Es existiert ein Foto, aufgenommen im Jahr 1924 im Jardin du Luxembourg, das einen elegant gekleideten Vater neben seiner kleinen Tochter Nora zeigt. „Ich erinnere mich an jemanden, der sehr schön, sehr charmant und mit viel Humor versehen war", sagt Nora über diese Zeit und fügt hinzu: „Ich war sehr stolz auf ihn, ich bewunderte ihn. Sowie er ein bisschen Geld hatte, ließ er sich Seidenhemden nähen, auf denen sein Monogramm eingestickt war. Wenn kurze Zeit später das Geld aus war, verkaufte er sie zu einem lächerlichen Preis an einen Trödler. Meine Mutter hatte für diese Art der Romantik überhaupt nichts übrig." Nora gibt hier wohl eher wieder, was sie von ihrer Mutter erzählt bekam, schließlich war sie erst zwei Jahre alt. Das familiäre Glück hat nicht lange Bestand, 1925 trennt sich Bove auf eine ihn charakterisierende Weise von Suzanne – er macht sich einfach davon, völlig kommentarlos. Parallelen zu seinem Vater tun sich auf.

In den folgenden Jahren wechselt Bove wiederholt seine Wohnung in Paris, er schreibt unermüdlich, oft in den Cafés von Saint-Germain-des-Prés, am Boulevard du Montparnasse, im Café du Dôme, im Café La Rotonde, im Le Select und anderen bekannten Treffpunkten für Künstler und Schriftsteller. Weitere Meisterwerke entstehen, *Armand*, *Bécon-les-Bruyères*, *Ein Abend bei André Blutel*, *Menschen und Masken* – nach dem Erscheinen seines Erstlings legt er innerhalb von sechs Jahren nicht weniger als elf weitere Werke vor. „Nach 1928 traf man sich weniger oft", lässt Philippe Soupault wissen. „Da tobte er sich am Schreibtisch aus. Oft schrieb er nachts, wenn ihn irgendetwas aufgewühlt hatte. Nahm ihn etwas stark mit, dann musste er diese Erregung in eine neue Form – einen Roman – bringen, aber das passierte jäh, wie eine Erinnerung, auf die er wieder gestoßen war."

Binnen weniger Jahre ist Bove zum Mythos geworden, Soupault, Max Jacob, André Gide gehören zu seinen Bewunderern, um hier nur einige zu nennen, Rainer Maria Rilke wünscht ihn zu sehen bei seinem letzten Aufenthalt in Paris. Ein erstes großes Interview mit Bove wird publiziert. Auf die Frage, ob er seine Figuren nach Vorbildern zeichne, antwortet er: „Überhaupt nicht. Meine Figuren ähneln allen Arten von Leuten, die ich gekannt habe, aber niemandem im Einzelnen. Echtheit ist nicht möglich, wenn man sich begnügt, die Natur zu imitieren. Wenn man seine Figuren nur kopiert, dann erschafft man sie nicht, dann ist da kein Leben."

Viele der Figuren in Boves Werk ähneln einander, und vielleicht ist es auch nur eine Figur, die er in den unterschiedlichsten Ausprägungen abbildet. Zumindest in seinen ersten Romanen, aber auch in den ganz späten Texten trifft man immer wieder auf Schiffbrüchige der Zeit, die aufgrund irgendeines Ereignisses, und mag es noch so banal sein, auf eine Bahn gelangen, von der sie weder willens noch fähig sind wegzukommen. Boves Werk hat nichts an Aktualität verloren, er beschreibt die Vereinzelung des Individuums in einer aus den Fugen geratenen Welt. Die Einsamkeit ist sein Thema und der Versuch, ihr zu entrinnen. Das Glück gibt es nicht in seinem Werk, manchmal taucht es zwar in Ansätzen auf, aber kaum ist es da, taucht ein Schatten auf, der es wieder verhüllt. Ist er deshalb ein Pessimist? Seine Kindheit mag zum Fatalismus, der in seinem Werk laut wird, beigetragen haben, doch Humor ist Bove keineswegs abzusprechen. Seinen Kritikern antwortet er mit seiner Definition von Pessimismus: „Ein Pessimist ist ein Individuum, das unter Optimisten lebt."

In den späten 1920er-Jahren ist Bove auf dem Höhepunkt seiner Karriere, er hält eine erste öffentliche Lesung, die auch seine einzige bleiben wird, und liest den mit *Wien 1922* datierten Text, der nicht zu seinen großen Würfen zählt. Generell hat er nach seiner Rückkehr aus Österreich viel Kitsch produziert und in Zeitungen veröffentlicht, er brauchte Geld, wie er sich selbst rechtfertigte. Spätestens nach Erscheinen von *Meine Freunde* aber ging er unbeirrbar seinen Weg, und seine unermüdliche Arbeit zahlt sich nun im wahrsten Sinn des Worts aus, er erhält den erstmals vergebenen Prix Figuière, der mit 50.000 Franc dotiert ist.

Der Name des Preisträgers macht bereits die Runde – nur der Preisträger weiß noch nichts davon, typisch Bove, er ist nirgends aufzufinden. Von einer Adresse zur anderen eilen die Fotografen, um den glücklichen Preisträger aufzunehmen, aber immer heißt es, Bove sei ausgezogen, keine Ahnung, wohin. Mürbe und unter Druck einigt man sich letztlich darauf, zumindest ein Foto von der Jury zu machen, vielleicht in der Hoffnung, Bove würde zufällig die Zeitung aufschlagen und so von dem Geldsegen erfahren.

Soweit sollte es nicht kommen, aber dennoch ist es dem Zufall geschuldet, dass er gerade an diesem Tag im Verlag der Brüder Émile-Paul vorbeischaut, wo seit Stunden die Telefone klingeln, um etwas über Boves Adresse in Erfahrung zu bringen. So also erfährt er vom Preis, Jahre später wird er sagen: „Tatsächlich hatte ich einmal Glück. Allerdings hat sich mein Pech auf meine Nachfolger übertragen. Denn nach mir ist der Prix Figuière nie mehr vergeben worden … Ich habe das Huhn, das goldene Eier legt, sterilisiert."

In einem der vielen Interviews anlässlich der Preisverleihung sagt Bove: „Wenn man in die Literatur eingehen möchte, darf man keine literarische Haltung einnehmen. Das gelingt nur durch die Kraft des Lebens. Balzac, Dickens, Dostojewski – schauen Sie, diese Großen sind keine Literaten. Es sind Menschen, die schreiben. Das Leben ist nicht literarisch. Es geht in die Literatur ein, wenn ein Schriftsteller dieses Schlags es darin eingehen lässt, aber ohne dass der Autor etwas Literarisches hätte machen wollen."

Wie es nicht anders sein kann, ruft die Preisvergabe auch reaktionäre Kritiker auf den Plan, Hetzartikel erscheinen. „Wir sind ein wenig verärgert und leicht alarmiert darüber, dass eine aus kultivierten Menschen bestehende Jury einen Preis in Höhe von 50.000 Franc für eine Produktion vergeben hat, die so deutlich gegen unsere Grammatik und unsere Syntax verstößt. […] Bevor Ausländern die von ihnen beantragte französische Staatsbürgerschaft zuerkannt wird, gehen genaue Nachforschungen über ihre Person voraus. Bevor einem ausländischen Schriftsteller durch eine Aufsehen erregende Auszeichnung seine Naturalisierung zuerkannt wird, wünschte man sich, eine Jury stellte erst einmal klar, ob er auch genug Kenntnis von unserer Sprache hat – wenn nicht schon für das Abitur ausreichend, so doch wenigstens für den Volksschulabschluss."

Wie Bove auf Schmähartikel dieser Art reagiert hat, ist nicht bekannt, jedenfalls brauchte er das Geld, Geld zu haben oder nicht, das ist eines der Hauptthemen seines Lebens. Seine Tochter Nora erzählt: „Emmanuel führte ein kleines Rechenbuch, in dem er all seine Überweisungen eintrug. Einmal, da glaubte er, meiner Mutter ihre Unterhaltsrente geschickt zu haben, dabei hatte er diesen Betrag seinem Bruder und seiner Mutter überwiesen." Tatsächlich überwies Bove über viele Jahre hinweg Beträge an Léon und seine Mutter, die beiden forderten es förmlich von ihm ein. Sie bedrängten ihn in zuweilen unverschämten Briefen, schließlich sei er ein berühmter Schriftsteller, ein Glückskind, ein solches immer schon gewesen, er habe sie im Stich gelassen, sei mit seinem Vater zu dieser anderen Frau, der Engländerin, gezogen. Auch Emily Overweg, die Léon nur „die Schlampe" nennt, blieb nicht vom Hass der beiden verschont, sie suchten sie auf, um einzufordern, was ihnen ihrer Ansicht nach zustehe. Auch davon erzählt Bove in *Der Stiefsohn*:

„Dieses Leben kann so nicht mehr weitergehen. […] Man hält mich für reich, dabei besitze ich keinen Heller mehr. Was wollt ihr eigentlich alle von mir? […] Ich kann keinem mehr helfen. Worum ich euch bitte, ist, mich in Ruhe zu lassen, einfach in Ruhe."

Aber Léon und seine Mutter geben keine Ruhe, sie gehen im Übrigen keiner geregelten Arbeit nach und sind nach Emilys Tod ausschließlich von den finanziellen Zuwendungen Boves abhängig. Der publiziert zwar ein Buch um das nächste, aber die Tantiemen reichen nicht aus, um für zwei Haushalte aufzukommen.

Und noch einmal Nora: „Jedes Mal, wenn ein Buch von ihm erschien, erhielten wir ein Exemplar. Er aß mit meine Mutter Mittag oder traf sich mit uns in der Closerie-des-Lilas […] Ich erinnere mich an einen Vater, der mir nie böse war. Als man ihm zu verstehen gab, dass die Zeugnisse nicht gut waren, dass sein Sohn undiszipliniert sei, kam er freudig nach Hause und sagte: ‚Typisch meine Kinder, ausgezeichnet. Wisst ihr, alle Klassenersten, die ich gekannt habe, wurden …' – und dann zählte er eher lausige Berufe auf. Er schien zu glauben, dass der Umstand ein Faulpelz zu sein, ein Beweis für Intelligenz sei."

Nach der Scheidung von Suzanne im Jahr 1930 heiratet Bove Louise Ottensooser, sie ist ein junges Mädchen aus dem jüdischen Großbürgertum, eine mondäne Welt eröffnet sich ihm nun, in der er sich abermals nicht akzeptiert fühlt, wie ein Eindringling kommt er sich vor. Sein Halbbruder Victor erinnert sich: „Nach seiner zweiten Heirat fand er sich im großen Pariser Milieu wieder. Er steckte da in einer leicht künstlichen Welt, die ihn zwang, sich zu isolieren, um weiterexistieren zu können." Bove selbst beschreibt seine Gefühlslage ein paar Jahre später in einer privaten Aufzeichnung: „Festhalten, dass man, sobald man zu einer bestimmten Welt gehört, sich gegenseitig rühmt. Louise über ihre Freunde: Die Leute sind alle wunderbar."

•

Bove hat noch eine andere Seite, eine, die man ihm gar nicht zutrauen möchte, und auch hier gerät er ganz nach seinem Vater: Er ist ein Schürzenjäger. Das bestätigt Victor: „Die Sache ist ganz einfach: Er rannte ständig den Mädchen hinterher. Er schmierte ihnen Honig um den Mund. Im Allgemeinen waren es Freundinnen und Dienstmädchen. Das dauerte übrigens noch an, als ich ihn wiedersah, so um 1930. Er hatte Erfolg bei den Frauen. Louise nahm daran keinen Anstoß. Ich habe sie einmal beide in Begleitung seiner Mätressen gesehen. Das war ein sehr modernes Paar."

Die Frau des Erzählers und Dramatikers Marcel Aymé, Marie-Antoinette, erinnert sich später: „Louise war eine reizende Frau, wenn auch sehr bohèmehaft. Ich entsinne mich, wie sie am Strand die Frauen aus Bordeaux verrückt machte, weil sie als Badeanzug so eine Art Spielhöschen anhatte, aus dem sie ihre Zigaretten herausholte sowie ein Feuerzeug, das dann an ihren Beinen herunterbaumelte. […] Sie holte sich ihre Milch in einem Bierglas mit einer solchen Selbstverständlichkeit, ja, das war ihr dermaßen egal, sie hielt das Ding in den Händen, als wäre es ein Silberkrug."

Mitte 1930 brechen Bove und seine Frau nach England auf, sie wohnen zunächst in mondänen Verhältnissen im Londoner Viertel Kensington, beziehen dann ein weiträumiges Haus mit großem Garten in einem Londoner Vorort. Plötzlich aber verschlechtert sich ihre Situation, die Weltwirtschaftskrise trifft sie mit voller Wucht: „Die Worms-Bank ist hochgegangen", schreibt Bove an seinen Bruder, Louise verliert einen Großteil ihres Vermögens durch den Bankrott der Bank. Und ein weiterer Schicksalsschlag folgt – ihr einziges Kind stirbt bei der Entbindung.

Mit dieser schweren Last kehren die beiden 1931 nach Frankreich zurück. Sie leben bis zum Ausbruch des Kriegs vorübergehend in Paris, später in Compiègne, einer Stadt 80 Kilometer nördlich von Paris, an der Einmündung der Aisne in die Oise, in der Region Hauts-de-France, schließlich in Cap-Ferret, die Halbinsel liegt im Département Gironde im Südwesten Frankreichs. Nur wenige Dokumente über Boves Leben aus dieser Zeit sind erhalten, aber in Cap-Ferret notiert er in sein Tagebuch: „Ich habe oft bemerkt, dass man sich ans Leben gewöhnt und dass man sehr schnell aus dem Auge verliert, was es an Armseligem birgt. Aber merkwürdig – man meint dann, die Leute würden nicht dieselbe Entwicklung durchmachen wie man selbst, sie würden nicht auf die oberflächlichen, plötzlich auftauchenden Veränderungen hereinfallen. Das Gegenteil ist der Fall. Doch geht es nicht alleine um die Leute. Es geht auch um den Staatskörper, die Justiz, um alles. Man bemerkt dann, dass auf dieser Welt alles oberflächlich ist."

Boves Gesundheitszustand verschlechtert sich, nach einer verschleppten Grippe leidet er ab Mitte 1936 an einer Brustfellentzündung, vollständig davon erholen wird er sich nie. Dennoch liegt ihm sein Bruder mit Bittgesuchen in den Ohren, Louise übernimmt den Briefverkehr. „Das Fieber ist gesunken, aber sein Brustfell ist immer noch voller Wasser. Sobald ich ihn alleine lassen kann, fahre ich nach Paris, um zu versuchen, seinen nächsten Roman in einer Zeitschrift unterzubringen, und so wie ich das Geld dafür in der Tasche habe, schicke ich Ihnen etwas zu. Momentan haben wir selbst nichts." Bove veröffentlicht eine Novelle, im selben Jahr schließt er auch die Arbeit an seinem Roman *Colette Salmand* ab, beinahe 50 Jahre später wird das Manuskript in einem vergessenen Koffer gefunden und 1999 als Buch publiziert.

In den politisch aufgeladenen 1930er-Jahren finden Boves Texte kaum noch eine Leserschaft, er schreibt fern jeder Ideologie, trägt zu keinerlei Debatten bei. Sein Gemütszustand verschlechtert sich, „neige zu Melancholie. Sollte mich in acht nehmen", notiert er in sein Tagebuch. Louise ist stets an seiner Seite, daran erinnert sich Marie-Antoinette Aymé: „Sie sagte mir, sie müsse sich um Emmanuel kümmern wie um ein Kind. Er war anziehend, häufig traurig. Ich erinnere mich an eine Autofahrt mit ihm, er wollte nie selber fahren, er war düster, schon krank, er hustete."

Obwohl das Ehepaar 1937 eine Wohnung im 17. Arrondissement gemietet hat, schmiedet Bove Auswanderungspläne, er reist in die Schweiz, um eine geeignete Wohnmöglichkeit zu finden, und kehrt ernüchtert zurück. Eine Novelle mit dem

Titel *Elle es morte* (*Sie ist tot*) erscheint, soeben ist Louises Mutter gestorben, wenig später erliegt Boves Mutter Henriette ihrem Krebsleiden.

1938 erfahren die Boves aus den Zeitungen vom „Einmarsch" Hitlers in Österreich und der Zerstückelung der Tschechoslowakei. Monate später auch von den „Pogromnächten". Es herrscht eine erdrückende Stimmung vor, als Bove am Heiligabend 1938, durch seine lange Krankheit geschwächt und zudem deprimiert, nunmehr vierzig Jahre alt zu sein, ein paar Zeilen für einen neuen Roman verfasst: „Genau in dem Augenblick, da ich in der Mitte meines Lebens angelangt bin, stelle ich fest, dass ich nichts habe, dass ich mich immer geirrt habe, dass ich stets so gehandelt habe wie jemand, der meint, auf dem rechten Weg zu sein, und sich in Wirklichkeit im Irrtum befindet. Alles gerät ins Wanken, und so sieht es in mir aus: Ich habe keinen Freund, kein Vermögen, keinen Beruf."

Die wenigen Jahre, die Bove noch bleiben, sind geprägt von Krankheit und Flucht. Im März 1940 wird Bove in eine Gießerei zur Kriegsproduktion eingezogen, allerdings im Juli schon wieder entlassen. Mittlerweile steht Frankreich unter deutscher Besetzung, das Ehepaar Bove flieht aus Angst vor Nazi-Ausschreitungen aus Paris und lässt sich in der Nähe von Lyon nieder, zwei Jahre werden Emmanuel und Louise dort verbringen.

Von der düsteren Atmosphäre in und rund um Lyon legt Bove literarisches Zeugnis ab, die Metropole an der Rhône gilt bald als Hauptstadt der Résistance und wird zum Fluchtort vieler Künstlerinnen und Künstler aus Paris: „In dieser Menschenmenge, die in die Stadt eingefallen war, bei den Schwierigkeiten eines jeden und all den Leuten, die selbst in Paris, falls sie sich kannten, nichts miteinander zu tun hatten, war kein Raum für mindeste Gefühle von Solidarität. Man gab sich die Hand, war bemüht, auch beim zehnten Wiedersehen genauso zufrieden auszusehen wie beim ersten Mal, man fühlte mit in der riesigen Katastrophe, indem man so tat, als glaubte man daran, das Unglück würde die Menschen eher zusammenschweißen als sie spalten, doch sobald man aufhörte, von der allgemeinen Misere zu reden, und dazu überging, auf den eigenen kleinen Fall hinzuweisen, befand man sich vor einer Wand." Bove ist entschlossen, über Nordafrika nach England zu gelangen. Nach wie vor ist er sehr produktiv, er weigert sich jedoch, die entstandenen Arbeiten zu veröffentlichen, solange die Besatzer im Land sind.

Als die Boves endlich die ersehnten Passierscheine erhalten, machen sie sich auf eine lange und gefährliche Reise über Spanien nach Nordafrika, im November 1942 kommen sie in Algier an. In Algerien entstehen Boves letzte drei Romane, *Die Falle*, *Flucht in der Nacht*, das Buch widmet er Charles de Gaulle, und *Einstellung des Verfahrens*. Körperlich ohnehin geschwächt, zieht er sich in Algier mit der Malaria eine tödliche Krankheit zu, sein Wille weiterzuarbeiten bricht durch die Erkrankung nicht, aber Kollegen, die ihn in Algier antreffen, zeichnen ein erschütterndes Bild des Schriftstellers. „Bove führte ein fast dämmerhaftes Leben. Manchmal, da führte er seine Hand an sein Gesicht, eigentlich nicht so sehr, um einen Hustenanfall zu ersticken, sondern um eine durch den Schmerz hervorgerufene Grimasse zu verdecken. […] Oft verschwand er zu einem Krankenhausaufenthalt, aber er sprach nicht über sein Leiden", erinnert sich der italienische Schriftsteller Enrico Terracini.

Dennoch fährt er jeden Morgen mit einem Trolleybus an den Stadtrand von Algier, wo er ein Zimmer bezogen hat, um dort arbeiten zu können. In unmittelbarer Nähe wohnt der Schriftsteller Emmanuel Roblès, er erinnert sich, dass Bove das Haus nur am Abend verließ, er ging „immer die Hände im Rücken verschränkt, war gebeugt, blass wie einer, der im Keller lebt. Man erkannte gut seine Silhouette, die sich von dem Aussehen anderer Leute abhob. Er sprach leise, stets sehr ruhig. Diese Art zu reden, diese zurückhaltenden Gesten waren mir aufgefallen. Das wirkte irgendwie fremd. Er lächelte häufig und hatte gute Augen, einen gütigen Blick."

Am 21. Oktober 1944 notiert Bove in einem Taschenkalender das Wort DÉPART – in Großbuchstaben und unterstreicht es. Louise versetzt ihren Schmuck, um die Reisekosten aufbringen zu können, schließlich geht das Ehepaar in Algier an Bord der Jeanne d'Arc und erreicht nach zweitägiger Überfahrt das mittlerweile befreite Frankreich. Sofort bemüht sich Bove, alte Kontakte wiederherzustellen, er will seine Bücher veröffentlicht sehen, was sich als äußerst schwierig erweist. Gallimard lehnt ab, eine herbe Enttäuschung wie schon vor dem Krieg. Endlich, als er die Gewissheit hat, dass seine letzten Werke doch noch in einem anderen Verlag publiziert werden, verschlechtert sich sein Gesundheitszustand rapide. Am 28. März 1945 notiert er in seinem Taschenkalender: „Krank geworden." Kein weiteres Wort. Am 20. April ein letzter Eintrag: „47 Jahre", er unterstreicht ihn dreimal und fügt ein Ausrufezeichen dahinter.

Dann Schweigen, die Scham über seinen Zustand lässt ihn verstummen. Vom Fieber ausgezehrt, nimmt Bove kaum noch etwas zu sich und kann das Bett nicht mehr verlassen. Er wohnt mit Louise in der Avenue de Ternes Nummer 59, wo er in der Nacht vom 12. auf den 13. Juli 1945 stirbt. 24 Stunden später herrscht ausgelassene Stimmung in Paris, man feiert den ersten „Tag der Befreiung" der Stadt. „Feiertage sind mir ein Gräuel", notierte Emmanuel Bove einmal in eines seiner Hefte. Und in einem Interview Jahre zuvor: „Ich weiß nicht, was ich dem Leben angetan habe, aber es hat mich oft mit unbarmherzigem Humor traktiert."

•

Als hätte er es selbst heraufbeschworen in seinem literarischen Werk, hinter dem er als Mensch ganz zurücktritt, auf dass nur ja keiner sich an ihn erinnere, gerät Bove nach seinem Tod rasch in Vergessenheit. Was sich schon Mitte der 1930er-Jahre ankündigte, Bove passt nicht in die Zeit, er hat keine Ideologie zu verkünden. Zwar veröffentlicht er während der Besatzungszeit einige Texte in antifaschistischen Zeitschriften, aber das war es dann auch schon. Was selbstredend nicht heißt, dass ihn die politischen Verwerfungen kalt gelassen haben. Seine Sorgen müssen groß gewesen sein, seine Frau stammte aus dem jüdischen Großbürgertum, er selbst galt den kruden „Rassegesetzen" zufolge als „Halbjude". Sein Wegbegleiter Soupault erinnert sich: „Angesichts der Invasion in Frankreich war er entsetzlich beunruhigt. Ich habe ihn nie erregter erlebt, als wenn er von Hitler sprach; er nannte ihn ‚diesen Henker'. Er wandte sich auch heftig gegen die Kollaboration." Bove war Gaullist und fest entschlossen, sich den *Forces françaises libres* anzuschließen.

Ein Leben wie ein Schatten, so lautet der Originaltitel der Bove-Biografie von Raymond Cousse und Jean-Luc Bitton, auf die ich mich wiederholt beziehe. Dieses Schattendasein, Boves völliger Rückzug aus der Öffentlichkeit, der an Selbstentäußerung grenzt, das sind gewiss Gründe, die dafür sorgten, dass er aus der Wahrnehmung verschwand und dass sein Name über Jahre hinweg in den Literaturgeschichten kaum noch auftauchte. Dennoch erstaunt es, immerhin hat Bove über dreißig Bücher publiziert, und war mit seinen ersten Romanen ein gefeierter Schriftsteller. Es ist wohl so, wie Raymond Cousse es formuliert: „Damals hatte man andere Sorgen. Im Namen der wiedereroberten Freiheit und der kommenden Revolution hatte man es eilig, sich vor neuen Totems in der Art Sartre-Camus-Aragon zu verbeugen. Von da an konnten sie krepieren, die Bove und Konsorten, die den Anstand über literarische Eitelkeiten stellen und für die der Protest gegen den Betrug damit anfängt, dass sie ihn sich selbst verbieten."

Ein Roman wie *Die Falle*, in dem Bove die faulen Kompromisse des Vichy-Regimes anprangert, hat in der Nachkriegszeit keinen Platz. Auch seine Romane *Flucht in der Nacht* und *Einstellung des Verfahrens* spiegeln die Zerrissenheit Frankreichs während der Okkupation wider, im allgemeinen Siegestaumel wollte davon niemand etwas hören. Und es werden mehr als dreißig Jahre vergehen, ehe Bove wiederentdeckt wird, Samuel Beckett trägt dazu bei, im deutschsprachigen Raum sorgen die Übersetzungen von Peter Handke für eine Renaissance der Werke Boves. Der vergessene Schriftsteller avanciert zum Kultautor, seine Leser, die sich Bovianer nennen, zeigen sich begeistert wie sein Übersetzer, als er *Mes amis* zum ersten Mal liest: „Das war eine absolute Überraschung. Seine Schreibweise war so rein und bescheiden, andererseits aber war sie überhaupt nicht bescheiden. Eine Schreibweise, die es vor ihm nicht gab und auch nicht nach ihm, wie eine Zeichnung mit sehr klaren, zuvor nicht existierenden Linien; er war es, der danach suchte und der diese aufspürte", sagte Handke in einem Gespräch mit Jean-Luc Bitton.

Während ich in einem Tullner Kaffeehaus sitze und eine Katze beobachte, die eine Mauer entlangschleicht, kommen mir plötzlich Sätze aus den Arbeitsnotizen von Emmanuel Bove in den Sinn: „Am Morgen sagt er sich: Ich bin glücklich. Ich habe ein Haus, eine Frau, eine Katze. Am Abend sagt er sich: Ich habe nichts." Charakteristische Sätze für Bove, schlicht, prägnant und zugleich voll der Poesie, ich lese sie wie ein Gedicht. Und frage mich augenblicklich, was ich hier mache, indem ich Spuren suche, die Bove doch tilgen wollte. Seine Biografie liefert zahlreiche Leerstellen, ob bewusst oder unbewusst gesetzt, und lädt ein zu Spekulationen. Er selbst hält in seinen Notizen fest: „Ich frage mich manchmal, womit ich wohl die Zeit, an die ich mich nicht erinnern kann, verbracht habe."

Mitte der 1990er-Jahre las ich die von Peter Handke übersetzten Romane *Meine Freunde*, *Armand* und *Bécon-les-Bruyères*, seitdem lässt mich dieser Autor nicht mehr los. Bove ist eine absolut singuläre Erscheinung in der Literatur, sein Tonfall nimmt mich für ihn ein, sein unglaubliches Gespür für Rhythmik. Mögen seine Sätze auch noch so kurz sein, sie sind von einem Rhythmus getragen, der mich bei jedem Wiederlesen erstaunt. Als hätte er eine eigene Sprache erfunden, in der er seine Figuren zeichnet, Figuren, die er trotz ihrer Unbeholfenheit und auch ihrer

Unzulänglichkeiten, niemals ins Lächerliche zieht oder verachtet. Bove beschreibt, was er sieht und führt es minutiös vor Augen – „Er hat wie niemand sonst einen Sinn für das treffende Detail", sagte Beckett einmal.

Es gibt hier nichts zu finden, weil Bove es nicht darauf angelegt hat, dass ich etwas finde, herrsche ich mich innerlich an, und jeder Satz, den ich schreibe, ist einer zu viel. Man sollte Bove lesen, nicht über ihn schreiben, was er mitteilen wollte, hat er in seinen Büchern getan. Als ich das Kaffeehaus verlasse, fällt mir erneut ein Satz aus Boves Arbeitsnotizen ein: „Jeder besitzt seine eigenen Worte, sich zu demütigen."

Es ist kühl und grau in Tulln, ein Tag im November, nur Regen setzt keiner ein – wie in so vielen Büchern Boves, mit ihren Helden, die Anonyme bleiben. Aber die Farben stimmen, als wären sie der boveschen Roman-Welt entnommen, denke ich und mache mich auf den Weg zum Bahnhof. Durch die Wiener Straße, unübersehbar die Türme der Kirche, mit einem Mal habe ich jenen Mann vor Augen, vorhin im Kaffeehaus, sein müder Blick, seine schweren Gesten, seine fieberhafte Suche nach Sätzen, immer wieder unternahm er einen Anlauf, um eine Frau zum Bleiben zu überreden. Avancen machte er ihr nicht, er wollte ihr nur ein wenig von seinem Leben erzählen, wie mir schien. Als sie dennoch ging, starrte er kurz vor sich hin, begab sich dann zu einem Gast an einem anderen Tisch, nahm unaufgefordert Platz – und alles fing von vorne an.

Vorbei an einem Lokal, auf dessen überdachter Terrasse Gelächter anhebt, banale Sätze fallen, aber was heißt das schon, manchmal braucht es nicht mehr, um sich seines Glücks zu vergewissern, die Stimmung ist ausgelassen, Freunde unter sich. Ich bin am Bahnhof angekommen, drehe mich noch einmal um, sehe einige Jugendliche, die untereinander Zigaretten verteilen, ein älteres Paar mit Einkaufstaschen, zwei Männer, die mit einer Dose Bier auf den Feierabend anstoßen. Ich stelle mir vor, wie Bove die Stadt verlässt, sein schlendernder Gang, ich sehe ihn vor mir, er trägt einen Hut, einen Mantel, in seiner Hand einen Koffer mit den in Tulln entstandenen Manuskripten. Dann trete ich durch die Bahnhofshalle und steige in den Zug mit einem Satz aus Emmanuel Boves Roman *Meine Freunde* auf den Lippen: „Seltsam, wie alles weitergeht, ohne einen selber."

AutorInnen

Al-Mohammad, Soza: freiberufliche Videografin und Fotografin in Österreich, selbst 2014 vor dem Krieg aus Syrien geflohen.

Arora, Steffen: Korrespondent für Tirol und Vorarlberg bei der Tageszeitung „Der Standard".

Bauer, Christoph W.: lebt in Innsbruck; zuletzt: Das zweite Auge von Florenz. Zu Leben und Werk von Guido Cavalcanti. Verlag das Wunderhorn 2017; Niemandskinder. Roman, Haymon 2019; an den hunden erkennst du die zeiten, Gedichte, Haymon 2021.

Becker, Randi: M. A. Soziologie, M. A. Politische Theorie; Doktorandin der Universität Passau mit einer Promotion zu Antisemitismus in Rassismuskritiken, Lehrbeauftragte an der Justus-Liebig-Universität Gießen sowie der Philipps-Universität Marburg, Dozentin an einem staatlichen Bildungszentrum für den Bundesfreiwilligendienst, Forschungs- und Lehrschwerpunkte: Kritik des Rassismus, Sexismus und Antisemitismus, Geschlechterverhältnisse im Nationalsozialismus, Politische Bildung.

Erger, Armin: studierte Volkswirtschaft an der Universität Innsbruck. Seit 2010 ist er in der Arbeiterkammer Tirol tätig. Seine Themenschwerpunkte sind der Arbeitsmarkt und die Auswirkungen der Digitalisierung auf die Arbeitswelt.

Haupt, Michael: Studium der Erziehungswissenschaften an der Universität Innsbruck. Geschäftsführer der Initiative Minderheiten Tirol. Mitglied des Kulturbeirats für Kulturinitiativen des Landes Tirol, Vorstandsmitglied TKI – Tiroler Kulturinitiativen, langjährige Kulturarbeit in verschiedenen Feldern.

Hampe, Arnon: Diplom-Politikwissenschaftler; leitet das Projekt „Demokratiekultur: Politische Bildung zu Judentum, Antisemitismus, Erinnerungskultur und Nahost im Kontext von Migration" am Jüdischen Museum Hohenems. Seine Arbeitsschwerpunkte sind neben der Antisemitismus- und Rassismusforschung vor allem die politisch-historische Bildung sowie die Museumspädagogik. Hier ist er insbesondere an der Entwicklung neuer Ansätze und Formate zur Vermittlung jüdischer Geschichte und Gegenwart beteiligt.

Hormayr, Gisela: Mag.ª phil., Dr.ⁱⁿ phil., Historikerin, Bad Häring. Forschungsschwerpunkt: Regionale Zeitgeschichte. Auswahl: Tiroler SozialistInnen und KommunistInnen im Widerstand gegen Hitler; Opfer des katholisch-konservativen Widerstandes in Tirol 1938–1945; Letzte Briefe und Aufzeichnungen von Tiroler NS-Opfern aus der Haft; Studierende der Universität Innsbruck als Opfer des Nationalsozialismus; Kufstein 1900–1950"; Neuerscheinung: Aufbruch in die „Heimat des Proletariats". Tiroler in der Sowjetunion 1922–1938.

Huber, Daniel: seit 2009 Präsident der Radgenossenschaft der Landstraße. Als Kind wuchs er in Zürich Aussersihl auf und lebte als Erwachsener jahrelang im Wohnwagen. In seine Zeit als Präsident fallen die Anerkennung der Jenischen und Sinti als nationale Minderheit der Schweiz, die Initiative zur Anerkennung der Jenischen auf europäischer Ebene und die Gründung des Europäischen Jenischen Rates.

Hussl, Elisabeth: Studium der Politikwissenschaft in Innsbruck und Warschau, Sprachtrainerin für Deutsch als Fremdsprache/Zweitsprache; Mitarbeit in verschiedenen Projekten, die sich für Minderheiten engagieren; Mitbegründerin der Bettellobby Tirol und Mitherausgeberin der Gaismair-Jahrbücher seit 2012.

Khalil, Dunia: ist langjährige Rechtsberaterin im Bereich Antirassismus sowie Hass im Netz und hält als ausgebildete Anti-Rassismus-Trainerin Workshops und Trainings zu unterschiedlichsten Themen rund um Antidiskriminierung. Darüber hinaus engagiert sie sich als Expertin in nationalen sowie internationalen Netzwerken, Arbeitsgruppen und Organisationen zum Thema Grund- und Menschenrechte. Sie ist Mitbegründerin des BigSibling Kollektivs, welches auf rassistische Polizeigewalt in Österreich aufmerksam macht.

Kapferer, Benedikt: Mag. phil.: ist als Journalist und Historiker in Tirol tätig. Nach dem Lehramtsstudium der Fächer Englisch und Geschichte/Politische Bildung sowie der Spezialisierung Medienpädagogik an der Universität Innsbruck absolvierte er 2020 den Lehrgang der Tiroler Journalismusakademie. Im Anschluss war er u. a. Praktikant bei der *Tiroler Tageszeitung* und bei der *Zeit im Bild 2* im ORF in Wien. Aktuell ist er Redakteur beim Landesstudio ORF Tirol. In einem vom ORF geförderten Projekt erforscht er die Geschichte des Rundfunks in Tirol. Gemeinsam mit dem Dowas hat er die Kundgebung „das recht auf stadt. erinnern an wolfgang tschernutter und die opfer rechter gewalt" im Februar 2022 organisiert.

Klinger, Alena: geb. 1996, Studium der Soziologie an der Friedrich-Alexander-Universität Erlangen-Nürnberg. Seit 2018 Mitarbeiterin bei der Initiative Minderheiten Tirol in Innsbruck und nebenberuflich im Interdisziplinären Masterstudiengang Gender, Kultur, Sozialer Wandel inskribiert. Selbstständig seit 2017 im Bereich Fotografie, Grafikgestaltung und Webdesign.

Lunger, Eva: geboren 1952 in Roppen, lebt seit 1973 in Landeck. Von 1997 bis 2006 Obfrau des Bezirksmuseumsvereins Landeck und Kuratorin von „Museum und Galerie Schloss Landeck", von 2006 bis 2012 Geschäftsführerin; Kuratorin historischer und zeitgenössischer Ausstellungen; von 2004 bis 2012 Kultur-Gemeinde- und Stadträtin von Landeck. Zusammenarbeit mit überregionalen kulturellen Vereinigungen wie Via Claudia Augusta, Terra Rätica und dem Projekt „Der Weg der Schwabenkinder" im Alpenrhein-Bodensee-Raum sowie dem Freundeskreis für Pozuzo. Herausgabe von geschichtlichen und journalistischen Publikationen.

Mathies, Christian: Lehrer für Geschichte und Mathematik am BRG in der Au in Innsbruck; Mitarbeiter der Pädagogischen Hochschule Tirol und von _erinnern.at_ Tirol, dem Programm zum Lehren und Lernen über Nationalsozialismus und Holocaust des OeAD (Österreichs Agentur für Bildung und Internationalisierung).

Mokre, Monika: geb. 1963, PD.[in], Dr.[in], Politikwissenschaftlerin am Institut für Kulturwissenschaften und Theatergeschichte der Österreichischen Akademie der Wissenschaften; Lehrbeauftragte an mehreren Universitäten; Aktivistin im Bereich Asyl und Migration, Mitgründerin von Push-Back Alarm Austria, Forschungsschwerpunkte: Asyl und Migration, Demokratietheorie, Kulturpolitik, Gender und Intersektionalität.

Müller, Benedikt: Mitglied der Initiative Bürglkopf schließen.

Niederkofler, Franziska: geb. 1996; BA, BSc.; Bachelorstudium der Psychologie und Soziologie, aktuell Masterstudium der Europäischen Ethnologie sowie Soziologie mit Schwerpunkt soziale und politische Theorie; Mitwirkung an mehreren universitären Projekten sowie diverse Anstellungen als wissenschaftliche Mitarbeiterin und in der Lehre am Institut für Soziologie der Universität Innsbruck.

Schalk, Evelyn: Journalistin und Autorin; Mitherausgeberin und Chefredakteurin des ausreißer – Die Wandzeitung und tatsachen.at; Studium der Romanistik, Germanistik und Medienfächerkombination. Kolumnistin bei perspektive – hefte für zeitgenössische literatur; Reportagen, Artikel, Essays für Standard, mare, Megaphon, Datum, Beton International, 2013–16 Mitglied des Kulturbeirats der Stadt Graz; 2016 Leitung der Europäischen Theaternacht; bis 2018 Vorstandsmitglied der IG Kultur Österreich; Publikation des Bandes „*Graz – Abseits der Pfade*" (2018); Work in Progress: Literaturprojekt „*nacht.schicht*" quer durch Europa. Ab 2023: Projektleitung im Rahmen des Kunstraum Steiermark Programms: „About war – Die Sprache des Krieges".

Schleich, Heidi: geb. 1965, Mag.ª phil., Sprachwissenschafterin, Logopädin, systemische Beraterin, diverse Berufstätigkeiten als Logopädin, Tutorin, Lehrbeauftragte an der Universität Innsbruck, Almhirtin, sozialpädagogische Beraterin, Mitarbeit in verschiedenen Kunst-, Kultur- und Frauenprojekten und in Projekten, die sich für Minderheiten und Flüchtlinge engagieren, gemeinsam mit der Initiative Minderheiten Tirol Organisation der Jenischen Kulturtage, Mitbegründerin des Vereins Jenische in Österreich, Aktivistin für die Anerkennung der Jenischen in Österreich und in Europa diverse Publikationen.

Schneider, Bernhard: Studium der Politikwissenschaften an der Universität Innsbruck. Radiomacher (Ö1 „Betrifft Geschichte"), Mitarbeiter am Institut für Soziologie der Universität Innsbruck („Postsecular Conflicts"), Moderator der entwicklungspolitischen Filmreihe „Südlich[t]er: Zehn Filme – Eine Welt" und Koordinator der Strategie „Arbeitsmarkt Tirol 2030" bei der amg-tirol.

Schreiber, Horst: Mag. phil., Dr. phil., Universitäts-Dozent für Zeitgeschichte; Leiter von _erinnern.at_ Tirol, der Michael-Gaismair-Gesellschaft und des Wissenschaftsbüros Innsbruck; Lehrer für Geschichte und Französisch am Abendgymnasium Innsbruck; Herausgeber der Studien zu Geschichte und Politik sowie der Reihe Nationalsozialismus in den österreichischen Bundesländern für _erinnern.at_; Mitherausgeber der Gaismair-Jahrbücher und der sozialwissenschaftlichen Reihe transblick. www.horstschreiber.at; www. heimkinder-reden.at

Siclodi, Andrei: Mag. phil; Autor, Kurator, Kulturarbeiter; Leiter des Künstlerhauses Büchsenhausen und des dort stattfindenden Fellowship-Programms für Kunst und Theorie; Ko-Geschäftsleiter der Tiroler Künstler:innenschaft; Dissertant an der Akademie der bildenden Künste Wien über „Kritische Kunstpraktiken und Institutionen im Wissenskapitalismus"; als Ko-Autor und Ko-Herausgeber: Vladislav Shapovalov: Image Diplomacy, Mailand 2020 und Marianna Christofides: Days In Between, Berlin 2021.

Siegele, Patrick: hat in Innsbruck und Bristol (UK) Deutsche Philologie und Musikwissenschaft studiert; von 2014 bis 2021 Direktor des Anne Frank Zentrums in Berlin, der deutschen Partnerorganisation des Anne Frank Hauses in Amsterdam; zwischen 2015 und 2017 Koordinator des unabhängigen Expertenkreises Antisemitismus (beauftragt vom Deutschen Bundestag); Mitglied der österreichischen Delegation der International Holocaust Remembrance Alliance – IHRA. Seit Juni 2021 leitet er den Bereich „Holocaust Education" beim OeAD – Österreichs Agentur für Bildung und Internationalisierung.

Ștefan, Olga: ist Kuratorin, Kunstautorin, Dokumentarfilmerin und unabhängige Forscherin. Sie stammt aus Bukarest, wuchs in Chicago auf und lebt derzeit in Zürich. In ihrer Forschung beschäftigt sie sich vor allem mit Erinnerungspolitik, Migration und Identität. Ștefan ist die Gründerin von *The Future of Memory*, einer transnationalen Plattform für die Erinnerung an den Holocaust in Rumänien und Moldawien durch Kunst und Medien. Hier sind auch ihre Dokumentarfilme abrufbar. Ihr Artikel über das Konzentrationslager Vapniarka erschien 2020 im Band Memories of Terror (CEEOL Press, Frankfurt am Main). http://www.thefutureofmemory.ro

Tulej, Aleksandra: Chefreporterin und stv. Chefredakteurin beim biber Magazin. Zu ihren Arbeitsschwerpunkten zählen Migration, Integration, Kriminalität, Extremismus und gesellschaftliche Ungleichheiten.

Vogel, Isolde: ist Zeithistorikerin und forscht zur Geschichte und Ideologie des Nationalsozialismus und (visuellem) Antisemitismus. Sie ist am Institut für Kulturwissenschaften und Theatergeschichte der Österreichischen Akademie der Wissenschaften und als Projektmitarbeiterin für Yad Vashem tätig und engagiert sich außerdem seit Jahren gegen Antisemitismus, völkisches und rechtsextremes Gedankengut und Antifeminismus.

Wottreng, Willi: Schriftsteller und seit 2014 Geschäftsführer der schweizerischen Radgenossenschaft der Landstrasse. 2020 erschien sein Werk „Jenische Reise", mit dem Untertitel „Eine grosse Erzählung" (Bilgerverlag, Zürich). Auch sein vorhergehender Roman „Ein Irokese am Genfersee", Untertitel „Eine wahre Geschichte" engagiert sich für unterdrückte Völker (Bilgerverlag, Zürich 2018).

Yun, Vina: ist Öffentlichkeitsarbeiterin bei UNDOK – Anlaufstelle zur gewerkschaftlichen Unterstützung undokumentiert Arbeitender (www.undok.at) in Wien. Daneben ist sie als freie Journalistin und Autorin tätig.

Arbeit ohne Papiere, aber nicht ohne Rechte!

Kostenlose, anonyme, mehrsprachige Beratung

Du arbeitest ohne Papiere (Aufenthalts- oder Beschäftigungserlaubnis)? Du musst **länger als 12 Stunden am Tag** arbeiten? Du hast deinen **Job verloren** und es fehlt noch Geld? Du bist krank, hast aber **keine Versicherung**?

Komm zu uns! Die <u>UNDOK-Anlaufstelle</u> informiert und berät dich – anonym, kostenlos und in verschiedenen Sprachen.

Beratung: Montag 9.00 –12.00,
Mittwoch 15.00 –18.00 und nach Vereinbarung

www.undok.at
📞 +43 (0)1 534 44-39040
✉ office@undok.at
 undok.at
 undok_at

Anlaufstelle zur gewerkschaftlichen Unterstützung UNDOKumentiert Arbeitender

Wir erinnern an die Vergangenheit

Tauchen Sie ein in verschiedenste Bereich der Innsbrucker Stadtgeschichte mit den Veröffentlichungen des Stadtarchivs Innsbruck! Der Band „Gründerzeiten" erzählt die Geschichte sozialer Angebote für Jugendliche von 1970–1990.

Erhältlich im Stadtarchiv/Stadtmuseum Innsbruck, Badgasse 2

Preis: 29,90 €

Stadtbibliothek **INNS' BRUCK**

Nach-hol-bedarf

literarisch. bildend. unterhaltsam.

Veranstaltungen in der Stadtbibliothek Innsbruck

 stadtbibliothek.innsbruck.gv.at

DAS GEWERK-SCHAFFEN WIR!

GPA
Landesstelle Tirol
Südtiroler Platz 14-16
6020 Innsbruck
Telefon: 05 0301-28000
tirol@gpa.at

www.gpa.at

Jetzt Mitglied werden!

**Bund Sozialdemokratischer FreiheitskämpferInnen,
Opfer des Faschismus und aktiver Antifaschisten
Landesgruppe Tirol**

UNSERE ANLIEGEN
- Kampf dem Faschismus, Rechtsextremismus, Rassismus Nationalismus und Antisemitismus
- Verteidigung der Menschenrechte und Grundfreiheiten
- Kultur des Erinnerns – „Niemals Vergessen"
- Werte-Initiative – „Soziale Demokratie"

FreiheitskämpferInnen Tirol, Salurner Straße 2, 6020 Innsbruck, www.freiheitskaempfer.spoe-tirol.at

RennerInstitut
Tirol

Die politische Akademie der SPÖ Tirol

UNSERE AUFGABEN
- (politische) Bildung auf allen Ebenen
- Weiterbildung und Personalentwicklung in der SPÖ
- Förderung von Kunst und Kultur

Lokal | Regional | International

Renner Institut Tirol, Salurner Straße 2, 6020 Innsbruck, www.ri-tirol.at